OTT 시대의
미디어
백가쟁명

Competitive dynamics

OTT 시대의 미디어 백가쟁명

한국 미디어 시장을 이해하기 위한
세 가지 코드 — 멀티, 번들링, 온 디맨드

김동식 지음

in Korean pay tv & media markets

한울
아카데미

들어가는 글

책을 써야겠다고 생각한 것은 근래의 일이 아니다. 11년 전인 2012년, 매주 월요일 아침마다 담당 내의 직원들에게 '월요 주간 레터'를 보낸 것이 100회가 넘어서부터였다. 당시 함께 근무하던 직원들이 그간 보낸 레터를 모아도 책 한 권은 되겠다며 출간을 권유하곤 했다. 마음이 살짝 동하기도 했다.

'월요 주간 레터'는 그 주에 해야 할 일이 필요한 이유 및 배경 등을 관련 서적에서 발췌 인용해 먼저 설명하고, 이후 해야 할 일을 전달하는 형식이었다. 적게는 80줄, 많게는 120줄. 이 중 3분의 2에서 4분의 3 정도가 배경과 이유를 설명하는 것이었으니 묶으면 작은 책 한 권 정도는 되는 분량이었다. 하지만 사업 현안이 많은 상황에서 감히 엄두를 낼 수가 없었다. 무리해서라도 해 볼까 하는 생각도 있었으나 그만두었다.

당시 상황은 이렇다. 2010년 1월 중순, KT 상무보 승진을 했고, 홈고객부문 상품전략담당으로 보임을 받았다. KTF와 합병(2009년 6월 1일) 후에 처음으로 개편된 조직에서 유선상품 총괄 담당이 된 것이다. 2010년 4월 1일, 'Olleh TV Skylife'(OTS) 정액형 상품을 시장에 출시했는데 반응이 너무나 뜨거웠다. 인터넷이 IPTV(Internet Protocol Television)를 견인하는 정도를 나타내는 인터넷-TV 연계 판매율 지표를 IPTV가 인터넷을 끌어당기는 TV-

인터넷 연계 판매율로 180도 바꾸었다. 케이블 TV 진영에서 검찰 고발, 방송통신위원회(방통위) 제소를 했다. 회사 재무 부서에서도 수익성 이슈를 제기했다. 셋톱박스(Set Top Box)가 부족해 현장에서 아우성이었고, 디마케팅(demarketing)이 불가피했다. 개인적으로는 '4면 Q가(OTS는 최초 QTS(QOOK TV Skylife)라는 상품명으로 출시됨)'라고 말했다. 하지만 IPTV 사업의 성공 가능성이 보였다. 그리고 2011년 초 조직 개편에서 TV사업본부가 신설되었고, IPTV 사업 담당이 되었다. 이제는 IPTV 가입자 유치만이 아니라 IPTV 키즈사업, 광고, 커머스, 폐쇄 사용자 그룹(CUG: Closed User Group) 및 학교·국방 IPTV 사업에다 러닝사업까지 총괄하는 담당이 되었다. 콘텐츠(PPV: Pay Per View) 판매를 제외한 IPTV 사업의 모든 것이 내가 맡은 담당으로 통합되었다. 3개 담당으로 흩어져 있던 사업이 1개 담당으로 모였으니, 직원 수도 40여 명 가깝게 늘어났다. 새로운 캐치프레이즈를 내걸었다. '**올레TV 가입자 600만, 매출 1조 시대**'. 2012년까지 달성하자는 목표였다. 가입자 200만, 매출 1700억 원에 불과한 시점에 가입자는 3배, 매출은 6배 목표를 2년 만에 달성하자고 했으니 생각하기에 따라서는 어이가 없는 주장이었다. 하지만 당시에는 올레TV(현 지니TV) 사업을 빠르게 궤도에 올려야 한다는 생각이 앞서던 때였다. 가입자 목표를 600만으로 잡은 것은 1조 매출이 가능한 규모여서였다. 1조 매출은 KT에서 중요한 사업으로서의 위상을 확보한다는 의미와 함께 그간의 IPTV 사업 누적 손실을 회수할 수 있는 수준의 매출 규모였기 때문이다. 담당 팀장에게 '600만'이라는 별명을 붙이기도 했다. 그리고 무엇보다 올레TV의 가능성을 믿었다.

'월요 주간 레터'는 이런 격동의 상황에서 작성되었다. 2010년에 47회, 2011년에 50회를 작성해서 공유했으니, 2012년도에는 당연히 100회를 훌쩍 넘기던 시점이었다. 특히 2011년에는 담당 조직 구성 전 1주, 여름휴가 기간 1주를 제외하고는 50주를 연속으로 보냈으니 쉽지 않은 일이었다. 하지만 글을 쓰면서 정리가 된다고 하지 않은가. 그냥 책만 읽고 말았으면 기억에 남지 않았을 텐데 '월요 주간 레터' 공유를 위해 정리하다 보니 생생한 지식으로 살아 있게 되었다. 본문 중 박스 안에 적은 글들은 상당수 그때 작성한 것들이다. 물론 현 시점에 맞춰 보완하기는 했다. '월요 주간 레터'는 정확하게 200회를 마지막으로 중단했다. 그 사이 IPTV 사업을 떠나 다른 일을 맡게 되었다. 그리고 10년이 흘렀다. 마침 자문역이 되어 시간에 여유가 생기면서 다시 미디어 시장을 둘러보았다. 그 당시 미디어 시장의 큰 화두는 IPTV였는데, 이제는 OTT(Over The Top)가 자리를 이어받았다. 그리고 책을 써야겠다는 생각이 들기 시작했다.

막상 책을 써야겠다고 마음을 먹으면서 떠오른 생각은 한창 열독했던 2개의 잡지였다. 하나는 ≪TV 가이드≫다. 1981년 여름, 중학교 3학년 시절이던 때 어느 날이었다. 학교에서 수업을 마치고 집으로 가던 길에 학교 앞 문방구에 ≪TV 가이드≫라는 잡지가 눈에 띄었다. 한국 컬러텔레비전이 1981년 1월 1일부터 정식 송출되었고, 미국의 ≪TV 가이드≫를 본떠 한국에도 같은 이름의 잡지가 등장한 것이다. TV 프로그램을 비롯한 다양한 방송 관련 에피소드를 소개하는 내용의 잡지였다. 집에서 옷을 갈아입고, 다시 자전거를 타고 학교 앞 문방구에서 ≪TV 가이드≫ 잡지를 샀다. 고등학교 진학을 위해 전주에 가서 연합고사를 보기 전까지 매주 잡지를 사서 처음부터 끝까지 완독하던 기억이 새롭다. ≪TV 가이드≫는 1998년 재정상의 이유로 폐간되었다고 한다. 또 다른 하나는 ≪출판저널≫이다. 1989년 군 생활 중 휴가를 나와 서점에 들렀을 때 이 또한 우연히 눈에 들어온 잡지였다. 이후 휴가나 특박(특별외박)을 나올 때면 어김없이 서점에 가서 ≪출판저널≫을 샀고 이 또한 완독했다. 왜 그렇게 열심히 이 잡지를 사서 읽었는지 기억나지 않는다. 아마도 새로 출간한 책들을 간략하게 소개하는 내용이 풍부한 잡지여서 군에서 책을 읽지 못하는 것에 대한 보상

심리로 사 보지 않았을까 싶다. ≪출판저널≫은 1987년 1호를 시작으로 현재까지 533호가 발간되었다. 격월 1회 발간하는 것으로 바뀌었다.

책을 쓰기 시작하면서 가장 많이 떠오른 것은 2011년이었다. IPTV 사업이 본격 궤도에 오르기 시작하던 시점이었다. KT의 공세에 맞춰 다른 IPTV 2사도 IPTV의 가능성을 다시 보게 되면서 전략을 수정하던 때였다. 개인적으로는 너무나 많은 사업 현안 속에서 매우 힘들게 보내던 시절이었다. 한편으로는 하루가 다르게 증가하는 가입자 및 매출 숫자와 함께 키즈사업 및 IPTV 광고와 커머스, CUG, 학교·국방 IPTV 등도 자리를 잡아가고 있었다. 마침내 IPTV 사업이 성공을 위한 반석을 다졌구나 하는 생각이 들었다. 힘든 가운데에서도 다소 위안이 되었다. 지금도 30여 년 직장생활 중 가장 일이 많았던 때로 기억한다. 당시 '월요 주간 레터'를 통해 가장 많이 말했던 '텔레비전을 사랑하자'라는 말과 함께 그때 그 동료들과 이 결과물을 나누고 싶다.

이 책은 총 4부 12장으로 구성되어 있다. 기승전결 구조다. 따라서 중도에 끊지 않고 처음부터 끝까지 다 읽어야 한다. 이 책을 사 볼 정도의 마음이면 큰 문제는 아닐 것이다. 하지만 바쁜 일정이어서 다 읽지 못하겠다면 본문 사이사이에 있는 박스 글은 읽지 않아도 좋다. 본문을 이해하기 위해 도움이 될 만한 주변 글이기 때문이다. 그래도 읽을 여력이 되지 않는다면 2장, 7장, 11장, 12장 등 4개의 장 중심으로 읽어도 좋다. 이 책이 전하고자 하는 메시지의 골간이다.

이 책은 세 가지 관점에서 기존 콘텐츠 미디어 관련 서적과 차이가 있다. 첫 번째는 특정 미디어에 국한하지 않았고, 특정 시기에 한정하지도 않았다는 점이다. 이로 인해 다양한 미디어 간의 연관성과 상호작용에 대해 폭넓게 이해할 수 있다. 두 번째는 통신사업자의 시각에서 콘텐츠 미디어 시장을 바라보는 거의 유일한 책이라는 점이다. 세상은 다양한 견해와 이해의 상충 조절과정이라는 것을 고려할 때 균형 잡힌 사고에 도움이 될 것이다. 세 번째는 비즈니스 입장에서 미디어 콘텐츠 시장을 바라보고 있다는 점이다. 표피적인 현상과 사실의 나열이나 흘러가는 동향의 소개에 머무르지 않았다. '무엇'이 아니라 '왜'와 '어떻게'에 집중했다. 근본적인 원리와 본질을 쫓고자 했다. 따라서 가장 중요한 부분이다.

현재 콘텐츠 미디어 업계에 종사하고 있거나 종사를 희망하는 사람들에게 기본적인 개론서로 널리 읽혔으면 한다. 나아가 콘텐츠 미디어 업계의 성장과 번영에 보탬이 되는 더 나은 통찰로 이어지길 바란다.

재작년에 영면하신 어머님께 이 책을 바친다.

2023년 2월
왕십리 호우재(好雨齋)에서
김동식

차례

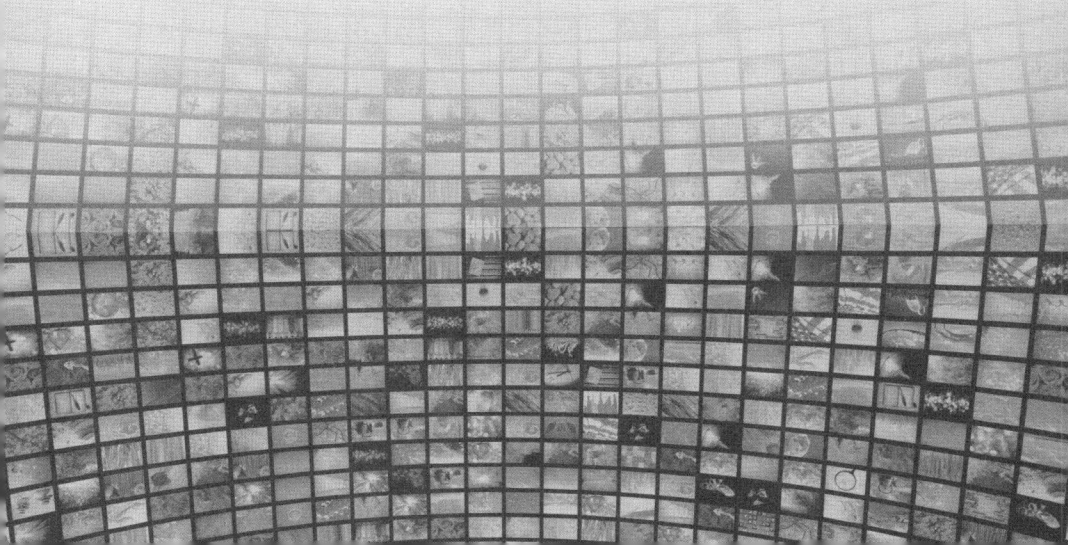

제**1**부

밸류체인의
해체와 융합

_제1장

산업 간 디커플링(Decoupling)의 시대

콘텐츠는 왕, 미디어는 왕국

"Mr. Watson, come here, I want you." 1876년 3월 10일 알렉산더 그레이엄 벨(Alexander Graham Bell)이 전화를 발명하고 처음으로 한 말이라는 일화가 전해진다. 일화인지라 사실인지는 알 수 없지만 그만큼 전화기라는 미디어가 발명된 순간을 극적으로 묘사하고 있는 것만은 분명하다. **전화기의 발명은 '아주 먼 거리에 있는 사람과도 대화하고 싶은 욕구'로부터 출발했다.** 하지만 말을 있는 그대로 먼 거리까지 보낸다는 것은 생각뿐이었지 실제 실현되기에는 매우 어려운 과제였다. 따라서 말 그 자체가 아니라 이를 문자로 바꿔 보내는 전신(Telegraph)[1]의 발명이 앞서게 된다. 1800년대 초·중반 말을 문자로 바꾸려는 시도로 다양한 형태의 전신기가 등장한다. 하지만 시장을 지배하는 패러다임으로 정착된 것은 1837년 모스식 전신기²였다. 모스식 전신기는 모든 소리를 단점(短點, dot)(•)과 이것의 3배 길이인 장점(長點, dash)(-)으로 구분해 표현한다. 한마디로 온·오프(on-off)와 같은 디지털 방식으로 모든 소리를 표현할 수 있었다는 것이다. **디지털 방식이기 때문에 가장 간편했고, 사람들 사이에 쉽게 전파되어 지배적인 표준으로 자리 잡게 된다.** 영화 〈무간도〉에서 조폭 집단에 투입된 경찰 양조위가 경찰과 의사소통을 했던 방식도 모스 부호다. 말을 문자로 바꾸지 않고 '있는 그대로' 보내기 위해서는 40여 년의 시간이 또 필요했고, 이후 마침내 전화기가 발명되었다. 1837년 모스식 전신기와 1876년 전화기의 발명은 1896년 굴리엘모 마르코니(Guglielmo Marconi)에 의한 무선전신기 발명과 함께 오늘날의 전기통신을 있게 한 3대 발명이라고 하기도 한다. 마셜 매클루언(Marshall McLuhan)은 전화의 미디어로서의 특성을 "**귀와 말소리의 확장**"으로서 "**벽이 없는 스피치**"라는 것으로 규정했다(매클루언, 1997: 303).

전화기의 발명 못지않게 텔레비전의 발명도 매우 중요하다. 특히 텔레비전의 발명은 영화와 함께 20세기 인간 사회에서 가장 큰 영향을 준 사건이라고 하기도 한다. 세계 최초의 텔레비전 방송을 명확하게 규정하기는 쉽지 않지만 통상 1929년 웨스팅하우스(Westinghouse)사에서 키네스코프(Kinescope) 수상관을 사용한 텔레비전 수상기를 선보인 것이 최초라고 한다. 핵심은 브라운관이라고 불리는 음극선관(CRT: Cathode-Ray Tube)이다. 음극선관은 1897년 독일의 칼 브라운(Karl Brown)이 발명했다. 텔레비전의 발명과 관련한 어떤 일화나 에피소드는 확인되지 않는다. 텔레비전은 어

---

1   전기 신호를 이용해 송신할 내용(문자)을 보내는 통신 방법 중의 하나다. 우편보다 빠르게 보낼 수 있다는 장점이 있다. 전신 기술을 이용한 통신서비스로는 전보(電報)가 있다.
2   모스 부호를 송수신하는 전신기.

느 한 사람의 발명이라고 일률적으로 말할 수 없기에 일화나 에피소드가 전해지지 않는 것으로 추정된다. 전화기의 발명보다는 무려 50년이 지난 후다. 문자에서 소리를 전달하는 것까지 40여 년의 시간이 흘렀던 것을 생각하면 단지 소리만이 아닌 영상을 한꺼번에 보낼 수 있는 텔레비전 수상기의 발명은 당연히 더 오래 걸리는 일이었다. 1800년대 초 사진술의 발명을 계승한 영화의 발명이 선행기술로 당연히 앞서 존재해야 하기도 했는데, 영화는 1895년 프랑스 뤼미에르(Lumière) 형제에 의해 발명되었다. 19세기 중·후반, 사람들은 정지된 화상을 전송하고 수신기에서 천천히 재생하는 통신 방법으로 텔레비전을 생각했다고 한다. 이후 전화가 발명되고부터는 상대방과 직접 대화할 수 있는 장치가 텔레비전의 모델이 되었다. 영화가 발명되자 이번에는 움직이는 이미지(동영상)라는 개념이 알려지게 되었고, 라디오가 등장하고부터는 생방송이라는 개념까지 포함되었다(호룩스, 2018: 45~80). 최초 발명된 기계식 텔레비전은 현대 텔레비전의 아버지로 추앙받고 있는 러시아의 '블라디미르 K. 즈보리킨(Vladimir K. Zworykin)'에 의해 전자식 텔레비전으로 바뀌게 되어 오늘날의 텔레비전 수상기가 완성된다. 매클루언(1997: 388)에 따르면 텔레비전 영상은 **"촉각의 확장"**이다. 그는 텔레비전은 미디어로서 영화·라디오와 함께 **"벽이 없는 교실"**이라고 언급했다(매클루언, 1997: 324).

여기에서 잠깐, 벨은 소리를 저장해 멀리 보내는 기술을 개발하는 과정에서 우연히 전화기를 발명했다고 한다. 소리를 저장하는 기술은 지금의 축음기와 같다. 거꾸로 토머스 에디슨(Thomas Edison)은 소리를 재생시키는 기술, 즉 지금의 전화기를 개발하려는 과정에서 축음기를 발명했다고 한다. **'발명이 빚어내는 아이러니'**라고 하겠다.

전화기의 발명 이후 전화국이 만들어지고 전화국과 가입자 사이, 그리고 전화국과 전화국 간이 선으로 연결되면서 통신서비스 시스템이 체계적으로 완성된다. 방송시스템 또한 텔레비전 수상기의 개발 이후 방송국이 만들어지고, 영상을 송출하면서 하나의 방송시스템이 만들어지게 된다. 특히 텔레비전 수상기는 가정 내 거실의 황제로서의 위상을 차지하면서 사람들의 일상에서 가장 가까운 친구가 되었다. 김지문(2009: 138~145)의 저서 『문제는 TV가 아니야』에서 언급한 '텔레비전의 11가지 매력'은 책이 나온 지 10여 년이 훌쩍 지난 지금 다시 읽어도 맞장구를 칠 만큼 그럴듯하다. 특히 첫 번째 "가장 친근한 말과 음향만이 아니라 영상도 함께 보여주기 때문에 누구나 쉽게 이용할 수 있다", 열 번째 "다른 일을 하면서 동시에 텔레비전을 볼 수 있다" 등은 텔레비전의 특성을 가장 잘 나타내 준다고 하겠다.

이처럼 다른 사람들에게 빠르게, 그리고 먼 곳까지 전달하고 싶은 욕구가 있고, 이러한 욕구를 전달하기에 적합한 매체가 발명되고 난 후 보다 짜임새 있게 틀을 잡아가면서 각종 시스템이 완성된 것이라 하겠다. 이때 전달하고 싶은 내용을 콘텐츠라고 한다면 콘텐츠를 전달하기 위한 도구(매체)가 미디어다. 미디어 시장을 이해하기 위해서는 미디어와 해당 미디어를 통해 전달하려는 콘텐츠를 묶어서 바라볼 필요가 여기에 있다. 물병과 술병과 꽃병이 다르고, 밥을 담는 주발과 국을 담는 대접, 양념 등을 담는 종지가 각각 다르듯이 **미디어가 하나의 왕국이라면 콘텐츠는 그 왕국의 주인공, 즉 왕의 역할**이라 할 것이다.

텔레비전이 지니는 11가지 매력

텔레비전을 처음 본 것은 초등학교 1학년 때로 기억합니다. 당시 MBC에서 방영했던 드라마 〈한백년〉을 보기 위해 온 가족이 동네 마당 넓은 집에 저녁마다 갔던 기억이 있습니다. 이후 우리 집에도 텔레비전이 들어오게 되었지만, 텔레비전 프로그램 안내를 신문으로 읽으면서 우리 집 텔레비전으로 〈소머즈〉는 볼 수 있는데, 〈600만 불의 사나이〉와 〈원더우먼〉은 볼 수 없다는 것에 아쉬워했던 기억도 있습니다. 두 프로그램은 서울, 부산을 시청권역으로 삼는 TBC에서만 방영했던 것이었거든요. 같은 허준을 다룬 드라마인 김무생 배우의 〈집념〉, 서인석 배우의 〈동의보감〉, 전광렬 배우의 〈허준〉, 김주혁 배우의 〈구암 허준〉을 진지하게 보기도 했습니다. '부숴 버릴 거야'라는 대사로 유명한 심은하 배우의 것만이 아니라, 이효춘 배우의 원작 〈청춘의 덫〉을 재미있게 봤던 기억도 있습니다. 텔레비전 드라마를 보면서 배우들이 연기하는 배역에 공감하기도 하고, 많은 것을 느끼기도 했습니다. 또한 텔레비전은 영화를 보여주고, 스포츠 경기를 볼 수 있고, 게다가 전 세계 소식을 빠르고 쉽게 보고 들을 수도 있습니다. 그러니 텔레비전은 우리에게 참으로 많은 것을 보여주는 이기(利器)인 것만은 분명합니다. 김지문의 책에서처럼 텔레비전은 11가지 매력을 가지고 우리를 거실로 끌어당기지요.

하지만 김지문의 책은 2009년도에 나온 것입니다. 이후에 텔레비전은 진화해서 IPTV가 되었고, OTT까지 수용되어 있습니다. 배불뚝이 브라운관 TV는 사라졌고, 다양한 TV 앱이 설치되어 이름이 스마트TV로 바뀌었습니다. 따라서 2009년 이후의 텔레비전의 변화된 모습을 충분히 반영해야 합니다. 유료방송 사업 경험을 토대로 텔레비전이 지니는 11가지 매력을 다시 정리해 보았습니다.

(김지문의 책에 있는 매력 두 가지는 지금도 살아있지요.)
① 가장 친근한 말, 음향과 함께 영상도 함께 보여주기 때문에 누구나 쉽게 이용할 수 있다.
② 다른 일을 하면서 동시에 텔레비전을 볼 수 있다.
(가전 사업자의 시각을 반영하면,)
③ 각자의 취향에 맞춰 다양한 크기, 형태의 텔레비전을 선택할 수 있어 가구의 하나로까지 의미가 확대된다.
④ 스피커의 성능이 좋고 화질이 선명해 고품질의 방송을 볼 수 있다.

⑤ 스마트TV이므로 TV 앱을 통해 공짜 콘텐츠 등을 볼 수 있다. (가전 사업자
의 콘텐츠 제공은 마케팅 차원의 구색 맞추기일 것입니다. 플랫폼 사업자처
럼 콘텐츠 구입을 강화할 이유는 없기 때문입니다.)

⑥ 모니터로도 활용할 수 있고, 큰 화면으로 게임을 할 수 있는 등 다양하게 변
신하고 유연한 응용이 가능하다.

(유료방송 사업자의 입장으로는,)

⑦ 30만 편 이상 다양한 장르의 주문형 비디오(VOD: Video on Demand)를
볼 수 있다. 일부는 월정 무료 VOD(SVOD: Subscription VOD)여서 공짜
로 볼 수 있고, 돈을 내는 VOD(PPV, Pay Per View)라도 일정 기간이 지나
면 공짜가 되기도 한다.

⑧ (인터넷 기반이기 때문에) 이론상으로 무한대의 채널을 수용할 수 있다. 예
전에는 주파수 대역폭의 한계 때문에 채널 수용에 한계가 있었다.

⑨ 본인의 목소리로 채널 및 음량을 조정할 수 있고, 보고 싶은 콘텐츠를 찾는
데 활용할 수 있다. 모바일 앱을 보조도구로 활용하면 그 효과는 배가된다.

⑩ OTT나 유튜브가 수용되어 있다. 이 역시 인터넷 기반이기 때문이다.

(가장 중요한 매력으로,)

⑪ 텔레비전은 외로움을 함께하는 벗이다. 혼자 있어도 텔레비전만 있으면 친
구와 함께 있다는 느낌이 든다. 인공지능 스피커는 이를 훨씬 깊고, 넓게 만
들어 준다.

그들만의 리그

전화와 텔레비전 외에도 우리가 알고 있는 대표적인 **미디어들은 각자의
진화 궤적(Evolutionary Trajectory)에 따라 성장하고 발전했다.** 각자 고유의
시스템을 완성하는 과정을 통해 각자의 시장을 만들고 독자적인 산업으로
성장한 것이다. 예컨대 책은 구전으로 전해지던 이야기가 문자와 함께 필

사(筆寫)의 과정을 거치고, 인쇄술의 발전으로 대량 제작이 가능해지는 과정을 거쳤다. 필사의 과정 단계에서는 책은 구매의 대상이 아니라 임차(賃借)의 대상이었으나, 대량 제작이 가능해지면서 서점이라는 유통망이 나타났고 보다 체계적인 틀을 갖추게 된다. 이후 한편에서는 중고 책을 거래하는 2차 시장이 형성되기도 했고, 또 한편에서는 전자책이 나와 물리적인 책의 모습이 아예 사라지는 새로운 시장이 등장하기도 했다. 책을 만드는 출판시장이 있고, 책을 판매하는 유통시장으로서 일반서점·중고서점 등이 있다. 전자책은 전자책 나름대로 기기 시장이 있고, 이와 별도로 전자책 거래가 이루어지는 유통 플랫폼(Platform)이 등장해 새로운 시장을 형성했다. 전자책 시장은 전문화가 덜 되어 아직은 기기와 유통 플랫폼이 일체화되어 나타나는 경우가 많다. 활자 인쇄는 복잡한 손으로 하는 일을 최초로 기계화한 것인데, 이것이 이후 다른 기계화의 원형이 되었다. 인쇄된 서적은 "시간의 확장"으로 이해할 수 있다(매클루언, 1997: 196).

책이 사적 고백의 형태로 하나의 견해를 제공한다면, 신문은 집단적 고백의 형태로 공공의 참가를 촉진한다고 한다. 매클루언이 책과 신문을 비교한 것으로 양자의 차이를 확실하게 보여준다. 신문은 그 시초부터 책이 되기 위해 만들어진 것이 아니라 모자이크적 형태를 목표로 삼아왔다는 것이다. 신문은 이처럼 사회 또는 집단의 일면을 모자이크처럼 짜깁기하는 성격을 지녔기 때문에 이데올로기의 대변자일 수도 있지만, 공공의 참가가 건실하다면 공정을 상징하는 표상으로서 기능할 수도 있다(매클루언, 1997: 232~247). **신문의 이런 성격은 다른 사람, 다른 사회, 다른 세상에 대해서 널리 알고자 하는 욕구로부터 출발했을 것**이다. 이는 신문사의 설립을 가져왔고, 신문을 널리 배포하고자 하는 과정에서 신문 배급망이 만들어지고 가정까지 배달되는 신문 시스템이 만들어졌다. 인터넷의 등장으로 전자화가 불가피해졌고, 이제는 종이신문보다는 온라인 신문이 훨씬 빠르게 유통되는 시대가 되었다. 종이신문을 지탱해 오던 '구독 + 광고모델'은 갈수록 약해지고 있다. 타개책으로 국내외 신문사들이 온라인 기사의 유료화를 여러 차례 준비했으나 쉽지 않았다. 2022년 10월 17일, ≪중앙일보≫가 국내 최초로 ≪더 중앙 플러스≫를 런칭해서 콘텐츠 유료화를 실험하고 있어 주목된다.[3] 전 세계적으로는 미국의 ≪뉴욕 타임스≫가 콘텐츠 유료화에 관한 독보적인 위상을 차지하고 있다고 한다. ≪뉴욕 타임스≫ 성공의 핵심은 '이용자와의 눈높이 경영'과 필요하면 '권력에도 맞서기도 하는 정론 저널리즘'에 있다고 한다(송의달, 2021: 371~442).

이처럼 모든 미디어는 각자의 진화경로를 거치면서 하나의 완성된 각자의 시스템을 만들었다. 전화, 텔레비전, 책, 신문만이 아니라 잡지·만화·게임·영화 등 모두 각자의 방식대로 진화해서 현재에 이르렀다. 각자의 '기획 - 제작 - 유통(배급) - 판매'의 전달망을 가지고 있는 독자 시스템이었다. **인터넷이 나오기 이전 모든 미디어는 '그들만의 리그'를 통해 성장하고 발전한 것이다.**

영화에 대한 짧은 역사

1991년에 군대를 마치고 대학교 4학년에 복학했습니다. 제대하기 전 전역병 교육을 받으면서부터는 취업 걱정도 슬슬 들더군요. 이왕이면 내가 좋아하는 일을 하자는 것이 첫 번째 든 생각이었습니다. 그러면서 꼽은 직업군이 광고회사, 신문사, 출판사 등 미디어 관련이었습니다. 결국에는 통신회사에 들어왔지만 IPTV 사업

---

3 전체가 아니라 일부 콘텐츠에 부분적으로 유료화를 적용되는 '프리미엄 페이월(Freemium Paywall)[무료(Free) 콘텐츠와 고급 콘텐츠(Premium)를 구분해 제공하는 서비스]' 방식이라고 함(강아영·최승영, 2022년 10월 18일자).

을 하게 된 걸 보면 미디어와 인연이 있나 봅니다. 여하튼 수강신청을 하는 과정에서 신문학과 과목이 몇 개 눈에 띄더군요. 영화론, 광고커뮤니케이션, 신문보도편집론 등입니다. 이 중 박명진 선생님이 강의하신 영화론은 다른 두 과목과 달리 30여 년이 지난 지금도 기억나는 내용이 많습니다. 수강 학생이 많아 대형 강의실에서 수업이 진행되었고, 영화 한 편을 보고 리포트를 제출하라고 했던 것을 포함해서 말입니다.

왜 지금도 영화론 수업이 기억나는 것일까요? 아마 첫 번째는 개인적으로 영화를 좋아했기 때문이었을 겁니다. 초등학교 때에는 MBC 〈주말의 명화〉나 KBS 〈명화극장〉에서 영화를 보고 주인공이 누구였는지를 포함해 공책에 기록하기도 했습니다. 지금도 어린 시절에 봤던 영화들이 가끔 기억나곤 합니다. 처음으로 본 영화는 1972년에 나온 〈장화홍련전〉으로 기억합니다. 초등학교 들어가기 전 어머니와 함께였습니다. 극장이란 곳에 처음 가본 데다 컴컴한 곳에서 가운데 보이는 스크린을 통해 움직이는 이야기를 보는 것이었으니 매우 색다른 경험이었겠지요. 호랑이가 '장쇠'를 물어뜯는 장면이 있었던 것으로 기억하는데 너무나도 무서웠습니다. 이 글을 쓰면서 왓챠피디아앱을 통해 확인하니 이영옥 배우가 주인공이었네요. 처음으로 외국 영화를 본 기억은 1975년 개봉한 인도 영화 〈신상(神象)〉입니다. 화면상이지만 커다란 코끼리를 처음 보았고, 주제곡이 매우 경쾌했던 것으로 기억합니다.

두 번째는 영화가 주는 매력 때문이 아니었나 생각합니다. 전화는 단지 목소리만 전달하는 것인데 반해 극장에서 영화를 보는 일은 오감을 모두 자극하는 것이지요. 당연히 기억이 오래갑니다. 눈으로 보고, 좋은 음향으로 대사를 듣고, 쿠션이 있는 의자의 촉감을 느끼고, 영화를 보는 도중의 식도락과 함께 오래된 극장의 퀴퀴한 냄새까지 말입니다. 게다가 이야기의 흐름을 따라가기 위해 장면 하나라도 놓치지 않고 집중해야 하니 기억이 오래 남는 것이겠지요. 프랭크 로즈(Frank Rose)의 책 『콘텐츠의 미래(The Art of Immersion)』를 보면 삼각형 두 개와 원한 개가 평면 위에서 움직이는 영상물, 즉 한 편의 단편영화를 보고 사람들에게 의미를 묻는 부분이 있습니다. 단지 도형의 움직임인 것에도 불구하고 사람들은 도형을 사람으로 해석해 나름대로 이야기로 답변합니다. 사람들의 인식 속에는 영상매체로서의 영화가 이미 살아 있는 이야기 도구로 자리 잡고 있다는 것이지요. 영상으로 이야기를 풀어 가는 영화의 힘입니다(로즈, 2011: 11~12). 마지막으로 취업에 대한 개인적인 욕구가 덧붙여져 그러지 않았을까 생각합니다.

영화론 수업의 기억을 되살리면 영화는 뤼미에르 형제(Auguste and Louis Lumiere)에 의해 발명되었다고 합니다. 상영한 영화는 〈열차의 도착(L'Arrivée d'un train en gare de La Ciotat)〉이었고요. 영화를 처음 접하다 보니 사람들은 열차가 자기 앞으로 다가오는 것을 보고 깜짝 놀라 피했다는 일화가 있습니다. 이 글을 쓰면서 인터넷 검색을 해 보니 최초의 실용적인 증기기관차는 1812년에 발명되었다고 하네요. 뤼미에르 형제의 영화 상영이 1895년이니 열차가 나온 지 이미 80여 년이 지난 시점입니다. 따라서 당시 열차는 아마도 대중에게 익숙한 것이었을 겁니다. 그러니 열차가 자기 앞으로 바로 다가오는 장면은 너무나도 깜짝 놀랄만한 일이었겠지요.

최초의 영화다운 영화는 1915년 데이비드 그리피스(David W. Griffith)의 〈국가의 탄생(The Birth of a Nation)〉이라고 합니다. 상영시간이 무려 190분입니다. 최초의 장편영화이기도 합니다. 인종차별 집단인 K.K.K.단을 옹호했다는 비판도 있지만 "현대의 영화는 그리피스에 의해 모두 만들어진 것이다"라고 할 정도로 영화 언어 및 표준을 만들었다는 평가가 수반됩니다. 한편 수업 도중 가장 인상 깊었던 것은 러시아 감독 세르게이 아이젠슈타인(Sergei Eizenstein)에 의한 몽타주(montage) 이론이었습니다. 몽타주는 프랑스어 'montor(모으다, 조합하다)'에서 나온 것으로 모아서 편집하는 기법이라는 말입니다. 아이젠슈타인은 '단순한 쇼트(shot, 프레임의 연속된 단위)의 결합이 아니라 쇼트와 쇼트가 충돌해 제3의 의미를 만들어내는 것'이라고 몽타주를 정의했다고 합니다(네이버 지식백과). 쉽게 말하면 장면 순서에 대한 편집을 통해 새로운 의미를 전달하는 것입니다. 역시 영화 편집 기법이라는 말입니다. 몽타주 이론을 쉽게 이해할 수 있는 영화로는 〈전함 포템킨(Bronenosets Potemkin)〉이 대표적입니다. 우크라이나 오데사 광장의 시위대 학살장면이 몽타주 이론을 가장 잘 설명하는 장면입니다. 아이를 태운 유모차가 계단 아래로 내려가지만 아무도 멈추게 하지 않습니다. 엄마는 이미 죽었고, 주변 사람들도 죽었다는 것을 유모차 내려가는 장면과 쓰러져 있는 사람들 장면을 연속 보여주면서 학살 현장을 표현하는 것입니다. 사람들은 편집된 장면을 보고 학살을 머리에 떠올리게 되겠지요.

영화는 더욱 발전해 찰리 채플린(Charles Chaplin)의 무성영화 코미디 영화, 독일의 표현주의 등을 거쳐 1927년 음향이 도입된 유성영화가 시작됩니다. 프랑스의 '누벨바그(nouvelle vague)', 이탈리아의 '네오리얼리즘(neo-realism)' 등 사조도 나타납니다. 누벨바그는 〈네 멋대로 해라(A bout de souffle)〉, 네오리얼리즘은 〈자전거 도둑(Ladri di biciclette)〉이 가장 대표적인 영화였다고 기억합니다. 두 영화는 KT 지니TV에서 볼 수 있으니 관심 있으면 한 번 보시기 바랍니다. 왜 누벨바그인지, 왜 네오리얼리즘인지 이해할 수 있을 겁니다. 미국에서는 할리우드 중심으로 영화산업이 만들어졌습니다. 특히 스타 시스템을 통해 텔레비전의 등장에 따른 위기를 극복했다고 하지요. 물론 대형 스크린(이른바 시네마스코프)과 돌비 서라운드 입체 음향 도입이라는 극장의 변화와 극장 변화에 상응한 블록버스터 중심 영화 제작의 변화가 함께 일어난 결과이기도 합니다. 영화산업 초창기 미국 영화 중 가장 대표적인 것은 1941년 작 〈시민 케인(Citizen Kane)〉입니다. 당시 25세의 오슨 웰스(Orson Wells)가 만들었다고 하는데 영화 역사상 최고의 영화라는 평가가 뒤따릅니다. 지니TV를 통해 최근에서야 봤는데 명불허전(名不虛傳)입니다. 〈시민 케인〉이 만들어지는 과정을 담은 영화 〈맹크(Mank)〉를 넷플릭스에서 보니 무엇이 진실인지 헷갈리기도 합니다. 그간 웰스가 시나리오도 쓰고 감독도 했다고 알고 있었는데, 영화 〈맹크〉에서는 웰스는 돈만 대고 허먼 맨키비츠(Herman J. Mankiewicz) 단독 시나리오로 나옵니다. 웰스와 맨키비츠 두 사람이 아카데미 각본상을 공동 수상했으니, 〈맹크〉가 진실에 가까운 것으로 보입니다. 이런 영화까지 만들어진 것을 보면 〈시민 케인〉의 위대함이 다시금 느껴집니다. 장르별로 보면 뮤지컬은 〈사랑은 비를 타고(Singin'In The Rain)〉 또는 〈오즈의 마법사(The Wizard of Oz)〉, 스릴러 영화는 〈싸이코(Psycho)〉, 로맨

틱 코미디는 〈어느 날 밤에 생긴 일(It Happened One Night)〉, SF 영화는 〈2001 스페이스 오디세이(2001: A Space Odyssey)〉 등이 할리우드 영화, 나아가 전 세계 영화사에 있어 대표적인 영화입니다. 다른 작품들은 모두 이 영화들의 각주 또는 변형이라고 보면 됩니다.

영화는 필름으로부터 시작되는 것이요. 필름으로서의 영화는 한 프레임을 최소 단위로 삼습니다. 프레임 하나는 또한 여러 구성요소로 이루어지는데, 이 구성요소를 생각해 내고 화면에 배치함으로써 하나의 그림을 만들어 내는 작업을 '미장센(mise-en-scene)'이라고 합니다(구회영, 2011: 7~14). 즉, 한 편의 영화는 단순한 활동사진(motion picture)을 넘어 한 편의 이야기가 있는 연속된 필름(movie)입니다. 물론 지금은 모두 디지털로 바뀌어서 필름은 20세기 유물이 되었으나 기본은 같습니다. 최초의 상업 영화〈국가의 탄생(The Birth of a Nation)〉은 다음과 같이 장중하게 시작합니다. 본격 영화의 시작을 알리는 그리피스의 비장미가 느껴집니다.

영화 예술을 위한 기원

부적절하거나 외설이 아니므로 우리는 검열이 두렵지 않다. 미덕의 밝은 면과 잘못된 것의 어두운 면을 비출 수 있는 자유를 요구한다. 그 자유는 성경과 셰익스피어의 작품에 주어진 자유와 같다.

미디어 시장의 밸류체인: CPNT? 혹은 CPND?

다음 장으로 넘어가기 전에 몇 가지를 정리하고 가겠다. 통상 미디어 시장의 밸류체인은 CPNT(Contents-Platform-Network-Terminal)라고 하기도 하지만, CPND[종단장치(Terminal) 대신 단말(Device)]로 구분하기도 한다. 통신

업계에서는 네트워크 종단장치인 모뎀이나 와이파이(WiFi) 공유기, 셋톱박스 등의 단말까지 유지보수 책임 한계(모뎀 등 종단장치 이후 텔레비전이나 PC 등은 통신회사에서 유지보수하지 않는다는 의미)가 있다는 의미에서 CPND보다는 CPNT를 주로 사용한다. 플랫폼과 터미널. 우리가 철도나 버스를 이용할 때 많이 사용하는 말들인데, 미디어 업계에서도 같은 용어를 사용하고 있다니 재미있다. 교통시스템이나 방송·통신시스템 모두 연결을 위해서는 네트워크 또는 라인(Line)을 이용하는 것이니 비슷한 용어를 사용하는 것이라 하겠다. 본론으로 다시 돌아와서 시중에 나와 있는 책들이나 연구자료 등을 보면 대부분 CPND를 사용하고 있다. CPNT라고 말하는 것은 통신사업자뿐인 것으로 보인다. 사람들이 디바이스를 통해 미디어를 이용한다는 관점에서 D가 이해하기 쉽고 보다 적합한 표현으로 보인다. 4차 산업혁명 시대를 맞아 새로운 미디어로 부상할 수 있는 자동차를 터미널이라고 하기에는 어색하다. 이보다는 디바이스라고 하는 것이 더욱 설명력이 있다. 앞으로 미디어 시장의 밸류체인은 CPND로 표현하도록 하겠다.

또 하나 콘텐츠 시장 밸류체인에 대한 부분도 정리하고 가야 한다. 통상 업계에서 콘텐츠 시장의 밸류체인은 PPDW(Publishing-Packaging- Distribution-Window)로 설명하곤 했다. 투자 및 제작 개념(Publishing)이 있고, 이를 유형별로 묶는 과정(Packaging)을 거쳐 배급사 또는 유통회사에 넘어간 후 (Distribution) 실제 소비자와 접하는 창구(Window)를 만나게 된다. 신문의 경우 기사를 모아 편집 후 인쇄하는 과정을 거쳐 하나의 신문이 만들어지고, 이것이 다시 신문 보급소라는 유통망을 거쳐 가정마다 배달되거나 가판대를 통해 길거리나 지하철에서 사서 볼 수 있게 된다. 하지만 굳이 콘텐츠 시장의 밸류체인을 따져보지 않아도 미디어 시장 그 자체로 설명하는 것이 자연스럽다. 콘텐츠는 그 자체만으로는 아무런 의미가 없고 미디어를 통해야 그 의미가 살아나기 때문이다. 게다가 OTT 사업자들이 극장을 거치지 않고 직접 오리지널 콘텐츠를 제작·상영하는 등 기존의 콘텐츠 밸류체인이 허물어졌다. PPDW 영역별 전문 사업자가 나눠서 하던 시스템이 이제는 하나로 통합되어 전개되고 있는 양상이 출현한 것이다. 대표 사례로 2017년 봉준호 감독의 〈옥자〉는 넷플릭스에서 제작 및 배급까지 하게 되면서 메이저 멀티플렉스의 반발을 불러왔고, 결국 소규모 극장들에서만 개봉하게 되었다. 〈옥자〉 이후 이러한 경향이 더욱 강화되고 있다. PPDW로 구분하는 밸류체인이 무의미해진 것이다. OTT에 대해서는 후술하겠다.

_제2장

통신과 방송이 커플링되다

통신은 방송과 달리 협송

　대표적인 미디어로서 통신과 방송에 대해서는 자세히 설명하도록 하겠다. 제1장에서도 설명한 바와 같이 전화기의 발명은 '**아주 먼 거리에 있는 사람과도 대화하고 싶은 인간 욕구의 실현과정**'이다. 방송은 통신과는 조금 다른 욕구로부터 출발했다. '**동료와 후세를 위해 기록을 남기고 공유하고 싶은 욕구의 실현과정**'이 방송이다. 기원전 1만 5000년에 만들어졌다는 라스코 동굴(Grotte de Lascaux) 벽화가 원형 중의 하나일 수 있다. 따라서 원시시대의 석판, 이후 나무껍질, 종이 순으로 재질이 발전해 나가는 활자 매체 등으로부터 이해해야 한다. 종이 재질로도 여전히 한계가 있어 새로운 영상매체가 필요하게 되었고, 텔레비전의 발명으로 이어지게 된다. 1929년

9월에 열린 올림피아에서 존 베어드(John Baird)의 텔레비전이 전시된 직후인 1929년 9월 30일 영국의 BBC에 의해 첫 텔레비전 정규방송이 시작된다. 기계식 텔레비전이었다(호룩스, 2018: 59).

통신은 기본적으로 양방향을 전제로 고안된 시스템이고, 방송은 이와 달리 단방향이다. 한자어를 통해서 보면 통신은 통할 통(通)에 믿을 신(信), 즉 멀리 떨어져 있는 상대방과의 의사(意思) 신호(信號)를 전달하는 것이다. 반면에 방송은 놓을 방(放)에 보낼 송(送), 즉 한쪽에서 일방적으로 놓아 버리고 보내는 것이 방송이다.

이는 통신과 방송이 하나의 비즈니스, 나아가 산업으로 성장하는 과정에서 커다란 차이를 가져다준다. 통신은 전달하고자 하는 내용에는 관심이 없다. 내용을 결정하는 사람은 나와 대화하는 상대방이다. 그래서 통신은 '**어떻게 전달할 것인가?**'에 방점이 있다. 방송은 어떻게 전달할 것인지는 별론으로 하고 '**무엇을 전달할 것인가?**'에 초점을 둔다. 전달하고자 하는 내용은 보내는 사람이 결정한다. 따라서 **통신이 기본적으로 네트워크 지향적(Network Oriented)이라면, 방송은 콘텐츠 지향적(Contents Oriented)일 수밖에 없다.** 이용행태에서도 차이가 있다. 통신에서는 주인공이 나와 상대방이다. 내가 전달하려는 내용을 이해하기 위해 상대방은 열심히 들어야 하고, 상대방이 전달하려는 내용은 내가 열심히 들어야 한다. 무언가를 주고받기 위해 통신수단을 이용하는 것인 만큼 상호 능동적이어야 하고, 서로의 정보를 제대로 수용하기 위해 매우 집중해야 한다. 반면에 방송은 일방적이다. 받아들이는 사람은 수동적일 수밖에 없다. 게다가 불특정 다수를 대상으로 일방적으로 보내는 것이어서 실제 정보가 도달했는지 알 필요가 없고 알고 싶지도 않다. 이런 측면에서 본다면 **방송과 비교해서 통신을 협송(狹送)**이라고 불러도 좋을 듯하다. 상대방을 특정해 정보를 보내는 것이기 때문이다. 특히 **유료방송이 되고부터는 시청자는 사라지고 가입자(고객)**

가 새로이 등장하게 되었다. 이제 방송은 통신의 특성처럼 특정한 누군가를 위해 보내는 것으로 바뀌게 되었다.

통신서비스의 이해:
3대 시스템의 결합체(단말기, 전송로, 교환기)

조금 더 구체적으로 알아보자. 통신이란 상대방과 어떤 의사를 주고받는 것으로, 이때 보내는 쪽과 받는 쪽 사이에 형성된 관계를 통신망(Network)이라 한다. 전기통신은 이러한 과정이 전자기적(Electromagnetic) 방법을 이용해 이루어지는 것을 말한다. 공학에 있어 이론적 연구의 장을 연 클로드 샤논(Claude Shannon)의 통신모형은 이를 간명하게 설명하고 있다. 〈그림 1-2-1〉은 일대일 간 이루어지는 가장 간단한 형태의 통신모형이다.

이 모형에서 보내는 정보와 받는 정보는 '어떤 의미를 지니는 내용'이다. 이러한 정보는 도구나 수단을 통해 표현되는데 입출력장치와 송수신기가 이러한 역할을 한다. 예를 들어, 일상적인 대화에서는 입이 출력장치 및 송신기, 귀가 입력장치 및 수신기의 역할을 한다. 통신서비스에서는 단말기가 이에 해당한다. 통신로는 송신기와 수신기를 연결하는 물리적인 매체로서 일상적인 대화에서는 공기가, 통신서비스에서는 전화선을 포함한 전

〈그림 1-2-1〉 샤논의 통신 모형

자료: 차동완(2000: 2).

〈그림 1-2-2〉통신서비스 3대 시스템

체 전송시스템이 이러한 역할을 한다(차동완, 2000: 2~3).

　통신서비스는 샤논의 통신모형에 교환 노드(Switching Node)를 추가한 전기통신시스템에 의해 구현된다. 즉, 정보 전달수단인 단말 시스템(단말기), 정보 전달통로인 전송시스템(전송로), 그리고 전송시스템의 결절(結節, Node)에서 효율적인 정보전달을 돕는 교환시스템(교환기)이 전기통신시스템을 구성한다. **아무리 복잡한 통신서비스라 하더라도 이 3개 시스템의 조합으로 설명할 수 있다는 점에서 이러한 구분은 매우 유용하다.** 일상생활에서 휴대폰으로 다른 사람에게 편하게 전화를 걸어 통화하지만 실상 그 이면에는 교환기와 전송로를 거치는 것이다.

　참고로 **휴대폰에서 기지국까지는 무선이지만, 기지국 이후부터는 다 유선이다.** 2018년 11월 발생한 KT 아현국사 화재에서 유선 케이블이 불탔음에도 휴대폰이 불통이었던 이유도 기지국 이후부터는 모두 유선이기 때문이다. 한편 아현국사 화재는 1994년 혜화전화국 통신구 화재와 비교해 규모는 훨씬 작았다. 아현국사 화재에서 화재로 소실된 통신회선은 16만 8000회선이었다. 반면 혜화전화국 화재 피해 규모는 32만 1000회선이었으니 거의 두 배에 가깝다. 게다가 혜화전화국이 가지는 국사의 중요도는 말할 필요가 없을 정도다. 하지만 그러함에도 사안이 컸던 것은 1994년 당시에는 인터넷이나 휴대폰이 이렇게 많이 보급되지 않았던 시절이었기 때문이다. 핵심은 휴대폰을 통한 인터넷 결제 기능의 마비에 있다. 인터넷과 모바일의 시대에 통신망 장애는 시민의 삶에 있어서 중단으로 직결되기 때문에 통신망 관리는 갈수록 중요해지고 있다.

다시 본론으로 돌아와서 전화(최근에는 '집 전화'라고 부름), 가입전신(텔렉스), 1990년대 꿈의 통신망이라고 불렸던 종합정보통신망(ISDN: Integrated Service Digital Network)도 이러한 구조다. 전화 통신망에 단말기만 팩시밀리로 바뀐 것이 팩스 서비스다. 전화는 전화 네트워크에 맞는 단말(전화기)이 있으며, 전송로와 교환기가 따로 있는 것이다. 가입전신도 가입전신 네트워크에 적합한 단말기(텔렉스 기기)가 있고 전송로, 교환기가 있다. ISDN도 별도 ISDN용 전화기가 있고 전송로와 교환기가 있는 것이다.

이런 패턴을 벗어난 것이 두 가지가 있다. 하나는 전용회선(專用回線)이고 또 하나는 인터넷이다. 일반적인 통신망의 경우 단지 두 곳이 아닌 무수히 많은 연결을 위한 효과적·효율적인 방법을 구현하는 과정에서 교환기가 필요하게 되었다. 교환기의 중계를 거쳐 회선과 회선을 연결하는 방식이어서 회선교환 방식이라고 한다. 전용회선은 종단 대 종단(End to End)을 직접 연결하는 것이다 보니 중간에 교환기능이 있을 필요가 없다는 점에서 통상의 통신시스템과 차이가 있다. 주로 기업체 등에서 통신사업자로부터 망을 빌려 자기들만의(專用) 통신망으로 활용한다. 인터넷은 애초에 일대일만의 통신을 염두에 둔 방식이 아니다. 즉, 여러 사람과 여러 사람을 한꺼번에 연결하는 시스템이다. 이를 편리하게 구현한 것이 패킷교환 방식이다. 인터넷 시스템까지만 직접 (전용회선과 유사하게 End to End로) 연결되기만 하면(즉, 정보를 보내면) 다음부터는 인터넷 시스템이 가지는 로직(TCP/IP: Transmission Control Protocol/Internet Protocol)[1]에 따라 인터넷에 접

---

1 인터넷 통신규약. 파일을 일정한 크기의 패킷으로 나누어 전송하고, 네트워크의 다양한 노드를 거쳐 수신지에 도착한 패킷들이 원래의 정보나 파일로 재조립되도록 하는 통신규약이다. 서로 다른 컴퓨터 시스템을 연결하기 위한 통신규약이기 때문에 이 규약을 따르면 컴퓨터 기종이나 운영체제 등과 무관하게 통신할 수 있다. 인터넷 프로토콜인 IP와 전송조절 프

속된 다른 누군가(또는 어떤 것)와 연결될 수 있다.

핸드폰도 또 다른 하나의 통신시스템이다. 지금도 길거리를 가다 보면 핸드폰 기지국이 잔뜩 모여 있는 것을 볼 수 있다. 보기에 참 안 좋아 보이지만 불가피한 측면이 있다. 통신 3사가 모두 기지국을 설치할 만큼 좋은 위치이기 때문이다. 그런데 3사가 기지국을 설치했으니 3개의 장비만 있으면 될 것 같은데 너무나 많은 기지국이 있다. 이른바 세대(Generation)로 구분된 장비[3G, 4G(LTE), 5G 기지국 등]가 모두 함께 있어 더욱 복잡해진 것이다. 2022년 8월 1일 SKT의 2G 가입자 회선이 일괄 해지되어 2G 기지국은 역사 속으로 사라졌다.

우리는 휴대폰을 일상에서 편리하게 이용하고 있다. 하지만 통신시스템 관점에서는 매우 낭비가 많다는 것을 알 수 있다. 휴대폰(이동전화) 서비스는 1984년 말 2658 가입자로 출발해 벌써 5번째 네트워크 시스템('이른바 5G')이다.[2] 휴대폰 네트워크의 비효율성은 상대적으로 다른 네트워크와 비교해 보면 확실히 이해할 수 있다. 전화의 경우 장구한 세월을 거쳐 시스템이 완성되었다. '모든 국민이 기본통신은 영위할 수 있도록 하는 것'이 최소한이었다. 1987년 최소한의 규모인 전화 가입자 수 1000만 명을 돌파했고,[3]

로토콜인 TCP로 이루어져 있다.

2   참고로 한국 주요 통신서비스의 상용화 일정을 정리하면 가입전신 1965년 12월, 전용회선 1968년 7월, 팩스 1972년 5월, 무선호출 1982년 12월, 전자우편(e-mail)제도 1983년 12월, 셀룰러 방식의 차량·휴대전화 1984년 5월, TRS 1988년 10월, ISDN 1993년 12월 29일, 인터넷(케이티코넷) 1994년 6월 20일 등이다.

3   1987년 7월에 '전국전화광역자동화'를 달성했고, 10월에는 전화 가입자 1000만 명을 돌파했다. 광역화란 면 단위 우체국 중심 반경 1.5Km의 가입구역의 광역화 및 면 단위 중심의 전화국에서 군 단위 중심의 전화국으로 변경하는 것을 말한다. 여기에는 연안 도서를 육지와 연결해 시내 통화권으로 흡수하는 것도 포함된다. 자동화란 시내전화가 자동교환방식으로 완전히 바뀌는 것을 의미한다. 전화 가입자 1000만 명 돌파는 '1가구 1전화' 시대로 접어들어 고정성을 기본 특성으로 하는 전화 서비스로서는 최소 기본통신 수요는 완전히 충족되었다는 상징적 의미를 지니고 있다. 기본통신 수요의 조기 충족으로 한시법에 따라

이후 가입자 증가에 맞춰 시설을 늘리고 신도시 등이 생기면 그 지역에 국한해 새롭게 망을 구성하는 것 정도 외에는 특별히 네트워크의 변화가 없다. 다만 전송로는 현대화되었고, 교환기는 물리적인 하드웨어 교환기가 일종의 컴퓨터인 소프트웨어 교환기로 대체되었다. 하지만 기본 골격은 달라지지 않았다. 인터넷 또한 초기 비대칭 디지털 가입자 회선(ADSL: Asymmetric Digital Subscriber Line) 방식[4]이 댁내 광 가입자 회선(FTTH: Fiber To The Home) 방식으로 바뀐 것 정도다. 하지만 모바일은 5G 네트워크가 완성되기도 전에 벌써 6G 네트워크 이야기가 나오고 있다. 6G가 되면 번거롭지만 또다시 휴대폰 단말기를 바꿔야 한다. 전술한 것처럼 하나의 네트워크는 단말기-전송로-교환기가 하나의 일체이기 때문에 네트워크 시스템에 맞춰 단말기도 바뀌어야 하기 때문이다.

모바일 네트워크 교체는 통상 10년 주기설로 설명한다.[5] 예컨대 최근 네트워크 센싱을 통한 자율주행 이야기를 많이 하지만 현재로서는 난센스다. 5G

전화 가입 때마다 의무적으로 매입해야 하는 전신전화 채권이 당초 계획보다 2년 앞서 1988년 1월 전면 폐지된다. 기본통신 수요가 조기에 충족된 배경으로는 전자교환기의 개발에 있다. 기계식 교환기로는 1년에 30~50만 회선 정도밖에 공급할 수 없었다. 한국 최초의 전자교환기는 1979년 12월 당산전화국과 영동전화국에 개통된 반전자 방식의 M10CN이다. 이후 1980년대 전(全)전자교환기(TDX 교환기) 국산화에 성공해 연 100만 회선 이상 시설 확충이 가능해졌다(케이티, 2001: 276~281).

4 ADSL은 1988년 미국의 벨 코어사(Bellcore)가 VOD 서비스의 상용화를 위해 개발한 기술로 상향속도는 낮지만 하향 속도는 높아 비대칭 디지털 가입자회선이라고 불렸다. 대용량 비디오 트래픽을 다운로드하기에 가장 최적의 기술이라고 생각되었다(차동완, 2000: 359~360).

5 이동전화 기술은 10년마다 바뀌지만 세상은 20년 주기로 바뀐다고 한다. 2000년대 3G 시대는 2G 시대와 별로 차이는 없었지만 2010년대 4G(LTE) 시대가 되어 크게 바뀐 것처럼, 2020년대 5G가 완성되더라도 2030년대 6G 시대에 되어서야 실감 나는 변화가 생긴다는 것이다. 1G, 3G, 5G 등 홀수 이동통신 기술세대는 10년 동안 와해성 혁신을 잉태하고 출산하는 역할이고, 이후 10년간 짝수 이동통신 기술세대에서 그전 세대에서 정의된 와해성 혁신이 시장에 안착하고 고도화하도록 하는 존속성 혁신이 이어져 세상이 변한다는 것이다 (신동형, 2021: 24~43).

네트워크로도 자율주행은 어림없는데 아직 5G 네트워크가 제대로 구성되지 않은 시점이다. 최소한 6G 네트워크 정도는 되어야 자율주행이 가능할 것으로 판단되는데, 6G는 아직 표준도 정해지지 않았고, 제대로 구축하려면 2035년이나 2040년에나 가능할 것이다. 당장 5G 네트워크 투자를 하기에도 지나치게 많은 투자비가 들어가기 때문에 통신사들이 주저하는 마당에 이를 회수하기도 전에 투자하는 것은 어려운 일이다. 4G(LTE) 네트워크 구축에 KT만 수조 원 가까운 투자비가 소요되었다. 다른 통신사 또한 비슷한 규모의 투자를 했을 것이다. 5G 네트워크 투자는 4G 투자의 몇 배, 6G 네트워크는 5G 투자의 또 몇 배의 투자비가 소요될 것이다. 과연 사업자가 감당할 수 있겠는가? 4차 산업혁명의 핵심기반이 네트워크 인프라에 있다는 점을 고려하면 정부 차원의 특단의 대책과 민간사업자와의 역할 분담이 필요하다.

방송서비스의 이해: 기본적으로 단방향

방송은 통신과 같이 양방향을 염두에 둔 네트워크가 전혀 아니다. 방송국에서 일반 가정까지 일방적으로 송출하는 개념이니 단방향이다. 네트워크 구성도 단순해서 방송국에서 제작한 방송물을 무선 주파수 대역에 맞춰 사방으로 보내면 산 위에 있는 중계소를 타고 일반 가정에 있는 안테나를 통해 수신되어 텔레비전 수상기나 라디오 수상기로 가는 구조다. 즉, 방송은 방송국과 전송로와 단말기가 구성요소다. 이때 방송국은 콘텐츠를 만드는 곳이면서 편집해 네트워크를 통해 송출하는 곳이기도 하다. 모든 기능이 한 곳에 모여 있는 형태다. 따라서 방송은 중앙에서 불특정 다수를 향해 전달하는 **허브 앤 스프레드**(Hub & Spread) 방식이라 하겠다. 반면에 통

〈그림 1-2-3〉 방송서비스 시스템

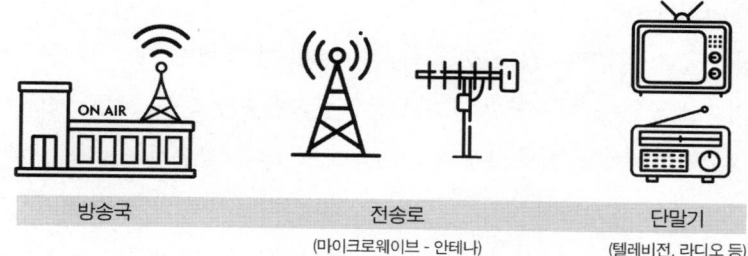

방송국	전송로	단말기
	(마이크로웨이브 - 안테나)	(텔레비전, 라디오 등)

신은 전화국에 교환기를 두고 종단 대 종단 또는 점 대 점(Point to Point)을 연결하는 **허브 앤 스포크(Hub & Spoke)** 구조이니 방송과는 근본적으로 차이가 있다.

이러한 차이는 비즈니스 모델의 차이로 이어진다. 방송은 콘텐츠를 널리 (전방위적으로) 송출하는 구조다. 그래서 Broadcasting이다. 일방적이다. 누가 얼마나 어떻게 보고 있는지에 대한 정보를 제대로 알기가 어렵고 알 필요도 없다. 대신 광고를 방송 프로그램과 함께 송출하고 광고료를 받는 것으로 수익모델을 삼는다. 광고주는 광고비를 지출해 실제 매출을 일으키거나 미래 매출에 직간접적으로 기여를 얻는 것이 목표다. 따라서 널리 알릴 수 있는 매체를 선호한다. 즉, 광고는 소비자 접점을 극대화하는 과정을 통해 수익모델을 실현하는 것으로 디지털 시대에도 소비자가 선호하는 것에 광고가 몰리는 것은 변하지 않는다(박성용, 2007: 32~40). 이런 점에서 라디오나 텔레비전과 같은 매체는 매우 파괴력이 센 광고매체다. 그간 사람들의 일상에서 라디오나 텔레비전을 소비하는 시간이 절대적으로 많았고, 텔레비전이나 라디오 수상기의 숫자만큼 광고가 도달한다고 가정하기 때문이다. 이처럼 광고 수익이 어느 정도 보장되기 때문에 굳이 시청자가 누구인지를 알 필요가 없다. 다만 광고단가 산정 기준으로 주로 시청률을 사용하기 때문에 시청률을 높이는 것에 중점을 두고 시청자를 이해하는 것에 그친다.

방송 광고는 법적으로 프로그램당 시행횟수가 정해져 있고, 단가는 시장 자율에 맡긴다. 하지만 지상파의 경우 한국방송광고진흥공사(KOBACO)의 광고단가가 어느 정도 표준으로 자리 잡고 있다. '방송법' 시행령(2021년 9월 24일 시행) 제59조에 따르면 텔레비전 및 라디오 방송의 경우 광고시간은 해당 방송 프로그램의 100분의 20 이하가 되도록 하고, 중간광고는 45분 이상 60분 미만일 경우 1회, 60분 이상 90분 미만일 경우 2회 가능하도록 규정되어 있다. 따라서 70분 드라마 기준 광고는 14분(100분의 20) 정도 편성할 수 있다. 드라마 시작 전 6분, 중간광고 2분, 드라마 끝난 후 6분이다(김희재·이지은, 2021: 15). 요새 드라마가 대부분 1회분이 60분을 넘기면서 제작되는 이유이기도 하다. 물론 해당 시간대에 광고가 완판되지 않을 수 있다.

방송은 시청자를 굳이 알지 않아도 되는 비즈니스 모델이기 때문에 시청자단의 네트워크 구성에는 매우 소홀하다. 물론 방송도 무선 중계망을 통해 전국으로 송출하는 구조여서 전송로에 어느 정도 관심이 있지만 거기까지다. 방송 수신을 위한 안테나 등도 방송사에서는 관심이 적다. 방송 수신 여부는 철저히 시청자의 몫이다. 게다가 텔레비전·라디오 수상기의 구매는 전적으로 이용자의 몫이다. 바람이 심하게 불어 안테나 방향이 돌아가면 텔레비전이 안 나오기도 하는데 고객의 불만 접수(VOC: Voice Of Customer)가 방송사로 바로 가지 않는다. 텔레비전 수상기에 약간의 결함이 있어 측면을 몇 번 때려야 방송이 잡히기도 했다. 그러다 보니 1997년부터는 아파트를 지을 때 지상파 방송 수신 단자를 의무화하도록 하기도 했다. 텔레비전 방송 공동 수신을 위해 아파트 등 집합건물 옥상에 커다란 안테나(Master Antenna)를 설치하는 것이었다. 공시청(共視聽) 안테나(MATV:

Master Antenna TV)라고 부른다. 건설사가 아파트를 지을 때 이런 시설을 포함해야 한다는 것이니 어차피 분양가에 포함되었을 것이다. 사실상 아파트 주민이 부담하는 것이다. 2004년부터는 지상파를 수신하는 단자(MATV)와 케이블 방송을 보는 단자(CATV)를 엄격하게 구분하도록 바뀌었고, 2008년부터는 위성방송(Satellite Broadcasting)까지 수신할 수 있는 단자를 넣어야 한다. 위성방송을 수신하는 것은 위성 공시청 안테나(SMATV: Satellite MATV)라고 한다. SMATV가 설치되어 있지 않은 아파트 단지 등에서 위성방송을 수신하기 위해 간이 공시청 시설(IF 시설)을 설치하기도 한다. 물론 '급한 사람이 우물을 판다'라고 위성방송 사업자가 투자하기도 한다. 하지만 공시청 시설 의무화에도 난시청 문제는 여전히 남아 있다. 그러함에도 방송사는 제대로 된 대책을 고민하거나 이를 위한 투자에 인색하다. 방송사에서만 떠맡기에는 너무나 많은 투자비가 소요되니 이해가 되기도 한다. 게다가 방송사로서는 수익모델과 무관하니 관심사에서 조금 떨어져 있다. 방송 프로그램을 잘 만들어서 뿌리는 것이 더 중요하다. 시청자 수는 실제 수신하는 것과 상관없이 거의 모든 국민에게 도달한다고 산정한다. **그래서 방송에는 고객이 없다. 시청자가 있을 뿐**이다.

통신은 가입에 따른 월정요금과 별도 서비스 이용에 따른 추가 요금이 주요 수익모델이다. 통신서비스 가입자는 반드시 전송로에 접속되어 있어야 한다. 그래야 나는 다른 사람을 특정할 수 있고, 다른 사람 또한 나를 특정할 수 있어 언제라도 서로 연결될 수 있다. 특정이 가능하다는 점 때문에 가입자로부터 요금을 징수할 수 있다. 하지만 가입자 한 사람 한 사람 모두 네트워크에 연결되어야 하므로 가입자 선로가 구축되어야 한다. 당연히 초기 투자비가 매우 많이 소요될 수밖에 없다. 통신이 전력·수도·가스 등과 같이 국가가 주도할 수밖에 없었던 이유다. 전력·수도·가스 모두 각 가정까지 연결되어 있지 않은가. 이들을 통칭해 수도꼭지를 틀면 바로 물이 나오는 것과 같다고 해서 **유틸리티**(Utility) **산업**이라고 한다. 또한 **자연독점**(**Natural Monopoly**) 성격이 있다고 한다.[6] 한편으로는 가입자가 증가할수록 가입자가 느끼는 편익이 갈수록 커지기 때문에 가입 유인 효과가 있다. 이른바 **망 외부효과**(Network Effect)다. 가입자가 증가하면 증가할수록 가입자당 투자비가 줄어드는 규모의 경제가 있어 초기 투자비를 상쇄한다. 한마디로 통신은 초기에 많은 투자를 하지만 가입자의 증가에 따라 이를 회수하는 비즈니스라고 할 것이다. 통신의 경우 구체적인 특정 사람과의 대화를 연결해 주는 것이기 때문에 가입자 단말기도 함께 고려한다. 방송과 매우 극명한 차이를 보이는 지점이다. 따라서 단말기 가격이 비싸면 가입자에게 임대하는 전통까지 있다. 그 뿌리는 1962년 6월 최초로 보급한 국산 전화기 체신 1호로 거슬러 올라간다. 우리가 가정에서 전화기 하면 가장 먼저 떠올리는 다이얼을 돌리는 방식의 검정 색깔의 전화기가 그것이다. 물론 1980년대 이전까지다. 전화기를 일반 이용자가 구매해서 사용하게 된 것은 국내 전화기 제작업체들이 MFC 전화기(버튼식 전화기)를 만든 1980년대 초부터다. 그전까지 전화기 제작업체들은 표준규격에 맞춰 전화기를 만든 후 정부(체신부)에 납품했다. 정부는 이를 전화 가입자에게 다시

---

6   자연독점적 산업이란 비용함수에 하위가산성(Subadditivity)이 있는 경우로 여러 개의 소규모 기업에 의한 생산보다 한 개의 대규모 기업에 의한 생산이 더 비용을 줄일 수 있을 때 비용함수에 하위가산성이 있다고 한다. 통신서비스는 통신망의 구축과 운영에 하위가산성이 존재할 가능성이 있고, 결합생산요소 및 전체로(Lumpy)만 사용되어야 하는 생산요소의 존재로 자연독점적이라고 여겨져 왔다. 이는 다른 한편으로는 진입장벽(Entry Barrier)이 매우 높다는 것을 의미하는데, 가입자 접속(Access)망과 같은 병목 설비(Bottleneck Facility)의 존재가 이를 대변한다. 초기에 막대한 비용을 감수해야 하고, 이를 장기간에 걸쳐 회수하기 때문에 투자 여력을 갖추지 못한 경우 진입이 어렵다. 또한 초기 막대한 투자비용은 매몰비용(Sunk Cost)이 되어 철수장벽으로도 작용하기 때문에 진입에 신중한 전략적 판단이 요구된다. 통신서비스의 자연독점성과 경쟁 도입 논의에 대해서는 이명호·전영섭 외(1999: 85~122) 참조.

임대한 것이다. 가입자 단말 임
대 전통은 1990년대 초 하이텔
단말기, 초고속인터넷이 나오면
서부터는 모뎀, IPTV에 가입하
면 셋톱박스 등까지 이어진다.
듣기에 생경하겠지만 사급제(社
給制)·자급제(自給制)라는   용어
가 있다. 대표적으로 가입전신

〈그림 1-2-4〉 하이텔 단말기

이 있다.[7] 임대한 단말은 무료로 공급되기도 하지만 일부 요금을 받기도
한다. 해지하면 당연히 이 단말들은 반납해야 한다. **이 모든 것의 뿌리는 기
본적으로 정보 전달방식의 차이에서 기인한다. 전달방식의 차이는 각자의 시
스템을 만들었다. 통신은 통신, 방송은 방송이다. 확연히 다른 것**이다.

광고 이해를 위한 짧은 이야기

'고객은 아내다.' 유명한 광고인 데이비드 오길비(David Ogilvy)의 명언입니다.
이처럼 고객을 쉽게 이해할 수 있도록 한 비유에는 여러 가지가 있습니다. '고객은
왕이다'가 대표적입니다. 이 외에도 '고객은 독이다', '고객은 신이다', '고객은 주인
공이다', '고객은 갑이다' 등 다양합니다. 이 책에서는 결론의 의미를 담아 '고객은
미디어 제국의 황제다'라고 명명했습니다. OTT가 등장하면서 시장은 더욱 복잡

---

7   가입전신의 설비비는 전화보다 훨씬 비쌌다. 전화는 시설수 40만 1회선 이상일 경우 10급지
라고 해서 가장 비싼 24만 2000원의 설비비를 예치했으나, 가입전신은 지역을 불문하고 자
급제일 경우에는 40만 원, 사급제일 경우 234만 1800원의 설비비를 예치했다. 예치한다는
의미는 해지하면 되돌려 주기(환급) 때문이다. 자급제란 텔렉스 단말기를 가입자가 구매해
사용한다는 의미이고, 사급제란 회사 또는 공사로부터 임대해 공급을 받는다는 의미다.

해졌지만, 결국 고객의 선택이 시장 쟁패(爭覇)의 결과를 결정할 것이라는 생각에서입니다. 궁극적으로 고객이 승자를 결정하는 것이니 한마디로 '고객은 아내'라고 정의해도 무방하겠지요.

'나이는 숫자에 불과하다.' 『책은 도끼다』, 『여덟 단어』의 저자이기도 한 박웅현 카피라이터의 광고문구입니다. 지금은 KT와 합병한 KTF의 휴대폰 광고에서 사용되었지요. 두 가지 의미를 담고 있다고 생각합니다. 하나는 KTF는 KT의 자회사이기 때문에 떠오르는 나이 들고 고루하다는 이미지를 중화시키는 것입니다. 휴대폰은 젊은 사람들이 선호하는 것이니 어느 정도 나이가 있는 사람들은 휴대폰보다는 유선전화를 더 익숙하게 받아들였을 겁니다. 다른 하나는 마케팅 관점에서 나이 먹은 사람도 이용하기 쉽다는 메시지를 강조하고자 함입니다. 후발 사업자이다 보니 틈새 고객을 목표로 삼는 것이 가입자 유치에 더 유리했을 것이기 때문입니다. 실제 나이 든 모델이 청바지를 입고 나와 크게 호응을 받기도 했습니다.

광고는 무언가를 널리 알리는 행위입니다. 오길비의 명언이나 KTF 광고 카피처럼 몇 개의 단어를 통해 의미를 함축적으로 전달합니다. 판매가 크게 이루어지기도 하니, 팔고자 하는 사람은 광고에 의존하고 싶은 욕구가 생기는 것이겠지요. '광고는 판매 이전의 커뮤니케이션'이라는 관점에서는 인류 역사와 궤를 같이한다고 합니다. 당연히 상거래 이전에 알리는 활동이 있어야겠지요. 기원전 3000년 무렵 고대 바빌론 왕국에서는 호객행위 후 수수료를 받는 '여리꾼(barker)'이 활동했다고 합니다. 고대 이집트에서는 상품소개나 분실물 광고를 했고, 로마 시대에는 검투사 시합 일정 등을 알리는 광고가 있었다고 하네요(김동완, 2010: 16~23). 현대에 들어와 광고는 '자본주의의 꽃'이라고 부를 정도가 되었습니다. 너무나 많은 상품·제품의 홍수 속에서 제대로 알리지 않으면 팔리지 않는다는 명제는 여전히 유효하기 때문입니다. 따라서 제품과 서비스는 시간이 흐를수록 대개 가격이 하락하는 반면, 광고는 오히려 제작비용이 증가합니다. 효과가 떨어짐을 알면서도 절대 광고량 또한 줄어들지 않습니다. 다만 광고시장을 주도하는 매체는 계속 변화합니다. 매체(미디어)의 발달에 따라 광고기법도 고도화되면서 광고비용과

물량을 지지(支持)하고 있는 것입니다. 광고 비즈니스의 성공요소는 한마디로 '**매체의 영향력 × 매체에 대한 통제력**'의 조합이라고 규정할 수 있습니다. 영향력이 센 매체가 매체에 대한 통제력까지 있다면 그 위력은 막강할 것입니다. 예컨대 유료 방송 사업자는 자신의 매체를 광고 플랫폼으로 활용하기 때문에 통제력은 강하지만, 영향력이 낮아 성장에 한계가 있습니다. 이에 반해 페이스북이나 유튜브 등은 영향력과 함께 통제력을 함께 가지고 있어 성장세가 압도적입니다. 인앱(In App.) 광고 등 미약하게 시작한 모바일 광고가 이제는 모든 매체 광고를 흡수할 정도로 광폭 행보를 하는 이유입니다.

음성 네트워크 vs. 비음성 네트워크

통신과 방송의 차이는 서비스의 발달과정에서 더욱 확실히 이해할 수 있다. 통신서비스는 구체적인 전달정보의 내용에는 관심이 별로 없고, 단지 음성을 실어 보내느냐 아니면 음성 아닌 것을 실어 보내느냐가 더욱 중요하다. 따라서 **음성(Voice)을 보내는 네트워크냐, 아니면 비음성(Non-Voice)을 보내는 네트워크냐**로 구분한다. 한마디로 **전화냐 전신이냐**.[8] 하지만 그간 통신서비스는 기술 측면에서는 통신망의 기능 계위(階位) 및 그 진화 과정과 궤를 같이하고, 규제 차원에서는 현재 정부가 하는 것처럼 역무별로 분류해 왔다.[9] 시장에서 실제 나타나는 통신서비스의 모습을 그대로 반

---

8   지금은 KT 지사 또는 Plaza 등으로 불리지만 예전에는 전화국, 그 이전에는 전신전화국이 보통명사처럼 통용되기도 했다.

9   기술 측면에서는 우선 기능 계위에 따라 망 서비스와 부가통신서비스로 구분하고, 망 서비스는 다시 정보전달과 정보처리 서비스로, 정보전달은 다시 기간통신망, 정보통신망, 무선통신망 등으로 세분해 나간다. '전기통신사업법' 제2조에 따르면 역무별로는 크게 보편적 역무, 기간통신 역무, 부가통신 역무로 나눈다.

영하기 어려운 분류방식이다. 시장 내 이용자의 욕구는 의사를 어떠한 형태로 전달할 것인지에 있으며, 통신서비스는 이를 위한 수단이기 때문이다. 의사를 전달하기 위한 기본적인 표현 형태는 말, 글자, 그림 또는 사진, 화면 등인데, 각각 음성, 문자(Text), 정지 화상(Image), 동화상(Video) 서비스로 구현된다. 음성을 제외한 나머지는 말이 아닌 다른 형태의 정보를 전달하려는 시장의 욕구를 반영하는 것이므로 이를 비음성 서비스로 유형화할 수 있다.

이러한 관점에서 바라본다면 전화나 휴대폰(이동전화)이나 출발은 똑같이 말을 전달하는 것이며 각각 고정성·이동성이라는 특성이 있을 뿐이다. 시내 및 시외전화나 국제전화는 단지 거리상의 차이에 따른 편의적인 구분에 불과하다. 셀룰러폰이든, PCS 폰이든, TRS든 모두 이동전화다.[10] 전보(공중전신, 公衆電信)[11]나 가입전신, 팩스는 모두 문자를 전달한다는 점에서 동일 범주로 분류할 수 있다. 전보는 중간에 사업자를 거쳐야 하지만 가입전신은 가입하기만 하면 사업자의 망을 자신의 것처럼 이용할 수 있으며, 팩스는 전화선을 통해 보낸다는 특성이 있을 뿐이다. 이용자가 관심을 가지는 것은 오직 통화(영상) 품질과 통신 가능 여부 및 이용요금뿐이다. 인터넷이 크게 호응을 받은 이유 중 하나는 음성이든 비음성이든 하나의 시스템 내에서 전달할 수 있기 때문이며, 초고속인터넷 접속서비스는 이 전달

---

10 정확하게는 3개 모두 셀룰러 방식이다. 셀룰러 방식은 서비스 영역을 셀(Cell)이라고 불리는 다수의 소(小)존(Zone)으로 나눈 것인데, 어느 정도 거리가 떨어진 Cell 간에는 전파간섭이 적어 같은 주파수 채널을 사용(Frequency Reuse)할 수 있어 수요증가에 유연하게 대응할 수 있었다(차동완, 2000: 410~411). TRS는 1998년 6월 전화망에 개방되었으며, 1999년 11월에는 이동전화망에도 개방되어 이동전화 범주에 포함할 수 있을 것이다.

11 사업자의 관점에서 전화(지금의 집 전화)를 예전에 가입전화라고 불렀다. 가입해 이용하는 전신, 즉 가입전신에 대비해 전화국을 통해 이용하는 전보를 공중전신이라고 부를 수 있다. 공중전화를 떠올리면 이해하기 쉬울 것이다.

과정을 빠르게 처리할 수 있도록 도와준다. 휴대폰(이동전화) 또한 LTE/5G 네트워크로 대체되었는데, 이는 **이동 중에도 인터넷 접속을 빠르게 하고자 하는 시장의 욕구를 반영한 것**이라 하겠다.

이와 달리 방송서비스는 구체적인 정보전달의 내용에 관심이 더 많다. 하지만 정보전달의 내용을 굳이 음성이냐 비음성이냐로 구분하지 않는다. 하나의 일체로서 방송 프로그램이다. 반면 '어떻게 전달할 것인가?'에 대한 관심은 상대적으로 적다. 난시청 해소의 문제는 개별 방송사 혼자 해결할 수 없기 때문이다. 당장 나의 문제가 아니다. 따라서 방송을 보기 위해서는 사람들은 불가피하게 유료방송에 가입할 수밖에 없다. 1960년대 유선방송의 출발도 난시청 해소의 문제였고, 1995년 종합유선방송, 이른바 케이블 TV로 바뀌는 과정에서도 난시청 해소는 큰 화두였다. 2000년대 초 위성방송이 상용화되면서 위성방송은 난시청을 가장 쉽게 해결한다는 점에서 크게 주목을 받았다. 이어 2008년 IPTV가 나오고, 전 가구의 98% 가까이 유료방송에 가입한 지금에서야 난시청 이슈는 거의 사라진 것으로 보인다. 물론 사각지대는 여전히 존재한다. 하지만 난시청 이슈의 해소 과정을 보면 방송사의 투자로 이루어진 것이 아님을 알 수 있다. **유료방송 시대가 되면서 시청자는 자연스럽게 가입자로 바뀌게 되었다. 그리고 고객이 되었다.**

인터넷이 나오기 이전 통신서비스의 진화 전망

음성과 비음성으로 유형화하는 것은 본래 통신서비스 속성이 지니는 정보전달의 의미를 가장 잘 나타낼 뿐만 아니라 복잡한 통신서비스 시장 진화과정을 간명하게 보여준다. 통신서비스를 통해 전달하려는 정보는 결국 음성과 비음성 정보로 환원될 것이고, 통신서비스 진화과정은 이러한 정보전달을 어떻게 하면 빠르게, 편리하게, 정확하게 할 것인가 하는 시장의 욕구를 반영한 결과일 것이다.

음성 통신서비스는 단적으로 전화에서 이동전화로 진화했다고 말할 수 있다. 전화가 지닌 **고정성의 한계에 따른 불편함 해소 욕구**의 반영이다. 전화기의 발명으로 말을 전달하려는 사람의 기본적인 욕구가 충족되었고, 전화가 시장 내에 서서히 침투하면서 새로운 욕구가 등장하게 되었다. 전화는 특정 장소에 회선으로 연결되어 있어야 하기에 이동 중에는 이용할 수 없다. 한편으로 가정이든 사무실이든 전화는 여러 사람이 함께 이용하는 것이니 나의 사생활을 보장할 수 없다. 따라서 이동전화는 상대방과 즉시 접근 및 직접 접촉이 가능하고, 원하지 않는 사람과는 대화를 통제할 수 있는 **개인 통신 욕구**를 반영한다.[12]

1946년 엠티에스(MTS: Mobile Telephone Service) 시스템이 미국에서 차량 전화 서비스에 적용되면서 이동전화의 역사가 시작된다. 당시에는 이동전화에 대한 욕구보다는 전화를 통한 기본통신 욕구가 더 컸고, 이동전화가 대중화되기에는 기술적으로도 한계가 있었다. 이동전화에 대한 욕구가 차츰 커지면서 셀룰러 방식의 앰프스(AMPS: Advanced Mobile Phone Service) 시스템이 개발되었다(차동완, 2000: 410~411). 하지만 기본통신 욕구가 충족되지 않은 상태에서 전화를 대체할 수는 없었다. 이후 전화가 더욱 확산, 보급되어 기본통신 욕구가 어느 정도 충족되자 이동전화에 대한 욕구가 보다 커지기 시작한다. 이에 디지털 구현기술이 개발되어 욕구충족이 실현될 수 있게 되면서 이동전화가 전화를 서서히 대체하게 된다.

---

12 전화로는 가정, 회사 등의 집단 내 문지기(Gate-Keeper)를 거쳐야 하는 경우가 있어 개인 대 개인 간 직접 접촉이 어렵다(나은영, 2001).

이와 같은 대체과정은 한국에도 유사하게 나타난다. 한국 이동전화의 출발은 1961년 8월, 지역을 대(大) 존(Zone)으로 구분한 수동교환방식의 차량 전화다. 차량 전화는 기술상의 한계로 셀룰러 방식이 등장한 1984년까지 가입자가 348명에 불과했고, 1979년부터는 아예 추가 수용이 불가능할 정도였다. 셀룰러 기술의 등장으로 이동전화는 시장에서 호응을 얻기 시작했다. 특히 1987년 전화에 대한 기본통신 수요가 충족된 이후, 매년 거의 2배 이상 증가하는 경이적인 성장률을 보인다.[13] 그 결과 1987년 약 1만 가입자에서 10년이 조금 지난 1999년에는 약 2350만 가입자로 전화를 제치고 지배적인 서비스가 된다. 1997년 5월 전화 가입자 수가 2000만 명을 돌파한 지 불과 2년 만의 일이다.

비음성 통신서비스의 진화과정은 '전신(전보) → 가입전신 → 팩스 → PC통신'의 순으로 나타난다. 이 또한 시장 내 욕구의 대체과정으로 설명할 수 있다. 시장 내 욕구는 당시의 과학 기술적 토대와 맞물려 새로운 기술혁신을 불러일으켰고, 이것이 다시 시장 내에서는 서비스 간의 대체과정으로 나타나게 된 것이다.

전보에서 가입전신으로의 변화는 **'전신의 공중(公衆)통신화'** 과정이다. 즉, 나라별로 일찍부터 널리 보급되어 있던 전신망이 공중의 통신수단으로 개방되었음을 의미한다. 전보의 경우 중간에 사업자를 매개로 해 전신망을 이용하는 것이지만 가입전신의 경우 가입하기만 하면 사업자의 전신망을 이용자 편이에 따라 자기 것처럼 이용할 수 있게 된다. 전신망을 통신

---

[13] KT는 1982년 1월 1일 349만 회선의 시설, 326만 명(100명당 전화 보급률은 9.3명)의 가입자, 49만 7920회선의 공급적체를 가진 상태에서 출범했는데, 이후 5년 동안 매년 1조 원 이상의 투자와 140만 회선 이상을 공급했다. 5년 후인 1987년 전화 가입 1000만 명 시대, 즉 1가구 1전화 시대를 이끌어 기본통신 수요는 완전히 충족되게 된다(케이티, 2001: 270~281).

수단으로 이용하고 싶은 공중의 욕구를 반영한 것이다. 팩스로의 변화는 '**전신의 전화망**(PSTN: Public Switched Telephone Network)**화**' 과정이다. PSTN이 일반화되면서 모든 정보를 이를 통해 전달하려는 욕구가 등장했다. 차츰 PSTN이 지배적인 통신망으로 전신망을 대체하면서 서비스 간 대체도 일어나게 된 것이다. PC통신으로의 변화는 '**전신의 컴퓨터화**' 과정이다. 컴퓨터와 통신기술이 결합되면서 통신망의 부가가치가 크게 향상되었고, 새로운 통신서비스가 등장하게 되었다. 특히 PC는 정보를 저장하거나 가공할 수 있고, 작업한 것을 그대로 전송할 수 있어 팩스보다 훨씬 편리했다. PC의 보급이 더욱 증가하고 모뎀이나 에뮬레이터(Emulator) 등의 기술개발이 뒤따르면서 PC를 활용한 정보전달 방식이 지배적인 패러다임으로 자리 잡게 되었다.

각각의 서비스는 한때 시장 지배적인 패러다임을 형성했다. 하지만 시장 내 지배적인 위상이 사라지면서 생존을 위한 다각적인 변화를 모색하게 된다. 전화는 한국에 1902년 처음 일반 대중이 가입하기 시작(1902년 가입자는 5명)[14]한 이래 100년 후인 2002년 2349만 가입자로 정점을 찍는다. 이후 계속 내리막길을 걷고 있으며, 2022년 11월 말 현재 약 1167만 가입자에 불과하다(과학기술정보통신부 통계자료). 정점을 찍은 후 20년 만에 절반으로 줄어든 것이다. 다른 상품과 번들링(Bundling, 묶음판매)한 월정액 서비

---

14 한국에 전화가 처음 개통된 것은 1998년 1월 28일 궁내부 전화다. 하지만 이는 궁궐 내부에서 사용한 것에 그쳤고, 실제 일반 이용자가 가입할 수 있게 된 것은 1902년 3월 20일 한성 - 인천 간 공중용 시외전화가 개통된 때부터다. 1902년 말 전화 가입자는 5명인데 모두 외국인이었다. 한국 사람이 가입한 것은 1905년 말에 처음으로 나타나는데 당시 1065가입자 중 65가입자였다(체신부, 1985: 207~215). 공중전화 또한 1902년 서울, 인천, 개성에 설치된 '전화소'로부터 시작되었다. 1962년 9월 20일에는 서울시청 앞, 화신백화점, 을지로 입구, 중앙우체국, 남대문로터리 등 9개소에 옥외 무인(無人) 공중전화가 설치되었다(최윤필, 2019년 9월 20일자).

스 형태로 남아 있는 정도다. 인터넷 전화 사업을 추진하기도 했으나 전혀 대안이 될 수 없었다. 전보는 최초 긴급통신에서 경조사 전달의 수단으로 변신을 꾀했고, 이 또한 일반 카드에 밀리게 되자 전보 카드를 보다 고급화했다.[15] 한때는 케이크나 꽃도 동시에 배달하는 형태로 바뀌었으나 지금은 중단했다. 하지만 지금도 국번 없이 115번으로 전화를 걸면 여전히 전보 서비스를 이용할 수 있다. 승진·전보(轉補) 등 축하할 일이 있을 때 말보다는 글로 전달하는 미덕이 여전하기 때문이다. 가입전신은 전신망 외에는 통신이 어려운 러시아 등 일부 지역과의 교신을 위하거나 기록 보관이라는 특성을 반영한 수요 등에서 명맥을 이어 가다가 지금은 사라졌다. 팩스는 장기간 보관할 수 없다는 결점을 보완하기 위해 일반 복사지로 전송받을 수 있는 형태로 단말기의 성능을 개선하다가 지금은 인터넷에 거의 흡수되었다. 여전히 팩스로 각종 공문서를 주고받는다고 하는 일본의 상황은 매우 독특하다. PC통신은 인터넷에 완전히 흡수되었다.

인터넷이 등장하기 전에도 음성과 비음성을 통합해 전달하려는 움직임이 있었다. 그간 통신서비스는 서비스별로 별도 통신망을 구축해야 했기 때문에 각기 가입을 달리해야 하는 등 불편했고, 따라서 이를 동시에 전달하는 방법을 모색한 것이다. 당시 논의의 출발은 하나의 회선에 통합해 전달하려는 것이었다. 대표적인 서비스가 ISDN인데, 이는 ISDN용 별도의 단말기가 필요했고 기간통신망을 새로이 구축해야 했으며, 가입을 위해서는 전환비용(Switching Cost)이 너무나 많이 들어 대중화되기는 어려웠다.[16]

---

15 1958년에 연하 및 성탄 축하 전보 서비스가 등장했는데, 이는 전보 서비스가 그 전에는 긴급 통신수단으로 활용되었으나 그 성격이 다했고, 일반 공중의 기본통신에 대한 수요가 싹트고 있었음을 간접적으로 말해 준다(체신부, 1985: 647). 이후에도 압화(押花) 전보 등 다양한 고급 카드를 출시하고 있다.

16 사업자의 경우 교환기를 별도로 설치해야 했고, 가입자와도 새로운 전송로를 깔아야 했다. 장기적으로 전체 가입자망을 고도화하기 위한 투자비용도 만만치 않았다. 이용자는 ISDN

〈그림 1-2-5〉 인터넷이 나오기 전까지의 통신서비스 진화 전망

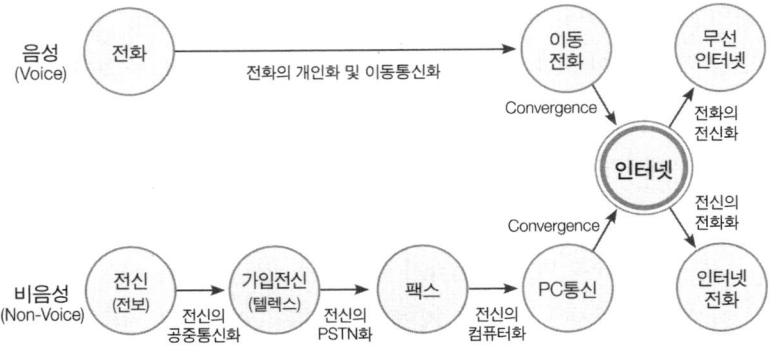

　　인터넷이 등장하자 시장의 욕구도 이를 활용해 정보를 전달하려는 것으로 바꾸게 되었다. 인터넷을 통해서는 어떤 정보도 모두 전달할 수 있었기 때문이다. 인터넷이 등장한 이후 각기 자신의 경로에 따라 진화하던 음성과 비음성 서비스는 질적으로 완전히 새로운 융합(Convergence) 과정을 거칠 것으로 전망되었다. 음성 통신서비스는 비음성을 흡수한 무선인터넷 및 IMT-2000 서비스 등으로, 비음성 통신에서 음성을 통합하려는 경향은 인터넷 전화(VoIP: Voice over Internet Protocol) 등으로 나타났다. 전자를 '**전화의 전신화**' 과정이라 한다면 후자는 '**전신의 전화화**' 과정이라고 할 수 있다. 이 전체 과정을 요약하면 〈그림 1-2-5〉가 된다. 인터넷이 본격 출시된 후 인터넷의 실체를 확인하기 전에 통신서비스는 음성과 비음성 서비스가 인터넷을 매개로 융합해 전혀 새로운 서비스가 나타날 것으로 전망된 것이다.

용 전화기를 별도로 구매해야 했고, 기존 PC와의 정합을 위한 별도 장치를 갖춰야 했다. 이용요금도 기존 전화보다 비쌌다. 가입자 부담을 완화하기 위해 전화기 등 각종 장비를 사급제로 임대하기도 했지만, 여전히 비용 부담이 많아 이른 시일 내에 대중화되기는 구조적으로 어려웠다(케이티, 2001: 363~366).

통신과 방송의 융합

　초고속인터넷이 상용화되면서 대용량의 동영상 콘텐츠도 통신망을 통해 전송할 수 있겠구나 하는 생각이 들기 시작했다. 융합이란 단어는 당시를 표상하는 대표적인 용어가 되었다. 모든 것이 융합관점에서 해석되었다. 통신과 방송 융합의 서막이다. 구체적으로는 크게 두 가지 흐름으로 나타났다. 한 가지 흐름은 인터넷방송이다. 즉, 인터넷으로 방송을 보는 것으로 인터넷을 방송채널의 수단으로 이해한 것이다. 또 다른 흐름이 집에 있는 텔레비전 수상기로 방송 프로그램을 보는 것, 즉 IPTV다. 인터넷을 통신 네트워크의 하나로 이해한 것이다. 후술하겠지만 인터넷 시대 이전에도 전화선을 활용해 VOD를 제공하려는 정도의 시도는 있었다. 하지만 실시간 방송 제공은 차원이 다른 문제인데, IPTV는 VOD를 뛰어넘어 실시간 방송 프로그램까지 제공하는 서비스다. CPND 밸류체인 관점에서 보면 인터넷방송은 콘텐츠 사업자로 가자는 것이고, IPTV는 플랫폼 사업자로 가자는 것이었다. 외견상 비슷한 모습을 띠고 이용자가 이용할 때에는 그리 크게 달라 보이지 않는다는 것 때문에 같은 것으로 생각하기 쉽다. 하지만 콘텐츠와 플랫폼이 다른 것만큼이나 큰 차이가 있음에도 당시에는 제대로 이해하지 못했다.

　인터넷 시대라는 것도 명확히 짚고 가자. 인터넷은 미국에서 만들어져 글로벌 표준이 된 기술이다. 1969년 미국 국방부 산하 고등연구계획국(ARPA: Advanced Research Projects Agency)의 주도로 새로운 컴퓨터 네트워크 통신기술을 개발하는 데 성공했다. 패킷교환 방식이다. 이 방식의 네트워크는 UCLA와 스탠포드 대학교 연구소 간에 처음으로 구성되었는데, 이것이 오늘날 인터넷의 모태가 된 아르파넷(ARPANET)이다. 이어 1974년 아르파넷의 로버트 칸(Robert E. Kahn)과 빈트 서프(Vint Cerf)는 마침내 패킷

전송 규약인 TCP/IP 프로토콜을 완성했다. 네트워크 간 통신규약이 만들어짐으로써 비로소 컴퓨터 네트워크가 가능해졌다. 세상의 모든 컴퓨터를 연결할 수 있는 기술이 탄생한 것이다. 한국에서는 1982년 5월 경북 구미 전자기술연구소와 서울대학교 사이에 '인터넷 프로토콜 패킷 통신'이 최초로 이루어졌다. 미국에 이어 세계에서 두 번째이자 아시아에서는 최초다 (구본권, 2022: 79~120). 하지만 이때까지의 인터넷은 일반인이 이용할 수 있는 것이 아니라 대학 등에서 연구 목적으로 연결해 사용하던 것이었다. 실제 인터넷 상용화는 1994년 6월 20일 KT에서 코넷(Kornet)이라는 브랜드로 상품을 출시한 것이 최초다. 코넷은 인터넷 접속은 가능했더라도 일반 전화선을 가지고 연결하는 것이었기 때문에 매우 저속(최대 2.4Kbps)이었다. 전화선에 모뎀을 부착하고 이를 통해 인터넷 서버를 불러오고, 서버와 접속되면 사용하는 방식이었다. 당시 국내에서는 초고속인터넷으로 가려면 일본이나 독일처럼 ISDN으로 가야 한다는 주장이 앞섰는데, 이는 ISDN이 128Kbps의 속도를 낼 수 있었기 때문이다. 전화선 모뎀을 통한 접속보다 한참 빠른 속도였으니 당연했을 것이다(케이티, 2021: 476~479). 하지만 초고속인터넷은 우여곡절 끝에 케이블모뎀이나 ADSL 기술방식을 이용해 상용화되었다. 케이블모뎀은 인터넷 제공 표준이 초창기 '케이블 데이터 서비스 인터페이스 규격(DOCSIS: Data Over Cable Service Interface Specifications)' 1.0에서 지금은 3.1로 진화해 기가급 속도의 인터넷을 제공하고 있다. ADSL 기술방식은 이후 '초고속 디지털 가입자 회선(VDSL: Very high bit rate Digital Subscriber Line)'을 거쳐 FTTH로 대개체(代改替)되었다. 일본처럼 초고속망 기술방식을 ISDN으로 계속 고수했다면 오늘날의 초고속인터넷 강국 위상은 오지 않았을 것이다.

이제는 인터넷이라고 하면 다들 초고속인터넷을 머리에 떠올린다. 인터넷이면 인터넷이지 굳이 초고속을 붙이지 않아도 된다는 말이다. 하지만 인터넷 초창기 속도는 1Mbps에서 최대 8Mbps 정도에 그쳤다. 지금은 기가급 인터넷까지 나와 있는 상황과 비교하면 초창기의 속도는 초고속이라고 부르기에도 너무 저속이다. 하지만 당시에는 엄청 빠른 속도였다. 기존 전화선에서 모뎀을 통해 접속하는 저속(2.4Kbps) 인터넷과 비교하면 더욱 그러하다.

데이터 전송에 있어 한국에서의 고속의 개념도 흥미롭다. 1968년까지는 2.4Kbps급의 속도를 전송할 수 있는 것이 고속이었다. 1969~1991년까지는 1.5M~2Mbps, 초고속인터넷이 나오기 전까지는 최대 45Mbps를 고속으로 취급했다. 전신은 50보오(baud≒bps) 혹은 300보오 정도다. 영문 기준 초당 6글자(50÷8) 또는 37~38글자(300÷8)까지 송수신할 수 있으나 거의 실시간(Real-time)에 가깝다고 느꼈을 것이다.

인터넷 시대가 되면서 통신과 방송의 융합은 조기에 실현 가능한 실체로 다가왔다. 새로운 서비스를 만들고 가입자에게 제공하는 데 익숙한 통신사업자로서는 새로운 기회가 다가온 것으로 여겨졌다. 상대적으로 콘텐츠 제작에 더 익숙한 방송 사업자로서는 통신사업자와 제휴하되 콘텐츠를 제작할 기회가 훨씬 늘어날 것으로 파악했을 것이다.

인터넷방송? 혹은 IPTV?

처음에는 인터넷방송이 더욱 큰 주류가 될 것으로 생각했다. KT에서도 2000년 4월(시범서비스는 1999년 11월) KBS와 공동으로 '크레지오닷컴'이라는 인터넷방송 회사를 만들어 시험적으로 시도했으나 콘텐츠 제작비용에 대한 부담 등을 극복하지 못하고 결국 사업을 접었다.[17] 크레지오닷컴에서 제작한 드라마로는 〈샐러리맨 무대리, 용하다 용해〉 등이 있다. 당시에는 방송국과 같은 개념으로 생각하면서 콘텐츠 제작에 힘쓰다 보니 콘텐츠 제작비 등 투자비가 너무 부담되었고, 네트워크도 동영상을 수용할 수 있을 정도의 속도는 아니어서 고객 호응도 적은 결과로 이어졌기 때문에 결국 접을 수밖에 없었다.

하지만 이후 인터넷 속도가 100M급으로 바뀌게 되자 2006년 곰 플레이어를 기반으로 곰 TV 서비스가 출시되었고, 1인 미디어의 시대를 연 아프리카(Afreeca) TV도 정식 서비스를 시작했다. Afreeca TV는 Anybody can Freely Broadcast TV의 약자다. '누구나 언제, 어디서든 인터넷방송을 할 수 있다'라는 의미다. 사용자가 직접 제작한 콘텐츠[(UCC: User Created Contents) 또는 (UGC: User Generated Contents)] 시대가 성큼 도래하면서 대중에게 널리 퍼져 나갔다. 2008년 1월에는 유튜브 한국어 서비스가 개시되어 기존 한국 인터넷방송을 제치고 주류가 되었다. 특히 1인 방송국 운영을 위한 재정적 기반을 탄탄하게 만들어주다 보니 한국은 가히 유튜브 천국이라 하겠다. 인터넷 초기에는 서비스하기 어려웠던 인터넷방송이 이제는 아주 쉽게 구현이 가능해진 것이다. 누구나 방송국과 같이 채널을 개설해 방송할 수 있는 시대가 된 것이다. 양방향으로 실시간 정보를 주고받을 수 있다는 관점에서 어찌 보면 현재의 유튜브나 Afreeca TV 등을 통한 개인 1인 방송이 진정한 방송과 통신이 융합된 서비스라고 생각한다. 이후 소개할 IPTV로서는 인터넷방송이 제공하는 양방향성과 서비스 유연성을 충분히 담보하기 어렵기 때문이다.

두 번째 접근방법의 결과는 IPTV로 나타났다. 인터넷방송이 인터넷에서 방송을 구현한 것이라면 IPTV는 기존 텔레비전 수상기에 방송사의 실시간

---

17 크레지오닷컴은 이후 2002년 KBS인터넷(KBSi)으로 회사명을 바꾸었고, 역할도 KT와는 무관하게 KBS의 웹페이지 운영이나 동영상 콘텐츠 거래 포털로 변신했다.

방송을 제공하되 인터넷을 활용한 것이다. IPTV 또한 인터넷방송처럼 곧바로 활성화되지 못하고 2008년에서야 상용화되었다. 이처럼 오래 걸린 것은 제도의 문제도 있겠지만 역시 네트워크의 수용속도의 문제가 가장 컸다. IPTV는 방송은 방송이되 전파를 무차별적으로 일방적으로 보내는 것이 아니라 특정 가입자를 지정해 보내는 것이다. 가입자마다 가입조건이 다르고 셋톱박스에 따라 제공하는 서비스에 차이가 있으며, 가입조건을 콜센터만이 아니라 IPTV 내에서도 쉽게 바꿀 수 있는데, 즉각 반영된다. 따라서 가정마다 다른 텔레비전 이용형태에 맞춰 다르게 송출한다. **협송**이다.

기존 통신은 고객의 욕구가 속도나 품질 등 단선적이었는데, IPTV가 되면서는 구체적인 콘텐츠로 소구하는 것이다 보니 1인 1색을 넘어 1인 10색의 중층적 고객 니즈(Needs)를 충족시켜야 하는 것으로 바뀌었다. 통신사업자로서는 전보다 훨씬 정교하고 세심한 접근이 필요해졌다. 전화가 1의 복잡성을 가지고 있다면 인터넷은 10, 모바일은 전화에 이동성을 부여한 것이기 때문에 기본적으로 전화와 같이 1이지만 모바일 인터넷이 활성화된 시점이니 인터넷과 같은 정도의 복잡성으로 봐도 무방할 것이다. IPTV는 100이다. **하이터치**(High Touch)다.

밸류체인 관점에서 보더라도 IPTV는 CPND 모든 영역에 있어 고루 균형을 이루어야 비즈니스로서 역할과 기능을 제대로 수행할 수 있다. 풍부한 콘텐츠, 플랫폼 운영의 안정성, 네트워크 속도의 수월성, 그리고 이를 수용하는 셋톱박스의 성능 등 모든 것이 갖추어져야 한다. 반면에 서비스의 확장성은 커졌다. 인터넷에서 제공된다는 특성상 다양한 서비스로 확장할 수 있다. 기존 통신서비스와는 다른 지점이다. 기존 통신서비스인 전화, 인터넷, 모바일은 구조가 매우 간명하다. 그저 네트워크를 잘 설치하는 것이 가장 중요하다. 단순한 인프라 그 이상이 되기가 어렵다. 그러니 단순한 덤 파이프(Dump Pipe)로 느껴진다. 그 위에 올라가는 것은 통신사업자의 몫이 아니다. 예컨대 모바일의 경우 서비스를 결정짓는 것은 네트워크가 아니라 단말에 있는 앱(Application)이다. 삼성이든 애플이든 가지고 있는 단말이 중요하다. 통신사업자도 여러 차례 이 인프라 위에서 무언가 새로운 비즈니스를 얹으려고 노력하지 않은 것은 아니다. 하지만 대부분 실패했고, 현재로서는 유일하게 IPTV만이 성공하게 되었다. **복잡성이 아무리 높아도 '상품기획-가입유치-운영-유지보수' 등 기본적인 가치 전달의 흐름(Value Stream)은 다른 통신서비스와 유사했기 때문**이다. 그러나 앞으로는 모든 단말을 네트워크 관제(管制)를 통해 조절하는 시대가 올지도 모른다. 네트워크 인프라는 이전 산업혁명 과정에서 중요한 원동력이었고, 4차 산업혁명 시대에서도 핵심기반이기 때문이다(리프킨, 2021: 25~57). 예컨대 자율주행 자동차는 또 다른 단말이다. 자율주행 자동차의 실현은 네트워크 관제를 통해 완성될 수 있다. 하지만 이 또한 단말인 자동차의 센싱 역량 강화가 대안이 될 수 있기도 하다.

IPTV의 등장으로 이제는 통신이 통신만이 아니고, 방송은 방송만이 아닌 시대가 되었다. **하이브리드(Hybrid) 시대**다. 오프라인으로 유통되던 각종 콘텐츠가 디지털화되었다. 각자의 밸류체인에서 콘텐츠가 유통되던 시대가 더는 유용하지 않게 되었다. **모든 것이 밍글(Mingle)되고, 매시업(Mash-up)된 시대**다.

웹 TV 실패 이야기

융합은 늘 제 살 깎기(Cannibalization), 갈등(Conflict) 및 혼란 상황(Confusion)을 내포합니다. 즉, 융합이 반드시 성공하는 것만은 아니라는 겁니다. 제 살 깎기, 갈등 및 혼란 상황이 크면 상품의 정체성(Identity)이 모호해서 소비자는 구매를

주저하게 됩니다. 반면에 새로운 상품에 대한 만족감이 사람들 머리에 각인되면 그 상품은 성공확률이 높아집니다. 어떤 경우에 시장에서 수용되고, 어떤 경우에 수용되지 않거나 수용되기까지 시간이 소요되는지는 흥미로운 연구주제 같네요.

IPTV는 통신과 방송 융합의 소산입니다. 초기에 성공 가능성에 회의적이었지만 결국 성공했지요. 후술하겠지만 IPTV 성공의 분기점을 만든 것은 결국 OTS 정액형 상품에 있습니다. OTS는 위성방송과 IPTV의 융합이라고 하겠습니다. 유선과 무선의 통합(유무선통합)도 한동안 화제가 되었으니 융합과 비교해 살펴보기로 하겠습니다. 왜 융합(화학적 결합)이 아니라 통합(물리적 결합)이라고 표현했는지 알 수 있을 겁니다. 유무선통합을 대표하는 상품으로는 네스팟 스윙(Nespot Swing)이 있습니다. KT에서 2000년대 중반에 발표했지요. 네스팟 ID 하나로 노트북이나 개인 휴대 정보 단말기(PDA: Personal Digital Assistants)를 통해 무선 인터넷을 이용할 수 있는 서비스입니다. 휴대폰 이용과 비슷한 느낌을 주기 위해 PDA 형태의 스윙폰을 개발, 판매했지요. 하지만 이 서비스를 이용하기 위해서는 와이파이 망을 전국적으로 구성해야 합니다. 투자비가 엄청나게 소요될 것입니다. 그래서 KT의 네스팟 지역에서는 KT 무선랜(Wireless LAN)을, 네스팟 이외의 지역에서는 KTF의 무선데이터 서비스를 이용할 수 있도록 했습니다. 유선망과 무선망을 함께 이용할 수 있다고 해서 유무선통합 상품이라고 일컫는 겁니다. 상품 출시 초기에는 엄청 획기적인 서비스로 인식되었습니다. 당시 무선데이터 서비스에 대한 수요는 매우 많았지만, 수요를 충족시키기에는 요금이 너무나 비쌌기 때문입니다. 이런 상황에서 커버리지(Coverage) 제약을 거의 극복한 것이니 당연히 크게 성공할 것으로 생각된 것이지요. 하지만 기대만큼 그리 활성화되지는 못했습니다. 너무 비싼 요금이 한 원인이라고 생각합니다. 휴대폰 비슷한 느낌을 주기 위해 만들어진 스윙폰은 실제 폰 기능이 없는 것임에도 너무 고가였기 때문입니다. 기존 폰이 있는데 별도로 무선데이터만을 위한 비싼 폰을 사기에는 너무 부담이었을 겁니다. 하지만 네스팟 스윙은 그리 큰 투자를 하지 않았기에 KT에 손해를 끼치지는 않았습니다.

융합 실패사례는 참으로 많습니다. 그중 하나가 '웹 TV'입니다. 텔레비전 수상기를 통해 인터넷 서비스를 이용할 수 있도록 만든 것인데 이 또한 방송과 통신의 융합이라고 할 수 있습니다. 문제는 인터넷 서비스 전체를 이용할 수 있도록 한 것에 있습니다. 고객은 텔레비전인지 PC인지 혼란스럽게 생각했거든요. 1997년부터 마이크로소프트는 '웹 TV' 구현을 위해 많은 투자를 했습니다. 2000년부터는 AOL (America Online, Inc.)도 AOL TV 서비스를 시작했으나 두 가지 모두 결국 실패합니다. 2004년 1월, ABC는 〈셀러브리티몰 2〉라는 프로그램에서 한 화면으로 텔레비전을 보고 다른 화면으로는 PC 웹사이트를 통해 부가정보를 얻는 방식을 구현합니다. 하지만 두 개의 화면을 모두 보기 위해서는 PC를 부팅하는 것과 유사한 과정을 거쳐야 합니다. 당연히 이용하기 불편했으니 활성화되기는 쉽지 않았겠지요 (리스·리스, 2013: 83~112). IPTV도 처음에는 리모컨이 2개여서 고객들에 매우 큰 혼선을 주기도 했지만, 통합 리모컨이 나오면서부터는 혼선이 줄어들게 되었지요. 융합의 관점, 이른바 컨버전스는 이처럼 단순성 및 사용 편의성을 희생시키는 대가가 수반된다고 합니다. 기존 사업과는 Cannibalization, 부서 간에는 Conflict, 고객에게는 Confusion을 주는 것이죠.

통신과 방송의 커플링, 촉진자(Enabler)로서 인터넷

인터넷이 등장하기 이전에도 집에서 텔레비전으로 비디오를 볼 수 있는 서비스가 있었다는 것은 전술한 바 있다. 전화 비디오 서비스다. 말 그대로 전화선을 이용해 비디오와 같은 동영상을 주문해 볼 수 있는 서비스다. VOD의 효시와 같은 상품이다. 당시 통신과 방송이 경쟁 또는 융합된다는 전망에 따라 KT에서 방송 사업 진출을 위한 전략적 서비스로 출시를 준비했다.[18] 전화선을 그대로 이용한다고 해서 브이디티(VDT: Video Dial Tone) 서비스라고 불렀으며, 활용 기술은 ADSL이었다. 통신서비스는 곧바로 출시할 경우 예상되는 기술 및 시장 위험을 방지하기 위해 대개 상용화 이전에 시범단계를 거치는데, 이 서비스는 시범단계에서 철수되었다. 1994년 반포전화국에서 시범 서비스(100 가입자)가 시작되어 1998년 7월 상용화가 예정[브랜드 이름은 아이비전(Ivision)]되었으나, IMF 체제에서 사업구조 혁신 방안 중 하나로 1998년 9월 30일 서비스를 철수한다. 당시 주요 철수 사유로는 서비스 상용화를 위해서는 막대한 투자비가 추가로 소요된다는 점이었고, 시범서비스 가입자는 전국적으로 1500 가입자였다. 초창기 ADSL 기술로는 기본적으로 거리의 제약(Coverage)이 있어서 대중화된 서비스로 성장하기에는 한계가 있었다. 가입자 선로의 상황에 따라 화면이 깨지는 경우가 많아 서비스 품질(QoS: Quality of Service)도 보장되지 않았다. 게다가 텔레비전이나 비디오의 선명한 화면을 따라갈 수 없었고, 요금도 높게 책정되어 시장의 수요를 충족시키기도 어려웠다. 그 결과 콘텐츠 확보도 어렵게 된 것이다.

초고속인터넷이 상용화되면서 대용량 동영상 콘텐츠를 전달하기 위한 기반이 조성되기 시작했다. 초기 속도는 최대 8Mbps급에 불과했으나 전화 비디오 시절보다는 거리의 제약이나 속도의 한계 문제를 어느 정도 극복할 수 있었다. FTTH가 보급되면서 이러한 장애도 해소되었다. 개방성, 포용성, 수용성 등 인터넷의 속성은 다양한 서비스의 출현이 가능하도록 했을 뿐만 아니라 산업 간 그리고 기술 및 영역 측면에서도 융합을 불러왔다. 통신과 방송은 이제 완전히 커플링(Coupling)되었다. IPTV만이 아니다. 케이블 TV도 이제는 인터넷을 이용한다. 위성방송 또한 2017년부터는 인터넷 재판매가 가능한 부가통신사업자가 되어 인터넷을 활용한다. 만약

---

18 당시 VOD 서비스 구현을 위한 가입자망 기술로는 FTTH, ADSL 및 케이블 TV망 등이 있었는데, KT는 FTTH로 대체되어 B-ISDN(Broad ISDN)이 실현되기 전의 과도기적 단계로 ADSL 기술을 선정, VOD 서비스를 제공하고자 했다.

위성방송 사업자가 인터넷이 없었다면 VOD 서비스 제공은 어려웠을 것이다. 물론 기술적으로는 가능하다. 하지만 투자비가 너무 많이 소요된다. 그래서 위성방송은 초창기부터 유사 VOD(NVOD: Near VOD)에 만족해야 했다. 특정 채널에서 하루 내내 같은 영화를 송출하는데, 송출하는 채널이 15개 정도다. VOD라고 하기에는 지나치게 적은 수의 콘텐츠다. 하지만 이제는 방송은 위성으로 송출하되 VOD는 인터넷을 통해 제공할 수 있게 되었다. OTS와 같은 상품을 위성방송 사업자 혼자 구성할 수 있게 되었으니 이제는 OTS에 의존하지 않아도 된 것이다. 방송은 일방적으로 송출하기만 하는 단방향(One Way)이었으나 모든 유료방송이 인터넷을 활용하게 됨에 따라 이제는 양방향(Two Way)이 되었다. 유료방송 사업자는 가입자를 특정해 각종 콘텐츠를 보내주고, 가입자는 그 콘텐츠 중에서 본인이 보고 싶은 콘텐츠를 주문해 볼 수 있게 된 것이다. 협송과 주문형 거래의 결합이다.

ADSL 기술의 역설

영화를 굳이 비디오 가게에 가서 빌려 보거나 비디오방을 가지 않더라도 집에서 (웬만하면 대부분 가지고 있는) 텔레비전 수상기로 볼 수 있다는 것(전화 비디오)은 매우 흥미로운 생각입니다. 당시 이를 가능하게 하는 기술은 ADSL(비대칭가입자 회선)이었는데, 핵심은 비대칭에 있습니다. 대용량의 동영상 콘텐츠인 영화를 네트워크를 통해 송수신하는 것이기 때문에 상향 속도는 의미가 없고 하향 속도만 고속이면 됩니다. 그래서 상향 속도와 하향 속도가 다르다는 의미에서 비대칭 스트리밍 기술인 겁니다. 필자는 당시 모 전화국에서 200명의 시범 가입자 유치 업무를 담당한 적이 있습니다. 해당 기술부서에서는 이론적으로는 선로길이 4km를 초과하지 않는 지역에서 모두 가능하지만, 실제로는 대략 2~2.5km 내에 있어야 한다고 하더군요. 시범 가입자도 이 지역 내에 있는 것이 좋다는 것이었습니다. 그렇지 않으면 영상 프레임이 깨지게 되어 텔레비전 화면에 검은색 구멍이 네모 모양으로 나타난다는 것이었습니다. 하지만 지상에서의 거리가 아니라 지하에 있는 선로 직선거리가 기준이기 때문에 시범 가입자마다 실제 선로 거리를 다 따져본 기억이 있습니다.

이후 IMF를 맞아 구조조정 시기가 되어 결국 사업 자체를 접게 되었으나 아이러니하게도 이 기술이 초고속인터넷 대안 기술로 활용되었습니다. ADSL 기술을 활용한 전화 비디오 사업이 1998년 7월 KT에서는 철수했는데, 불과 1년도 지나지 않은 1999년 4월 하나로통신이 이 기술을 가지고 초고속인터넷 사업을 시작했으니까요. 미디어 사업을 위해 사용하려던 기술이 초고속인터넷 기술로 활용된 '기술의 역설'입니다. 전술한 것처럼 마치 축음기 목적으로 개발하려던 것이 결국 현재의 전화기가 되었고, 거꾸로 전화기 목적으로 개발하려던 것이 결국 축음기가 된 것처럼 말입니다.

제2부

미디어 시장의
3국지

_제3장

방송 프로그램 제작시장에서의 3국지

지상파 3사 간 경쟁 구도

한국 텔레비전 방송은 1960년대 국영 KBS, 민영 MBC(문화방송), TBC(동양방송)로 구성된 1국영 2민영 체제 구도로 시작했다. 1961년 12월 31일, 5·16 군사정권에 의해 KBS가 국영방송으로 개국했다. 1964년에는 TBC가 개국했는데 서울과 부산 중심으로만 방송이 송출되었고, 1969년에는 MBC가 개국했다. KBS는 1973년 3월 3일 자로 문화공보부에서 독립, 공영방송체제인 '한국방송공사'로 전환되었다. 이후 1980년 '언론 통폐합' 조치가 단행되어 TBC는 KBS로 편입되었고, 이에 기초해 KBS-2TV가 개국한다. 1980년 12월 1일 KBS로부터 컬러텔레비전 방송이 시작되어 텔레비전 흑백 시대를 마감하게 된다. 컬러텔레비전 방송 개시를 계기로 수신료가 800원에서 2500원으로 인상되었고, 1994년부터는 한전 전기료에 '병합 고지'되고 있다. 1988년 '방송문화진흥회법'이 제정되어 MBC도 또한 민영 방송에서 공영방송으로 위상이 변화되었다. 이후 노태우 정부에서 지상파 힘의 분산을 목적으로 민영방송 설립 허가를 추진해 1991년 SBS(서울방송) 가 민영방송으로 개국한다. 1980년 언론 통폐합 이후 11년 만에 부활한 민영방송이었다. SBS는 1995년에 설립된 다른 지역(부산·대구·광주·대전 등) 민영 방송사들과 협정을 체결해 전국 네트워크를 완성했다.[1] 현재 국내 지상파는 KBS, MBC의 공영방송 2사와 SBS의 민영방송 1사의 구도로 형성 되어 있다(탁재택, 2022: 19~29). 물론 이 외에도 교육방송(EBS), 경인TV(OBS) 등도 지상파다. 하지만 EBS는 교육 특화 전문방송이고, OBS는 지상파 3 사처럼 전국 대상이 아니라 경기·인천 지역의 민영 방송사여서 지상파 3 사와는 약간 결을 달리한다.

제1차 3사 간 경쟁 구도는 1970년대 약 10여 년에 걸쳐 진행된 것에 불 과했다. 게다가 TBC는 전국방송이 아니어서 3사 간 온전한 형태의 경쟁은 아니었다. 하지만 1991년부터 시작한 제2차 3사 간 경쟁 구도는 벌써 30여 년 이상 진행되었고, 강원·제주 지역 민방과 제휴한 2002년부터는 전국 동시 경쟁이기 때문에 경쟁 구도가 확고히 정착되었다고 할 것이다. SBS 는 초창기 신생 방송사로서 어려움을 겪었으나, 1995년 타 지역 방송사와 의 제휴와 '귀가 시계'라고 일컬어졌던 드라마 〈모래시계〉 열풍 등으로 방 송사로서의 입지를 확실히 굳히게 되었다. 실제 어느 정도 영향력을 가지 는지는 두 가지 지표를 보면 어느 정도 확인할 수 있다. **하나는 시청률의 정 도, 또 다른 하나는 광고 매출의 비중이다.** 비즈니스 관점에서 방송산업을

---

1 사실상의 전국 네트워크는 2002년에 완성되었다고 해야 한다. 1997년에는 전주·청주, 2002년에는 강원·제주 지역의 민영방송이 설립되었다.

이해하기 위해서는 이 두 가지 지표가 거의 전부다.

후발 방송 사업자의 시장 안착

'만물은 유전(流轉)한다.' 고대 그리스 철학자 헤라클레이토스(Heraclitus of Ephesus)의 말로 유명하지요. 사물이나 현상이 변하지 않는 것처럼 보이지만 사실은 변화한다는 것입니다. 변화에 관한 생각은 근대 철학을 완성했다고 평가받는 헤겔(Georg W. F. Hegel)에 이르러 관념론적 변증법으로 정식화되지요. 잘 알고 계시는 '정반합'입니다. 한편 동양(중국)에서는 세상이 변화한다는 것에 매우 친숙합니다. 아예 고전의 하나로 자리 잡을 정도의 책까지 있지요. 고대 중국 주나라의 변화에 관한 학문이라 해서 주역(周易)이라고 합니다. 주역의 역자는 '바꿀 역(易)'자이니 말 그대로 '변화'를 의미합니다. 주나라는 기원전 11세기경에 세워졌다고 하니 지금부터 3000년 훨씬 이전에 이미 변화의 원리를 이해하고 있었다는 겁니다. 주역에서 변화의 원리를 가장 잘 설명하는 문구가 '궁즉통(窮則通)'이지요. 흔히 '궁즉통'만을 말하면서 곤궁한 상황에 있으면 빠져나갈 구멍이 있다는 식으로 이해하곤 합니다. 하지만 정확하게는 '궁즉변(窮則變), 변즉통(變則通), 통즉구(通則久)'입니다. 궁하게 되면 변화하게 되고, 변화하게 되면 통하게 되고, 통하게 되면 오래간다는 것이지요. 개인적으로는 '쓰임이 다하면 이내 다른 모습으로 바뀌어야 한다'라는 설명이 맞지 않을까 생각합니다. 그래야 변화의 원리를 제대로 담을 수 있기 때문입니다. 따라서 '통즉구' 다음에 '구즉궁(久則窮)'을 추가해야 한다고 봅니다. 고인 물은 반드시 썩기 마련이거든요. 절대 권력 또한 절대 부패합니다.

그럼 시장에서 변화는 어떻게 일어날까요? 이미 확고하게 형성되어 있는 것처럼 보이는 시장이라 하더라도 항상 틈새는 있습니다. 안정적으로 보이던 것에 균열이 일어나 불일치가 나타나면 그 불일치에 새로운 기회가 생깁니다. 인구구조의 급격한 변화, 새로운 도구(예: 인터넷)의 등장이나 다른 방법(예: 새로운 비즈니스

모델)의 발견 등이 균열을 가져오는 것들입니다. 당연히 기회를 틈타 새로운 사업자가 진입하겠죠. 규제가 필요한 분야라면 정부에서 새로운 사업자를 선정하는 형식을 취할 겁니다. 시장에 신규 진입한 사업자는 기존과는 다른 방식으로 미묘한 긴장을 불러오고 낯선 파장을 유발합니다. 핵심은 차별화에 있습니다. 특정 계층만 공략하거나 돈 되는 지역 중심으로 역량을 집중하는 등 '크림 스키밍(Cream Skimming)' 전략을 구사합니다. 예컨대 통신 시장 경쟁 초기 후발 사업자(Entrants)였던 구데이콤이나 구하나로통신이 시장 선도 사업자인 KT(Incumbent)의 아성을 무너뜨리기 위해 사용한 전략이기도 합니다.

방송 사업자 시장에서도 마찬가지입니다. 겉으로는 트렌드의 반영인 것처럼 보이지만 핵심은 차별화를 통한 시청률과 광고 매출의 확보에 있습니다. 미국에서도 후발 Fox TV는 드라마 중심의 편성으로 신선함을 주고, 젊은 남성 시청자들을 겨냥한 드라마를 통해 이들 대상 광고를 유치했습니다. 한국에서도 후발 SBS가 젊은 층을 타깃으로 '8시 뉴스, 9시 드라마' 등 편성을 차별화했던 것도 같은 일환입니다. 덧붙여 드라마 〈모래시계〉의 높은 시청률과 지역 민방 제휴로 시청권역을 늘리고 광고단가를 크게 현실화시킨 것이 시장 안착을 빠르게 했던 이유입니다 (윤홍근, 2011: 56~96, 189~200).

지상파 3사 간 시청률 경쟁

지상파 3사는 치열한 시청률 경쟁을 한다. 경쟁의 실질을 보기 위해서는 MBC는 별도 법인으로 되어 있는 지역 MBC의 수치, SBS는 지역 제휴 민영 방송사의 수치와 합산한 결과를 보는 것이 필요하다. 사실상 지역 MBC나 SBS의 지역 제휴 민영 방송사는 서울에서 하는 방송을 받아 중계 방송을 하는 비중이 높기 때문이다. 시청률은 피플미터 방식으로 측정을 하는데, 최근에는 워낙 다양한 매체가 있어 예전만큼 정확성을 담보하기

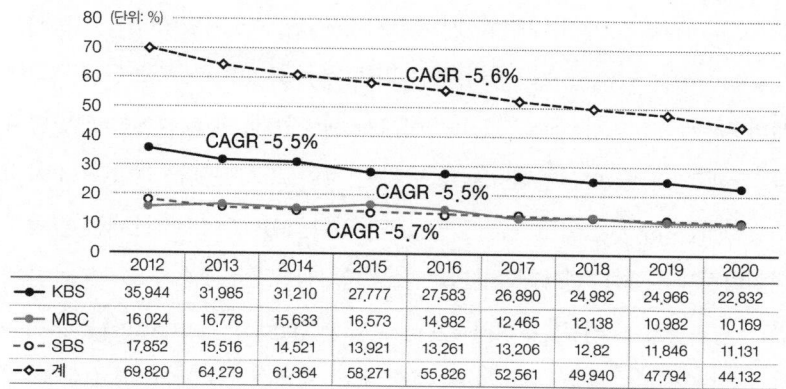

〈그림 2-3-1〉 지상파 3사 시청점유율 추이(2012~2020)

	2012	2013	2014	2015	2016	2017	2018	2019	2020
● KBS	35,944	31,985	31,210	27,777	27,583	26,890	24,982	24,966	22,832
● MBC	16,024	16,778	15,633	16,573	14,982	12,465	12,138	10,982	10,169
○ SBS	17,852	15,516	14,521	13,921	13,261	13,206	12,82	11,846	11,131
◇ 계	69,820	64,279	61,364	58,271	55,826	52,561	49,940	47,794	44,132

주: MBC는 지역 MBC, SBS는 지역 민방 제휴 사업자 시청점유율의 합.
자료: 방송통신위원회.

어렵다. 게다가 최근에는 OTT 등 다양한 매체로 방송을 보는 경우가 많아 단순 시청률은 의미가 많이 퇴색되었다. 이와 유사한 자료로는 시청점유율이 있다. '텔레비전을 보고 있는 가구를 대상으로 어느 프로그램을 보고 있는가?'를 측정한다. 따라서 선호도 측면에서는 시청점유율이 훨씬 설명력이 높은 측정방법이라 하겠다. 지상파 3사 간 경쟁의 결과 또한 시청점유율을 통해 간접적으로 추정할 수 있다. 종합편성채널(이하 종편)이 2011년 12월 1일 출범한 이후인 2012~2020년까지의 지상파 3사 시청점유율을 확인해 〈그림 2-3-1〉로 만들었다. 시청률을 따진다면 당연히 이보다 훨씬 낮은 수치가 나올 것이다.[2]

---

2 시청률은 텔레비전을 안 보는 집까지 포함해 전체 가정에서 특정 채널을 보는 가구를 말한다. 프로그램별 절대적인 시청 규모를 파악하기 위한 지표다. 시청점유율은 텔레비전을 보는 집을 대상으로 동 시간대에 어떤 채널을 보고 있는지를 알려주는 수치이므로 당연히 시청률보다는 높다. 시청점유율은 프로그램별 상대적인 경쟁력을 말해 준다. 점유율의 합은 100이다.

〈그림 2-3-1〉을 보면 2012년 70%에 육박했던 지상파 3사 시청점유율은 2020년 44% 수준까지 떨어졌다. 종편과 tvN 등 방송채널 사용 사업자(PP: Program Provider)의 프로그램이 그 자리를 메웠을 것이다. KBS는 1과 2 두 개의 채널이 있으니 사실 지상파 3사 4개 채널인데, 2012년에는 채널별로 약 16~17%의 평균 시청점유율을 보이던 것이 2020년에는 약 10~11% 수준으로 현저하게 떨어졌다는 것을 알 수 있다. MBC와 SBS 간에는 엎치락 뒤치락하다가 2017년부터는 SBS가 소폭 앞서는 것을 보여주고 있다. 하지만 전체적으로 그리 큰 차이가 없다. 실제 연평균 성장률(CAGR: Compound Annual Growth Rate)(2012~2020)을 보더라도 지상파 3사 합계 평균 5.6%씩 감소했는데, 개별 지상파별로도 KBS와 MBC는 평균 5.5%씩, SBS는 5.7% 씩 감소했다.

지상파 3사 중 확실히 앞서는 사업자가 없다는 것은 특이한 지점이다. 통상 시장에서 3강 구도가 형성되면 5:3:2 또는 6:3:1 등과 같이 확실하게 앞서는 사업자와 조금 뒤처져 있는 3위 사업자가 있게 마련이다. 하지만 3개 방송사가 거의 비슷한 규모의 시청점유율을 확보하고 있다. 가장 먼저 개국한 KBS가 확실한 1위가 아니고, 가장 늦게 개국한 SBS는 3위가 아니다. 전체적으로 비슷한 장르의 구성에다 장르별 포맷 또한 유사해 시청자의 구미에 비슷하게 순응한 결과로 보인다. 다양한 시도를 통해 한발 앞서 나가려는 노력이 있다면 한국 방송 프로그램은 한층 진화할 여지가 있음을 간접적으로 추정할 수 있다.

방송 프로그램 제작시장의 광고 경쟁

방송 프로그램 제작시장의 경쟁은 언뜻 시청률 경쟁으로 보이지만, 실질적

으로는 광고 매출과의 경쟁이다. 방송 네트워크는 양방향이 아니고 단방향이고, 이러한 특성으로 인해 방송 사업자에게는 가입자의 개념이 없다는 것은 전술한 바 있다. 방송사가 만든 동영상 콘텐츠를 보느냐 보지 않느냐가 중요하지, 누가 보느냐는 당장 중요하지 않다는 것이다. 따라서 방송 사업자는 시청자가 볼 만한 콘텐츠를 어떻게 잘 만드냐가 제1의 과제다. 그래서 시청률 그 자체에 사활을 건다. **가입자(고객)의 개념이 없고, 누가 보느냐를 당장 중요하지 않게 생각하는 이유는 분명하다. 시청자로부터 직접 매출이 발생하지 않기 때문**이다. 시청자에게는 텔레비전 방송 수신에 따른 수신료를 받기도 하지만, 방송 3사가 모두 받는 것도 아니다. 지상파 중에서도 KBS1, EBS 등이 나눠 가지는 구조다. 실제 시청자 경쟁을 하는 KBS2, MBC, SBS 등 대부분의 방송사는 광고 수익을 통해 매출을 일으킬 수밖에 없다. 특히 경영진에게 있어 시청률은 광고 매출과 직결되기 때문에 더욱 중요하다. 시청률은 시청률 그 자체가 아니라 광고 수주를 위한 기본 자료 분석 차원에서의 의미로 전환된다.

〈표 2-3-1〉은 지상파 3사의 2018~2020년까지의 광고 매출이다. KBS1은 광고를 송출하지 않으므로 사실상 1:1:1의 경쟁 결과다. 3사의 실력이 온전히 드러난다. 방송산업 전체적으로 광고 매출은 연간 8% 이상씩 줄어들고 있다. 인터넷이나 모바일 광고가 대체하고 있다고 볼 수 있다. 광고 매출은 SBS > MBC > KBS 순이다. 지상파 3사의 광고 매출은 더 큰 폭인 연간 12% 이상씩 줄어들고 있다. 특히 KBS는 최근 3년간 매년 16% 이상 광고 매출이 줄어들었다. 감소 비율은 KBS > SBS > MBC 순이다. 그간 방송산업 전체 매출에서 지상파 3사의 매출 규모가 크다 보니 광고 매출 비중은 상대적으로 덜 감소한 것으로 보인다. 2018년 방송산업 전체 매출 중 지상파 3사의 비중은 37%였으나 2020년 34% 비중으로 낮아졌다. 연평균 4.25%씩 감소했다.

〈표 2-3-1〉 지상파 3사 광고 매출(2018~2020)

(단위: 백만 원)

구분	2018	2019	2020	3개년 CAGR(%)
방송산업 전체 광고 매출	3,227,397	3,000,935	2,717,188	-8.24
KBS	332,795	254,847	231,920	-16.52
MBC	405,499	349,100	336,812	-8.86
SBS	459,608	406,030	355,824	-12.01
지상파 3사 계	1,197,902	1,009,978	924,557	-12.15
지상파 3사 광고 매출 비중	37.1	33.7	34.0	-4.25

주: MBC는 지역 MBC의 광고 매출을 합산했고, SBS 역시 지역 민영 방송사의 광고 매출을 합산해 표시.
자료: 방송통신위원회.

〈표 2-3-2〉 지상파 3사 시청점유율(2018~2020)

(단위: %)

구분	2018	2019	2020
KBS	24.982	24.966	22.832
MBC	12.138	10.982	10.169
SBS	12.820	11.846	11.131

　　시청률 경쟁 결과를 간접적으로 확인할 수도 있다. 〈그림 2-3-1〉에 있는 동 기간(2018~2020) 시청점유율을 다시 가져오면 KBS > SBS > MBC 순이다. 〈표 2-3-2〉는 이를 보여준다. KBS는 채널이 두 개이니 KBS(2020년 기준 22.832%)와 SBS(11.131%)는 그리 큰 차이는 없다고 볼 수 있다. MBC는 두 회사보다 조금 낮은 수준이다. 광고를 노출하는 KBS2의 시청점유율이 KBS1보다는 한참 낮을 것이라고 전제하면 시청점유율 순서(SBS > MBC > KBS2)에 따라 광고 매출도 영향을 받고 있다고 추정할 수 있다. 〈표 2-3-3〉에 있는 광고 단가를 보면 2020년의 경우 SA급 기준 최고 단가는 KBS > MBC = SBS 순, 최저 단가는 SBS > KBS > MBC 순, C급 기준 최고 단가는 KBS > MBC > SBS 순, 최저 단가는 MBC = SBS > KBS 순이다. 각 사의 광고사업전략에 따라 단가가 책정되고 있을 것이나 SBS의 SA급이나 C

<표 2-3-3> 지상파 3사 프로그램 광고단가(2018~2020)

(단위: 천 원)

구분			2018	2019	2020
KBS	SA급	최고	16,200	16,200	16,200
		최저	7,500	7,500	3,000
	C급	최고	5,100	5,400	9,000
		최저	450	600	600
MBC	SA급	최고	13,800	13,800	13,500
		최저	8,100	8,100	1,800
	C급	최고	6,300	12,000	6,300
		최저	900	900	900
SBS	SA급	최고	14,520	15,840	13,500
		최저	7,665	7,665	9,000
	C급	최고	3,525	5,400	4,500
		최저	1,005	1,005	900

주: 15초 프로그램 전후광고 요금 기준.
자료: 방송통신위원회(2021b: 197).

급 광고 모두 최저 단가가 가장 높다는 것은 주목할 만하다.

〈표 2-3-1〉의 방송산업 및 지상파 3사의 광고 매출 현황에서 또 한 가지 눈에 띄는 대목은 **2020년 방송산업 전체 광고 매출이 3조 원 아래로, 지상파 3사의 광고 매출이 1조 원 아래로 내려갔다는 점**이다. 방송산업 전체 광고는 2002년 3조 원을 돌파한 이래 무려 18년 만에 최저다. 지상파 3사의 광고 매출은 자료가 확인 가능한 2001년 이래 처음이다(이상 방송통신위원회 통계자료). 분기점이 될 만한 수치다. '추락하는 것에는 날개가 있다'고 하는데 다시 날아오를 수 있을까?

지상파 vs. PP vs. 종편 간 경쟁: 또 다른 3국지

2020년 말 기준, 한국에는 총 399개의 방송 사업자가 있다. 지상파는 69개, 유선방송은 119개, 위성방송 1개, PP 174개, IPTV 3개, IPTV 콘텐츠 제공[이른바 'CP'(Contents Provider)] 33개, 전광판 방송 22개 사업자로 구성되어 있다. 지상파는 다시 텔레비전 30개,[3] 라디오 20개, DMB(Digital Multimedia Broadcasting) 19개 사업자, 유선방송은 종합유선방송 90개, 중계유선방송(RO: Relay Operator) 29개 사업자, PP는 다시 승인 PP 18개, 등록 PP 156개 사업자로 세분할 수 있다. 이 중 실제 방송 프로그램을 제작하는 사업자는 크게 지상파 3사, 종편 4사, 지상파 3사 외 지상파 및 그 외 일반 PP(사실상 PP와 같은 성격인 IPTV 'CP' 포함)로 나누어 볼 수 있다(이상 방송통신위원회 통계자료). **종편 4사는 '방송법'상으로는 PP의 일종으로 분류하고 있으나, 실질이 일반 PP라기보다는 지상파에 오히려 가깝다.** 종편은 지상파처럼 모든 장르의 방송 프로그램을 제작, 편성할 수 있기 때문이다. 유일하게 구분되는 점은 지상파(공중파)를 통해 전송하는가 아닌가의 문제인데, 한국은 유료방송 가입률이 98% 가까이 되니 공중파를 통한 지상파 방송 수신이 2% 내외에 불과하다. 따라서 유료방송 가입자 관점에서 볼 때 양자를 구분할 실익은 사실상 없다. 종편을 일반 PP와는 달리 별도로 구분해야 하는 이유다.

1995년 케이블 TV가 24개의 PP로 출범했다. 한편으로 광고주를 대상으로 한 광고사업의 경쟁이 새롭게 시작된 것이다. 2020년 말 기준으로는 종편 및 IPTV CP를 포함해 207개의 PP가 있으니 광고사업의 경쟁 강도는 훨씬 커졌다. 일반 PP는 지상파 및 종편과 달리 특정 영역에 국한된 프로그

---

3 흔히 지상파 3사로 알고 있는데 30개나 된다는 것에 의문을 가질 수 있다. 이는 지역 MBC가 별도 법인으로 되어 있고, 지역마다 SBS와 같은 지역 민영방송이 각각 있기 때문이다.

램만을 제작할 수 있다. 지상파에서 다 수용하지 못하는 전문 영역까지 깊숙이 들어가 프로그램을 제작하는 것이다. 바둑 TV는 하루 내내 바둑 프로그램만 송출하고, 낚시 TV는 낚시만을 주로 방송한다. 하지만 PP가 생긴지 거의 30년이 다 되어 가지만, 상당수는 자체 제작보다 지상파 등 기존 방송사에서 제작한 프로그램을 구매해 송출하곤 한다. 구매가 50% 내외일 거라는 자료도 있다(김희경, 2015: 12). 실제 2019년 PP의 연간 방송시간 약 1억 2000만 분 중 구매가 약 6000만 분으로 50%를 살짝 넘는다.[4] 광고 수익이 어느 정도 궤도에 올라 재정 규모가 확대되면 자체 제작하는 선순환을 기대했으나 이에 미치지 못하는 경우가 많다. 지상파 3사 계열 PP, 종편 계열, 보도 전문채널(YTN, 연합뉴스TV) 등을 제외하고는 대기업 CJ그룹이 보유하고 있는 tvN 정도가 자체 제작하는 비중이 높다. 이는 재정규모가 건전해서가 아니라 거꾸로 CJ그룹에서 적자를 감수하고 과감히 투자하고 있는 경우다. CJ그룹은 스튜디오드래곤이라는 국내 제1의 드라마 제작사를 품에 안고 지상파와 비교해도 손색이 없는 드라마를 많이 제작하고 있다. 최근 핫하다고 하는 드라마는 상당수 스튜디오드래곤에서 제작했다. 〈미스터 션샤인〉, 〈나의 아저씨〉, 〈사랑의 불시착〉 등이 다 스튜디오드래곤 작품이다. 하지만 tvN의 경우는 극히 예외다. 그 외 PP는 여전히 광고 매출을 주요 재원으로 삼을 수밖에 없다. 한정된 광고 물량을 가지고 지상파나 다른 PP들과 치열하게 경쟁할 수밖에 없다. 지상파와 달리 특정 분야에 국한한 프로그램이니 시청자 수 또한 제한적이다. 당연히 광고단가도 낮을 것이고, 시청률 또한 그리 높지 않으니 광고 물량이 그리 많지 않다. 재정적자를 면하기 어려운 구조다.

---

4 자체 제작은 약 5145만 분, 외주 제작은 943만 분으로 제작 합계 6088만 분이고, 국내 구매는 4622만 분, 국외 구매는 1508만 분으로 구매 합계 6130만 분이다(방송통신위원회, 2019b). 2019년이 현재 공개된 가장 최신 자료다.

PP는 원래 허가제로 운영되었다. 하지만 케이블 TV 전반적으로 재정 악화에 시달리게 되면서 2001년 1월 규제를 크게 완화, 허가제가 등록제로 전환되었다. 게다가 한 개의 사업자가 복수의 PP를 운영할 수 있는 MPP(Multiple Program Provider)가 허용되었으며, 외국인 지분 제한도 완화되어 외국자본이 국내 PP에 참여할 수 있게 되었다. 이때의 규제 완화를 계기로 국내 재벌기업의 자본이 유입되어 PP의 영세성이 어느 정도 해소된 측면이 있다. 지금은 등록 PP와 승인 PP로 분류한다. 등록 PP는 일정 정도의 자본금과 규모를 갖추기만 하면 되지만, 승인 PP는 정부의 승인이 필요하다. 등록 PP는 특정 장르만 전문 편성하는 전문 편성채널이다. 승인 PP는 공적 성격이 강하거나 사적 성격이 강하지만 소비 풍조 조성의 우려로 인해 정부의 승인을 받도록 한 채널(예: 홈쇼핑 채널)이다. 뉴스 전문채널인 YTN이나 연합뉴스TV 등 보도 채널도 승인 PP에 해당한다. 승인 PP는 채널 의무 전송(Must Carry)의 대상이다(김희경, 2015: 10~14). 종편은 보도의 기능이 있다고 해 여기에 포함되어 있었으나 2019년 의무 전송 채널에서 제외되었다. 이제 의무 전송 채널은 15개만 남아 있다(강진구, 2019년 12월 3일 자).

PP의 수익모델에는 광고 매출과 프로그램 송출 대가에 따른 사용료 매출이 있다. 지상파 수신에 대한 수신료의 전통이 있어 사용료 매출도 수신료라고 부른다. 프로그램 송출 대가는 플랫폼 사업자 방송 매출의 15%를 전체 PP에 배분하도록 권유되고 있다(김희경, 2015: 14~15). 유료방송이 활성화되면서 송출 수수료 매출도 제법 의미 있는 수익원 중의 하나가 되었다. 하지만 여전히 광고 매출이 가장 중요하다. 따라서 지상파 채널과의 접근성 이슈에 관심이 높다. 사람들은 아직도 여전히 지상파 채널 중심으로 소비를 하고 리모컨으로 빠르게 채널을 돌리면서[이른바 재핑(Zapping)하면서] 볼 만한 콘텐츠를 찾아 헤맨다. 당연히 지상파 3사의 채널인 5번, 7번, 9번, 11번 채널 부근에 가까이 있어야 볼 확률이 높아진다. 홈쇼핑 채널이 주로 지상파 3사의 채널 번호 사이[간번(間番)]에 있는 것일수록 송출 수수료를 많이 내는 이유 중 하나다. 텔레비전을 시청하는 사람들은 10번 내외의 번호 대역, 요새는 보도 채널인 23번, 24번 내외의 번호 대역에서 주로 보고 싶은 채널을 결정한다. 특별히 선호하는 방송은 채널 번호를 암기하기도 하지만 대체로 100번대, 200번대 채널은 거의 찾지 않는다. 사람들이 찾아봐야 의미 있는 시청률이 나오고, 시청률이 의미 있어야 광고단가 산정이나 광고 판매에 영향을 준다. PP 입장에서는 좋은 채널 번호를 배정받는 것이 그만큼 중요하다 할 것이다.

2011년 12월 1일, 종합편성 4개 채널이 개국했다. 종일 편파방송을 한다고 해서 종편이라는 오명을 여전히 가지고 있다. 종편도 PP 중 하나다. 다만 전술한 것처럼 종합편성이 가능한 PP다. 종편은 2005년 구방송위원회에서 지상파 견제 대안으로 검토되기 시작했다. 노태우 정부에서 지상파 힘을 분산하기 위해 민영방송을 검토했던 것과 유사한 논리다. 당시에는 사업성이 낮은 것으로 평가되어 도입이 무산되었다. 2008년 방송통신위원회가 설립되었고, 지상파 외의 콘텐츠 진흥 차원에서 종편이 다시 논의되었다. 그리고 2009년 7월 28일 '방송법', '신문등의진흥에관한법률'(이하 신문법), '인터넷멀티미디어방송사업법'(이하 IPTV법) 등 미디어 3법이 개정되었다. 이후 2009년 10월 29일 '미디어법'에 대한 헌법재판소의 합헌 결정으로 급물살을 타게 된다. 가장 논란이 된 '방송법' 개정 내용은 신문과 방송의 교차 소유와 대기업의 보도시장 진입 등을 허용한 것이다. 대기업과 신문기업의 종편 및 보도 전문채널에 대한 지분 참여가 30%까지 확대되었다. 2010년 5월 18일, 방통위는 종편 선정 로드맵을 발표한다. 그리고 그해 12월 31일 4개 일간지 컨소시엄을 종편 사업자로 선정했다. 이미 지상파 3사가 있는데 종편을 4개사나 선정하다 보니 과연 다 살아남을 수 있을까 하는 우려가 많이 있었다. 종편은 사실상 지상파와 같은 성격이기 때문이다. 한국 시장에 지상파 성격의 대형 방송사 7개는 너무 많은 숫자라고 생각한 것이다. 당시 적정 종편 수 1~2개로 평가했을 만큼 레드오션이 우려되었다. 이러한 상황에서 4개 방송사는 개국한 것이다(이상식, 2015: 56~57). 지금도 재난 상황 등이 발생하면 보도 채널 2개를 포함해서 9개 방송사(KBS-2TV는 제외)에서 같은 내용을 하루 내내 생중계하고 있으니 많기는 많아 보인다.

종편은 특히 선정과정에서 각종 특혜(〈표 2-3-4〉 참조)를 받은 것 때문에 더욱 문제가 되었다. 특히 서비스 권역을 전국 단위로 허가해 준 것은 지역별 방송 권역으로만 허가를 받은 SBS의 사례 등을 볼 때 지나친 특혜가 아닐 수 없다. 지상파와 유사하게 낮은 채널 번호를 배정받아 초기에 인지도를 높일 수 있었고, 의무 전송 채널로 지정됨에 따라 어느 정도 필요한 시청률을 가지게 된 것도 크나큰 특혜가 아닐 수 없다. 다른 PP들은 플랫폼 사업

〈표 2-3-4〉 승인 당시 종편 채널 각종 특혜

의무 전송		케이블, 위성방송 전송 방송법 시행령에 명시 (지상파는 KBS1과 EBS)
광고 특혜	중간광고	허용(지상파는 불허)
	광고시간	프로그램 시간의 12% 가능(지상파는 10%)
	공익광고	월간 전체 방송시간의 0.05% 이상 (지상파는 0.2% 이상)
	광고품목	샘물 광고 허용(지상파는 금지)
	광고영업	직접 광고 영업 허용
국내 제작 프로그램 비율		분기별 전체 방송시간의 20~50% (지상파는 60~80%)
심의		지상파에 비해 느슨한 규제
서비스 권역		전국 단일 방송(지상파는 지역별 방송 권역)
직접 광고 영업		허용
채널 번호		지상파 인접 낮은 채널 번호 배정
방송 발전기금		유예(지역 민방 최초 방영 시작 시 5.6%)

자료: 이상식(2015: 61) 재인용.

자와 협상을 통해 채널 번호를 배정받는 것과 비교해서 더욱 그러하다(이상식, 2015: 61~65). 한마디로 PP의 혜택과 지상파의 이점을 한꺼번에 모두 누리는 형태가 된 것이다.

종편의 출범으로 방송 프로그램 제작시장은 기존 지상파 3사와 기타 지상파 및 PP, 그리고 종편 등 3각 경쟁체제가 되었다. 지상파 3사 3국지와 또 다른 3국지다. 시청점유율 경쟁과 이에 따른 광고 매출 확보 경쟁이다. 〈그림 2-3-2〉는 방송사별 시청점유율 비중 추이(2014~2020)를 보여준다.

한 가지 경향은 지상파 3사는 꾸준히 하락하고 있고, 종편 4사는 완만히 상승하다가 내려앉았고, 기타 지상파 및 PP는 점차 상승하는 그림이다. 2020년은 수치에 있어 큰 폭의 변동이 있는데, 무언가 산정 기준이 달라지지 않았는가 추정할 뿐이다. 지상파 3사의 비중은 2014년 60% 넘는 비중(텔레비전을 보는 사람 중의 60%는 지상파 3사 프로그램을 시청한다는 의미)이었으나, 2020년에는 40% 중반으로 줄어들었다. 매년 5.3%씩 감소한 결과다. 종편

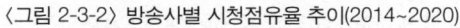

〈그림 2-3-2〉 방송사별 시청점유율 추이(2014~2020)

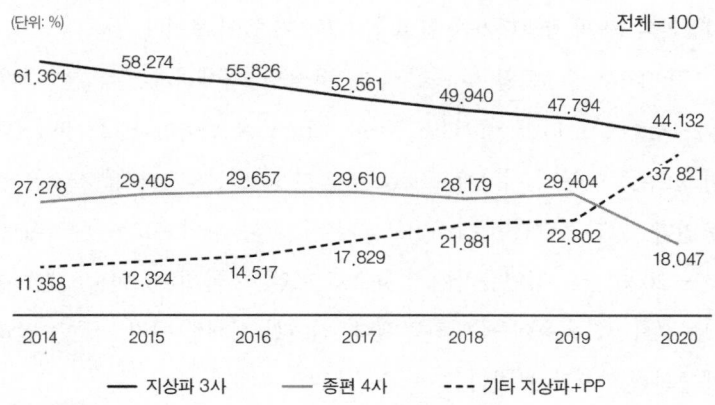

자료: 방송통신위원회.

4사는 2012년부터 본격 방송을 시작했을 것임에도 불과 2년밖에 지나지 않은 시점인 2014년에 벌써 30%에 가까운 시청점유율을 보인다는 점이 눈에 띈다. 채널 번호 배정 및 의무 전송 채널 지정 등 특혜의 영향 중 하나라고 할 것이다. 이후에도 30%에 근접한 시청점유율을 꾸준히 보인다. 동기간 지상파의 시청점유율이 완만히 하락하고 있다는 점을 고려할 때 종편이 흡수하는 그림이 정상적일 것 같으나 종편은 정체 상태다. 오히려 기타 지상파 및 PP들이 흡수하고 있다. 종편이 소비자 콘텐츠 선택의 폭을 그리 크게 늘리지 못했다고 하는 반증이다. 지상파 콘텐츠와 동어반복인 데다가 질적인 측면에서는 오히려 떨어지니 종편에 대한 선호도가 낮은 것이다. 주로 뉴스 중심으로 (그것도 신문을 읽어주는 형태로) 제공하다 보니 보도 전문채널인 YTN과 연합뉴스TV의 하나인 양 생각해서 식당에서 주로 틀어 놓고 있다. 송해 선생님의 〈전국노래자랑〉이 식당을 점유하면서 매우 높은 시청률임에도 광고단가는 낮은 것과 유사하다. 오히려 기타 지상파 및 PP들의 약진이 눈에 띈다. 무려 22%가 넘는 CAGR을 보인다. 2020년도가 특이한 수치여서 2019년까지만을 계산하더라도 15%가 훨씬 넘는 성장률이다. **지상파 3사와 종편 4사가 분발해야 할 지점이다. 한편으로는 기타 지상파와 PP의 광고단가가 현실화될 필요가 있어 보인다.**

〈그림 2-3-3〉은 종편 4사의 시청점유율만 자세하게 살펴본 것이다. 2020년 기준으로 TV조선, JTBC, MBN, Channel A 순이다. 2019년 〈내일은 미스트롯〉 등부터 시작한 트로트 열풍이 TV조선의 강세를 가져온 것으로 보인다. 그간 3위였던 Channel A의 시청점유율이 2020년에 4위로 밀려났다. 2020년 초 검언유착의 영향으로 보인다. 특히 2020년도에는 종편 4사 모두 시청점유율이 크게 하락했다. 전술한 것처럼 뭔가 기준을 달리했기 때문의 영향으로 보인다.

광고 매출액 추이도 살펴보자. 〈그림 2-3-4〉는 지상파 3사의 채널을 제

〈그림 2-3-3〉 종편 4사 시청점유율(2014~2020)

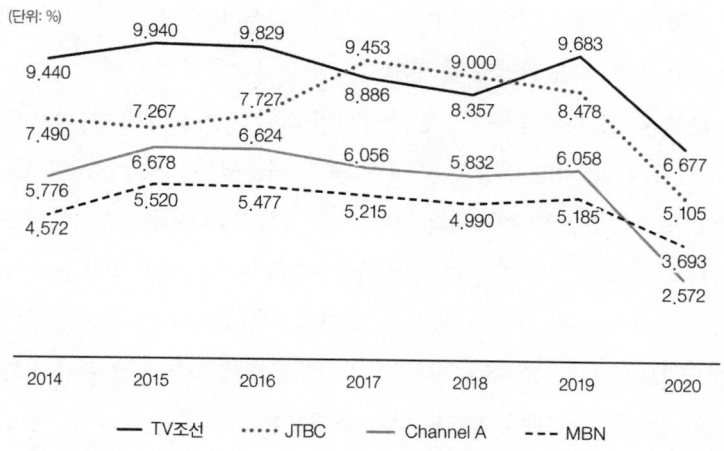

자료: 방송통신위원회.

〈그림 2-3-4〉 지상파 3사 제외 채널 광고 매출액 점유 비중(2014~2020)

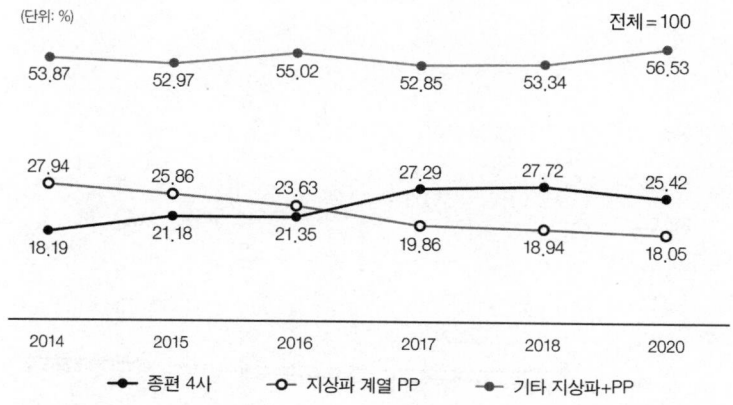

자료: 방송통신위원회.

외한 광고 매출액 점유 비중을 그래프로 만든 것이다. 2019년은 방통위 자료가 없어 생략되어 있다. 종편이나 지상파 계열 PP는 여타 중소 PP와는 규모도 다르고, 광고영업도 달리한다는 점을 고려해서 구분했다.

그래프를 보면 종편 4사는 완만히 상승하다가 답보상태, 지상파 계열 PP는 하락 추세, 기타 지상파 및 PP의 광고 매출액은 소폭 상승 추이를 보여주고 있다. 지상파 계열 PP의 경우 기존 지상파 채널에서 방영했던 프로그램을 장르별로 구분해서 다시 보여주는 형태이다 보니 그리 큰 매력을 느끼지 못한 결과로 보인다. 종편 4사 역시 지상파 콘텐츠와 차별성이 없다 보니 보다 큰 수익을 올리지 못하고 답보상태에 있는 것으로 추정한다.

종편 4사의 광고 매출액만을 따로 그래프를 그려봤다. 〈그림 2-3-5〉를 보면 시청점유율 2위인 JTBC가 압도적이다. 나머지 3사는 시청점유율과 무관하게 비슷한 수준이다. 2017년부터는 3사의 광고 매출액의 합이 JTBC 한 곳의 광고 매출액보다 적거나 비슷한 수준이다. 식당 등에서 무의

〈그림 2-3-5〉 종편 4사 광고매출액 추이

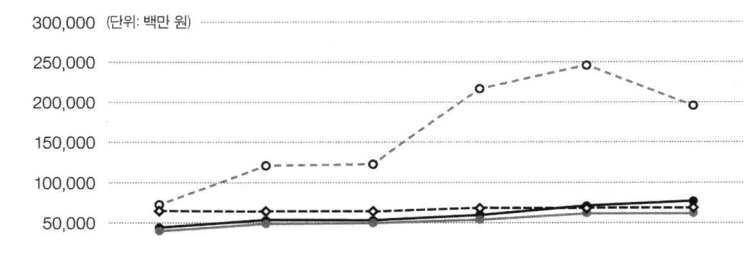

	2014	2015	2016	2017	2018	2020
TV조선	43,979	53,906	52,190	59,813	70,418	76,474
JTBC	72,423	121,764	123,389	218,521	247,347	197,223
Channel A	40,321	48,412	49,896	54,562	62,219	60,654
MBN	66,222	62,244	62,551	67,461	68,166	69,579

자료: 방송통신위원회.

미하게 틀어 놓은 방송이 시청점유율에는 잡히지만 정작 광고단가 산정이나 광고 수주 등에는 그리 큰 영향을 미치지는 못했을 것이기 때문이라는 추정을 한다. '종편 4사 중 누가 가장 잘하고 있는가' 하는 질문에 여러 가지 기준을 통해 대답할 수 있겠지만 개인적으로는 JTBC가 가장 잘하고 있다고 하겠다. 광고 매출액 추이가 이것을 간접적으로 대변하고 있다. 무엇보다 종편 취지에 따른 보도, 드라마, 예능 전 분야에 걸친 다양한 시도를 하고 있고, 일부 성공했다고 평가되는 프로그램도 많이 제작하고 있기 때문이다. 특히 언론 신뢰도 및 영향력 1위를 차지하기도 했던 〈뉴스룸〉의 위상은 한동안 매우 컸다. 치열한 경쟁 현장에서 정공법인 전통 저널리즘 방식을 채택한 '붉은 여왕 전략'[5]이 높은 위상을 가져왔다는 분석도 있다(이무원·김필규, 2019: 29~33). JTBC는 구TBC를 이어받았다고 해서 방송사 이름도 JTBC로 했던 것 아닌가? 이런 관점에서 보면 개인적으로 MBN의 부진은 의외다. MBN은 1995년 케이블 TV 개시 시점부터 이미 경제·증권 전문채널로 출발했고, 2005년도에는 보도 전문채널로 전환해 매일경제TV로 있다가 종편으로 바뀐 것이기 때문이다. Channel A나 TV조선과 비교해 훨씬 방송 프로그램에 대한 이해도가 높을 것인데 아직은 그리 큰 두각을 나타내고 있지는 못하다. 그런 의미에서는 거꾸로 Channel A와 TV조선의 분투가 대단하다고 할 것이다.

---

5 내가 나아가는 만큼 주변 환경이나 경쟁상대도 마찬가지로 나아가기 때문에 오히려 뒤처지거나 정체될 수 있으니 끊임없이 진화해야 한다는 전략을 말한다. 루이스 캐럴(Lewis Carroll)의 동화로 잘 알려진 「거울 나라의 앨리스」에 등장하는 앨리스와 붉은 여왕과의 경주에서 유래했다.

제4장

유료방송시장에서의 3국지

텔레비전을 시청하는 다섯 가지 방법:
전통적, 케이블, 위성, IPTV, 모바일(DMB 포함)

**2021년 말 기준 텔레비전 보유 가구 대비 유료방송 가입 가구 비중은
97.7%에 이른다.** 방식별로는 케이블 TV가 39.8%, 위성방송 9.1%, IPTV
가 54.4%의 비중이다.[1] 여전히 2.3%의 가구는 전통적인 방식으로 텔레비
전을 시청한다고 볼 수 있다. 전통적인 방식이란 KBS의 경우 방송국에서
제작한 프로그램을 관악산 송신소 또는 지방 방송국까지 광케이블로 보낸
후 다시 인근 중계소로 가서 (무선) 마이크로웨이브망을 타고 각 가정까지

1 　텔레비전 보유 가구 중 샘플(N=4,087)을 대상으로 측정한 것이다(방송통신위원회 통계자료).

전달되는 방식이다.[2] 각 가정에서는 수신을 위한 별도의 안테나가 필요하다. 하지만 지금도 이런 방식으로 텔레비전을 보는 가정이 있는지는 의문이다. 아마도 인터넷이 들어가지 못하는 일부 도서 지역이나 오지 등에 이런 경우가 있지 않을까 추정해 본다. 만약 이런 가구가 사실 지금은 없다면 전파(주파수) 낭비 우려는 짚어볼 필요가 있을 것이다. (따져 봐야겠지만) 정부 지원을 통해 이런 가구 모두를 위성방송에 가입시킨다면 텔레비전 방송 주파수를 회수해 다른 곳에 활용할 수 있을 것이다.

전통적인 방식이 아니라면 대부분 유료방송에 가입해 텔레비전을 시청한다. 케이블 TV, 위성방송 및 IPTV를 가입하는 방식이다. 이 중에는 두 가지 이상 유료방송에 가입한 가정도 있을 것이다. 2019년 말 기준 텔레비전 수상기 등록 대수는 공식적으로 약 2544만 대로 집계되어 있는데, 동년도 유료방송 가입자 수는 약 3381만 단자다(방송통신위원회 통계자료).[3] 차이가 무려 830만 단자가 넘는다. 아마도 텔레비전 수상기 등록 대수에 일정 부분 누락이 있을 것으로 추정되고, 일부는 중복 가입 가구가 제법 있어 그런 결과가 나오지 않았을까 한다.

구체적으로 케이블 TV 방식은 '직교진폭변조(QAM: Quadrature Amplitude Modulation)' 방식과 '8단계 잔류 측파대(8VSB: 8-level Vestigial SideBand)' 방식으로 나뉜다. '직교진폭변조'와 '8단계 잔류 측파대'. 무척 이해하기 힘든 말이다. 쉽게 이해하자면 QAM 방식은 디지털 텔레비전을 보기 위해 셋톱박스가 필요하고, 8VSB 방식은 셋톱박스가 필요 없다는 말이다. 2012년을

---

2   참고로 KBS 라디오는 관악산이 아니라 남산 송신소를 경유한다. 네트워크의 진화에 따라 지상파마다 중계 전송하는 방식이 조금씩 변형되었으나, 전통적 방식에 가장 가까운 것은 KBS 방식이다.

3   방통위 자료에 2020년 텔레비전 수상기 대수는 확인되지 않는다. 불가피하게 가장 텔레비전 수상기 대수가 확인되는 가장 최근인 2019년 자료를 활용했다.

끝으로 텔레비전 방송국에서는 아날로그 방송 시대를 마감하고 디지털 방송만을 송출하게 된다. 하지만 기존에 아날로그 방식의 텔레비전을 보유하고 있는 가정에서는 텔레비전을 볼 수 없는 상황이 되었다. 이에 케이블 TV 사업자는 정부와의 공조로 QAM 방식의 저가 셋톱박스를 보급해 이 상황을 해결하려고 했다. 하지만 여전히 한계가 있었다. 그리하여 2014년 6월부터는 원래 지상파 방송 사업자들이 독점했던 8VSB 방식을 케이블 사업자들에게도 허용해 셋톱박스 없이도 디지털 방송을 볼 수 있게 된 것이다. 지상파에서 8VSB 방식으로 송출하고, 아날로그 케이블 TV 가입자가 8VSB로 변경하면 아날로그 가입자들도 고화질 방송을 볼 수 있으니 셋톱박스가 필요 없는 것이다. 모든 케이블 TV 사업자들이 8VSB 방식을 도입했고, 이에 아날로그 케이블 TV 가입자들이 빠르게 디지털로 전환되었다. 그 결과 2022년 2월 최종적으로 아날로그 케이블 방송은 역사 속으로 사라지게 되었다. 2021년 말 기준으로 QAM 방식으로 텔레비전을 보는 가구는 약 729만, 8VSB 방식으로 보는 가구는 584만이다. 아직도 600만에 가까운 가구는 여전히 배불뚝이 브라운관 텔레비전을 가지고 있다는 말이다.

케이블 TV의 경우 지역 종합유선방송 사업자(SO: System Operator), 망 운영 사업자(NO: Network Operator), 그리고 PP 등 3원 체제로 출발했으나 위성방송은 출발할 때부터 SO와 NO의 성격이 하나인 2원 체제로 출발했기 때문에 훨씬 안정적으로 시장에 진출할 수 있다고 기대되었다. 위성방송을 통해 텔레비전을 보는 방법은 우주 상공에 있는 위성으로부터 직접 텔레비전을 수신할 수 있기에 여러모로 편리한 점이 많은 매력적인 방법이다. 하지만 여전히 수신 안테나는 필요하다. 아파트 옥상 등에 공시청 안테나를 통해 집단으로 수신하는 방식도 있다. 하지만 일반 가정에서는 빨간색으로 'HD' 또는 'SkyLife' 글자가 적힌 접시 안테나를 통해 수신한다. 하지만 접시 안테나 방식은 치명적인 결함이 있다. 인공위성은 정지위성이기 때문에 항상 고정된 위치에서 방송을 전송할 수밖에 없는데, 주거형 태에 따라 각도가 맞지 않으면 방송 수신이 어렵다. 이런 한계를 극복하기 위해서 위성방송 사업자 스카이라이프는 2016년부터는 접시 없는 위성방 송(DCS: Dish-less Convergence Solution) 방식을 개발, 승인을 받아 적용하고 있다. 이는 인공위성이 전송한 방송 신호를 기간통신사업자의 통신국 옥 상의 대형 안테나를 통해 수신한 뒤 이를 IP 신호로 변환해 가정에 보내는 기술이다.

IPTV는 인터넷을 통해 텔레비전을 시청하는 방식이다 보니 인터넷 가 입이 필수다. 대신 인터넷을 활용하는 것이어서 다양한 양방향 서비스의 기반이 된다. 이때 서비스를 결정하는 것은 셋톱박스의 성능이다. 따라서 셋톱박스는 경쟁 관점에서 분명한 차별화 요소의 하나로 기능한다. 인터 넷 모뎀이나 WiFi 공유기 등이 단지 네트워크 종단을 연결하는 기능에 국 한된 것과 비교할 때 확실히 다른 부분이다. 2020년 말 유료방송에 가입된 총 3479만 단자 중 케이블 TV는 1313만(37.7%), 위성방송은 308만(8.9%), IPTV는 1854만(53.3%)이다. 사업자별로는 KT 지니TV(구올레TV) 가입자가 가장 많다.

텔레비전을 보는 방법은 이것이 전부가 아니다. 모바일로 텔레비전을 보는 방법을 알아봐야 한다. 모바일로 텔레비전을 보는 방법으로는 우선 한때 활성화되었던 DMB가 있다. DMB는 라디오 방송으로 대표되는 디지 털 오디오 방송(DAB: Digital Audio Broadcasting)이 텔레비전 등 멀티미디어 부분까지 확장된 개념이다. 무선통신방식에 따라 지상파 DMB와 위성 DMB로 나뉜다(이재현, 2013: 19~27). DMB는 2005년부터 서비스를 시작했 으나 이 중 위성 DMB는 스마트폰이 대세가 되면서 2012년 사라지게 된 다. 위성 DMB를 굳이 가입하지 않더라도 스마트폰에 앱을 설치하기만 해 도 손 안의 TV가 가능해졌기 때문이다. 지상파 DMB는 자동차 내비게이션 등 극히 일부에만 남아 있고, 별도 가입이 필요 없이 안테나로 방송이 잡히면 무료 수신이 가능하다. **2010년대 초반부터는 모바일로 TV를 본다는 개념의 모바일 TV, IPTV를 모바일화한 개념의 모바일 IPTV 등 시도가 있었고, 지금도 이어지고 있다. 이들은 지금은 OTT의 하나로 분류해 설명되고 있으나, 본질은 모바일 TV, 모바일 IPTV 형태다.[4] 넷플릭스와 같은 미국 대자본 OTT의 대항마 성격으로 포지셔닝이 바뀐 결과일 뿐이다.**

모바일로 텔레비전을 보는 방식은 점차 영향력을 행사하고 있다. 인터넷이나 페이스북 등 각종 SNS에서는 텔레비전에서 방영했던 프로그램 중 짧은 동영상 클립들이 제공되고 있다. 본 방송을 보지 못한 사람들에게 핵심적인 부분만 발췌, 요약해 제공하면서 사람들이 터치하기를 기다린다. 국내 OTT 사업자들은 로컬 콘텐츠를 차별화 아이템으로 활용하기 위해 텔레비전 프로그램 다시 보기에 더해 실시간 방송을 얹기도 한다. 지상파 3사와 SKT가 함께 출자한 웨이브(Wavve)는 당연히 지상파 3사 콘텐츠를 실시간으로 제공하고, 유플러스 모바일 TV에도 지상파 3사 콘텐츠는 제공되고 있다. 반면 KT에서 운영했던 시즌(seezn)과 CJ 티빙(TVing)은 지상파 3사 채널은 제공하지 않지만, tvN을 포함한 CJ E&M 계열 채널은 제공하고 있다. 아직 유료방송을 통해 텔레비전을 보는 방식이 대세이지만, 조만간 모바일로 그 흐름이 뒤바뀔 수도 있다. 모바일은 시공간의 제약에서 벗어나 보다 강화된 접근성으로 사람들을 지속 유혹할 것이기 때문이다. 2022년 7월 발표된 「KISDI STAT 리포트」에 따르면 스마트폰으로 '텔레비전

---

4 2011년 5월 KT는 기존 '올레TV나우'를 '올레TV모바일'로 리브랜딩해 런칭했고, 2011년 11월 이후 유료로 전환했다. LG유플러스는 2011년 10월 'U+ HDTV'를 출시했고, SK브로드밴드 역시 2012년 10월 'Btv 모바일'을 출시했다. 모바일 IPTV의 개념이다. 이외에도 SK플래닛은 'Hoppin', CJ헬로비전의 '티빙'도 2011년 즈음에 모바일 TV 개념의 사업을 출시했다. 이후 무수히 많은 이합집산 끝에 현재는 넷플릭스 등 미국 대자본 OTT에 대항하는 성격으로 자리 잡혀 가는 중이다.

프로그램을 보고 있다'라는 사람의 비중은 2016년도에 7.0%에서 2021년도에는 10.2%로 늘었다. 또한 '동영상을 보고 있다'라는 사람의 비중은 동 기간에 13.4%에서 무려 50.8%로 증가했다(정용한, 2022: 5). 1인 가구 증가 등에 따라 텔레비전을 아예 구매하지 않으려는 경향도 늘어나고 있다. 이른바 '**제로TV**' 또는 '**코드 네버(Cord Never)**'다. 상황이 이러하니 앞으로는 모바일로 텔레비전을 시청하는 것이 주류가 될 개연성이 갈수록 높아지고 있다.

유료방송시장에서의 가입자 경쟁

통상 한국을 포함한 대부분의 나라에서 방송은 공공재로서 모든 국민에게 보편적으로 제공하는 형태를 띠고 발전했기 때문에 무료다. 하지만 유료방송은 말 그대로 자발적으로 돈을 내고 보는 방송을 말한다. '방송법'상으로는 시청자와의 계약에 따라 수 개의 채널 단위·채널별 또는 방송 프로그램별로 대가를 받고 제공하는 방송을 뜻한다고 되어 있다('방송법' 제2조). 여기에서 수 개의 채널 단위는 티어링(Tiering) 제도[5]를 의미하고, 채널별은 알라카르테(A-la-carte) 방식[6]을, 그리고 방송 프로그램별은 PPV[7]를 의미하는 것으로 이해하면 된다. **돈을 내고 방송을 본다는 것은 방송의 공공재적 성격이 사유재 성격으로 바뀌었다는 것이며, 그런 의미에서 유료방송은 통상의 방송과는 전혀 다른 메커니즘으로 운영된다.**

---

5 몇 개의 채널을 묶어 가입자가 선택할 수 있도록 하고 이에 따라 가격을 차등 적용하는 방식.
6 시청자가 원하는 각 채널에 대해 시청료를 각각 지불하는 방식.
7 시청한 프로그램 수나 시간에 따라 요금을 지불하는 방식.

국내 유료방송 사업자는 '방송법'상 종합유선방송·중계유선방송·음악유선방송·위성방송 사업자가 있으며, 'IPTV법'상 IPTV 사업자가 있다. 중계유선방송은 종합유선방송에 흡수되어 가는 과정이고, 음악유선방송은 현재 한 가입자도 없다.[8] 따라서 유료방송시장에는 3개의 사업자군이 있다. 사업 개시 순으로 케이블 TV(정확하게는 SO), 위성방송 및 IPTV가 그것이다. 케이블 TV는 광동축혼합망(HFC: Hybrid Fiber Coaxial)으로, 위성방송은 무궁화위성의 방송채널을 임대해, IPTV는 초고속인터넷을 통해 방송을 송출한다. 3개의 사업은 정치적 논란과 수많은 이해관계자의 논의와 협상을 거친 타협의 결과다. 이 과정에서 3개의 사업자군은 조금씩 다른 성격으로 출발했으나 지금은 가입자가 이용하는 관점에서 볼 때 제공되는 서비스에 그리 큰 차이를 느끼지 못할 것이다. 그나마 차이가 있다면 가입한 티어링 상품요금, 이에 따른 콘텐츠의 양, 사용자 인터페이스/사용자 경험(UI/UX: User Interface/User Experience)의 편의성 정도에 그친다.

유료방송시장은 가입자 기반 비즈니스로 한마디로 가입자 유치 경쟁으로 특징지을 수 있다. 가입자 기반 비즈니스는 안정적인 수입 기반을 가져오고, 서비스 확장에 따른 요금구조 다변화를 유연하게 처리한다. 매월 일정한 금액을 고정적으로 청구할 수 있으니 어느 정도의 재무구조로 운영할 것인지를 쉽게 결정할 수 있다. 한 번 가입자가 되고 나면 그 가입자를 대상으로 부가적인 서비스 가입 또는 이용을 유인해 수익원을 다양하게 가져갈 수 있다. 예컨대 인터넷 가입을 했다면 네트워크 보안 관련 집중 관리를 받는 서비스를 별도 가입하도록 해 추가 과금할 수 있다. 유료방송에 있어 가입자가 PPV를 구매하면 추가적인 매출이 생기는 것도 같은 원리다.

---

8   2001년 기준 중계유선방송은 696 사업자, 음악유선방송은 99 사업자가 있었으나, 2020년 기준, 중계유선방송은 29 사업자가 있다. 음악유선방송은 사업자가 없다(방송통신위원회, 2021i).

게다가 'VOD 보기 전 광고'의 단가 책정이나 홈쇼핑 송출 수수료를 홈쇼핑 사업자와 협상할 때에도 가입자 규모가 기반이 된다. 가입자 규모에 따라 초기 단가는 어느 정도, 더 나은 옵션을 선택한다면 초기 단가보다 높은 어느 정도 등 단가 및 수수료 협상이 이루어진다. 따라서 유료방송 사업자에게는 가입자를 얼마나 확보하느냐가 경쟁의 핵심이다. 많으면 많을수록 좋으니 다다익선이다.

따라서 유료방송시장에서는 가입자 확보를 위해 치열한 경쟁을 하는데, 이때 가입자 유치를 위해 집행하는 마케팅 비용을 'P값'이라 한다. 따라서 가입자 경쟁은 외형적으로 'P값 경쟁'의 형태로 보이기도 한다. 하지만 무조건 'P값'이 높다고 해 경쟁에서 승리하는 것은 아니다. 고객은 사업자가 제공하는 유치비용 외에도 본인의 다양한 맥락적 환경을 고려해 의사결정을 하기 때문이다. 최근에는 경쟁이 너무 치열해서 경쟁사 가입자 전환 유치(Churn-in)와 가입자 이탈(Churn-Out)이 빈번하다. 오랜 기간 가입자로 남아 있을 수 있도록 유인하는 다양한 자물쇠 잠김 효과(Lock-In) 경쟁이기도 하고, 충성도(Loyalty) 경쟁이기도 하다.

유료방송 3국지는 3개의 사업자군 간 경쟁이기도 하지만 IPTV 3사 간 경쟁이기도 하다. 현재 IPTV가 시장 지배적 위치를 차지하고 있다는 측면과 함께 기존 케이블 TV 중 상당수[대표 5개 MSO(Multiple SO) 중 3개]는 IPTV 사업자군이 인수했기 때문이기도 하다. 케이블 TV의 등장부터 차례대로 살펴보도록 하겠다.

케이블 TV(SO)의 출범

1995년 케이블 TV 출범 이전에도 이와 유사한 중계유선방송이 이미 있었다. 유선방송은 1961년 '유선방송수신관리법'의 제정으로 탄생했다. 처음에는 라디오 방송을 중계·송출하다가 음반을 틀어주는 음악방송이 되었다. 1988년 '유선방송관리법' 제정 이후 급증하다가 1990년을 정점으로 완만한 증가세로 바뀐다. 2000년대 초중반 케이블 TV로 흡수 또는 전환되었다(김희경, 2015: 42~43). 케이블 TV는 중계유선방송과 구분하고, 여러 전문채널을 종합해 보내 주는 유선방송이라는 의미에서 종합유선방송이라고 한다. 종합유선방송 사업자들은 중계유선방송과 차별화하기 위해 자신들은 케이블 TV, 중계유선방송은 유선방송이라고 부르기도 한다.

케이블 TV는 정치적인 이유에서 출발했다. 도입 목적은 콘텐츠의 다양화와 균형성이었다. 1987년 대선에서는 노태우 후보, 1992년 대선에서는 김영삼 후보가 공약의 하나로 거론했다. 노태우 정부는 전두환 정부의 언론 통폐합으로 경쟁 구도가 사라지면서 시청률 상승과 함께 광고수입 증가로 경영이 안정되자 정부에 대해 도전한다고 판단했다. 실제 KBS에서는 장기간 제작을 거부하기도 했다고 한다. 위기의식을 느낀 정부는 SBS를 탄생시키고, 힘의 분산 목적으로 1991년 12월 '종합유선방송법'을 제정한다. 이후 김영삼 정부 들어 논란을 거듭한 끝에 1995년 1월 5일 첫 시험방송(시험방송에는 21개 PP와 39개 SO 참여)을 한다(김희경, 2015: 42~44). 같은 해 3월 1일에는 24개 PP와 48개 SO에서 본 방송을 송출했다(나무위키).

케이블 TV는 몇 차례 위기를 겪으면서 성장했다. 김영삼 정부는 케이블 TV 육성과 동시에 (방송이라는 이유로) 엄격하게 규제하는 모순된 정책을 함께 시행했다. 대표적으로 엄밀한 3분할(SO·NO·PP) 정책이 있다. 이 규제에 따라 3개의 주체 간에는 겸영이 금지되었고 특히 SO와 NO 간에는 전송망 설치를 둘러싼 갈등이 많았다. 방송시스템(System)과 망은 인위적으로 분리하기 어려운 일체이기 때문에 양자의 이해관계가 첨예하게 부딪혔다. 이로 인해 케이블 TV로 전환할 것이라고 예상되었던 기존 중계유선방송

사업자의 경우 망을 소유하지 못한다는 불안감으로 케이블 TV 사업에 참여하지 않았고, 케이블 TV 사업자와 지속 갈등 관계 속에 있었다. 또한 중계유선방송은 가격이 저가였기 때문에 기존 중계유선방송 가입자가 쉽사리 케이블 TV로 갈아타지도 않았다(김희경: 2015: 44~45). 엄밀한 3분할 정책이란 기계적 탁상행정의 전형이라고 생각할 수 있다.

1999년 1월 정부는 '종합유선방송법'을 개정한다. 2차 SO의 개국을 앞둔 시점인 1998년 초 주요 NO 중 하나인 한전이 사업을 중단하자 케이블 TV의 위기가 심화할 것으로 예상했기 때문이다. 다행히도 법 개정은 케이블 TV가 비약적으로 발전하는 계기가 되었다. 주요 내용은 ① 3분할 사업 주체 간 겸영 허용, ② SO 간 수평적 결합(MSO) 허용, ③ 대기업·언론사의 SO 지분 소유 허용, ④ SO의 자가망 설치 허용 등이다. 케이블 TV 사업자가 MSO, MPP, MSP(Multiple SO & PP) 등으로 규모를 키울 수 있게 된 배경이다. 그리고 티어링 제도의 확립과 함께 중계유선방송 사업자가 케이블 TV 사업자로 전환할 수 있는 물꼬(3분할 사업 주체 간 겸영 허용에 따라 NO가 SO에 흡수됨)가 트여 가입자는 급격하게 성장하게 된다. 1999년 말 티어링 제도가 도입된 시점에 91만 6176가구였던 것이 2004년 6월에는 938만 4086가구로 5년도 채 되지 않아 10배가량 폭발적 증가세를 보였다. 아울러 181개 중계유선방송 사업자들이 케이블 TV 사업자로 전환했다(김희경, 2015: 41~49).

실제 케이블 TV 사업자 수의 변천을 간략하게 알아보자. 2001년 유선방송 사업자는 총 905개였다. 케이블 TV 110개 사, 중계유선방송 696개 사, 음악유선방송 99개 사였다. 2020년 말에는 119개 사로 줄어들었다. 케이블 TV 90개 사, 중계유선방송 29개 사다(방송통신위원회 통계자료). 한국케이블TV협회 홈페이지에 따르면 현재 케이블 TV 사업자는 전국 78개 권역에서 89개 사업자가 있다. 조금 구체적으로는 5개의 MSO가 80개 사업 권역에서, 9개 개별 SO가 각기 권역에서 사업을 하고 있다. 5개의 MSO는 LG

유플러스에서 인수해 CJ헬로비전에서 이름을 바꾼 LG헬로비전이 23개 권역, SK브로드밴드에서 인수한 티브로드가 SK브로드밴드로 이름을 바꿔 22개 권역, C&M에서 이름을 바꾼 딜라이브(D'Live)가 16개 권역, CMB가 11개 권역, KT 스카이라이프에서 인수한 HCN이 8개 권역에서 사업을 하고 있다. 딜라이브와 CMB도 시장에 매물로 나오기도 했으나 아직 인수기업을 찾지는 못하고 있다. 이제는 원래 케이블 TV 사업자로 출발한 것은 9개의 중소 SO와 딜라이브와 CMB뿐이다. 전국 78개 권역 중 36개 권역이다. 권역별 모두 독점은 아니고 일부 경쟁을 하는 권역이 있어 숫자에 약간 혼선이 있을 수 있다.

케이블 TV가 초기에 그리 큰 거부감 없이 시장에 침투하게 된 원인 중 하나는 1990년 초부터 한국 텔레비전에서 함께 보급되기 시작된 **리모컨의 활용**에 있다. 그 이전까지 텔레비전은 채널 전환을 위해서는 텔레비전 앞에까지 가서 로터리를 좌우로 움직여야 했다. 음량 조절 또한 마찬가지였다. 만약 케이블 TV가 개시된 시점에 리모컨 방식의 텔레비전이 아니었다면 30여 개 가까운 채널을 돌리기 위해 너무나도 번거로운 손동작을 반복했어야 한다. 아무리 채널이 많고 내용이 좋아도 이런 방식으로는 채널을 찾아볼 여력이 없었을 것이다. 리모컨의 편리함으로 인해 소비자의 채널 선택권이 강화되었고, PP가 제공하는 프로그램도 쉽게 접근할 수 있는 계기가 되었다. 또 다른 원인으로는 1997년 '건축법'이 개정된 이후 지어지는 **아파트의 경우 가정마다 방송 단자를 시설하게끔 의무화**된 것에서 찾을 수 있다. 개정 '건축법'은 옥상에 공시청 안테나(Master Antenna)를 설치하고 집에서는 방송 단자에 꽂기만 하면 방송을 볼 수 있게 만들었는데, 이때 관리 주체를 케이블 사업자에게 위탁한 경우가 많았다. 케이블 사업자는 아파트 단지와 공동 가입계약을 하고, 관리비에 소액의 텔레비전 시청료를 청구하는 방식으로 주로 영업을 했는데, 이것이 자연스럽게 가입자가 늘어날 수 있게 된 배경이 되었다.

케이블 TV 시대가 되어 저가의 이용요금으로 다양하고 풍부한 콘텐츠를 이용할 수 있게 된 것은 큰 변화 중의 하나다. 그 이전에는 지상파 위주의 단조로운 채널 재핑에 그쳤는데, 케이블 TV로 인해 보고 싶은 다양한 장르의 프로그램을 리모컨으로 쉽게 이리저리 돌려가며 시청할 수 있게 된 것이다. 홈쇼핑 채널도 있어 텔레비전을 보면서 필요한 것을 사는 (비록 전화를 걸어 구매하는 방식이기는 하지만) TV 쇼핑의 시대가 열렸다. 또 한편으로는 전국을 몇 개의 권역으로 나눠 그 권역 내에서는 지역방송이 의무화된 것도 의미가 크다. 1995년 6월 27일 광역 및 기초단체장을 주민의 선거를 통해 선출하는 명실상부한 지방자치 시대가 열렸는데, 마침 출범한 케이블 TV가 지역 내 소식을 빠르게 전달할 수 있는 매체로 자리를 잡게 되었다. 비즈니스 관점에서는 기존 지상파의 경우 광고 수익에 의존하는 단조로움을 가지고 있었다면, 케이블 TV 시대부터는 광고 외에 프로그램 판매수익, 홈쇼핑 송출 대가 수익 등 다변화되었던 점도 의미 있는 부분이다. 다만 유료방송시장이 현재와 같이 저가 시장으로 고착되게 된 출발이 케이블 TV로부터 시작되었다는 아쉬움이 있다. 한국 유료방송의 시작이 난시청 해소 목적의 저가 중계유선방송이다 보니 주로 중계유선방송을 흡수해 성장한 케이블 TV 사업자의 요금 또한 당연히 낮아질 수밖에 없었다. 채널이 아무리 많이 늘어나고 시청권이 강화되었다고 하더라도 유료방송시장의 저가화가 계속 이어질 수밖에 없었다. 기술혁신의 발전과정에서 항상 등장하는 **경로 의존성**(Path Dependence)이 유료방송시장에도 어김없이 작동한 것이다.

MTV의 출범과 케이블 TV 시장 안착

케이블 TV는 1995년 3월 체제로 출발했다고 했습니다. 유료방송 사업자인 SO, 방송을 가입자 댁내까지 전달하는 사업자인 NO, 그리고 방송 프로그램 제작사업자인 PP가 그것입니다. 방송 중계 과정을 SO와 NO로 나눠 세분화했지만, 굳이 나눌 필요가 없다는 것이 확인되었지요. 그 결과 NO는 SO에 흡수되었다는 것은 전술한 바 있습니다. 이제는 SO와 PP만이 남아 있지요. 그런데 만약 PP마저 없었다면 케이블 TV는 새로운 미디어로서의 의미는 하나도 남지 않게 됩니다. 이전 중계유선방송과 거의 차이가 없는 것이니까요. 그리고 한국 유료방송 시장의 패러다임을 한동안 주도했다고도 말할 수는 없을 것입니다. 최초의 홈쇼핑 〈39 쇼핑〉, 패션 전문 〈동아 TV〉, 하루 24시간 뉴스 전문 〈YTN 24〉, 어린이 애니메이션 전문 〈투니버스〉, 바둑 전문 〈바둑 TV〉 등이 당시 케이블 방송 채널인 PP로 기억합니다. 게다가 지상파 3사만 있던 시절에는 화면조정시간이라고 해서 방송이 나오지 않았던 시간대가 있었으나, PP가 등장하고서는 하루 내내 텔레비전을 볼 수 있었지요. 텔레비전을 보는 시간이 24시간으로 늘어났으니 보는 즐거움도 그만큼 커졌습니다. '하루 24시간×365일＝8760시간'이니 PP로서는 1년 편성을 위해 약 9000시간 분량의 프로그램을 확보했어야 했겠고요. 직접 제작하거나 아니면 구매하거나. 그러니 영세 자본으로는 감당하기 어려워 결국 대기업 자본의 진출이 불가피했을 겁니다. SO도 가입자로부터 받는 월정액으로는 감당이 되지 않아 규모의 경제를 위해 대형화를 지향할 수밖에 없었을 것이고요. 케이블 TV 역사에 있어 수많은 인수합병이 이를 증명합니다. 리모컨의 활용과 '건축법'의 개정이 SO의 시장 안착에 크게 도움을 주었다는 것은 전술한 바와 같습니다.

1995년 뉴미디어로 출범한 케이블 TV 24개 PP에는 음악 전문방송인 엠넷(Mnet)도 있었습니다. 음악은 방송과 매우 밀접한 특성이 있으니 당연히 포함되었겠죠. 1960년대부터는 음반을 틀어주는 유선 음악방송도 있었으니 그리 낯설지 않습니다. 하지만 방송은 소리만이 아니라 이미지와 동작까지 포함하는 영상물이기 때문에 뮤직비디오가 선행되어야 했습니다. 뮤직비디오는 1966년 비틀즈(Beatles)의 「Paperback Writer」가 시작이라고 하네요(나무위키). 한편 세계 최초의 음악 전문방송은 미국의 MTV입니다. 1981년 8월 1일 오전 0시 1분, 첫 방송을 송출합니다. 난시청 해소 목적으로 미국 케이블 TV가 출범한 것이 1949년이니 무려 30여 년이나 흐른 시점입니다. 최초의 뮤직비디오로부터도 15년 후고요. 이와 비교하면 한국은 케이블 TV 출범 시점부터 음악방송이 함께 했으니 매우 빠른 것이겠지요. 하지만 그 이전에 뮤직비디오라는 방식의 출현과 미국 음악 전문방송 MTV의 성공사례 등이 기반이 된 것입니다. MTV는 개국 최초의 방송으로 버글스(Buggles)의 노래가 달린 비디오 클립을 송출했다고 합니다. 그 유명한 "비디오가 라디오 스타를 죽였네(Video Killed the Radio Star)"입니다. 새로운 시대를 알리기 위한 것으로는 최적의 노래이지요. MTV의 빠른 시장 안착 배경에는 마이클 잭슨(Micheal Jackson)이 있다고 합니다. 원래 MTV는 흑인 뮤지션을 소개하지 않는 원칙이 있었는데, 소니 레코드사는 마이클 잭슨의 「Thriller」를 방영하지 않으면 모든 계약을 취소한다며 압박했다고 합니다. 마지못해 마이클 잭슨의 비디오 클립을 방영하기 시작했고, 이것이 선풍적으로 인기를 끌면서 MTV를 널리 알리게 되었다고 합니다. MTV 출범 초기 록 뮤직만을 하루 24시간 방영하는 채널은 기형적인 아이디어라며 사람들이 비웃었던 것과 비교하면 대단한 반전이 아닐 수 없습니다(선성원, 2011: 48~54).

위성방송의 출현

위성방송은 말 그대로 인공위성의 방송용 채널을 임대해 송출하는 것이다. 1995년 8월 5일, 미국 플로리다의 케이프커내버럴(Cape Canaveral) 발사장에서 한국 최초의 방송통신 위성인 무궁화 1호가 발사되었다. 마침내 다른 나라 위성을 통해 방송을 보내는 셋방살이를 면하게 된 것이다. 무궁화호는 적도 상공 약 3만 6000km 궤도 위에서 돌고 있는 위성이다.[9] 지구의 자전주기와 같아 정지된 것처럼 보이기 때문에 정지위성이라고도 한다. 위성방송은 이 무궁화 위성을 통해 직접 가입자까지 방송을 송출한다.

위성방송은 기존 방송시스템과는 달리 위성에서 직접 송출하므로 ① 중계시설 없이 전국 동시 방송이 가능, ② 전파 월경(Spill Over) 방지 또는 지역적 난시청 해소, ③ 지상파는 하기 어려운 새로운 방송서비스 제공 가능, ④ 지상 재해 상황에서도 방송망 확보 가능 등의 사유로 새로운 미디어의 하나로 출현했다. 1997년부터 실시하려 했으나 무궁화 위성 1호의 수명 단축과 '통합방송법' 국회 통과가 되지 않으면서 시험방송만 했다. 마침내 2000년 법이 국회를 통과했고, 2002년 한국 유일 위성방송 사업자 스카이라이프가 방송을 시작하게 된다(김희경 2015: 78~79). 2005년부터는 위성 DMB 사업자로 SK텔레콤 자회사인 TU 미디어가 있었으나, 2012년 사업을 접었다. 현재 위성방송 사업자로는 스카이라이프 외에는 없다.

위성방송 또한 시작은 쉽지 않았다. 기존 케이블 TV 사업자들이 경쟁자로 인식, 재전송을 쟁점화해 지상파를 송출하지 못했다. 기존 케이블 TV의 저가 요금과 비교해 상대적으로 고가이다 보니 가입 매력도 떨어졌다. 2005년이 되어서야 지상파 재전송이 가능해졌다. 하지만 가격 경쟁력은 케이블 TV를 따라잡을 수 없었다. 전술한 것처럼 케이블 TV의 경우 초기 중계 유선방송 가입자가 그대로 케이블 가입자로 넘어오면서 저렴한 요금이 그대로 전이되었기 때문이다. 위성방송은 출발부터 고비용 디지털 방송이었으나, 케이블 TV는 당시 아날로그에 머물러 있었기 때문에 원가 면에서도 차이가 났다. 1997년 '건축법' 개정으로 의무화된 아파트 공시청 시설은 이미 케이블 TV가 방송 단자를 다 점유하고 있어 아파트 시장 진입도

---

9   현재까지 KT는 무궁화 1호, 2호, 3호, 5호, 6호, 7호, 5A(5호 대체 목적)까지 7대의 방송·
     통신 위성을 쏴 올렸으며, 6호를 대체하기 위한 6A 발사를 준비 중이다. 영문으로는 무궁
     화 위성이라고 하지 않고 KOREASAT이라고 부른다(케이티샛 내부자료).

매우 어려웠다. 타개책으로 2009년 8월 KT와 제휴해 OTS 상품을 출시했고, 시장에서 큰 호평을 받았다. OTS의 선풍 덕으로 전체 위성방송 가입자 수가 한때 400만 단자를 초과하기도 했으나, 최근에는 300만 단자 초반대로 정체 상태에 있다. KT와 특수관계가 된 것은 2005년 자본잠식 상태에서 지상파 등 주요 주주의 투자가 없는 상황에서 외국 헤지펀드의 투자를 받았고, 2009년 '방송법' 개정으로 대기업 지분 제한이 풀렸을 때 헤지펀드의 자금 환수 요구를 KT만 수용했기 때문이다. 2011년도에 KT 자회사가 되었다(김희경, 2015: 80~83).

위성방송은 기존 케이블 TV의 아성 속에 생존을 위해 차별화하는 과정에서 선도적인 다양한 시도를 했다. 프리미엄 채널을 별도로 만들었고, 모든 채널을 HD(ALL HD, High Definition) 방송으로 송출했으며, 세계 최초 3D 전문채널인 Sky 3D, UHD(Ultra High Definition) 전용 채널인 Sky UHD, 반려견을 위한 채널 송출 등 그간 케이블 TV에서는 전혀 볼 수 없었던 것들이었다. 위성방송은 케이블 TV와 비교해 고가였기 때문에 아파트 베란다 옆 등에 설치된 동그란 접시가 한때 풍요로움을 상징하는 대표적인 것이 되기도 했다. 한편으로는 컨테이너 박스든, 거리에 있는 조그마한 구두 수선점이든, 아니면 외딴 지역에서든지 인터넷 및 기타 통신 회선을 굳이 설치하지 않아도 방송을 볼 수 있게 만들었다는 점에서 방송의 사각지대를 없앴다는 긍정적인 측면도 있다. 게다가 케이블 TV나 IPTV의 경우 화재 등 유선 시설의 손상에 따라 방송이 중단되지만 위성방송은 재난 시에도 제약 없는 방송 송출이 가능하다. 위성방송의 최대 장점이다. 다만 양방향을 제대로 구현하기 위해서는 투자비가 너무 많이 들기 때문에 완전한 양방향을 하지 못하는 점이 한계였으나 인터넷 재판매로 가능해졌다는 것은 전술한 바 있다.

IPTV의 등장

IPTV도 방송이라고 말해진다. 하지만 '방송법'에서 정의하고 있지는 않다. 이렇게 된 배경에는 방송 사업자와 통신사업자 간 첨예한 이해관계 대립에 있다. 방송 사업자를 대변하는 당시 구방송위원회는 IPTV는 '텔레비전 등 방송 프로그램을 인터넷망을 이용해 공중에게 보내는 다채널 방송'으로 정의했다. 반면 통신사업자를 대변하는 구정보통신부는 '양방향으로 다양한 멀티미디어 콘텐츠를 제공하는 신규 통신방송 융합 서비스'라고 정의했다. 그 결과 기존 '방송법'으로는 규율할 수 없어 새로운 법('IPTV법')을 제정하게 된 것이다. 'IPTV법'에서 정의하는 인터넷 멀티미디어방송(IPTV)이란 '광대역통합정보통신망(B-ISDN: Broadband Integrated Service Digital Network) 등을 이용해 양방향성을 가진 인터넷 프로토콜 방식으로 일정한 서비스 품질이 보장되는 가운데 텔레비전 수상기 등을 통해 이용자에게 실시간 방송 프로그램을 포함해 데이터·영상·음성·음향 및 전자상거래 등의 콘텐츠를 복합적으로 제공하는 방송'이라고 정의하고 있다('IPTV법' 제2조 제1호). 이때 실시간 방송 프로그램이란 '인터넷 멀티미디어방송 콘텐츠 사업자 또는 방송 사업자가 편성해 송신 또는 제공하는 방송 프로그램으로서 그 내용과 편성에 변경을 가하지 아니하고 동시에 제공하는 것'('IPTV법' 제2조 제3호)이라고 해 방송 사업자의 편집 및 편성권을 보장하고 있다. '방송법'에서 규율하지 않는 대신 아예 'IPTV법' 조문에 실시간 방송을 명시적으로 규정하고 있다. 방송 사업자와 통신사업자 간 타협의 소산이다.

하지만 실제로는 **방송 유통 플랫폼에 불과한 IPTV를 굳이 방송이라고 계속 표현해야 하는지는 의문**이다. 전술한 것처럼 **방송에는 시청자가 있지만 방송 유통 플랫폼인 IPTV에는 시청자는 없고 대신 가입자(고객)가 있기 때문이다. 즉, 전술한 것처럼 IPTV는 모든 가구를 대상으로 한 방송이 아니라 개별적**

으로 가입한 특정 가구를 대상으로 한 협송이기 때문이다. 게다가 방송 프로그램 제작사로부터 받은 프로그램을 있는 그대로 송출하기 때문에 방송과 같은 편성 또는 편집 기능이 추가되지 않는다. 당연히 방송이라고 부르기에는 어색하다. 나아가 수신료, 수용자 등 기존의 방송 용어를 서비스의 실질을 제대로 반영한 형태에서 새롭게 정립해야 할 필요도 있다. 다만 케이블 TV는 해당 사업 권역 내 지역방송을 제작, 편성 및 송출하는 것이 의무화되어 있어 방송의 특성이 있는 것은 사실이다. 하지만 실제 해석이나 논평은 제외('방송법' 제70조)되기 때문에 케이블 TV의 본질도 엄연히 플랫폼 사업이다. 방송 프로그램 제작, 판매 등과 같은 콘텐츠 사업과는 확연히 다른 특성이 있는 것이다. 플랫폼 사업과 콘텐츠 사업을 같은 범주에 두는 것은 극장과 영화를 같은 것으로 보는 것과 다르지 않다. 극장과 영화는 밸류체인이 다르고, 수익모델도 상이하며, 유통과정도 엄연히 구분된다. 인위적인 끼워 맞춤이 아니라 다른 것은 다른 것으로 분류하는 실용의 미덕이 요구된다.

IPTV의 등장이 가져온 긍정적인 측면은 텔레비전을 통해 다양한 양방향 서비스를 접할 수 있게 되었다는 점이다. 특히 VOD는 초기 단계의 양방향 서비스이지만, '다시 보기', '몰아 보기' 등 새로운 시청 문화를 이끌었다. VOD의 성장으로 영화 등 각종 콘텐츠의 판매 창구가 훨씬 커지게 되어 한국 콘텐츠 시장의 외연이 크게 넓혀졌다. 소비자는 소비자대로 새로운 콘텐츠를 다양한 경로를 통해 풍부하게 이용할 수 있게 되었고, 콘텐츠 제작업자는 제작업자대로 새로운 판매 창구가 늘어나서 수익원을 늘릴 수 있게 되었다. IPTV가 있어 〈사운드 오브 뮤직〉을 소장용으로 저장해 아무 때나 볼 수 있게 되었다. VOD가 있어 〈스타워즈 시리즈〉 전편을 한꺼번에 차례대로 보거나 〈폭풍의 언덕〉을 1939년 작, 1992년 작, 2011년 작을 비교하면서 볼 수 있게 되었다. 리모컨, 비디오테이프리코더(VCR: Video

Cassette Recorder)에 이어 IPTV의 등장으로 소비자의 선택권이 훨씬 늘어나게 되었다. 리모컨이 채널 선택권을 갖도록 해 주었다면 VCR은 콘텐츠를 저장해서 필요할 때 꺼내 볼 수 있는 선택권을 제공했다. IPTV는 필요한 콘텐츠를 꺼내 볼 수 있되 별도 기기의 도움도 필요 없게 만든 것이다. 그것도 저렴한(?) 요금에 의해서 말이다. IPTV의 성장 과정 및 등장 전후 비교 등은 제5장에서 자세히 설명하도록 하겠다.

유료방송 사업자 간 3국지: 현재의 모습

유료방송시장은 가입자 경쟁 시장이라고 했다. 가입자 경쟁 시장이라는 것은 두 가지 의미가 있다. 하나는 어떤 사업자군(또는 사업자)이 가장 많은 가입자를 획득해 매출을 올리는가의 문제이고, 두 번째는 가입자를 확보한 후에 얼마나 잘 추가 매출로 연결할 수 있는가의 문제다. 첫 번째는 **가입자 수와 가입자당 평균 매출(ARPU: Average Revenue Per User)과 같은 가입자의 질적 측면 등 가입자 그 자체에 집중**하는 것이다. 두 번째는 **가입자 규모를 바탕으로 광고, 홈쇼핑 송출 수수료 등과 같은 추가 매출을 만들어 내는 힘과 영향력**의 문제다. 유료방송시장의 경쟁 실태는 다른 어떤 것보다 이 두 가지를 살펴보면 대략 파악할 수 있다. 실제로 사업자들도 가입자를 어떻게 늘리고, 나아가 가입자를 기반으로 어떻게 추가 매출을 창출할 것인지에 대한 고민이 거의 전부다.

〈표 2-4-1〉을 보자.

먼저 한국 유료방송 가입자는 통계가 잡히는 2001년 약 1091만 가입자(종합유선방송과 중계유선방송의 합)에서 2020년 약 3479만 가입자로 3배 이상 성장했다. CAGR은 6.3%다. 사업자군별 가입자를 보면 2020년 말 기준 케

〈표 2-4-1〉 연도 말 유료방송 가입자 현황(2001~2020)

구분	2001	2002	2003	2004	2005	2006	2007	2008	2009	2010
케이블 TV	10,906,173	11,434,532	11,724,452	13,526,866	14,177,499	14,240,558	14,734,185	15,229,800	15,229,961	15,038,895
위성방송	-	539,048	1,053,895	1,652,255	1,855,240	1,949,191	2,151,882	2,338,378	2,457,408	2,825,963
IPTV	-	-	-	-	370,754	1,018,044	1,273,242	-	2,373,911	3,645,866
위성 DMB	-	-	-	-	-	-	-	-	2,001,460	1,850,030
계	10,906,173	11,973,580	12,778,347	15,179,121	16,403,493	17,207,793	18,159,309	17,568,178	22,062,740	23,360,754

구분	2011	2012	2013	2014	2015	2016	2017	2018	2019	2020
케이블 TV	14,957,857	14,921,837	14,842,784	14,708,848	13,816,370	13,959,868	14,098,156	13,859,169	13,521,566	13,165,959
위성방송	3,261,662	3,790,820	4,181,022	4,261,123	3,091,938	3,183,501	3,245,577	3,263,068	3,168,017	3,082,074
IPTV	4,893,847	6,547,421	8,783,479	10,856,783	11,358,191	12,889,223	14,325,496	15,656,861	17,125,035	18,537,193
위성 DMB	1,173,535	-	-	-	-	-	-	-	-	-
계	24,286,901	25,260,078	27,762,285	29,826,754	28,266,499	30,032,592	31,669,229	32,779,098	33,814,618	34,785,226

주 1): 케이블 TV는 종합유선방송과 중계유선방송의 합.
주 2): 진한 고딕체 수치는 본문에서 언급한 내용을 강조하는 의미. 전체 유료방송 가입자는 2001년에 비해 2020년 3배 이상 확대되었고, 2010년은 IPTV가 위성방송을, 2017년은 케이블 TV까지 따라잡은 해라는 것을 강조한 것.
자료: 방송통신위원회.

이블 TV 가입자는 전체의 38%, 위성방송은 9%, IPTV 가입자는 53% 비중이다. 위성 DMB는 사업을 종료한 2012년도부터는 가입자가 없다. IPTV는 2008년 11월 KT가 사업을 개시한 이후 2009년 1월 다른 2개 통신사가 참여했다. 2010년 연말에는 위성방송을 따라잡아 2위가 되었다가, 2017년에는 케이블 TV도 제치면서 1위 사업자군으로 올라섰다는 것을 확인할 수 있다. **한 가지 특이한 점은 전체 시장 파이를 나눠 먹는 제로섬 게임이라면, IPTV가 가파르게 증가할 때 다른 유료방송 사업자의 가입자 수가 그만큼 줄어들어야 하나 소폭 감소에 그치고 있다는 점**이다. 이는 케이블 TV나 위성방송 사업자의 뛰어난 영업력과 해지 방어 역량을 보여주는 측면도 있으나, 이보다는 **전체 시장 파이가 커지고 있다는 것**을 말해 준다. 1인 가구 등 전체 가구 수가 증가했고, 생활수준의 향상으로 텔레비전 수상기 보급 대수가 증가[10]한 것에 연관 지어 생각해 볼 수 있을 것이다.

〈그림 2-4-1〉은 〈표 2-4-1〉을 그래프로 나타낸 그림이다. IPTV가 등장한 2008년 이후 회색 실선으로 보이는 전체 유료방송 가입자 수의 증가가 회색 점선 IPTV 증가와 비슷한 기울기로 함께 성장하고 있는 것을 확인할 수 있다. 케이블 TV는 소폭 감소, 위성방송은 정체 상태로 있어 IPTV에 의한 대체성이 그리 크지 않았다는 것을 확인할 수 있다.

〈표 2-4-2〉는 자료가 공개된 2014~2020년까지의 사업자군별 연간 단위의 가입자당 매출기준 ARPU 현황이다. 2020년 말 연간 가입자당 매출기준 ARPU는 IPTV > 위성방송 > 케이블 TV의 순이다.[11] 연평균 ARPU 증감

---

10 텔레비전 수상기는 2001년 말 약 1771만 대에서 2019년 말 2544만 대로 약 770만 대가 증가했다(방송통신위원회 통계자료).

11 가입자를 유치하게 되면 가입자를 기반으로 한 PPV, 홈쇼핑 송출 수수료, 광고 매출 등 추가 매출을 기대할 수 있으나 이는 부수적인 것이다. 가입자당 ARPU를 제대로 파악하기 위해서는 순수 가입자당 매출기준으로 산정하는 것이 바람직하다.

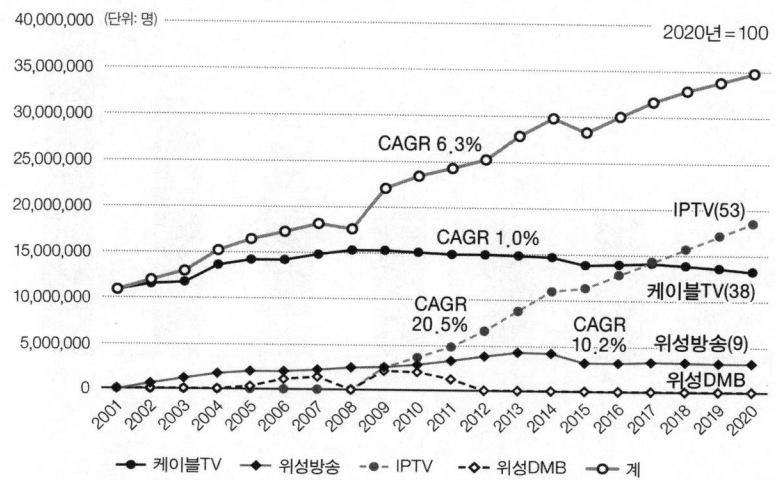

〈그림 2-4-1〉유료방송 가입자 현황(2001~2020)

주: 케이블 TV에는 중계유선방송 가입자 포함, 위성 DMB는 2012년 8월 31일 사업 철수.

〈표 2-4-2〉유료방송 사업자군별 연간 ARPU

(단위: 원)

구분	2014	2015	2016	2017	2018	2019	2020	CAGR(%)
케이블 TV	72,375	68,071	60,342	57,597	57,587	56,423	53,664	-4.9
위성방송	86,122	111,976	104,793	99,614	96,158	96,134	98,042	2.2
IPTV	110,645	132,220	133,516	139,027	142,716	142,178	140,402	4.0

주: 매년 말 기준 수신료 수익을 연말 가입자 수로 나누어 계산.
자료: 방송통신위원회 통계자료 가공.

률도 또한 IPTV 4.0% > 위성방송 2.2% > 케이블 TV -4.9% 순이다. IPTV
는 중폭 증가세, 위성방송은 소폭 증가세다. 반면 케이블 TV는 매년 5%에
가까이 연평균 가입자당 ARPU가 감소하고 있다. 위성방송과 케이블 TV
의 경우에는 연 12만 원이 안 되니 가입자당 월 만 원도 받지 못하는 상황
이다. 케이블 TV는 특히 심각해서 월 4500원에도 미치지 못한다. IPTV가
그나마 조금 나은 상황이지만 2020년 말 기준 월 1만 2000원에 조금 못 미

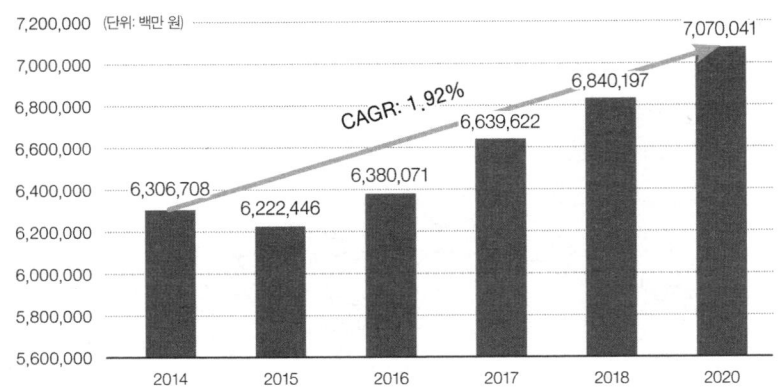

〈그림 2-4-2〉 PP 방송 사업 매출액

자료: 방송통신위원회 통계 가공.

치는 수준에 불과하다. 한국 유료방송시장이 얼마나 저가로 형성되어 있는지를 보여준다.[12] 이는 중계유선방송이 케이블 TV로 전환되는 과정에서 형성된 저가 요금이 관성적으로 고착된 결과일 거라는 점은 전술한 바 있다. **경로 의존성**이다. 상황이 이러함에도 〈그림 2-4-2〉와 같이 PP 방송 사업 매출액이 소폭이나마 성장 추세에 있다는 점은 고무적이다. **IPTV 출범 당시 유료방송 경쟁 심화로 PP의 수익기반이 무너질 것을 염려했던 것이 단지 기우에 불과했다는 점을 확인할 수 있다.**

한편으로는 한국 **유료방송시장이 워낙 저가로 형성되다 보니 미국 대자본 OTT가 초기에 쉽게 자리를 잡지 못했던 원인이 되기도 했다.** 넷플릭스는 한

---

12 Omida(2021) 자료에 따르면 2020년 기준 OECD 주요 국가의 유료방송 전체 월평균 ARPU는 26.6달러라고 한다. Omida는 한국의 경우 평균보다 낮은 20.3달러로 추정했다. 주요국 중 미국은 97.4달러, 일본 49.5달러, 영국 25.9달러, 캐나다 58달러, 이탈리아 17.8달러, 독일 17.4달러 등이다(방송통신위원회, 2021b: 263). Omida의 추정은 순수 가입자당 매출 외에 추가 매출을 포함해 계산한 것으로 보인다. 만약 한국만 추가 매출을 포함해 계산한 것이라면 한국 유료방송시장의 저가 상황은 더욱 심각하다.

국에 2016년 1월 본격 서비스를 개시했는데, 사실상 코로나-19 이전인 2019년까지는 그리 크게 호응을 얻지 못했다. 소수의 얼리어답터 중심으로 가입이 이루어졌고, 국내 로컬 OTT 가입자 수와 거의 비슷하게 월 200만 사용자 수준이었다.[13] 코로나-19가 본격화된 2020년 이후 가입자가 증가해 2021년 6월 월간 사용자 수 1020만까지 크게 성장했다(한국방송통신전파진흥원, 2022: 46).

다시 본론으로 돌아와서 동 기간 단자 기준으로 가입자 수를 정리한 〈표 2-4-3〉을 보면 케이블 TV의 경우 가입자 수 또한 연평균 -1.8%씩 감소하는 것으로 나타나고 있다. 2014년도 말에는 약 1471만 가입자였던 것이 2020년도 말에는 약 150만 이상 가입자가 줄어든 약 1317만 가입자다. 케이블 TV의 경우 가입자의 ARPU 등 질적 측면 못지않게 양적 측면에서도 경쟁 열위의 상황이라는 점을 확인할 수 있다. 연간 ARPU와 함께 가입자 수도 줄어들고 있다는 것은 상대적으로 케이블 TV의 고가 가입자가 IPTV

〈표 2-4-3〉 유료방송 사업자군별 가입자 수 변동(2014~2020)

구분	2014	2015	2016	2017	2018	2019	2020	CAGR(%)
케이블 TV	14,708,848	13,816,370	13,959,868	14,098,156	13,859,169	13,521,566	13,165,959	-1.83
위성 방송	4,261,123	3,091,938	3,183,501	3,245,577	3,263,068	3,168,017	3,082,074	-5.26
IPTV	10,856,783	11,358,191	12,889,223	14,325,496	15,656,861	17,125,035	18,537,193	9.33
계	29,826,754	28,266,499	30,032,592	31,669,229	32,779,098	33,814,618	34,785,226	2.60

주: 케이블 TV는 QAM 방식과 8VSB 방식의 합.

---

13 한국 진입 초기, 넷플릭스는 유독 한국 시장에서 고전했다. 콘텐츠 부족과 비싼 요금 때문이라는 평가였다. 시장 지배적인 유료방송이 저가이기도 했다. 그래서 당시에는 넷플릭스가 국내 미디어 업계에 변화를 일으키기 어렵다는 시각이 지배적이었고, 변화가 있더라도 점진적일 것이라고 예상했다(문성길, 2017: 106~107).

〈그림 2-4-3〉 가입자당 광고 매출액

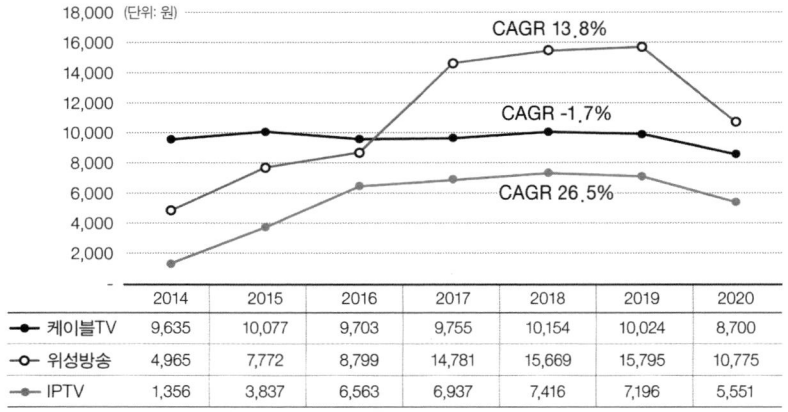

	2014	2015	2016	2017	2018	2019	2020
케이블TV	9,635	10,077	9,703	9,755	10,154	10,024	8,700
위성방송	4,965	7,772	8,799	14,781	15,669	15,795	10,775
IPTV	1,356	3,837	6,563	6,937	7,416	7,196	5,551

주: 매년 말 기준 광고 매출액을 연말 가입자 수로 나누어 계산.
자료: 방송통신위원회.

〈그림 2-4-4〉 가입자당 홈쇼핑 송출 수수료

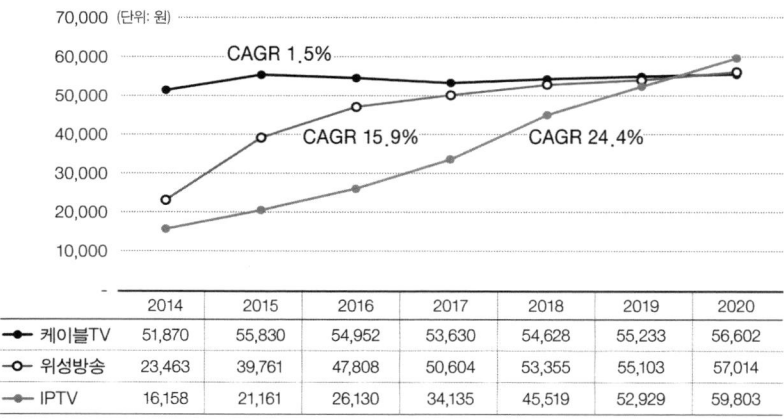

	2014	2015	2016	2017	2018	2019	2020
케이블TV	51,870	55,830	54,952	53,630	54,628	55,233	56,602
위성방송	23,463	39,761	47,808	50,604	53,355	55,103	57,014
IPTV	16,158	21,161	26,130	34,135	45,519	52,929	59,803

주: 매년 말 기준 홈쇼핑 송출 수수료를 연말 가입자 수로 나누어 계산.
자료: 방송통신위원회.

로 이탈되고 있을 것으로 추정된다. 참고로 동 기간(2014~2020) 중 위성방송은 매년 가입자 수가 -5.3%씩 감소했고, 반면 IPTV는 매년 9.3% 증가했다.

다음은 가입자당 광고 매출과 홈쇼핑 송출 수수료 매출을 살펴보도록 하겠다. 〈그림 2-4-3〉과 〈그림 2-4-4〉는 공식적으로 확인된 2014년부터 2020년까지의 방송통신위원회·과학기술정보통신부 통계자료를 기초로 가입자당 광고 매출액 추이를 나타낸 것이다.

가입자당 광고 매출액을 보면 위성방송 > 케이블 TV > IPTV순이다. 위성방송의 경우 변동 폭이 매우 크다. 2016년도에서 2017년도 사이에는 무려 가입자당 6000원 가까이 증가했다가 2019년도에서 2020년도 사이에는 5000원 가까이 감소했다. 아마도 집계하는 기준 조정이 있어 무언가를 넣었다가 다시 빼는 과정을 거치지 않았나 추정한다. 그렇지 않다면 단순 매출 총액의 변동이 아니라 가입자당 매출이기 때문에 한꺼번에 이렇게 큰 변동이 있다는 것을 설명하기 어렵다. IPTV의 가입자당 광고 매출이 가장 적은 이유는 아마도 두 선도 사업자군과 비교해 후발로 출발하다 보니 광고영업에 대한 경험과 노하우 등 요령이 많이 부족한 것이 아닌가 추정된다. 게다가 따로 PP를 가지고 있지 않다는 점도 영향을 미쳤을 것으로 본다. 다만 증가율을 보면 IPTV는 매년 26.5%씩 증가하고 있어 〈표 2-4-3〉에서 가입자가 9.3%씩 증가한 것과 비교하면 큰 폭의 증가율이다. 중기적으로는 세 사업자군의 가입자당 광고 매출은 비슷한 정도로 수렴될 것이다. (물론 영업력의 차이는 무시하지 못하지만) 시장 단가라는 것이 표준화될 것이기 때문이다. 궁극적으로는 매체의 영향력으로 인해 단가에도 약간의 차이가 조금씩 벌어질 것으로 전망한다.

2020년 기준 가입자당 홈쇼핑 송출 수수료는 3개의 사업자군이 대체로 비슷하다. 2018년까지는 IPTV가 상대적으로 뒤처져 있었는데 2019년부터는 최고와 최저금액의 차이가 가입자당 2000원~3000원 내외로 많이 근접해 있다. 홈쇼핑 송출 수수료는 어느 정도 시장 단가가 형성된 것으로 추정된다. CAGR 관점에서 보면 케이블 TV는 1.5%, 위성방송은 15.9%, IPTV는 24.4%의 수치를 보인다. 따라서 IPTV와 다른 두 개의 사업자군과의 금액 차이는 크게 벌어질 수도 있을 것이다. 매체의 영향력 측면에서는 IPTV가 가장 앞서고 있다는 점에서 협상력이 더 클 것이기 때문에 그러하다.

가입자당 광고 매출과 홈쇼핑 송출 수수료의 추이를 보면 아직은 케이블 TV나 위성방송의 영업력이나 노하우를 IPTV가 따라잡기에는 조금 부족한 것으로 보인다. 물론 각 사업자군 내에 각각의 사업자가 있고, 개별 사업자마다 광고 및 홈쇼핑 송출 수수료 단가, 산정 로직, 관련 업무를 담당하는 부서의 규모, 협상 요령 등에 있어 다를 것이기 때문에 일반화하기는 조금 어려울 수 있다. 하지만 대체적인 큰 방향과 흐름을 이해하는 데 그리 큰 차이가 있지는 않을 것이다.

_제5장

IPTV 성장의 커다란 3개의 분기점

의문과 우려 속에서 출발한 IPTV

지금이야 매우 크게 성장해 성공한 것으로 보이지만, 최초 IPTV는 '사업성이 확실히 있을까?'하는 의심이 많던 상태에서 출범한 비즈니스다. 대표 사업자인 KT의 경우 '크레지오닷컴'이라는 인터넷방송을 추진했다가 철수했던 아픈 기억이 있다. 홈 네트워킹 차원에서 '홈엔 TV' 사업(VOD 중심)을 진행했으나 이 또한 지지부진했다. 무엇보다 수익성이 가장 큰 문제였다. 사업을 추진하기 위해서는 실시간 방송을 비롯한 많은 콘텐츠를 수급해야 하는데 월 만 원 내외의 요금을 받아서는 감당하기 어려웠다. 게다가 서비스를 제공하기 위해서는 셋톱박스가 필요한데, 고가의 장비를 사서 설치하려는 고객이 있을리 만무했다. 따라서 통신사업자에 익숙한 임대방식(초기

제5장 _ IPTV 성장의 커다란 3개의 분기점 **111**

에는 무상 임대)을 취하게 되는데 셋톱박스 투자비만 1대당 23~24만 원대였다. 가입자가 최소한 23~24개월을 유지해야 콘텐츠 수급은 고사하고 겨우 셋톱박스 투자비용을 회수하는 정도였다. 실시간 방송 등 콘텐츠가 제대로 송출되기 위해서는 인터넷 속도가 뒷받침되어야 했는데, 기존의 전화선을 통한 인터넷으로는 감당이 되지 않았다. 별도의 고속인터넷망을 설치해야 하는데, 연관 투자 규모가 1조 원이 넘는 상황이니 가장 고민스러운 지점일 수밖에 없었다. 다만 한 가지 가입자가 빠르게 뒷받침된다면 한번 해 볼 수도 있겠으나?

게다가 **기존 방송업계에서도 별로 환영하지 않았다.** 'IPTV법'이 통과된 2007년 12월 28일 이전 통신사업자는 방송 사업자와 3년간의 지루한 힘겨루기 논쟁을 했다. 이후에도 지상파 재송신 문제로 인해 '상용화가 제대로 되겠는가' 하는 우려도 있었다. 당시 지상파 방송사들은 '대가 없는 지상파 채널 재송신은 없다'라는 입장이었다. KT 상용화(2008년 11월 17일)를 앞둔 2008년 10월이 되어서야 재송신 협상이 타결되었다. 하지만 지상파 재송신료는 결정되지 않은 채 큰 틀의 합의만 했던 것이었다. 향후 재송신료는 가입자당 280원으로 책정되었다. 즉, IPTV 가입자 1명을 유치하면 무조건 한 달에 840원을 지상파 3사에 지급해야 하는 구조다. 가입자당 송신료를 지급하는 방식(CPS: Cost Per Subscriber)은 2018년까지 유지되다가 2019년이 되어서야 총액 계약 방식으로 바뀌었다.

사업에 대한 외부 전망도 매우 불투명했다. 2007년 7월 ≪LG주간경제≫ 기사에서는 IPTV 가입자를 최대 400만 가구 내외로 전망했다.[1] KT 내부에서도 2012년까지 가입자 300만 정도(전체 시장은 500만)를 예상했으나, 확신

---

1 기사는 전체 가구의 20% 수준이 최대 가입 가구일 것으로 알려지고 있다고 전하고 있다. 당시 가구 수가 2000만 정도임을 가정할 때 400만 가구라고 추정할 수 있다(장재현, 2007: 26~30).

을 갖지 못한 상태에서 의지의 표명 수준이었다. 2008년 당시 한국방송영상산업진흥원(현 한국콘텐츠진흥원)이 발간한 보고서에서는 '유료방송 보급률이 75%가 넘는 한국에서 IPTV가 확산될 여지는 크지 않다'(권호영·김영수, 2008: 1)라고 하는 등 부정적인 전망 일색이었다. 이런 인식을 뚫고 현재에 이른 IPTV 성장사는 해당 분야에서 일했던 사람들의 수많은 땀과 노력이 어울린 결과라고 생각한다. 대추 한 알이 저절로 붉어질 리 없고, 저 혼자 둥글어질 리 없는 것처럼.

이제는 텔레비전 시청의 주류가 된 IPTV

과학기술정보통신부 보도자료(2022년 5월 18일 자)에 따르면 2021년 말 기준 전체 유료방송 가입자 수는 약 3564만 단자다. 이 중 IPTV 가입자는 약 1969만 단자로 55.3%, 케이블 TV(SO)는 약 1293만 단자로 36.3%, 위성방송은 약 302만 단자로 8.5% 수준이다. 2020년 말과 비교해 IPTV는 약 115만 증가, 케이블 TV(SO)는 약 24만 감소, 위성방송은 약 6만이 감소했다. IPTV는 최근 몇 년간 반기별 50만 또는 60만 내외 증가 추세였던 것을 고려하면 2022년 상반기에 이미 2000만 단자를 넘어섰을 것으로 추정된다. 사업 개시 전 매우 부정적인 전망이 앞섰던 것과 비교하면 180도 달라진 매우 큰 성과다.

IPTV가 도입되면 한정된 시장에서 제 살 깎아 먹기 경쟁이 심각해질 것이라는 전망이 많았다. 전체 방송산업 시장은 나눠 먹기의 결과 더욱 피폐할 것이고, 특히 콘텐츠 시장은 살아남기 힘든 시장이 될 것으로 전망되었다. IPTV 이전과 이후를 비교한 〈표 2-5-1〉을 보면 이것이 잘못된 전망임을 확실히 알 수 있다. 〈표 2-5-1〉은 IPTV가 도입되기 전인 2008년과

〈표 2-5-1〉 IPTV 이전과 이후 비교

구분		2008년 말	2020년 말	비고
방송산업 전체	사업자 수 (케이블 TV(SO))	456 (211)	399 (119)	△57 (△92)
	매출액(100만 원)	8,627,194	18,011,760	2.09배
	사업자당 매출액(100만 원)	18,919	45,142	2.39배
채널 사용 사업자 (PP·CP 등)	사업자 수	187	207	20↑
	매출액(100만 원)	3,053,732	7,074,223	2.32배
	사업자당 매출액(100만 원)	16,330	34,175	2.09배
유료방송시장	가입자 수(단자)	17,568,178	34,785,225	1.98배
	시장규모(100만 원)	2,041,088	6,750,426	3.31배

2020년 방송산업의 양적·질적 변화를 비교하기 위해 만든 자료다. 두 가지 측면, 즉 '**전체 방송시장은 어떻게 변화되었는가?**'와 '**콘텐츠 시장, 특히 채널 사용 사업자(PP·CP 등) 시장은 어떻게 변화되었는가?**'가 핵심이다. 표를 보면 IPTV가 도입되고 난 이후 오히려 방송산업 전체 파이는 커졌다. 사업자 수는 줄었다. 하지만 이는 케이블 TV(SO) 사업자가 인수합병을 통해 대형화를 지향했던 결과다. 실제 케이블 TV(SO)를 제외하면 오히려 조금 늘어난 수치다. 매출액 또한 절대적으로 증가했을 뿐만 아니라 사업자당 매출액을 보더라도 외형이 커졌다는 것을 알 수 있다. 전체 방송시장의 외연이 커진 것은 IPTV라는 새로운 매체의 등장이 지상파나 영화산업 등에 있어 새로운 수익원으로 작용하는 등 전체 콘텐츠 사업에 긍정적인 영향을 미쳤다는 것을 확인할 수 있다. 콘텐츠 시장, 즉 PP로 대표되는 채널 사용 사업자의 매출액은 2.32배, 사업자당 매출액은 2.09배 증가해 마찬가지 경향을 보여주고 있다. 유료방송시장 가입자는 2배 가까이 증가했지만, 시장규모는 3.31배나 성장했다. 한정된 시장을 가지고 나눠 먹기 경쟁을 한 것이 아니라 경쟁의 결과 오히려 파이가 커진 것으로 볼 수 있다. IPTV가 불러온 긍정적 효과라 하겠다.

이처럼 기대 이상으로 IPTV가 시장에 뿌리를 내리고, 이제는 텔레비전 시청의 주류가 된 가장 큰 이유는 IPTV 사업이 기존 통신사업을 수행하는 것과 매우 유사하다는 점에서 찾아볼 수 있다. IPTV 3사 모두 통신사업자로서 통신사업 유사 시장에서는 성장의 원리를 잘 알고 있었다는 것이다.

기존 통신서비스의 특징과 유사하게 IPTV 사업의 특징은 다음과 같다. ① 초기에 인프라 구축이 필요함에 따른 **선투자(Front-Load) 비즈니스**다. 선투자에 대한 리스크로서 투자비 회수가 장기다. 여타 통신서비스의 최소 투자 회임 기간이 7년 정도이기 때문에 IPTV 또한 7년 이상의 긴 호흡이 필요하다. 다행히 IPTV의 경우, 인터넷에 대한 많은 선행 투자가 있어 투자비 부담을 최소화할 수 있었다. ② **월정액(Monthly Fee) 요금구조**를 가진다. 세부적으로는 가입에 따른 월정액 기본료와 이용에 따른 사용료(예: PPV 등)를 청구하는 이중 가격제다. 최근 구독경제에 대한 관심이 많은데 통신사업은 출발부터 구독경제 방식이었다. Monthly Fee 요금구조는 탄력적인 요금 설계가 가능하고 부가서비스를 통한 수익모델 다변화에도 유연하다. ③ 기존 다른 상품과의 번들링을 통한 **레버리지 전략을 구사하기가 쉬웠다.** IPTV 사업 초기 통신 3사는 이미 1000만이 넘는 인터넷 고객을 가지고 있었고, 이것이 기반이 되어 IPTV 고객으로 만들 수 있었다. 이제는 거꾸로 IPTV 사업이 인터넷 가입자를 Churn-In하거나 Lock-In하는 요인으로 작용한다. ④ 정부의 허가가 필요한 규제산업으로 **진입이 쉽지 않지만 한 번 진입하면 타 사업자에게는 진입장벽으로 작용해** 그들만의 리그가 가능하다.

게다가 전화, 인터넷 및 이동전화 사업을 수행하기 위해 보유하고 있던 유통망, 개통/AS 조직, 콜센터 등도 공유할 수 있어 범위의 경제를 기대할 수 있었다. **가치전달흐름(Value Stream)도 '상품기획 - 가입 유치 영업 - 서비스 제공 - 사후 AS' 순으로 다른 통신사업과 거의 같다.** 통신사업자가 아주 잘 알고 있고, 제대로 수행할 수 있는 분야라고 할 수 있다. 한국 IPTV의 성장은 2020년 KT에서 태국 3BB TV에 IPTV 플랫폼 운영 노하우를 수출까지 하는 쾌거로 이어졌다.

IPTV가 없었던 세상과의 비교

IPTV 도입으로 **가장 크게 달라진 것은 VOD 시청 문화가 새롭게 생겼다는 것**이다. VOD란 말 그대로 굳이 비디오 대여점에 가지 않더라도 리모컨 버튼 조작으로 텔레비전 수상기에서 직접 동영상 비디오를 볼 수 있는 서비스다. 다시 말해 비디오 대여점이 텔레비전에 들어와 있는 개념이다. VOD의 유형은 여러 기준을 가지고 다양하게 분류할 수 있으나, SVOD와 PPV로 크게 나눠 볼 수 있다. IPTV에 가입하기만 하면 무료로 볼 수 있는 것이 SVOD라고 한다면 별도의 돈을 내고 구매하는 것을 PPV라고 이해하면 된다.[2]

---

2   VOD의 유형은 사실 이렇게 단순하게 구분할 수 있는 것은 아니다. 서비스 유형, 구매 유형 등에 따라 각각 이름이 다르다. 이를 표로 나타내면 다음과 같다. 이 표에 따르면 SVOD에 대항해서는 TVOD라는 표현이 적합하겠으나 보다 대표적으로 사용되는 PPV를 선택했다.

구분		용어	설명
서비스 유형	SVOD	Subscription VOD	기본 월정액 가입자에 한해 무료로 시청 가능 콘텐츠
	TVOD	Transactional VOD	결제 후 시청 가능한 유료 콘텐츠
	FOD	Free On Demand	월정액 가입 없이도 누구나 무료로 시청
	EST	Electronic Sell-Through	서비스 해지 시까지 시청할 수 있는 소장용 콘텐츠
	NVOD	Near VOD	특정 채널에서 정해진 순서에 따라 콘텐츠 연속 재생
	A-VOD	Advertising VOD	광고 시청을 해야 볼 수 있는 콘텐츠
구매 유형	PPV	Pay Per View	결제 후 시청하는 콘텐츠 통칭. 또는 단건/단편 구매
	PPS	Pay Per Series	시리즈(패키지) 단위로 결제 후 시청
	PPM	Pay Per Month	가입 후 월정액으로 제공되는 콘텐츠 패키지
	PPC	Pay Per Channel	별도 결제 후 시청 가능한 유료 채널
	PPT	Pay Per Term	특정 기간, 정액 가입자 한 시청 가능한 콘텐츠

VOD 시청 문화는 크게 다섯 가지로 설명할 수 있다. 가장 먼저 다시 보기. 정규방송 때 놓친 드라마 등을 다시 보는 것으로, VOD 보는 것을 '다시 보기' 한다고 흔하게 말하기도 한다. **이어 보기**는 다시 보기 하던 중 다른 볼 일을 위해 잠깐 멈추었다가 다시 이어 보는 것. **골라 보기**는 여러 동영상 콘텐츠 중에서 자기가 보고 싶은 것을 골라서 보는 것. **찾아보기**는 IPTV 검색창을 통하거나 인공지능 스피커형 셋톱박스에 볼 만한 콘텐츠를 찾아달라고 요청하는 것. 마지막으로 **몰아 보기**는 한 번에 특정 시리즈 등을 몰아서 보는 것으로 다시 보기와 함께 대표적인 시청 문화의 하나라고 할 수 있다. 영어로는 빈지 워칭(Binge Watching)[3]이다. 다섯 가지 시청 문화는 예전에 대여점에서 비디오를 빌려 보던 때의 행태가 IPTV상으로 그대로 올라온 것과 유사하다. 당연히 비디오대여점·비디오방이나 VCR·비디오테이프·DVD(Digital Video Disk) 플레이어·DVD 등이 사라지게 될 수밖에 없게 되었다.

VOD 시청 문화는 사람들의 행태도 크게 바꾸었다. 그전까지 텔레비전은 단방향이어서 일방적으로 동영상 프로그램을 송출하기만 했기 때문에 사람을 수동적으로 만드는 바보상자라고 부르고 있었다. 편하게 소파에 누워 리모컨 버튼만 클릭하면 되었기 때문에 린 백(Lean Back) 형태의 기기였다. 이는 무언가에 집중해 일을 처리하기 위한 PC의 싯 포워드(Sit Forward) 형태의 기기와는 전혀 다른 것이었다. 하지만 텔레비전은 가정에 있는 기기이고, 가정은 최대한 편안하게 쉬는 공간이니 Lean Back은 당연한 행동이다. 거꾸로 Lean Back 형태로 무언가를 하기 위한 기기로 텔레비전이 만들어졌다는 것이 맞는 표현일지 모른다. **텔레비전이 있어 사람들이 바보가 되는 것이 아니라 가정에서만큼은 편하게 바보처럼 지내고 싶은 욕구로**

---

3 방송 프로그램이나 드라마, 영화 따위를 한꺼번에 몰아서 보는 일.

인해 텔레비전이 발명되었다는 것이다. 텔레비전을 바보상자로만 치부한다면 이는 텔레비전이 우리에게 가져다준 즐거움에 대한 배신이다. 반면 IPTV는 기존의 텔레비전과 PC의 중간 형태인 린 포워드(Lean Forward) 방식의 행태를 요구한다. 동영상 콘텐츠를 보기 위해서 무언가를 찾아보고, 골라 보고, 그 전에 보다 만 콘텐츠를 이어 보고 등. 이 과정에서 리모컨 버튼을 여러 번 조작해야 한다. 본격적으로 동영상 시청을 할 수 있게 되면 그제야 편안하게 최대한 게으르게 텔레비전을 보게 된다. 그래서 Lean Forward다. 이를 '**사람들이 Lean하기 위해 Forward한다**'라고 표현하기도 했다.[4]

   하지만 **IPTV는 번거로움도 함께 가져다주었다. 먼저 텔레비전 리모컨이 두 개가 된 것**이다. IPTV는 기존 텔레비전 시청방식이 아닌 인터넷을 통해 콘텐츠를 수신하는 개념이다 보니 텔레비전의 외부입력 창을 이용할 수밖에 없다. 기존 텔레비전 리모컨이 있는데 IPTV에 가입하면 IPTV를 이용하기 위한 별도의 리모컨이 따라온다. 예전에는 텔레비전 리모컨으로 한 번 누르기만 하면 텔레비전 방송을 볼 수 있었으나, IPTV를 보기 위해서는 IPTV용 리모컨으로 셋톱박스 전원을 별도로 켜야 한다. 텔레비전을 켜면 셋톱박스가 꺼지고 셋톱박스를 켜면 텔레비전이 꺼지기를 반복하는 등 익숙하기까지 상당히 많은 시행착오를 겪어야 했다. 지금은 원 버튼 리모컨이 나와 한 번 클릭하면 텔레비전과 셋톱박스를 동시에 켜고 끌 수 있지만, 초창기에는 너무나 난해한 것이었다. 관련 VOC도 매우 많았다. 이용방식의 낯섦이 IPTV 고장신고로 이어진 것이다. IPTV를 보기 위해서는 텔레비전과 함께 셋톱박스도 함께 구동되어야 한다는 개념을 갖고 있지 못하면 이용자(고객)는 지금도 매우 힘들게 느낄 것이다.

---

4   IPTV 사업 초창기 KT IPTV 기술 담당 상무님의 말씀.

또 한 가지는 **메뉴 방식의 내비게이션이 지나치게 복잡하다는 것**이다. 초기 메뉴에서 내가 보고자 하는 콘텐츠를 찾아 5단계 이상 들어가기도 한다. 초기 메뉴 또한 자주 바뀐다. 아무리 볼 만한 콘텐츠를 많이 보유하고 있다고 하더라도 찾기까지 오랜 시간이 걸리면 지쳐 포기하게 된다. 여기에 덧붙여 무수히 많은 양방향 서비스까지 고려한다면 고난도의 숨은그림찾기 수준이다. IPTV는 기본적으로 인터넷을 이용하는 것이다 보니 다양한 서비스가 가능할 것으로 전망되어 양방향 광고, 양방향 커머스(T-Commerce), TV 뱅킹, TV 노래방, 클라우드 게임, CUG 등 다양한 시도를 했다. 현재는 거의 유명무실함에도 여전히 양방향 서비스를 놔두고 있다 보니 메뉴가 지나치게 복잡할 수밖에 없다. 막상 양방향 서비스를 찾아서 접속하면 여전히 버퍼링에 시간이 걸린다. 게다가 UI/UX가 매우 불편해서 IPTV의 고품격 서비스의 품질을 떨어뜨리고 있다. 제대로 된 양방향 서비스가 없다 보니 케이블 TV나 위성방송과 큰 차이가 없게 되었다.

물론 콘텐츠를 쉽게 찾을 수 있도록 도와주는 검색 메뉴가 별도로 있다. 보고 싶은 콘텐츠의 한글 초성을 입력해 검색하는 초성 검색 기능도 있다. 요새는 인공지능을 탑재한 스피커형 셋톱박스를 통해 검색이 조금 쉬워지기도 했다. 하지만 사람의 습관이 하루아침에 바뀌는 것이 아니다. 기기나 도구가 사람을 위한 것이어야지 거꾸로 사람이 기기나 도구에 맞춰야 한다는 것은 난센스다. 마침 2022년 10월 4일 KT에서 메뉴 방식의 내비게이션을 OTT와 유사하게 바꾸었다. 매우 긍정적이다. 다만 롱테일(long tail) 콘텐츠를 어떻게 쉽게 찾아볼 수 있는지가 관건이다. 미디어 포털을 지향한다면 전면에 보이는 화려한 그래픽만이 전부는 아닐 것이기 때문이다.

사라진 비디오대여점/비디오방 + VCR/DVD 플레이어

2022년 10월 넷플릭스에서 〈20세기 소녀〉라는 영화가 방영되었습니다. 영화 장르는 청춘 멜로/로맨스입니다. 비디오 가게 딸이 주인공이고, 1999년이 시간 배경입니다. 줄거리는 심장병 수술을 위해 미국으로 떠나는 친구의 첫사랑을 친구 대신 관찰해 주면서 벌어지는 일련의 에피소드들이 골자입니다. 비디오 가게 딸이기에 IPTV와 스마트폰이 나오기 전까지 성행했던 비디오테이프와 관련한 사건도 녹아들어 있습니다. 비디오 가게에서 영화를 빌려봤던 예전 추억을 떠올리게 합니다. 이처럼 복고 취향의 영화나 드라마는 많이 있지요. 어린 시절 문방구에 대한 추억은 영화 〈미나 문방구〉, 삐삐와 PC 통신에 얽힌 애환은 영화 〈접속〉, 1980년대 및 1990년대를 떠올리는 동경은 〈응답하라 1997〉, 〈응답하라 1994〉, 〈응답하라 1988〉 시리즈를 통해 다시금 느껴볼 수 있습니다.

〈20세기 소녀〉에서 주목하는 것은 제목입니다. 20세기를 대표하는 것이 비디오 가게나 비디오테이프 등만이 아닌데도 마치 한 세기를 아우르는 것처럼 명명했거든요. 21세기 디지털 시대에 상응해 20세기를 아날로그 필름의 시대라고 규정하지 않았나 생각합니다. 한마디로 20세기는 아톰(Atom)의 시대이고, 21세기는 비트(Bit)의 시대라고 하지요. 니콜라스 네그로폰테(Nicholas Negroponte)는 아예 선언적으로 책 제목을 『디지털이다(Being Digital)』라고 하기도 했습니다. 실제 20세기 유물인 필름 형식의 비디오테이프는 디지털 방식의 DVD로, 카세트테이프는 CD(Compact Disk)로, 필름 카메라는 디지털 카메라로 바뀌었지요. 필름 영화를 상영하던 극장도 디지털 시네마(Digital Cinema)로 모두 바뀌었습니다. 상황이 이러니 20세기 아날로그 시대를 대표하는 것으로 필름을 꼽는 것도 무방하겠지요.

필름의 시대를 대표하는 비디오테이프는 VCR이라는 복원 기기와 한 쌍으로 설명해야 합니다. 둘은 보완재 관계인 것이지요. VCR은 자성(磁性)이 내장된 비디오테이프를 이용해 영상물을 녹화할 목적으로 만든 전자제품입니다. 비디오테이프에 기록된 영상과 소리를 재생할 수 있게 도와줍니다. 비디오테이프에는 극장에서 상영한 영화나 애니메이션 등이 담기기도 하지만, 개인적으로 촬영하고 싶은 것이나 미처 볼 여유가 없는 텔레비전 드라마 등을 녹화해 담기도 합니다. 한편 VCR에는 역사적으로 가장 유명한 표준전쟁이 숨어 있다고 합니다. 소니의 베타맥스(betamax) 방식과 JVC의 VHS(Video Home System) 방식 간 전쟁이 그것입니다. 베타맥스 방식이 기술적으로 훨씬 뛰어났음에도 결국 VHS 방식이 승리했다고 하지요. 하지만 승리의 원인은 전혀 엉뚱한 곳에 있었다는 의견도 있습니다. 서울대학교 홍성욱 교수님은 ≪월간중앙≫(2017년 2월 26일 자) '커버스토리'에서 포르노 산업과의 연계성에서 성패가 결정되었을 가능성에 대해 말씀하십니다. VCR 표준은 공인된 것은 아닙니다. 사실상의 표준(De facto Standard)입니다. MS Word가 문서편집 프로그램 시장을 사실상 지배한 것처럼 말입니다.

사실상의 표준이라고 하더라도 시장은 항상 그 위치를 고수하도록 놔두지 않습니다. 또 다른 무언가가 나와 시장을 새롭게 재편하지요. 산업과 시장구조는 쉽게 변할 수 있다는 겁니다. 비디오테이프나 VCR 또한 등장했을 당시에는 소비자가 원하는 가치와 만족도 높은 뛰어난 기술혁신 사례 중 하나였을 겁니다. 하지만 더 나은 혁신의 결과 사라지게 된 것이지요. 피터 드러커(Peter Drucker)는 혁신의 기회를 찾기 위해서는 바뀌는 산업과 변하는 시장에 주목해야 한다고 말합니다. 사례로 미국 장거리 통신 시장과 우편 시장 두 가지를 언급합니다. 미국 장거리 통신 시장에서 MCI(Microwave Communication Incorporation)와 스프린트(Sprint Corporation)는 마이크로웨이브(M/W) 기술로 크게 비용을 절감해 선도 회사 AT&T(American Telephone & Telegraph Co.)를 공략합니다. AT&T로서는 규제 등 사유로 방관하다가 시장을 상당 부분 빼앗기고 말지요. 미국 국영 우편 서비스도 신규 참여자들이 가장 수익성 높은 시장을 잠식해 가는 동안 제대로 된 대응을 하지 않았다고 합니다. 그 결과 일반 소포 부문은 UPS(United Parcel Service), 긴급·고가 우편물 배달은 에머리 항공화물(Emery Air Freight)과 페더럴 익스프레스(Federal Express)가 나눠 가졌다고 합니다(드러커, 2006b: 27~95). 한마디로 산업과 시장의 변화를 주목하지 않으면 기존의 아성을 쉽게 잠탈(潛奪)

당할 수 있다는 것입니다.

산업과 시장구조의 변화에 따라 지배적 위치를 빼앗기는 사례는 참으로 많습니다. 마차는 자동차로 대체되었고, 타자기는 컴퓨터로 대체되었으며, 전화는 이동전화에 의해 완전 대체 직전입니다. 한동안 일상생활에서 편리하게 활용했던 공중전화도 거의 사라지려 하고 있습니다. 계속 살아남을 것인지 사라질 것인지는 보완성과 대체성의 정도에 따라 결정됩니다. 해당 제품만이 가지고 있는 독자의 기능이 없다면 완전 대체되기도 하지만, 어떤 경우에는 고유의 영역을 확보한 채 살아남기도 합니다. 텔레비전에 의해 라디오가 사라질 것이라고 했지만, 온전히 소리로만 제공하는 감성이 있어 여전히 라디오는 건재합니다. 전자책이 되면 종이책은 완전히 사라질 것이라고 했지만, 종이책에서만 느낄 수 있는 서향(書香) 혹은 문자향(文字香) 및 종이를 한 장 한 장 넘길 때의 촉감 등의 감성으로 서점을 찾게 만듭니다. 공중전화 역시 아직은 필수재로서의 성격이 남아 있어 당분간 계속 살아남을 것입니다. 고유한 기능이 있는지가 중요합니다. 한때 수만 개소를 자랑하던 비디오 가게나 가정마다 한 대씩은 있었던 VCR/DVD 플레이어는 이제 역사 속으로 사라졌습니다. 보완재로서 비디오테이프와 DVD도 이제는 보이지 않습니다. IPTV의 VOD와 모바일 OTT가 그 가치와 효용을 모두 흡수해 버렸기 때문입니다. 아날로그 감성의 애틋함과 함께 지금은 사라져 버린 것에 따른 아쉬움이 교차합니다. '나 때는 말이야!' 아니면 '아! 옛날이여!'"

IPTV 성장에 있어 세 가지 분기점

IPTV의 성장 나아가 성공에 대해서는 여러 가지 원인을 찾을 수 있다. 우선 정부에서 법제화 등을 통해 적절한 순간마다 적합한 진흥 정책을 펼친 결과라고 말할 수 있다. 한국 콘텐츠의 우수성이 VOD를 통한 TV 다시보기 문화를 만들었고, 이에 시장에 빠르게 안착할 수 있었다고 말할 수도 있다. 한편에서는 경제성장률 증가의 한 단면이라고 편하게 말하기도 한다. 하지만 이러한 관점은 사업 그 자체와 무관한 환경적인 요소에 불과하다. IPTV 사업을 직접 수행했던 경험을 토대로 볼 때 세 가지 중요한 분기점이 있었다고 생각한다.

① VOD를 앞당기다: 하나로텔레콤, D&P 방식 하나TV 출시

2006년 7월 24일, '하나로텔레콤(현 SK브로드밴드)'은 다운로드앤플레이(D&P: Download & Play) 방식의 셋톱박스로 구동되는 '하나TV'를 출시했다. D&P 방식이란 인터넷상 동영상 콘텐츠를 다운로드하되 약간의 시차가 있는 버퍼링 다음에 바로 스트리밍으로 볼 수 있게 만든 방식이다. 이는 셋톱박스 전문업체인 '셀런'이 D&P 방식의 셋톱박스를 개발해 '셀런TV'라는 이름으로 사업을 하려던 방식이었다. 이 '셀런 TV'를 '하나로텔레콤'이 인수해 '하나TV'라는 이름으로 VOD 중심의 Pre-IPTV 사업을 개시한 것이다.

'하나TV'의 출시를 첫 번째 분기점이라고 꼽은 이유는 VOD 구현을 앞당겼다는 점 때문이다. 당시 동영상 콘텐츠를 보기 위해서는 실시간 스트리밍 방식과 다운로드 두 가지 방법 외에는 없는 것으로 알고 있었다. 지금은 네트워크 속도가 워낙 좋아져 실시간 스트리밍 방식에 익숙해 있지만, 17년 전인 2006년만 하더라도 두 가지 외 다른 방식은 상상하기 어려웠다. 실시간 스트리밍을 위해서는 동영상 콘텐츠를 압축해야 하므로 압축 방식의 성능(예: H.264 vs. MPEG 4)을 따지던 시절이었다.

실시간 스트리밍 방식은 동영상 콘텐츠를 선택함과 동시에 바로 깨짐 없이 볼 수 있는 방식이다. 하지만 동영상 콘텐츠의 경우 최소 100M byte 이상의 용량이어서 네트워크에서 다 수용하지 못해 프레임이 깨지기도 했고(네모난 모양의 검정색으로 보임), 버퍼링하는 데 오랜 시간이 걸리곤 했다. 당연히 제대로 된 영상품질을 느낄 수 없었다.

다운로드 방식은 실시간 스트리밍이 어려우므로 본인이 소유한 단말기에 미리 다운로드해 두었다가 다운로드가 끝나면 단말기에 저장된 콘텐츠를 감상할 수 있는 방식이다. 이미 단말기에 저장되었으므로 끊김 없이 감상할 수는 있으나 동영상 콘텐츠에 따라 10~12시간 정도 다운로드하는 시간이 필요했다.

'하나TV'의 D&P 방식 셋톱박스는 동영상 콘텐츠를 한 번에 다운로드하지 않아도 된다는 특성을 이용한 것이다. 동영상 콘텐츠, 예컨대 영화는 통상 초당 24개의 프레임으로 나눌 수 있는데, 콘텐츠 앞에 있는 부분을 먼저 다운로드 하는 데 걸리는 버퍼링 시간만 기다리면 이후 순차적으로 다음 프레임을 다운로드받으면 되기 때문에 전편에 걸친 동영상 콘텐츠를 끊김 없이 볼 수 있게 만든 것이다. 초기 버퍼링하는 데 걸리는 시간이 지루하다는 점을 역이용해 기다리는 시간 동안 광고를 삽입해 수익모델화하는 영리함을 갖추기도 했다. 네트워크 투자를 해야만 모든 것이 가능하다는 통신사업자의 고정관념으로는 전혀 생각할 수 없는 해법이다. 셋톱박스 전문업체이다 보니 통신사업자의 눈에 보이지 않는 것을 볼 수 있었다고 생각한다.

하나로텔레콤이 앞장서고 VOD 서비스를 당장 구현할 수 있다는 점이 확인되자 KT로서도 부랴부랴 빠르게 대응할 수밖에 없었다. '하나TV'와 같은 D&P 방식의 셋톱박스를 서둘러 개발하게 되고, 2006년 11월 15일, 2010년까지 1조 원이 넘는 FTTH 투자를 통해 기존 인터넷 망을 대개체하는 의사결정을 한다. 2010년 투자가 완료되면 IPTV 수용 가능한 커버리지가 92% 수준까지 늘어나는 계획이었다.[5] 본격적인 IPTV 사업 추진을 위한 결정이 이루어지게 된 것이다. 홈 네트워크 사업의 하나로 추진했던 홈엔 사업 중 VOD 사업 성격의 홈엔 미디어(홈엔 TV)만 남기고 모두 철수한다.

---

5   당시 2015년까지 IPTV 수용 커버리지를 100% 달성한다는 계획이었다.

그리고 2007년 9월, 마침내 D&P 방식의 Pre-IPTV를 출시하게 된다.

만약 '하나TV'를 통해 VOD 서비스를 쉽게 제공하는 방안을 일찍 확인할 수 없었다면 KT의 의사결정은 매우 더디게 진행되었을 것이고, IPTV 사업의 활성화도 그만큼 늦어졌을 것이다. 당시 KT 내에서도 IPTV 사업에 대한 성공 가능성을 매우 낮게 보고 있었던 분위기가 전반적으로 형성되어 있었기 때문에 더욱 그러하다.

② 캐즘의 조기 극복: KT, OTS 정액형 상품 출시(2010년 4월 1일)

IPTV가 매우 불안한 가운데 출발했다는 점은 앞에서 서술한 바 있다. 실제 초기 가입자 유치 성과도 매우 저조했다. KT는 2008년 11월 IPTV를 출시하면서 정부에 1년 내 100만 가입자를 유치하겠다는 개런티를 하기도 했다. 2009년 12월 6일 KT는 100만 가입자 목표를 달성했고, 그해 총 117만 가입자를 유치했다. 하지만 2007년 하반기 출시한 Pre-IPTV 가입자가 이미 100만 가까이 있었는데, 그 가입자가 전환한 것에 불과했다.[6] 고객은 동일 요금에 단지 VOD만 볼 수 있던 것이 실시간 방송까지 볼 수 있다고 하니 그리 큰 부담을 가지지 않고 전환을 한 것이다. 물론 셋톱박스를 교체해야 하니 다소 번거롭기는 했다. 2009년 7월 출시한 OTS 가입자 6만을 제외하면 117만 가입자 중 실제 신규로 유치한 가입자는 극히 일부에 불과했다. 다른 IPTV 사업자의 경우는 더욱 심각했다. 2009년 말 전체 IPTV 가입자는 174만(실시간 방송 기준, Pre-IPTV 제외)이었는데, KT 117만을 제외하면 하나로텔레콤과 LG유플러스는 합해 57만에 불과했다. 두 회사의 경우 KT의 추세를 보고 '기다렸다가 상황에 따라 대응하기(Wait & See)' 전략

---

6   2008년 11월 기준 KT의 Pre-IPTV 가입자는 약 82만 명 조금 넘는 것으로 확인된다(방송통신위원회·한국전파진흥원, 2008: 78).

을 추구했던 것으로 보인다.

이렇게 가입 실적이 저조한 이유는 지상파 계열 PP 및 CJ E&M의 주요 채널 등이 빠져 있다 보니 텔레비전이 텔레비전 같지 않다고 느껴졌던 것이고, 이것이 볼 만한 콘텐츠가 없다는 평가로 이어졌기 때문이다. KT는 타개책으로 채널 송출을 하는 스카이라이프와 제휴상품을 기획해 출시한 것이 OTS다. 스카이라이프에서도 기존 케이블 TV와의 경쟁도 버거운 상황에서 IPTV까지 출시된 마당이니 생존에 대한 위험을 매우 크게 느껴, IPTV 통신 3사와 상품 제휴를 타진하던 때였다. 3사 모두 매우 부정적인 반응이었다. 그나마 KT는 IPTV 사업 성공에 대한 의지가 가장 강해서인지, 아니면 지분으로 얽혀 있는 관계사의 요청을 거부할 수 없어서였든지 여하튼 함께 만든 제휴상품이 OTS다. 스카이라이프의 제안에 IPTV 2사가 거부한 것을 통해서도 당시 그들의 전략이 'Wait & See'였다는 것을 간접적으로 확인할 수 있다.

OTS는 KT의 VOD와 스카이라이프의 방송채널 서비스를 결합한 하이브리드 상품이다. 즉, VOD는 KT에서 제공하고 지상파 방송이나 PP 등 방송채널은 스카이라이프에서 제공하는 개념의 상품이다. KT가 당시 OTS의 성공 가능성을 반드시 확신했던 것 같지는 않다. KT로서는 성장동력으로 밀고 있었던 와이브로 사업의 가능성이 더욱 회의적인 상황에서 또 다른 성장동력인 IPTV의 옵션 가치에 기댈 수밖에 없었고, 이에 '울며 겨자 먹기'로 스카이라이프의 제휴에 동의했던 것으로 보인다.

일말의 옵션 가치를 기대하고 출시했지만 정작 OTS는 생각만큼 시장의 반향이 크지 않았다. 고객이 OTS를 가입하기에는 IPTV는 아직 낯설고 너무나 복잡하게 느껴지는 상품이어서 가입을 주저했다. 게다가 가격 또한 매우 높았다. KT의 VOD 요금에다가 스카이라이프의 방송채널 요금을 합한 데다가 스카이라이프 방송을 볼 때는 필요 없던 인터넷 요금까지 부담

해야 하니 시장의 반응을 끌어내기에 한계가 있었다. KT에서는 이런 허들을 극복하는 전술의 하나로 2009년 말 스카이라이프 가입자를 OTS로 전환해 OTS 가입 붐을 일으키자는 결정을 하게 된다. 하지만 위성방송 가입자를 전환시키려면 일일이 전화해서 댁내 방문을 통해 셋톱박스를 교체하는 등 별도 신규 개통 프로세스를 밟아야 하는 과정이 불가피하다. 고객으로서는 멀쩡하게 잘 보고 있던 것을 인터넷 등 요금은 더 내면서 별도 신규 개통을 위해 전화 응대, 댁내 방문 허용 등 번거로움을 용인하기 어려웠을 것이다. 당시 KT의 결정이 얼마나 엉터리였는지 알 수 있다.

이러한 상황에서 돌파구로 나온 것이 OTS 정액형 상품이다. 위성방송의 많은 채널 수와 VOD를 제공하는데다 요금도 적정하게 책정된 OTS 정액형 상품이 출시되자 시장의 반응은 매우 뜨거웠다. 2010년 4월 1일 출시하자마자 전날인 3월 31일에 비해 무려 5배 이상 신규 가입이 증가했고, KT 기준 매월 1만 5000순증이 7만 순증으로 바뀌게 되었다. 너무나 폭발적인 반응이어서 셋톱박스가 부족하게 되었고, 그해 6월부터 4개월 동안 고객 가입을 일부러 늦추는 디마케팅을 하기도 했다. KT가 출시한 상품 중 집 전화 가입이 적체되었던 1970년대에서 1980년대 초까지를 제외하고 디마케팅을 한 것은 OTS 정액형 상품이 거의 유일하다.

OTS 정액형 상품의 시장 반응이 폭발적으로 나오게 되면서 KT 내부에서도 IPTV 사업에 대한 부정적 인식이 조금씩 변화하기 시작했다. 성공할 수 있겠다는 전망으로 점차 바뀌게 되었다. 인력도 대거 충원하는 등 보강한다. 회사의 사업 비전도 '글로벌 미디어 유통 그룹'이라고 새롭게 바꾸기도 했다. OTV 상품도 지상파 계열 PP 채널이 들어오게 되고 이어 CJ E&M 계열 채널까지 들어오게 되자, OTS가 앞장서고 OTV가 함께 가는 쌍끌이 전략을 구사할 수 있게 되었다. OTS는 거북선과 같은 돌격선의 역할, OTV는 주력 부대로서 화포를 펑펑 날리는 그림이었다. OTS와 OTV의 쌍끌이

전략으로 KT는 예전보다 2배 규모인 2010~2011년 100만 가까운 가입자를 유치했고, 2012년 6월 4일 CJ헬로비전을 제치고 마침내 유료방송 제1위 사업자로 올라서게 된다.[7]

KT의 공격적인 IPTV 사업 추진에 자극을 받은 다른 IPTV 2사에서도 그간의 'Wait & See' 전략을 탈피해 공격적인 자세로 방향을 전환하게 된다. 특히 SK브로드밴드는 SKT의 무선 상품과 결합한 쿼드러플 플레이 서비스(QPS: Quadruple Play Service)(예: 전화+인터넷+TV+모바일)(당시 상품명은 'TB끼리 온 가족 무료') 정액형 상품을 출시하고, 새로운 상품 라인업을 공개해 시장에 공격적으로 방향을 전환하게 된다. LG유플러스도 결합상품(당시 상품명은 '온 국민은 Yo' 요금제)을 새롭게 출시한다. 그룹 내 가전사인 LG전자와의 시너지도 추구하기 시작한다. 월정액 형태의 번들링 상품을 3사가 출시하게 되면서 KT 혼자가 아니라 통신 3사가 동시에 유료방송시장에 공세적으로 경쟁하게 되었고, 당연히 IPTV 시장은 점차 커지게 되었다. 그리고 유료방송시장의 주류가 점차 IPTV로 바뀌게 된다.

KT의 OTS 정액형 상품의 출시는 혁신 신상품 초기에 항상 나타나는 캐즘(Chasm)을 조기에, 매우 쉽게 극복하게 되었다는 점에서 그 의의가 크다. 캐즘은 땅이나 얼음 속에 난 깊은 틈을 말하는데, 신상품이 시장에 진입할 때 구체적으로 초기 수용자(Early Adopter)에서 초기 다수자(Early Majority)로 제품이 확산되는 과정에서 캐즘과 같은 깊은 골짜기(확산 정체)를 거쳐야 한다는 것이다. 제프리 무어(Jeffrey Moore)가 『캐즘 마케팅(chasm marketing)』이

---

7   OTS는 2009년 출시해 6.4만여 가입자를 유치했다. 2010년 정액형 상품이 출시된 이후에는 가속이 붙어 2014년까지 매년 58만, 53만, 55만, 49만, 14만 순증 유치해 235만 가입자로 정점을 이룬다. 이후 가입자 감소단계에 접어들어 2022년 9월 말 현재 108여 만 가입자만 남아 있다. KT로서는 OTV에 모든 채널 수급이 가능해지면서부터 스카이라이프에서는 2017년부터 인터넷 재판매를 하면서부터 굳이 OTS에 매달릴 이유가 없어졌기 때문이다 (스카이라이프 내부자료).

라는 책에서 거론한 개념이다. 다른 신상품과 마찬가지로 IPTV도 캐즘 단계가 있었으나, OTS 정액형 상품으로 인해 캐즘을 극복할 수 있었다고 할 수 있다. 아무리 혁신적인 상품이나 서비스라고 하더라도 이를 고객의 구매로까지 이어지게 만드는 방아쇠가 없으면 즉각적인 수요로 이어지지 않는다고 하는데, OTS 정액형 상품이 바로 이 방아쇠 역할을 제대로 수행한 것이다. OTS 정액형 상품이라는 방아쇠가 당겨지자 KT IPTV 사업은 급속도로 가입자가 증가하게 되었고, KT 외 IPTV 2사의 사업전략 전환이 이루어져 IPTV가 성공할 수밖에 없는 그림으로 바뀌게 되었다.

넷플릭스 수요 창출의 방아쇠는 배달 속도

한국인의 삶은 영업으로 귀결된다고 합니다. 자영업자는 하는 일 자체가 무언가를 파는 것이니 당연히 영업 활동에 주력할 수밖에 없습니다. 자격증을 가지고 있는 사람들은 안정적일 것이라고 다들 생각하지만, 수익을 창출하기 위해서는 기본적으로 자격증을 활용한 영업이 불가피합니다. 회사원들의 삶도 크게 다르지 않습니다. 재직하고 있는 동안 직접 영업을 하는 부서에서 근무하기도 하지만, 회사 상품을 한두 가지 이용하기도 하고, 주변에 권장 판매를 하기도 합니다. 퇴직 후에는 특별하게 자산이 많은 경우를 제외하고는 자영업을 하거나 무언가를 파는 활동으로 몰려나갑니다. 굳이 직업으로 나누지 않더라도 삶 자체가 영업이라 하겠습니다. 다른 사람과의 관계에 있어서 본인 자신을 항상 파는 것이니까요. 나를 얼마나 잘 포장해서 알리느냐 하는 것이 사회 속에서 관계를 형성하며 살아가는 삶의 기본 로직입니다. 그러니 숫자가 인생이요, 나아가 인격이라는 말도 이해가 됩니다.
영업에 소질이 있어 뛰어난 실적을 거둘 수 있거나 시장 흐름에 맞는 상품이어서 판매가 잘 되면 영업만큼 재미있는 것은 없다고 합니다. 오늘은 얼마만큼이라며 숫자로 환치하면 묘한 흥분감에 들뜨기도 합니다. 하루하루가 즐거우니 '인생은 아름다워'라고 말합니다. 하지만 잘 되지 않으면 영업만큼 힘든 것은 없습니다. 영업사원으로 함께 입사한 다른 동료와 비교해 상대적으로 적은 실적일 경우에는 크게 낙담하기도 합니다. 알고 보면 동료의 실적은 영업구역의 환경이 좋아 거저 달성한 것도 많이 있을 수 있는데도 말입니다. 반면에 나의 구역은 아무리 열심히 발로 뛰어도 한계가 있을 수도 있고요. 이런 경우 불만과 불신감은 팽배하기 마련입니다. 숫자로 모든 것을 판단하는 것의 부조리입니다.

상품이 판매된다는 것은 그만큼의 수요가 있다는 말이겠지요. 달리 말해 고객이 있다는 것입니다. 수요가 없다면 아무리 노력해도 방법은 없습니다. 하지만 수요를 제대로 파악하지 못하거나 이미 있는 수요임에도 이를 현실화시키지 못한다면 수요가 없는 것과 마찬가지일 겁니다. 사례를 하나 들겠습니다. 2001년 넷플릭스가 오프라인상에서 비디오를 대여하던 시절입니다. 넷플릭스를 설립한 리드 헤이스팅스(Reed Hastings)와 직원들은 커다란 고민에 봉착했다고 합니다. 생각만큼 비디오 대여 영업이 잘 되지 않았기 때문입니다. 데이터를 들여다 본 결과 한 가지 결론에 도달했습니다. 샌프란시스코만 지역 인근에 물류센터가 있었던 점이 다른 지역과 비교해 침투율을 높인 원인이었다고. 이 결론에 따라 지역별로 물류센터를 확충하자 해당 지역 인근의 넷플릭스 가입률은 즉각 2배로 뛰어오르게 됩니다. 넷플릭스 가입 수요를 촉발하는 방아쇠(Trigger)는 바로 '배달 속도'에 있었던 것입니다(슬라이워츠키·웨버, 2012: 226~255).

흔히 좋은 상품은 잘 팔릴 것이라는 가정을 합니다. 하지만 일부만 맞습니다. 아무리 좋은 상품이라도 제대로 알려지지 않아 그 효용을 체감하지 못한다면 팔리지 않습니다. 물론 아예 당시 트렌드와 맞지 않는다면 더 말할 나위 없고요. 그래서 수요를 파악하는 일은 매우 중요합니다. 사실상 B2C 사업에 있어 성공의 핵심 또한 수요예측이기도 합니다. OTS 또한 당시 시장에서 충분히 팔릴 수 있는 만큼 상품의 매력도는 좋았습니다. 하지만 이를 촉발하는 방아쇠가 무엇인지가 관건이었을 겁니다. 핵심은 '적정 가격'이었고, 정액형 상품이 나오면서 이를 충족시킬 수 있었습니다. 합리적인 수요예측과 매력 있는 상품, 이에 맞춰 수요를 창출할 수 있는 결정적 한 방의 조합입니다.

③ 새로운 서비스 시대: 음성인식 스피커형 셋톱박스 기가지니 출시
(2017년 1월 17일)

IPTV는 인터넷 기반이기 때문에 초창기 아주 다양한 형태의 서비스가 나올 것으로 기대되었다. 하지만 전술한 바와 같이 출범 당시 긍정적으로 평가했던 여러 양방향 서비스는 대부분 실패로 귀결되었거나, 그리 큰 반향을 일으키지 못했다. 양방향 광고는 VOD를 시청하고 5분이 지날 때 및 끝나기 5분 전에 텔레비전 왼쪽 위에 빨간 버튼을 누르라는 형식으로 노출된다. 빨간 버튼을 누르면 다른 상품광고를 위한 VOD 메뉴로 넘어가거나, 아니면 배너 형태의 광고가 제시된다. 하지만 사람들은 시청의 흐름을 깨기 때문에 잘 누르지 않는다. 양방향 커머스는 오픈 커머스 형태로 시도한 적은 있으나 활성화되지 못했다. 그나마 양방향 커머스의 변형으로 데이터 방송형태의 홈쇼핑이 활성화되어 있다고 할 것이나, 엄밀하게는 양방향성보다 기존 홈쇼핑의 변형된 모습에 불과하다. 데이터 방송형태의 홈쇼핑 사업자는 현재 알파쇼핑, W쇼핑 등 5개 사업자가 기존 홈쇼핑 사업자와 열띤 경쟁을 벌이고 있다. 기존 홈쇼핑 사업자도 데이터 방송형태의 홈쇼핑 채널을 추가로 런칭했다. 데이터 방송형태의 홈쇼핑은 쇼 호스트가 나와 직접 물건을 추천하지 못하고, 구두(口頭)로만 상품소개를 해야 하며, 데이터 방송과 일반 방송을 동시에 송출하는 구조로 설계되어 있다. 이른바 DP(Data Provider)이면서도 PP다. 상품 구매를 위해서는 기존 홈쇼핑과 똑같이 080 클로버 서비스를 이용한다는 점을 보면, 양방향이 제대로 구현되지 못하는 한계를 보여준다. 1인 개인방송이나 TV 게임, TV 뱅킹등 다른 양방향 서비스는 리모컨 등 UI의 한계와 구동 전 버퍼링 시간이 길어 거의 활성화되지 못하고 있다. 그나마 사내방송이나 종교방송 등 목적의 CUG가 적은 비용으로 준방송국을 개설할 수 있다는 점 때문에 소소하게 운영되고 있다.

**IPTV를 통해 그나마 성공했다고 하는 서비스는 VOD와 VOD 보기 전 송
출되는 광고(KT의 경우 Pre-Play 광고) 정도다.** 이는 텔레비전은 여전히 가정
에서 동영상 콘텐츠를 마음 편히 보는 기기로 사람들이 이해하고 있다는
것을 말해 준다. 양방향 서비스는 찾아가기 위해 너무나 많은 리모컨 버튼
을 눌러야 하고, 찾아갔다고 하더라도 이용하기 위해서는 또 다른 리모컨
버튼을 머리를 짓누르면서 눌러야 한다. UI/UX 관점에서 직관적이지 못
해 너무나 불편하다. 그나마 VOD와 VOD 보기 전 광고는 기존 방송 프로
그램을 보는 것과 그리 큰 차이가 없어 약간의 불편을 감수할 만하다. 데이
터 방송형태의 유사 홈쇼핑이 자리를 잡아가는 이유도 기존의 홈쇼핑과
비슷하게 이용할 수 있다는 것에서 기인한다. 기존 텔레비전에서 봤던 홈
쇼핑 채널과 유사하게 느끼고 있다는 것이다.

이런 와중에 음성인식 스피커 겸 셋톱박스인 기가지니는 새로운 서비스
의 지평을 열어줄 것처럼 큰 기대 속에 출시되었다. 다른 사업자들이 음성
인식 스피커에만 주목할 때 KT는 이 기능을 셋톱박스에 탑재했기 때문에
기존 방식을 한참 뛰어넘은 것이다. 국내만이 아니라 해외에서도 유례가
없었으니 세계 최초의 사례. 당시 아마존에서는 '에코(Echo)', 구글에서
는 '구글 홈(Google Home)' 출시 등 음성인식 스피커가 크게 화제가 되면서
국내에서도 음성인식 스피커를 만들려는 움직임이 매우 거세게 일어났다.
SKT에서는 2016년 8월 31일 국내 최초로 음성인식 스피커 '누구(NUGU)'
를 출시하는 등 선도적인 움직임을 보였다. 네이버는 '클로버(Clover)'를 출
시했고, LG전자에서는 '씽큐 허브(ThinQ Hub)'를, 카카오에서는 '카카오 미
니(kakao mini)'를 출시하기도 했다. 당시 뉴스 보도들을 보면 해외 사례 등
을 언급하면서 매우 반향이 클 것이라는 긍정적인 반응 일색이었다. 이런
상황에서 단순한 음성인식 스피커가 아니라 셋톱박스 기능을 포함하는 것
이니 기가지니는 굉장히 획기적인 사례라 할 것이다. 게다가 하만 카돈

(Harman Kardon)사의 고품질 스피커를 탑재했으니 텔레비전 시청 만족도를 크게 높일 수 있었다. 다른 통신사업자도 쫓아올 수밖에 없었다. SK브로드밴드도 셋톱박스에 '누구'를 탑재했으며, LG유플러스는 네이버와 제휴해 '클로버'와 함께 '우리집 AI 서비스'를 상품화해 판매 중이다. KT의 기가지니는 현재 '기가지니 3'까지 나왔으며, 350만 가입자 이상 유치했다.

기가지니의 출시는 새로운 서비스 시대를 여는 분기점이 될 수 있다는 점에서 매우 의미가 있다. 하지만 아직도 단지 초기에 보여준 새로움 이상 더 나아가지 못하고 있다는 아쉬움이 있다. 2017년 출시된 이후 6년이 지난 지금에도 여전히 진행 중이다. 너무나 많은 것을 하려고 하는 것이 더디게 진행되고 있는 한 원인일 수 있다. 고객의 습관과 이용행태를 바꿔야 하기에 쉽지는 않을 것이다. 따라서 우선 기가지니 이용 패턴에 대한 면밀한 검토와 함께 고객의 텔레비전 이용에 도움이 되는 역할로 자리 잡아야 할 것이다. 구독형 커머스 모델 등 유력한 서비스 확장 가능성이 있지만 일단 다른 가치를 제공해 주겠다는 욕심은 차후여야 한다. IPTV와 함께 설치된 것이므로 사람들은 우선 텔레비전 이용과 관련해서 기가지니를 바라볼 것이기 때문이다. 막상 텔레비전 이용 자체에 큰 도움이 되지 않는다면 아무리 인공지능이라 한들 한두 번 또는 심심할 때 이용해 보는 장난감에 그친다.

기가지니가 텔레비전 이용에 도움이 된다는 측면에서 가장 핵심은 궁극적으로 리모컨을 없앨 수 있다는 점에 있다. 보이스 인터페이스야말로 가장 파괴력 높은 UI이기 때문이다. 마우스와 그래픽 인터페이스가 PC의 시대를, 햅틱 스크린과 터치가 모바일 시대를 바꿨다면 리모컨과 다채널은 텔레비전 시대를 바꿨다. 보이스 인터페이스에 의해 텔레비전 이용이 훨씬 편하고 재미있게 바뀔 수 있다. 어떤 도구가 사람들에게 '쓸모 있는 일'보다 '쓸모없는 소소한 일'을 할 수 있을 때 대중화에 성공하는 경우가 종종 있다고 한다. 전화기가 처음 등장했을 때 가장 많이 쓰인 용도는 '수다떨기'였다고 한다. 초창기 그래픽 인터페이스는 비디오 게임 덕분에 빠르게 퍼졌다고 한다. 보이스 인터페이스는 놀이로서 다가가 친밀감을 더욱 제공할 수 있다는 장점이 있다. 게다가 직관적이고 빠르며, 이용이 편리하고 가격까지 저렴하면 금상첨화인데 보이스 인터페이스는 이 모든 특성에 부합한다(강정수 외 9인, 2017: 114~116). 음성인식 스피커 셋톱박스를 통해 리모컨을 없앨 수 있다는 가능성에 주목할 필요가 있는 것이다. 리모컨 없이도 말만으로 텔레비전을 조작할 수 있다면 아주 재미도 있고 너무나 매력적인 일일 것이다.

나아가 홈 네트워킹의 허브로서 기능할 수 있다는 가능성도 있다. 개별적으로 추진 중인 기가 아이즈 등 댁내 보안과의 연계 및 그 외 다른 조명·가전기기 제어 등 실질적인 스마트 홈의 허브 역할은 고민해 볼 부분일 것이다. 2000년대 초중반 통신사업자들은 홈 네트워킹 사업을 시도하다가 중단했다. 2010년대 중반에는 2000년대의 홈 네트워킹 사업을 조금 업그레이드해 사물인터넷(IoT: Internet of Thing) 관점에서의 다양한 서비스를 시도하기도 했었다. 하지만 당시는 개개의 기능들이 분절된 형태의 커넥티드 홈(Connected Home) 수준이었다. 디바이스 판매에 급급했다. 진정한 스마트 홈이 아니었다.[8] 인공지능 셋톱박스는 음성인식을 통한 제어 기능이 있

---

8   제퍼슨 왕(Jefferson Wang) 외 3인이 저술한 책 『퓨처홈(The Future Home)』에서는 IoT 가 적용되는 집의 발전단계를 '커넥티드 홈-스마트 홈-퓨처 홈'으로 정의한다. 커넥티드 홈은 홈 디바이스가 인터넷에 연결된 정도에 불과하다. 개별 기기들은 개별적으로 작동한다. 스마트 홈은 연결된 기기들을 통합 관리하고 설정된 동작을 원격으로 명령할 수 있는 수준을 의미한다. 인공지능 스피커가 이러한 역할을 한다. 퓨처 홈은 사용자가 명령을 내리지 않아도 AI가 스스로 사용자의 상태를 파악해서 기기를 조절하고 미리 준비해 주는 단계를 말한다. 이 책에서는 현재 커넥티드 홈 단계에 머물러 있는 원인은 서로 다른 하드웨어와 소프트웨어 기술표준, 무선 기술표준 등이 뒤섞인 파편화에 있다고 한다. 파편화를 극복하고 가정의 모든 기술표준을 정립해 퓨처 홈으로 이끄는 주체는 통신사업자가 가장 유리하다고 이 책은 주장한다. 이유는 ① 그간 쌓아온 높은 소비자 신뢰, ② 매일 고객을

으니 다른 가전기기 등과 센싱 프로토콜을 맞추면 진정한 스마트 홈으로 나아가는 훌륭한 기반으로 활용될 수 있다. 열면 노력과 일관된 집중이 필요하다. 연구개발 등에 많은 재원을 투입해야 한다. **아직 스마트 홈의 주인이 없는 상태이니 '누가 이런 그림을 만들어낼 수 있는가?'가 중요하다. 스마트 홈을 이끄는 사업자가 인터넷과 IPTV로 대표되는 홈 시장의 진정한 주인이 될 것이기 때문이다.** 통신서비스 시장의 판도가 완전히 뒤바뀌는 일이 벌어질 것이다. 하나의 일관된 시스템으로 가정 내 각종 기기를 원격으로 제어하고 관리하는 스마트 홈이 우선 되어야 다음 단계인 'AI에 의한 가구 구성원 맞춤형 퓨처 홈'으로 나아갈 수 있다. 긴 호흡을 가지고 그렇지만 목표는 분명하게 가져가면서 꾸준히 추진하려는 배짱과 용기가 필요하다.

두 개의 에피소드

• 에피소드 1: 하나TV가 출시된 날의 당혹감

2006년 7월, 하나로텔레콤에서 하나TV를 출시한다는 기사가 아침신문에 났습니다. 당시 저는 KT 전략기획실에서 IPTV를 비롯한 신사업(당시 KT 기준으로는 전사 프로젝트) 전반을 총괄, 운영하는 부장이었습니다. 기사에 따르면 하나TV는 D&P 방식의 셋톱박스를 사용하는데, 중간에 끊김 없이 동영상 콘텐츠를 송출한다는 것이었습니다. 다만 초기에 버퍼링하는 시간이 조금 필요하지만, 이것을 광고로 채운다는 내용이었지요. 기사를 보고 깜짝 놀랐습니다. 그도 그럴 것이 다운로드와 스트리밍 방식만 알고 있었던 저에게 D&P 방식은 생소할 뿐 아니라 너무나 획기적이었기 때문입니다.

접하는 가운데 형성된 긴밀한 고객 관계, ③ 집과 사람, 기기, 자율주행차와 사회를 잇는 연결성의 독점적 제공자라는 특성이 있기 때문이라고 한다(Wang et al., 2020: 14, 25, 150~173).

바로 IPTV 사업 부서의 담당 부장을 만나기 위해 해당 부서를 찾아갔습니다. 신문에 기사가 났는데 기사가 사실이냐고 물어봤지요. 사업 부서 담당 부장은 "아마 약간 과장되었을 것이다. 확인하기 위해 사람을 보냈으니 조만간 알게 될 것이다. 기사에 난 것처럼 안정적으로 서비스하기는 아직 어려울 것이다"라고 답변하더군요. 점심 즈음에 연락이 왔습니다. 기사가 사실이라고요. 동영상도 끊김 없이 잘 송출되고 안정적이라고 하더군요.

하나TV는 원래 셋톱박스 전문 업체인 셀런(Celrun)의 자회사였습니다. 셀런은 당초 D&P 방식의 셋톱박스를 만들어 셀런TV라는 TV포털 사업을 하고자 했습니다. 하지만 하나로텔레콤이 셀런TV를 인수해 대신 하나TV라는 이름으로 출시한 것입니다. 셋톱박스는 모회사인 셀런으로부터 공급을 받는 구조이니 양사가 윈윈이었던 것입니다.

돌이켜보면 당시 KT로서는 기술발전에 따른 업계 동향, 이를 응용해서 활용하는 요령 및 시장에서의 경쟁사의 전략에 너무 둔감했던 것으로 보입니다. 당시 신사업 총괄 운영 부장으로 매우 반성이 되는 대목입니다.

• 에피소드 2: OTS 정액형 상품 출시가 약 3주 늦춰질 뻔했던 이야기

OTS 정액형 상품은 2010년 4월 1일 출시되었습니다. 당시 저는 KT 홈고객 부문에서 홈 관련 상품을 총괄하는 상품전략담당이었습니다. OTS의 잠재력을 확인하고 정액형 상품을 만들었고, 정부의 약관 검토부서와 협상도 잘 마쳤다는 말을 대정부 담당 부서로부터 확인했습니다. 부문 내 주요 팀장급 이상 간부들에게 상품 내용을 설명했더니 "우리 회사에서 이런 상품을 만들 수 있을지 몰랐다"라며 매우 고무적인 반응 일색이었습니다. 예정된 4월 1일에 출시만 하면 되었던 거지요.

이러한 상황에서 변수가 하나 생겼습니다. OTS 정액형 상품은 워낙 급하고 빠르게 진행된 프로젝트이다 보니 전산프로그램에 차질이 생겼고, 4월 19일이나 되어서야 전산 반영이 가능하다는 것이었습니다. 19일 출시하자는 의견이 대두되었습니다. 반대했습니다. 논거는 "어차피 정액형 상품이니 전산개발이 완료되기 전에는 가입 신청자 명단을 수기(手記)해 관리하자. 19일 전산이 완료되면 그때 입력

하더라도 다음 달 과금하는 것에는 문제가 없다"였습니다. 이러한 논거가 수용되어 OTS 정액형 상품은 예정대로 4월 1일 출시하게 됩니다. 그리고 출시 전날 대비 5배 이상의 신규 가입자를 유치하게 됩니다. KT 인터넷 매가패스 이후 최고의 히트 상품이 된 것입니다.

만약 OTS 정액형 상품이 크게 히트 치지 않았다면 입지가 매우 곤란할 상황이었는데 다행히 성공적으로 마무리되었습니다. 한편으로 전산이 제때 개발되지 않았다면 아주 큰 낭패를 볼 뻔했습니다. 어찌 보면 매우 무모하리만치 겁 없는 도전이었습니다. 상품 출시 전 충분히 준비하지 않았던 점은 지금도 크게 반성이 되는 대목이고요.

제6장

OTT 활성화에 따른 콘텐츠 시장 3국지

OTT는 서비스이기 이전에 하나의 강력한 현상

OTT 서비스를 한마디로 정의하기는 어렵다. 가장 일반적인 설명은 Over The Top의 줄임말이다. Over-the-X는 기존 영역의 경계를 넘나드는 서비스나 상품을 의미하는데, X자리에 셋톱박스가 들어가서 OTT라는 것이다. 과거에는 셋톱박스를 통해서 제공되는 서비스를 OTT라고 부르기도 했으나, 지금은 셋톱박스와 무관하게 동영상 콘텐츠를 제공하는 서비스를 OTT라고 칭한다. 셋톱박스에 의존하지 않고 동영상 콘텐츠(주로 VOD)를 볼 수 있다는 것은 굳이 유료방송에 가입하지 않아도 된다는 것을 의미한다. 그래서 OTT 가입자가 유료방송 가입을 해지하기도 하는데 이를 코드 커팅(Cord Cutting)이라고 한다. 셋톱박스까지 연결하는 선(Cord)을 자른다는 것이다. 모바일 인터넷 속도가 개선되면서부터는 휴대전화 등 모바일 단말로, 구체적으로는 모바일 앱으로 동영상 콘텐츠를 시청하는 것이 보다 확대되었다. 이때 동영상 콘텐츠란 대체로 애니메이션을 포함한 영화, 시리즈형 드라마 등을 의미한다. 광고 기반 동영상(A-VOD: Advertising VOD) 유통서비스나 UGC 중심 개인 방송국 성격의 동영상 유통서비스 등도 동영상 콘텐츠를 유통하고 있다는 의미에서 OTT에 포함시키기도 한다(이상원, 2020: 29~44). 하지만 이 책에서는 경쟁의 실질을 잘 이해하기 위해서 제외했다.[1] 동영상 콘텐츠 유통의 경쟁 영역은 주로 영화나 드라마 등인데, 이들 서비스는 주로 개인이 제작했거나 상호 간 공유 차원의 동영상 클립이 유통되는 것이 주(主)이기 때문이다. 광의의 개념에서는 모두 경쟁의 대상인 것은 분명하다. 결론적으로 이 책에서는 '**셋톱박스에 의존하지 않고, 범용 인터넷망으로, 그리고 모바일로 영화·드라마 등 VOD 동영상 콘텐츠를 볼 수 있는 서비스**'를 OTT 서비스라고 정의한다.[2]

이처럼 정의를 내리기는 했지만 부연 설명이 길다. **한마디로 '모바일로 넷플릭스를 보는 것 또는 현상**'이 보다 직관적인 설명이다. 최근 OTT 서비스 이용률은 2017년 36.1%→2018년 42.7% → 2019년 52%→2020년 66.3% 수준으로 빠르게 증가하고 있다. 물론 여기에는 가장 많이 이용하

---

1 A-VOD에는 유튜브, 페이스북, 네이버TV 등이 있으며, 개인 방송국으로는 아프리카TV가 있다. 스포츠 경기 중심의 스포티비나우는 제외하지만 오리지널 드라마를 만드는 카카오TV는 포함한다.

2 한국에서는 OTT 서비스에 대한 법률적 정의가 없다. 게다가 OTT 서비스를 정의할 때 셋톱박스 유무에 대한 판단이 제각각이다. 셋톱박스를 경유한다는 정의가 있는가 하면 셋톱박스를 경유하지 않는다고 정의하는 의견도 있다. 여기에서는 셋톱박스를 경유하지 않는 것으로 정의했다. OTT를 셋톱박스를 경유하는 것으로 정의한다면 현재 유료방송 사업자도 모두 OTT 사업자라고 불러야 한다. 그리고 기존 유료방송을 해지하는 행태, 즉 코드 커팅을 설명할 수 없는 난점이 있기도 하다. 셋톱박스를 경유한다는 정의에는 배기형(2015: 3), 송민정(2022: 135) 참조. 경유하지 않는다는 정의에는 고명석(2020: 22) 참조.

〈표 2-6-1〉 한국 OTT 서비스 현황

구분		실시간 채널 제공	
		유	무
PPV 제공	유	시즌, 카카오TV, 모바일 B tv, 유플러스 모바일 TV	-
	무(SVOD)	웨이브, 티빙, 쿠팡플레이	왓챠, 넷플릭스, 디즈니플러스, 애플TV플러스

자료: 한국방송통신전파진흥원(2022); 언론 보도자료 등 참고해 재구성.

는 유튜브 등이 포함된 수치이니, 앞에서 개념 정의한 OTT 이용률은 이보다 낮을 것이다. 다만 넷플릭스의 이용률이 2019년 4.9%에서 2020년 16.3%로 3배 이상 증가했다(한국방송통신전파진흥원, 2022: 42).

모바일로 넷플릭스를 보는 것, 즉 OTT는 구독료를 내는 가입자를 유치하는 비즈니스다. 다만 쿠팡 플레이의 경우 쿠팡 와우 멤버십 가입자가 추가 가입하는 형태여서 주로 회원제 + 구독료다. 물론 저가로 일반 가입을 할 수 있기는 하다. 어떤 OTT는 넷플릭스처럼 모든 콘텐츠를 SVOD 형태로 무료로 제공하기도 하지만, 어떤 OTT는 그 안에서 별도 PPV(T-VOD)를 구매해서 봐야 하는 콘텐츠가 있기도 하다. 또 어떤 OTT는 실시간 채널을 제공하기도 한다. 한국 OTT 유형을 분류하면 〈표 2-6-1〉과 같다. 웨이브, 티빙도 PPV 형태로 제공하는 콘텐츠가 있으나, 이는 극장에서 동시 상영 중인 영화라는 점에서 PPV를 제공하지 않는 SVOD로 분류했다.

미국 대자본 OTT[3]와 달리 **실시간 채널 제공 또는 PPV를 별도로 제공하는**

---

3 대부분 글로벌 OTT라고 통칭하고 있으나, 이는 잘못된 표현이라고 생각한다. 한국에 들어와 있는 외국 OTT는 모두 미국의 거대 자본이 만든 것이 전부다. 대부분의 나라에서도 마찬가지로 미국 대자본 OTT와 자국 내 토종 OTT 간의 경쟁 구도다. 글로벌 OTT라는 표현은 마치 여러 나라 간 각축이 있는 것처럼 오도할 수 있어 미국 대자본 OTT라는 표현이 적절하다고 하겠다.

것이 국내 OTT 가입을 결정하는 것에 어느 정도 영향력이 있는지 미지수다. 개인적으로 그리 큰 영향은 없을 것으로 판단한다. 볼 만한 콘텐츠가 있는 지가 더 중요하다고 본다. 실시간 채널 제공은 오히려 텔레비전 구매를 하지 않는 현상[코드 네버(Cord Never) 또는 제로 TV]을 가속하는 역설로 이어질지 모른다. 그리고 PPV는 OTT 이용이 불편한 경험으로 이어지는 요인으로 작용할지 모른다. 보고 싶은 콘텐츠를 찾았는데, 다시 구매 의사를 물어보면 한 번 더 생각해야 하니 짜증스러울 수 있다. 이미 OTT는 넷플릭스 등 미국 대자본 OTT의 영향으로 SVOD가 글로벌 표준으로 자리 잡았기 때문이다. 실시간 채널 또는 PPV 제공 필요 여부 등 서비스 형상(Configuration)에 대한 근본적인 고민이 필요하다.

한국 OTT 서비스 경쟁

한국 OTT 서비스는 미국의 대자본 OTT와 국내 토종 OTT 간 경쟁으로 설명할 수 있다. 한국만이 아니라 거의 모든 나라에서 이러한 양상이 나타난다. 한국에는 미국의 대자본 OTT로 넷플릭스, 애플TV 플러스, 디즈니 플러스가 차례대로 진출해 있다. 미국 통신회사 AT&T의 HBO Max와 아마존의 프라임 비디오가 한국 진출을 위해 협력을 모색 중이라고 한다. 국내 토종 OTT로는 웨이브, 티빙, 시즌, 왓챠, 쿠팡 플레이 등이 있다. 넷플릭스가 50% 이상의 시장점유율(사용자 수 기준)을 보이고, 나머지 2위가 누가 될 것인가의 싸움을 전개 중이다(한국방송통신전파진흥원, 2022: 42~49).

한국의 OTT는 통신사업자는 모바일 IPTV의 개념으로, 지상파 3사 및 CJ 그룹에서는 자사의 콘텐츠 경쟁력을 플랫폼으로 확장하려는 노력의 일환인 모바일 TV의 개념으로 시작되었다는 것은 전술한 바 있다. 넷플릭스와 같은 성격으로 출발한 것은 왓챠 정도다. 최근 공격적으로 콘텐츠에 투자하는 쿠팡 플레이는 아마존의 프라임 비디오를 본떠 만든 것이다. 통신사업자의 모바일 IPTV는 다양한 변신을 시도했으나 결국 모바일 IPTV의 성격만 남아 있다. 예컨대 KT는 2011년 올레TV나우, 이후 올레TV 모바일 등을 거쳐 2017년에는 시즌으로 전면 개편하면서 별도 자회사로 분리하는 등 의욕을 보이기도 했다. 하지만 시즌의 노력은 여기까지에 그치고, 2022년 12월 1일 자로 티빙에 흡수합병되었다. 다시 모바일 IPTV 성격의 지니TV 모바일로 회귀한 것이다. N-Screen 관점에서 텔레비전과 모바일 간 이어보기는 할 수 있어야 하기 때문이다. SK브로드밴드의 모바일 B tv, LG유플러스의 유플러스 모바일 TV 등도 같은 성격이다. SK브로드밴드의 경우에도 모회사인 SKT와 함께 옥수수(OKSUSU) 브랜드로 탈바꿈하기도 했으나, 2019년 9월 18일 지상파 3사의 푹(POOQ)과 통합되어 지금은 웨이브라는 새로운 서비스가 되었다. 이처럼 통신사업자들의 모바일 IPTV는 OTT로 분류하기는 하나 넷플릭스와 같은 OTT라고 보기에는 어폐가 있다. 반면 지상파나 CJ 그룹의 모바일 TV 개념은 아직 살아 있어 넷플릭스와 실질적으로 경쟁 중이라 할 것이다.

미국 대자본 OTT와의 경쟁에서 국산 토종 OTT가 자리를 잡기는 매우 어려워 보인다. 갈수록 미국 대자본 OTT의 위세에 밀리고 있다. 특히 넷플릭스가 콘텐츠 제작단가를 수백억 원대로 올린 상황에서 더욱 그러하다. 한국 토종 OTT 중 투자를 많이 한다고 하는 곳이 연간 수천억 원 단위라면, 미국 대자본 OTT는 그것보다 최소 10배 이상 많은 수조, 수십조 원 단위의 투자를 하고 있다.[4] 이러한 상황에서 KT에서 결국 시즌을 접을 수

---

4 한국 드라마는 회당 6~7억 원, 16부작 미니시리즈 기준 작품당 100억 원 수준이다. 텐트폴(tentpole) 드라마는 회당 15~20억 원, 총제작비 250~300억 원 수준이다. 반면 미국은 에피소드당 제작비가 평균 110억 원 수준으로 한국 드라마 제작비의 6~30배, 평균 18배 수

밖에 없었던 것은 이해가 되는 대목이기도 하다. KT와 같이 지배주주가 없는 회사에서 고위험[성공 확률은 낮지만 성공할 때는 고수익(High Risk, High Return)]인 콘텐츠 사업에 장기적으로 매년 수천억씩 투자하기란 쉽지 않은 의사결정이기 때문이다. 하지만 다른 대안은 없었던 것인지에 대한 아쉬운 측면이 있다. 미국 대자본 OTT에 밀리는 것은 비단 한국만이 아니라 전 세계적인 현상이다. 그나마 각 나라 지상파가 참여(통신사업자 등이 함께 참여하기도 함)해 만든 OTT만이 미국 대자본 OTT에 대항해 명맥을 이어가고 있다. 한국에서는 웨이브, 영국은 브릿박스(Britbox), 프랑스는 살토(Salto), 독일은 조인(Joyn) 등이다(이상원, 2020: 108~117). 한국에서는 웨이브 외에도 티빙이 CJ E&M이 제작·보유한 콘텐츠로 버티고 있다. 왓챠는 시즌과 비슷한 길을 갈 것이라는 전망이 나오고 있다. 매수 후보자로 웨이브와 쿠팡 플레이가 거론되고 있다. 쿠팡 플레이는 2020년 7월 출시하면서 싱가폴 OTT Hooq을 인수, 영화제작사 쇼박스 및 NEW와 콘텐츠 공급계약을 하는 등 공격적으로 콘텐츠 투자를 하고 있다(김종원, 2021: 229~231).

넷플릭스의 성공 원인

여기서 잠깐 넷플릭스의 성공 원인에 대해 알아보자. 넷플릭스 성공비결로 ① 적절한 시기에 스트리밍 사업 진출, ② 네 가지 상품가치(저렴한 가격, 접근성, 다양한 장르의 고품질 콘텐츠, 오리지널 콘텐츠)를 통한 비즈니스모델의 혁신, ③ 독보적으로 앞선 오리지널 콘텐츠 퀄리티, ④ 글로벌 진출을 위한 통신사 제휴 활용, ⑤ 콘텐츠 개인화에 집중한 마케팅을 꼽기도 한다(김종

준이다(김희재·이지은, 2021: 35).

원, 2021: 146~172). 다 맞는 설명이다. 넷플릭스를 만든 헤이스팅스는 '인재밀도(Talent Density)'를 기반으로 최고의 성과를 올리고, 통제가 아닌 맥락으로 직원들을 이끄는 기업문화, 즉 '규칙이 없는 것이 규칙'인 것이 자사의 성공 비결이라고 소개하기도 했다(헤이스팅스·마이어, 2020: 5~26). 창립자의 말이니 맞을 것이다. 하지만 필자는 **넷플릭스 성공 요인으로 가장 큰 것은 '비디오를 빌려 보려는 고객에 대한 충실한 이해'**를 꼽고 싶다. 잘 아는 것처럼 넷플릭스는 비디오 대여점으로 출발했다. 연체요금이 너무 비쌌던 경험이 사업을 일으킨 출발이라고 하는 헤이스팅스의 일화가 있기도 하다. 한 번 더 강조하면 출발이 비디오 대여다. 즉, 비디오 대여를 하려는 고객의 욕구와 불만을 제대로 이해하고 있었다는 것이다. 현재 스트리밍 서비스로 바뀌었어도 본질은 비디오를 온라인으로 대여하는 것과 똑같다. 한 번만 빌려주는 것이 아니라 매달 요금을 내는 한 계속 빌려주는 것인 셈이다. 연체료가 없다. 이런 의미에서 넷플릭스는 한 번도 자기의 비즈니스를 바꾼 적이 없다. 단지 시대의 변화에 맞춰 상품을 전달하는 방식을 온라인 스트리밍 서비스 형태로 바꾼 것에 불과한 것이다.

넷플릭스의 고객에 대한 이해는 두 개의 과정에 걸쳐 이루어진다. 첫 번째는 비디오를 빌려 보는 (또는 빌려 보려는) 사람 전반에 대한 이해다. 비디오를 빌려 보는 사람은 '싸게 보고 싶다. 한꺼번에 전편을 보고 싶다. 다른 사람이 반납할 때까지 기다리고 싶지 않다. 내 성향에 맞는 비디오를 찾아보고 싶다. 나아가 오늘의 나의 기분 상태와 느낌, 정서에 딱 어울리는 비디오가 있었으면 한다' 등의 욕구가 있다. 넷플릭스에서는 이런 욕구를 모두 충족시키기 위한 방향에서 콘텐츠를 제공한다. 가입하기만 하면 저가(?)의 월 정액으로 유·무료 구분 없이 모든 영화나 시리즈를 볼 수 있다. 앱에 접속하면 다양한 방식으로 묶음 형태의 추천을 한다. 특히 영화 및 시리즈로 구분해 현시점에 가장 인기 있는 콘텐츠 10개를 선정해 알려준다. 이런 추천 콘텐츠 중 나의 맥락에 맞는 영화나 시리즈를 한 편 골라보면 된다. 무엇보다 영화나 시리즈 보기 전에 광고가 없다. 시리즈 물 같은 경우에는 오프닝 건너뛰기 기능으로 콘텐츠로 바로 넘어간다. 비디오를 볼 때는 전체 시간이 아니고 남아 있는 시간만 보여준다. 시리즈 전편을 한꺼번에 볼 수 있으므로 먼저 빌려 간 사람이 반납하기를 기다릴 필요가 없다. 시리즈 한 편이 끝나면 바로 다음 편으로 넘어 갈 수 있다. 엔딩 크레디트가 없다. 따라서 이른바 빈지 워칭을 편하게 할 수 있다. 철저하게 비디오를 빌려 보는 사람이 가지는 불편함을 해소하려는 시각이다.

두 번째는 실제 비디오를 빌려 보는 사람 그 자체에 대한 있는 그대로의 이해다. 한 사람 한 사람의 취향을 존중하는 멀티 프로필 기능이 핵심이다. 사람마다 '취향 집단×장르'의 조합으로 콘텐츠를 추천한다.[5] 다양한 디바이스와 연동되어 있으므로 장소를 옮겨 가며 내가 보던 콘텐츠를 이어서 볼 수 있다. 심지어는 다른 집에 있는 텔레비전이나 친구의 디바이스로도 내 ID로 접속하면 이어 보기를 할 수 있다. 다 본 콘텐츠는 나의 콘텐츠 목록에서 사라진다. 접속할 때마다 추천하는 콘텐츠 유형을 달리해 나의 맥락적 상황에 부합하려 한다. 콘텐츠 이용성향을 분석해 콘텐츠마다 나의 선호도를 확률로 제공한다. 영화가 끝나면 비슷한 장르나 주제의 콘텐츠를 3편 추천한다. 빈지 페어링(Binge Paring)[6] 심리를 확실하게 이용하는 것이다.

이처럼 넷플릭스에서 제공하는 서비스 형상은 모두 '비디오를 빌려 보는 사람이 가장 불편한 사항이 무엇일까?', '비디오를 자주 빌려 보는 특정한 그 사람이 서비스를 가장 편하게 이용할 수 있도록 하려면 어떻게 해야 할까?' 하는 고민의 연장선에서 나온 것이다. 이처럼 **고객을 가장 잘 이해하**

---

5   넷플릭스는 영화 장르를 무려 7만 6897개로 세분화한다고 한다(문성길, 2017: 42).
6   비슷한 주제의 영화를 찾아 한꺼번에 몰아 보는 것이다(문성길, 2017: 93).

고 있다는 것, 넷플릭스를 두려워해야 하는 가장 큰 이유다. 디즈니 플러스, 애플TV 플러스도 이렇게 하지는 못할 것이다. 한 예로 디즈니 플러스의 경우, 넷플릭스와 달리 개인 프로필을 선택하고 난 후 별도 비밀번호 네 자리를 눌러야 한다. 프라이버시 강화 측면인 것으로 추정되나 실제 이용 행태를 고려하지 않아 불필요한 과정이 추가된 것으로 보인다. 나의 상황적 맥락이나 콘텐츠 이력에 대한 분석 없이 콘텐츠를 무차별적으로 나열한다. 콘텐츠 제작 참여자를 존중하는 목적인지는 모르겠으나, 아주 긴 엔딩 크레디트도 끊지 않고 다 보여주기도 한다. 따라서 새로운 콘텐츠 추천 등까지 오래 기다리게 된다. 국내 OTT 중 웨이브나 티빙의 경우에는 부족하지만 그래도 넷플릭스와 유사한 시청경험을 주지만, 콘텐츠 추천만은 넷플릭스를 쫓아가지 못하는 것으로 보인다. 시즌의 경우에는 콘텐츠가 가장 많지만 제대로 추천하지도 못하고 전체적으로 시청경험은 불편했다. 시즌은 넷플릭스와 달리 전체 동영상 시간을 보여주었다. 다시 접속했을 때 실시간 채널에 가려서 내가 이전에 보다가 중단한 콘텐츠 리스트가 사라지기도 했다. 모바일로 VOD를 보고 있다가 잘못해서 화면을 건드리면 건너뛰기로 오인해 다른 장면으로 넘어가기도 했다. 사소하지만 신경이 거슬리는 대목이다. 이러니 예전의 '할리우드 키즈'는 이제 다 사라지고, '넷플릭스 키즈'가 나타날지도 모를 일이다.

넷플릭스는 2022년 11월 4일 광고형 베이식 요금제(동시접속 1명)를 저가로 출시했다. 한국을 포함한 전 세계 9개 국가에서만이다. 한국 기준으로는 월 9500원인 베이식 요금제보다 4000원 더 싼 5500원에 제공한다. 가입방법은 더 간단하다. 가입자는 콘텐츠를 보기 시작하기 전과 보는 도중에 평균 4~5분 정도의 광고를 시청해야 한다. OTT 경쟁이 치열하다 보니 저가 요금제로 가입자 저변을 넓힌 후 고가 요금제로 갈아타게 만드는 전략의 일환이라고 추정한다. 개인적으로 이러한 시도는 바람직하지 않다고 생각한다. 비디오를 빌려 보는 사람의 마음과 같지 않아서다. 게다가 저가 요금에 민감한 고객이라면 OTT 자체에 대한 매력을 느끼지 못한다는 것이니, 그만큼 빠르게 이탈할 것으로 생각하기 때문이다. 철새 고객이 증가할 수도 있다. 게다가 일부 이용할 수 없는 VOD가 있기도 해서 넷플릭스 하면 떠오르는 정체성에 혼란을 초래할 수도 있다. 다만 광고에 대한 고객 반응의 민감도를 확인하기 위한 목적 차원의 시도로서는 어느 정도 의미는 있다.

넷플릭스의 고객에 대한 충실한 이해에 따른 사업전개는 유료방송 사업자로서는 절대 따라가기 어려운 부분이다. 결정적으로 유료방송은 **누가 텔레비전을 보고 있는 것인지 특정할 수가 없기 때문이다.** 이런 상황에서 타깃팅 (Targeting) 광고를 한다는 것은 다소 난센스다. 물론 불특정 다수를 상대로 송출하는 통상의 광고와 비교해서는 훨씬 훌륭하지만 … 시청하는 자연인을 특정할 수 없다는 점 때문에 양방향 커머스도 쉽지 않다. 다만 구독형 커머스일 경우는 어느 정도 해당 고객을 특정할 수 있어 가능성이 있다. 유료방송 사업자로서는 이제까지와는 차원이 다른 경쟁상대를 맞이한 것이다.

'나만의 PC'를 갖는다는 것

OTT가 활성화되고 있는 것은 '나만의 PC'를 뛰어넘어 '나만의 TV'를 가지고 싶은 욕구로부터 그 맥락적 연원을 찾아볼 수 있다. 인터넷 시대가 도래하자 사람들은 '이동하면서도 인터넷을 이용할 수 없을까' 하는 생각을 당연히 가지게 되었다. 전술한 것처럼 1994년 한국 최초 인터넷은 기존 전화선을 활용한 저속 인터넷이었다. 이후 초고속인터넷이 되었다고 하더라도 고정된 공간에서의 활용에 그쳤다. 이동하면서도 인터넷 이용을 하려면 모바일 네트워크가 근본적으로 바뀌어야 하는데, 초고속인터넷이 나온 2000년대 초반 모바일 네트워크를 통한 전송속도는 2.4Kbps에 불과했다. 이는 최초 저속 유선 인터넷 속도와 같다. 따라서 사람들의 이동 중 인터넷 이용 욕구를 충족시키기에는 턱없이 부족했다. 2007년부터는 W-CDMA 망(3G 네트워크)으로 대체했으나, 이때에도 최고속도는 14.4Mbps 정도에 불과했다. 3G 네트워크로 망을 대체한 이후 5년도 채 지나지 않은 시점인 2011년에는 100~800Mbps 속도인 4G(LTE) 네트워크로 다시 대체하게 되었다.[7] 4G(LTE)가 되어서야 이동하면서 인터넷을 빠르게 이용하고 싶은 욕구는 어느 정도 해소된다.

이 전체 과정은 'PC 이용의 개인화' 과정이라고 설명할 수 있다. 가정에서는 한 대의 PC로(데스크톱이든 노트북이든) 가족 구성원이 공동으로 사용하는 형태가 많다. 사무실에서 사용하는 PC는 나만의 것이기도 하지만 회사의 것이기도 하다. 온전히 나만의 것이 아니다. 그런데 휴대폰을 통해 '나만의 PC'를 가질 수 있다면 이동하면서 인터넷을 이용하고 싶은 욕구는 충분히 해소된다. 마침내 네트워크 속도가 충분히 뒷받침되니 진정으로 '나만의 PC'를 가지게 된 것이다. 고정성의 한계 극복과 개인 통신 욕구 해소에 머물렀던 이전까지의 이동전화에서 한발 더 나아가 나만의 개인 PC로서의 이동전화로 진화한 것이다.

---

7 모바일 네트워크는 사업자로서는 매우 비효율적인 네트워크인 것만은 분명하다. LTE망으로 바꾼 지 얼마 되지 않은 시점에서 실체도 모호한 4차 산업혁명이라는 화두에 따라 다시 5G 네트워크로 바꾸는 중이다. 네트워크 교체에 따른 투자비는 갈수록 증가하고, 투자 회수 기간은 갈수록 늘어나는데 고객들의 지불 의향은 한정되어 있다.

'나만의 PC'에서 '나만의 TV'로

'나만의 PC'를 갖는다는 것은 상당히 큰 파괴력을 가진다. **핵심은 접근성(Accessibility)**이다. 가정 내 다른 구성원의 눈치를 보지 않아도 된다. 회사 업무처리를 위해 활용할 수도 있지만, 이와 무관하게 온전히 나만 이용할 수도 있다. 대표적인 것이 스마트폰이 나오기 전 유행했던 블랙베리폰이다. 쿼티(QWERTY) 자판이 있어 메일을 주고받을 수도 있으니, 당시에는 너무 훌륭하고 제대로 된 나만의 PC였다. 하지만 스마트폰이 나오면서는 앱을 터치하기만 하면 되니 QWERTY 자판 방식은 갑작스럽게 구식이 되어버렸다. 블랙베리폰은 이후 다양한 활로를 시도했으나, 결국 2022년 2월 22일 사업을 종료한다고 공식 발표했다.

오프라인 굴뚝형 경제를 '모르타르형 경제', 고정형 인터넷 기반 비즈니스를 '클릭형 경제'라고 한다면, 스마트폰이 등장하면서 **이제는 '터치형 경제'**가 되었다. 터치 한 번으로 모든 것에 대한 접근이 가능해졌다. 보다 강화된 접근성은 편의성으로 이어지고, 편의성은 이용빈도를 높인다. 아울러 다른 사람들과 상호작용을 높여 가면서 연쇄적으로 긍정적 반응을 일으키는 선순환 메커니즘이 있다. 특정 위치에 따른 장소의 제약은 무의미한 것이 되었다. 이동 중에 또는 가정에서도 침대에 누워 한 번의 터치로 정보를 검색하고 이용하고 공유하는 시대, 즉 접근성이 강화되어 경계가 사라진 시대가 된 것이다. 이 과정은 **'TV 이용의 개인화'**라고 명명할 수 있을 것이다. OTT가 활성화되면서는 더욱 풍성해졌다.

인터넷 속도의 수용성이 확실하게 개선되자 모바일 접근성은 미디어 시장을 더욱 크게 변화시켰다. 한 번의 터치로 보고 싶은 동영상을 볼 수 있게 되었다. 굳이 멀리 있는 극장에까지 일부러 찾아갈 필요가 없다. 설령 극장에 가더라도 자기가 보고 싶은 극장, 앉고 싶은 자리, 나아가 팝콘 등

주전부리까지 한 번의 터치로 지정하고 결제할 수 있게 되었다. 오프라인과 온라인의 경계가 사라졌다. 게다가 가정에서도 텔레비전 수상기가 있는 거실이 아니더라도 모바일로 텔레비전을 볼 수 있게 되었다. 가족들과 보고 싶은 방송 때문에 리모컨 주도권을 다툴 필요가 없다. 공부하는 자녀에게 방해가 되지 않도록 안방에서 따로 휴대폰으로 텔레비전을 볼 수 있다. 나아가 굳이 텔레비전을 살 필요도 없다. 이제는 '나만의 PC'를 넘어 '나만의 TV'를 가지는 시대가 된 것이다.

모바일 OTT 활성화에 따른 한국 콘텐츠 시장 구분: 이용 vs. 가입 vs. 혼합

이제는 미디어 시장에 대한 획정(劃定)도 달라져야 한다. 모바일 OTT가 활성화되었고, 기존 방송사가 아닌 곳에서의 오리지널 콘텐츠 제작이 증가하고 있다. 장르도 다양화되었다. 따라서 사람들이 선택할 수 있는 옵션이 훨씬 많아졌다. 전통적인 시장 획정에 따르면 영화의 경우 먼저 극장에서 상영하고 난 후 그다음 윈도우에 제공되는 형태로 순서가 명확하게 정해져 있었다. 2018년 칸 영화제에 넷플릭스 오리지널 제작 영화 출품이 거절당한 일이 있었는데, 이유는 '영화는 극장 상영을 전제로 한다'라는 것이었다고 한다.[8] 하지만 이제는 오리지널 콘텐츠 시대가 되어 영화는 극장에서 먼저 공개된다는 원칙이 사라지고 있다. 굳이 극장에 가지 않더라도 영화를 볼 수 있는 시대가 된 것이다.

---

8   당시 넷플릭스는 뉴욕의 폐관한 극장을 저가에 인수해 오리지널 영화를 상영했다고 한다 (김종원, 2021: 163).

사람들은 이제 어떤 콘텐츠를 볼 것인가에 보다 집중한다. **해당 콘텐츠와 그것을 노출하는 매체가 동기화되어 있기에 어떤 콘텐츠를 볼 것인가는 어떤 매체를 통해 볼 것인가 문제이기도 하다.** 이런 관점에서 콘텐츠 거래시장을 구분하면 다음 3개의 시장으로 나눠 볼 수 있다. **① 극장과 같은 이용시장, ② 모바일 OTT와 같은 가입 구독 시장, ③ 유료방송에서의 '가입+이용' 혼합 시장**이 그것이다.

각 시장에서는 콘텐츠를 구매하는 시기, 구매금액, 콘텐츠를 보면서 느끼는 감동 등에 있어 다소 차이가 있다. 극장은 대형 스크린과 고품질의 사운드, 3D/4DX 영화의 실감형 체험 등이 강점이다. 모바일 OTT의 경우 시공간을 떠나 즉각적인 접속이 가능하다는 장점, 유료방송의 경우 이미 가입한 유료방송을 통해 콘텐츠를 무료 또는 쉽게 구매해 이용할 수 있다는 장점 등이 있다. 수익모델 관점에서 보면 극장은 크게 손님의 이용에 따른 '티켓 판매수익+극장 광고 및 팝콘 등 부대 판매수익'으로 구성된다. 티켓 판매수익이 바로 콘텐츠 이용에 대한 대가다. 구매 건당 대가를 지급하는 이용시장이다. 모바일 OTT는 주로 가입에 따른 정기(월 또는 연) 구독료가 수익모델이다. 정기 구독료를 내면 모든 콘텐츠를 무한정 볼 수 있다. SVOD다. 아마존 프라임의 경우 별도 프리미엄 유료 케이블 채널을 운영하고 있는데, 이 또한 '구독 내 구독'의 성격이다. 일부 OTT에서는 구독료 외에 PPV 콘텐츠가 있기는 하나 주류가 아니고 곧 사라질 개연성이 높다. 유료방송은 수익모델이 매우 복잡하다. 월정액으로 SVOD와 실시간 방송을 제공하면서 동시에 콘텐츠별 판매(PPV)를 추가하기도 한다. 광고 수익이나 홈쇼핑 채널 번호 배정에 따른 입점 수수료 등이 또 하나의 수익원이다. '가입+이용'의 혼합 시장이다.

이용자로서는 이와 같은 3각 경쟁 구도가 너무나 좋을 것이다. 자신의 시간·장소·경우(TPO: Time, Place, Occasion), 즉 맥락적 상황에 따라 필요한 매체를 이용하면 되기 때문이다. 영화 등 동영상 콘텐츠가 주는 감동과 재미, 나아가 의미를 가장 잘 구현하는 매체를 자신의 맥락적 상황에 맞춰 찾아보면 된다. 물론 '지급 능력×구매 의향'을 먼저 고려하겠지만….

숫자 3이 가지는 의미

초등학교 교과서 산수(算數)는 숫자를 세는 것으로부터 시작하는 수의 원리를 가르치고 있지요. 하지만 일상생활에서 숫자는 단지 숫자를 세는 것과는 다른 의미를 지니고 있습니다. 각각의 숫자에는 각자의 의미가 있다는 것이지요. 우리 주변 일상에서 숫자의 의미를 담은 것을 쉽게 확인할 수 있습니다. 예컨대 전국적으로 '제일'이라고 명칭이 들어간 학교가 많지요. 의미는 그 지역에서 제일 첫 번째로 만들어진 학교이기 때문이기도 하고, 그 지역에서 가장 으뜸가는 학교라는 의미를 담기도 합니다. 역사가 오래된 학교는 주로 제일 첫 번째로 만들어졌다는 의미에서, 상대적으로 오래되지 않은 학교에서는 그 지역에서 제일가는 학교라는 의미를 담아 '제일'을 사용합니다. '제일'에서 제를 빼고 그냥 'OO일고'라고 부르기도 합니다. 제주제일고등학교는 제주일고, 광주제일고등학교는 광주일고라고 부릅니다. 지역명의 앞 글자만 따기도 합니다. 강일여고는 강릉 제일의 의미, 전일고는 전주 제일 또는 전북 제일의 의미입니다. 숫자 1은 '가장 먼저'라는 의미 외에도 '가장 좋은', '1등의' 의미를 함께 가지고 있기 때문입니다. 숫자 2는 음과 양, 선과 악, 흑과 백, 창과 방패 등 대립하는 두 가지의 것을 나타내기 위해서 많이 사용됩니다. 동서남북 사방이 있으니 교통이 원활한 곳을 사방팔방(四方八方) 또는 사통팔달(四通八達)을 연결한다고 설명하지요. 전국 각지의 농수산물 등 모든 물품이 집산한다는 의미를 담아 수원 남문을 팔달문이라고 하는 것처럼요. 숫자 4의 의미입니다. 목화토금수의 오행이 있으니 오행에 또 다른 의미를 자꾸 추가합니다. 오방색이라 해서 청적황백흑이 있고, 한의학에서는 사람의 몸에는 오장육부라 해서 다섯 개의 장기가 있고, 다섯 가지의 도를 오상(五常)이라 하면서 인의예지신(仁

義禮智信)을 말하기도 합니다. 동대문은 흥인지문, 서대문은 돈의문, 남대문은 숭례문, 북대문은 소지문(지금의 숙정문), 한양 중앙인 종로에는 보신각을 둔 것도 이러한 영향이지요. 숫자 백과 천과 억은 아주 많은 것을 의미할 때 사용합니다. 아주 많은 물품이 있다는 의미에서 백화점(百貨店)이라고 하고, 모든 일반 국민을 통칭하여 백성(百姓)이라고 합니다. 매우 빠르게 잘 달리는 말은 천리마(千里馬)라고 부르고, 돈이 아주 많이 있는 부자를 억만장자(億萬長者)라고 하고요. 이런 단계를 아예 뛰어넘으면 불가사의(不可思議 = 10^{64})로 넘어갑니다. 숫자 7은 서양에서 행운의 숫자입니다. 하늘의 완전수 3(성부·성자·성신)과 지상의 완전수 4(동·서·남·북)의 합이 7입니다. 다시 말해 하늘과 지상의 완전수가 합해졌으니 우리에게 복이 되는 숫자라는 것입니다. 유대인은 일주일 중 일곱 번째 날은 안식일, 일곱 번째 해는 안식년이라고 해서 아주 귀중하고 좋은 수로 7을 이해하고 있습니다. 중국에서는 숫자 8(八)과 복(福) 자가 발음이 같다고 해서 8자를 좋아한다고 하지요. 옛날 문양에서 박쥐 모양이 많은 것도 박쥐를 말하는 복(蝠)이 복(福)과 발음이 같기 때문이라고 하기도 합니다. 한편 동양에서는 3을 길한 숫자라고 하는데, 이는 음과 양의 조합, 즉 음을 1, 양을 2라고 한다면 1 + 2 = 3의 개념에서 나온 것이라고 합니다.

방송 프로그램 제작시장, 유료방송시장, 고객 콘텐츠 이용행태에 따른 거래시장 모두 크게 3개의 그룹 간 경쟁으로 펼쳐지고 있다는 것은 매우 재미있는 현상입니다. 실제 각종 산업에서 경쟁은 3개의 주체 간 3각 구도인 경우가 많습니다. 라이벌 구도, 즉 두 주체 간 경쟁이 가장 치열할 것 같지만, 의외로 세 주체 간 경쟁이 더 긴장감이 있습니다. 연애를 3각 구도로 다루는 드라마가 더 재미있지 않나요? 초나라 항우와 한나라 유방이 싸우는 초한지도 물론 좋지만 위·촉·오의 3국지가 훨씬 역동적이고 흥미진진합니다. 숫자 3이 가진 마법의 힘일 겁니다. 노구치 요시야키(Noguchi Yoshiyaki)의 책 『3의 마법(考え·書き·話す3つの魔法)』을 보면 숫자 3이 가진 마법의 힘의 원인을 세 가지로 설명합니다(노구치 요시야키, 2009: 15~16).

① 2개가 아닌 3개부터는 순번이 생기기 때문에 우선순위의 의미가 있음.

② '하나, 둘, 셋, 한 박자 쉬고'까지를 포함해 네 박자의 리듬감을 줌.

③ 3개로 말하면 공간감 같은 여운이 만들어지면서 쉽게 전달되고 퍼져 나감.

이 중 3번째 원인이 가장 주목할 만합니다. 세 가지로 말하는 것이 다른 사람에게 전달될 때 가장 쉽게 기억된다는 것이지요. 실제 비즈니스 현장에서도 한 가지 또는 두 가지가 아닌 세 가지 논거를 제시하면 왠지 설득력 있어 보이고 신뢰를 주는 것처럼 느껴지기도 합니다. 시장 환경을 3C[고객(Customer), 자사(Company) 및 경쟁사(Competitor)]로 분석하는 것도 가장 간명하고 쉽게 설명할 수 있기 때문입니다.

마법과도 같은 매력이 있는 숫자 3이 가진 의미를 생각해봤습니다. 우선 숫자 3은 모든 사물이나 사실 등의 완성을 위한 최소한입니다. 예컨대 의자가 넘어지지 않고 의자의 구실을 하려면 최소한 다리가 3개 있어야 합니다. 그래서 균형을 이루면서 서로 견제하고 경쟁하는 상태를 '세 발 가마솥 정(鼎)'이 들어간 정립(鼎立)이라고 하지요. 도형을 만드는 최소한이 3각형입니다. 세상은 1차원, 2차원도 아닌 3차원이라고 하지요. 한 번 더 나아가면 4차원이 되어 사람의 머리로는 이해하기 어려운 단계로 넘어가게 됩니다. 거리라고 부르려면 최소한 3개의 길로 나뉘어야 거리라고 부를 수 있지요. 삼거리입니다. 철인은 3종 경기를 하고, 논리는 3단 논법으로 완성됩니다. 남자 셋이 모이면(유비·관우·장비가 그랬듯이) 나라를 만들기도 합니다. 공자는 '세 사람이 있으면 반드시 나의 스승이 있다(三人行必有我師)'라고 했고, 맹자는 '군자는 세 가지 즐거움이 있다'며 군자 3락(君子三樂)을 말했으며, 한비자는 '거짓도 되풀이되면 참인 것처럼 된다'라는 것을 말하면서 이를 삼인성호(三人成虎)로 비유하기도 했습니다. 성경에서도 성부·성자·성신의 세 가지가 하나로 완결적인 3위 일체를 말합니다. 세 살 버릇은 여든까지 가고, 유비는 제갈공명을 책사로 삼고 싶어 움막에 3번 찾아갑니다(三顧草廬). 2023년 계묘년(癸卯年)을 맞아 지혜로운 토끼는 만일을 대비해 굴을 3개 파지요(狡兔三窟).

한편으로는 숫자 3은 무언가 새로운 변화를 통한 생성의 의미로 해석할 수도 있습니다. 나이를 세면서도 하나, 둘에 이어 셋부터는 시옷 받침이 들어가기 때문에 초반에서 중반이 되었다고 말하지 않나요. '일생이, 이생삼, 삼생만물(一生二, 二生三, 三生萬物)'이라는 말이 있듯이 모든 만물은 3에서 생겨납니다. 엄마와 아빠는 그냥 부부이지만 자녀가 1명 생기면 이때부터 가정 또는 가족의 의미가 살아납니다. 경제학에서는 수요와 공급의 법칙이 작동한 결과 가격이 결정됩니다. 가격 결정이 아니라 고객이라는 변수를 추가해야 제대로 된 시장분석이 가능하다는 것으로 해석할 수도 있습니다. 현상적으로는 음과 양만 있지만, 음이 양으로 그리고 양이 음으로 바뀌는 과정(이를 변화라고 부를지 혼돈이라고 부를지 모르겠지만)이 있어야 제대로 된 동학을 설명할 수 있습니다. 음수와 양수만 있는 것이 아니라 그 사이에 0이 있어야 완전한 정수체계가 생성됩니다. 정과 반의 모순만 있다면 어떤 변화도 없으나 이것이 합치되는 과정이 있어야 새로운 상태로 바뀝니다. 세상을 설명하는 정반합 변증법의 원리입니다. 새로운 길은 제3의 길입니다. 항상 해답은 제3의 해법에 있습니다.

이처럼 숫자 3은 단지 '3개' 또는 '3번째'의 의미만을 가지지 않습니다. 완성과 생성입니다. 천지인(天地人)입니다. 세상을 흑과 백, 선과 악과 같이 일률적인 2분법으로만 바라본다면 아무런 진전도 이룰 수 없을 겁니다. 평화와 번영도 기대할 수 없을 겁니다. 세상일이란 산수 문제처럼 항상 정답이 있는 것이 아니니까요. 경영에 정답이 없는 것처럼 말입니다. 영화 〈사운드 오브 뮤직〉의 감미로운 왈츠곡 「에델바이스(edelweiss)」를 다시 한번 들어보며 3의 의미를 되새깁니다.

제**3**부

콘텐츠 미디어 시장을
관통하는 3개의 코드

제7장

한국 미디어 시장을 읽는 3개의 코드

사업자(공급자) - 상품 - 이용자(수요자)의 3각 구도

우리는 어떤 물건을 사기 위해서는 시장에 간다. 지금은 슈퍼나 마트, 백화점 또는 온라인 마켓에서 물건을 사기 때문에 예전에 알고 있던 시장에 대한 이미지는 많이 달라졌다. 거꾸로 우리가 물건을 파는 사람의 입장이라면 사는 사람과 마찬가지로 시장으로 나갈 것이다. 사는 사람의 관점에서 시장의 이미지가 예전과 다른 것처럼, 파는 사람의 관점에서도 다를 것이다.

시장은 물건을 팔고 사는 곳이다. 따라서 시장 진화는 물건을 팔고 사는 구체적인 양상의 변화를 의미한다. 즉, 시장에는 어떤 물건과 이것을 팔고 사는 사람이 있으며, 구체적인 양상의 변화란 물건 자체의 변화이거나 팔고 사는 사람의 특성이 변화하는 것을 의미한다. 우리가 예전과는 다른 시장의 이미지를 갖게 된 것은 시장이 진화해 구체적인 양상에 있어 어떤 변화가 생겼기 때문일 것이다.

시장의 이미지가 다르게 변화했다고 하더라도 달라지지 않은 것이 있다. 바로 시장을 구성하는 주체다. 어떤 형태의 시장이라고 하더라도 시장에는 물건을 파는 사람과 사는 사람, 그리고 주고받는 상품이 있다. 통상 물건과 돈을 주고받는(교환하는) 형태가 될 것이다. 이 세 개의 주체는 시장을 구성하는 필수요소이기 때문에 전혀 달라질 수 없다.

파는 사람이란 판매자, 공급자, 제공자, 사업자 등이지만 미디어 시장에서는 매체에 따라 신문사, 방송사, 통신사 등으로 불리기도 한다. 이 장에서는 통칭해 사업자라는 명칭을 사용하도록 하겠다. 사는 사람이란 팔고 사는, 즉 거래의 대상이 무엇이냐에 따라 여러 이름으로 불린다. 구매자라고 하기도 하지만, 다소 아카데믹하게 수요자라고 부르기도 한다. 미디어 시장에서는 미디어를 이용한다는 의미에서 이용자, 텔레비전을 본다는 의미에서 시청자, 방송을 수동적으로 받아들인다는 의미에서 수용자, 콘텐츠를 구매해 본다는 의미에서 소비자, 유료방송 가입자의 경우에는 고객 등 다양한 형태로 불린다. 여기에서는 미디어를, 구체적으로는 미디어를 통한 서비스를 이용한다는 측면에서 이용자라고 통칭하도록 하겠다.

거래되는 상품이란 공장에서 만들어 유통망에 올라서기 전까지는 제품이라는 이름으로 불리지만, 막상 유통망에 올라와서 거래되는 단계에서는 제품보다는 상품이라는 명칭이 더욱 어울린다. 특히 공장에서 제조되지 않는 서비스 형태로 거래되는 것은 상품이라는 표현이 적합하다. 따라서 제품 형태의 상품이 아닌 서비스 형태의 상품의 경우에는 상품 그 자체 못지않게 이 상품이 제공되는 과정을 지원하는 인프라가 오히려 더욱 중요한 의미를 띠기도 한다.

서비스 기업에서 제공하는 상품은 한마디로 고객에게 제공하는 '고유의 가치제안(Unique Value Proposition)'의 총체다. 우선 ① **상품 그 자체(Product itself)**가 중요하다. 아울러 ② 고객 마인드상 인지적·무형적 위상인 **포지셔닝(Positioning)**, ③ 경쟁 시장에서의 대외 영향력을 의미하는 **시장 지배력(Market Power)**, ④ 고객에게 가치가 전달되는 과정(Customer Value Stream)의 **내부 프로세스(Process)** 모두 중요한 역할을 한다. 이를 개인적으로 '**서비스 기업 상품에서의 4P**'라고 부르고 있다. 여기에 세스 고딘(Seth Godin)이 주창한 **퍼플 카우(Purple Cow)**를 **또 다른(Another) P**로 추가하고자 한다. Purple Cow란 그저 그런 누런 소가 아니다. 경쟁사에 있지 않은 차별화를 의미한다. 단순한 차별화 정도로는 부족하다. 사람들이 말할 만한, 주목할 만한 가치가 있는, 예외적이고 새롭고 흥미진진한 차별화여야 한다. 고딘이 말한 대로 Remarkable(놀랄만한)한 상품이어야 한다(고딘, 2004: 15~19). 4P+Another P다.

시장을 '사업자-상품-이용자'의 3각 구도로 보는 것은 시장을 이해하기 위해 매우 간명한 접근방법이다. 사업자가 주도해 상품을 만들기도 하지만, 실제 시장에 출시되었을 때 이용자의 반응이나 피드백이 다시 상품에 반영되는 순환고리가 작동한다. 따라서 '사업자-상품-이용자' 각각을 변화시키는 추동력을 확인한다면 훨씬 시장에 대한 이해가 쉬울 것이다. 그리고 이 3각 구도의 변화과정을 이해하면 어떤 시장이든지 해당 시장에 대한 본질을 명확히 이해할 수 있을 것이다. 예컨대 동영상 콘텐츠 시장을 '제작-유통-소비'라는 메커니즘으로 설명하는 방식도 이와 맥을 같이한다. 모든 재화의 거래는 수요와 공급의 원칙에 따라 보이지 않는 손이 작동하는 것이지 않은가?

플랫폼 = '점-선-장' 메커니즘

사람이 사는 곳에는 상품이 거래되는 시장이 형성된다. 더욱 많은 사람이 모일수록 더욱 큰 시장이 만들어진다. 새로운 도구와 기기가 등장하면 이에 따른 새로운 시장이 형성된다. 마차는 자동차로 대체되었고, 자동차는 전기 자동차로 바뀌는 중이다. 마차의 시장이 있고, 자동차의 시장이 있고, 전기 자동차의 시장이 있는 것이다. 단지 해당 도구와 기기만의 시장이 아니라 그 주변에 이를 지원하는 또 다른 시장이 있기도 하다. 인터넷이 처음 등장했을 때에도 사람들은 단순히 편리한 도구라는 것을 떠나 새로운 비즈니스 기회가 없을까 하며 수익모델을 연구했다. 당시 인터넷 비즈니스의 원리를 3C(Contents, Community, Commerce) 두문자로 개념화해 설명하기도 했다. 쉽게 말해 좋은 콘텐츠(Contents)가 있으면, 콘텐츠를 중심으로 커뮤니티(Community)가 형성되고, 커뮤니티 내에서 자연스럽게 상거래(Commerce)가 일어난다. 한편 상거래는 다시 콘텐츠와 커뮤니티를 강화하는 요소로 작용한다는 메커니즘이다. 이런 메커니즘은 지금도 유효하다. 최근에는 클라우드 기반의 공유경제가 화두가 되면서 3C에다 지원 인프라 관점에서 또 하나의 C[Cloud Computing(클라우드 컴퓨팅)]를 추가하기도 한다.

스마트폰이 등장했다. 인터넷에 마우스로 클릭해 접속하는 단계를 뛰어넘어 스마트폰 앱을 터치해 모든 것이 가능해지는 터치 경제가 되었다. 이를 설명하기 위해 새로운 개념이 등장했다. 4차 산업혁명이라고 한다. 플랫폼 경제라고 한다. 우리의 일상의 많은 활동이 플랫폼을 통해 이루어지고 있다. 배달음식을 시켜 먹고, 택시를 이용하고, 호텔 등 숙박업소를 이용하는 모든 과정을 모바일 앱(플랫폼)으로 간편하고 빠르게 이용할 수 있다. 플랫폼은 오래전에 등장한 용어인데, 최근의 상황을 설명하기 위해 다시 차용되었다. 플랫폼을 비즈니스 관점에서 접목해 활용한 것은 1920년대 미국의 거대 자동차 기업 GM(General Motors)이 최초라고 한다. 자동차 산업에서 플랫폼은 '다양한 제품이나 서비스를 만들기 위해서 사용하는 토대'라고 정의한다. 자동차는 표준화한 플랫폼 위에 몸체를 올리고 엔진과 바퀴를 장착하는 것이다. 자동차의 플랫폼 정의는 우리가 플랫폼 하면 머리에 떠올리는 플랫폼 정의와 약간 다른 것으로 느껴진다. 자동차의 플랫폼 개념이 확대되어 시장의 관점으로 접목된 것이 우리가 알고 있는 플랫폼이라고 이해하면 된다.

플랫폼은 시장을 만들고 계속 운영될 수 있도록 유지하는 데 조성자(Market Maker)의 역할이 특별히 중요한 시장을 말한다. 프랑스 샹파뉴(Champagne) 지방에서 정기시장의 역할을 하던 박람회들이 플랫폼의 원형적 모습이라고 한다. 통상 경제학에서 시장은 자생적으로 만들어진다고 하는 것과 달리 **시장 조성자의 역할**이 필요하다는 것이다. 이런 의미에서 신용카드도 플랫폼이고, 페이스북도 플랫폼이고, 아이폰도 플랫폼이다. 카드 가입자와 가맹점을 불러 모으는 신용카드, SNS 이용자와 광고주가 연결되는 페이스북, 사용자와 앱 설계자들이 공생하는 아이폰. 양면시장(Two Sided Market)이다. 나아가 다면 시장(Multi-Sided Market)이다(피스먼·설리번, 2020: 205~215).

플랫폼 경제로 바뀌었다고는 하지만 시장을 구성하는 3요소는 변하지 않는다. 플랫폼이란 시장이 다른 형태로 변화한 것일 뿐이다. 하나의 플랫폼이 만들어지는 과정 역시 시장이 형성되는 과정과 유사하다. 거래란 한 개인이 또 다른 개인과 서로 만날 장소와 시간 등을 정해서 특정 장소에서 만나는 과정으로부터 출발한다. 특정한 장소가 대표성을 띠게 되어 여러 사람이 그 장소에서 거래한다면 말 그대로 시장의 양태를 갖추게 되는 것이다. 이러다가 특정한 날짜를 정해 정기적으로 모이게 되면 (이른바 장날이라고 부르는) 정기시장이 만들어지고, 규모가 더욱 커져 매일 같이 열리는 것이 상설(常設)시장이다. 따라서 시장이 형성되는 과정, 나아가 시장 조성자에 의한 플랫폼이 형성되는 과정을 도식화하면 '점(點) - 선(線) - 장(場)' 메커니즘으로 설명할 수 있다. 각 개인을 하나의 점이라고 한다면, 구체적인 특정 장소에서 만나자는 연락이 네트워킹으로서의 선이다. 이후 만나기로 한 날 모여서 실제 거래가 이루어지면 하나의 장(시장)이 형성되었다고 할 수 있다. 일대일의 거래가 아니고 다대다의 거래가 이루어지는 곳으로 확대된다면 장의 크기는 보다 커질 것이다. 이처럼 플랫폼이란 어떤 새로운 현상이 아니고 우리 일상에서 쉽게 접하는 시장과 유사한 것이고, 누군가 그 장터를 인위적으로 만들고 유지하는 것이다. 그 과정은 '점 - 선 - 장' 메커니즘으로 설명할 수 있다.

공중전화 부스의 새로운 변신사례를 통해 '점 - 선 - 장' 메커니즘을 설명하도록 하겠다. 공중전화는 1998년 최고 전성기 시절에 전국에 약 15만 대 이상 위치했다. 1997년도 영화 〈접속〉에서 전도연이 PC통신을 통해 알게 된 남자(한석규)를 카페에서 만나기로 하고 기다리다가, 바로 뒤에 한석규를 두고서 공중전화로 메시지를 남기는 장면은 너무나 애틋하고 아름답다. 미국 록 그룹의 노래 〈Pale Blue Eyes〉와 함께. 이와 같은 아날로그적 감성은 지금은 찾아보기 어렵다. 어쨌든 1998년에 정점을 찍은 공중전화는 휴대폰의 확산에 따라 점차 사라지는 추세이고, 현재는 3만 대 미만으로 남아 있다. 2022년 하반기 공중전화를 보편적 역무에서 제외한다는 기사(≪디지털투데이≫, 2022년 10월 27일 자)도 있었지만 쉽지 않은 일이다. 공중전화가 보편적 서비스(Universal Service) 역무에서 제외되면 운영 사업자인 KT로서도 공중전화 사업을 운영할 이유가 없어 사업을 철수할 것이다. 공중전화가 사라지면 휴대폰이 없는 계층이나 재난 시(예: 2018년 아현국사 화재 등)에 통신수단이 없어 시민의 불편이 훨씬 커질 수밖에 없다. 즉, 휴대폰이 없을 경우를 대비한 필수재의 성격이 여전히 있는 것이다. 보편적 역무가 유지된다면 전국 3만 5000개의 우편 구역을 기준으로 필요한 적정 규모를 남기는 것을 최소한으로 한 점진적 축소방안이 유력하다.

공중전화 부스는 그 위치가 가지고 있는 **장소성**이 매우 의미 있는 공간이다. 먼저 내가 언제 찾아가더라도 항상 그 자리에 있다. **고정성**이다. 공중전화 부스는 눈에 잘 띄지 않아 다 사라진 것처럼 보이지만 현재 내가 있는 위치에서 걸어서 최장 15분 거리 내에 있다. 한마디로 **접근성**이 좋다. 전국 우편 구역을 3만 5000개로 획정할 때에도 기준은 30분이었고, 그 가운데 한 곳에는 공중전화가 있으니 최장 15분이다. 마지막으로 보편 서비스 특성상 전국 골고루 산재 되어 있다. **분포성**이다. 고정성과 접근성과 분포성. 이 세 가지가 공중전화 부스가 가지고 있는 장소성의 특질이고, 이것을 운영하는 사업자가 시장 조성자로서 역할을 한다고 할 것이다. 우리 주변에 이러한 특질을 가진 곳은 편의점 정도 외에는 찾아보기 어렵다.

공중전화 부스가 위치한 장소를 **하나의 점**(Node)이라고 한다면, 각 점과 점은 통신 네트워크로 연결될 수 있다는 점에서 **하나의 선**(Link)으로 이해할 수 있다. 지금은 전화 교환망과 연결되어 있어 일대일의 연결이지만, 인터넷 회선과 접속된다면 일대다 또는 다대다의 구조로 연결될 수 있다. 인터넷 특유의 개방성과 수용성을 고려한다면 새로운 서비스 기반이 되어 이제껏 없던 비즈니스를 만들어 낼 수 있다. **시장**(플랫폼)이다. Node가 있고, Node와 Node 간을 인터넷으로 Link하고 나면 새로운 플랫폼이 만들어지는 것이다. 공중전화와 인터넷 기능이 함께 있는 키오스크로 바꾸면서 키오스크 오픈 API(Application Programming Interface)를 공개하고, 가상현실(VR: Virtual Reality)·증강현실(AR: Augmented Reality) 및 이 둘을 합한 혼합현실(MR: Mixed Reality) 등 메타버스(Metaverse) 콘텐츠를 제작해 제공한다면 다양한 형태의 국민 편익 서비스를 만들 수 있을 것이다. 관광지의 유물·유적 안내 및 전설·일화 소개, 전통시장 상가 안내, 상점별 판매품목의 원산지 확인, 지역 상권 내 맛집 등 정보 안내, 음성인식 기반 길 안내, 버스

노선 안내 등 상상력이 뒷받침되는 한 어떤 것도 수용할 수 있을 것이다. 물론 네트워크를 인터넷으로 바꿔야 해서 투자비 부담이 이슈다. 게다가 수익모델을 구체화해야 지속 가능한 사업모델로 발전시켜 나갈 수 있다.

전국에 있는 공중전화를 총괄 운영하는 KT링커스에서는 투자비 부담 이슈를 해소하고 '점-선-장' 모델을 실현하기 위해 우선 **'부스 공간의 자산화 모델'**을 추진하고 있다. 공중전화 부스 유휴공간을 자산화해 투자를 유치하고, 사업 제휴를 통한 공간 임대료 모델이다. 〈그림 3-7-1〉의 왼쪽 사진은 **'우리 동네 방역 부스'**로 지자체와 협력 모델이다. 퇴근하기 전 아파트 단지 내 또는 집 주변에 있는 공중전화 겸 방역 부스에 가서 버튼을 누르면 미세먼지 제거 및 살균·탈취 기능이 있는 광촉매 에어 샤워(Air Shower)가 가능하다. 오른쪽 사진은 **'전기 오토바이 교환형 배터리 충전 부스'**다. 전기 오토바이는 휴대폰처럼 커넥터로 배터리를 충전하는 방식(커넥터 충전방식)과 오토바이에 장착하고 있다가 배터리를 교환하는 방식(배터리 교환방식) 두 가지가 있다. 현재 전기 오토바이 활성화가 매우 더디게 진행되고 있는

〈그림 3-7-1〉 (좌) 우리 동네 방역 부스와 (우) 전기 오토바이 배터리 충전 부스

데, 가장 큰 원인은 커넥터 충전방식에 있다. 현재 방식으로는 한 번 충전하기 위해서는 충전시간이 최소한 3~4시간 정도다. 배터리 교환방식은 오토바이에 장착된 배터리와 충전 부스에 이미 충전된 배터리와 교환하면 끝이니 30초~1분 정도다. 따라서 배터리 교환방식이 훨씬 좋다. 다만, 그간 이 방식은 배터리를 어디에서 교환할 수 있는가의 문제를 안고 있었는데, 공중전화 부스가 위치한 장소는 여기에 정확하게 부합한다. 배터리 교환형 전기 오토바이가 많이 보급된다면 소음과 공해로부터 해방될 수 있으니 금상첨화일 것이다.

KT링커스의 '점-선-장' 모델이 성공한다면 플랫폼이 만들어지는 메커니즘에 정확하게 들어맞는 사례가 될 것이다. 1단계인 '부스 공간의 자산화 모델'로도 전기 오토바이를 만들고 충전 부스를 설치하고자 하는 사업자와 전기 오토바이를 구매해 이용하는 이용자가 공중전화 부스를 매개로 연결된다. 2단계는 '키오스크를 통한 공중전화 IP화 모델'인데 공중전화가 인터넷 기반 키오스크로 전환되기 때문에 더 많은 사업자와 이용자가 연결된다. 3단계는 궁극적인 형태로 '공중전화 거점(Post)의 플랫폼화 모델'로 공중전화가 대로변 비대면 무인점포(준편의점)가 되는 것이다. 사업자와 이용자가 최고조로 연결된다. 공중전화 부스가 있는 장소가 매우 재미있는 공간으로 탈바꿈되고, 넷플릭스 영화 〈20세기 소녀〉에서 그리는 공중전화의 영광이 다시 찾아올지도 모를 일이다. 역사는 돌고 도는 것이기도 하니까.

한국 미디어 시장을 이해하는 세 가지 코드:
멀티, 번들링, 온 디맨드

시장을 어떻게 정의하고 이해하든 '**사업자-상품-이용자**'라는 3개의 핵심 주체는 변함이 없다. 한국 미디어 시장을 이해할 때에도 이 3개의 주체로부터 출발해야 한다. 이 3개의 주체가 어떠한 경향성을 가지고 동적 변화를 꾀해 왔는지를 살펴보면 한국 미디어 시장을 이해할 수 있을 것이다.

그렇다고 하나하나 모든 것을 살펴보는 것은 너무나 벅차고 힘든 일이다. 게다가 방대한 내용을 모두 기술한다 한들 이해하는 것은 더욱 어려운 일일 것이다. 따라서 '사업자-상품-이용자'라는 3개 주체의 동학(動學, Dynamics)을 이해할 수 있는 핵심 키워드에 집중하고자 한다. 이것을 '**한국 미디어 시장을 이해하는 세 가지 코드**'라고 명명했다. 즉, **사업자 측면에서는 '멀티', 상품 측면에서는 '번들링', 이용자 측면에서는 '온 디맨드(on-demand)'**가 그것이다.

사업자는 정부의 규제와 진흥 정책 사이에서 최선의 결정을 한다는 기본 속성이 있다. 궁극적인 방향성은 치열한 경쟁에서의 승리다. 승리는 아니더라도 생존은 절대적이다. 효율성과 효과성은 이를 위해 항상 고려해야 하는 공리(公理, axiom)와도 같은 것이다. 규모를 키우는 것은 가장 쉽게 고려할 수 있는 대안 중 하나다. 덩치가 커야 힘에서 밀리지 않는다. 미디어 시장에서 규모의 문제는 구조적으로 멀티 플랫폼의 형태로 나타난다. 극장에서는 스크린 수를 멀티로 가져간다. 방송사는 또 다른 채널을 만들어서 한 번 만들어진 콘텐츠를 재송출하고, 신문사는 방송시장에 진출해 하나의 뉴스를 각각의 특성에 맞게 가공한다. 케이블 TV 사업자는 지역 권역의 제한을 뛰어넘어 전국사업자를 지향하고, IPTV 사업자나 위성방송 사업자 또한 다른 영역에 진출한다. 하나 더하기 하나는 둘이 아니라 셋이고 넷이 될 것으로 생각한다. 범위의 경제와 규모의 경제가 있다고 생각하기 때문이다. 과연 그럴까 하는 생각이 들면서도 외형적으로는 범위의 경제와 규모의 경제가 있는 것으로 보이기도 한다. 당연히 멀티를 지향할 수밖에 없다. 궁극적으로는 이 모든 것이 다 생존과 경쟁을 위한 몸부림이다. **모든 것이 멀티다.**

상품은 분명 사업자가 제공하는 것이지만 이용자 욕구와의 변증법적 타협의 결과의 소산일 것이다. 사업자와 이용자 간 긴장과 균형의 결과다. 사업자 간 경쟁에서 밀려도 문제지만 이용자의 욕구를 충족시키지 못하는 것은 더 큰 문제다. 그래서 상품은 경쟁상대와 차별화를 지향하지만 궁극적으로 유사한 방향으로 몰려간다. 이용자의 욕구를 충족하기 위한 선택으로 포장한다. 하지만 한 번 형성된 방향은 관성으로 작용해 계속 더욱 강화된다. 차별화는 갈수록 평준화로 몰린다. 미디어 시장에서의 상품 특성은 번들링이다. 역사성이 있다. 케이블 TV 사업자가 자신의 네트워크의 효율성을 최대화하는 과정에서 케이블 방송에 인터넷을 번들링했다. 한 번 번들링 시장이 형성되자 다른 사업자군에서도 다 번들링을 지향한다. 케이블 TV에 인터넷 시장을 잠식당하던 통신사업자는 IPTV 사업을 하게 되면서는 트리플 플레이 서비스(TPS: Triple Play Service)(예: 전화+인터넷+IPTV) 상품으로 역습했다. 심지어 모바일까지 결합하는 QPS 상품도 있다. 콘텐츠 판매 또한 출발부터 번들링이었다. 콘텐츠 하나하나 가격을 매겨 낱개로 판다는 것은 번거로운 일이다. 당연히 잘 팔리는 콘텐츠에 안 팔리는 것을 묶어서 판다. **모든 것이 번들링이다.**

통신은 멀리 있는 사람과 대화하고 싶은 욕구의 실현이다. 먼저 누군가와 대화를 하고 싶은 사람이 있다. 그리고 대화하고 싶은 그 누군가 상대방에게 전화를 건다. 서로 연결된다. 온 콜(on-call)이다. 이처럼 전화의, 그리고 통신의 기본적인 속성이 주문형이다. 모바일 세상이 되었다. 스마트폰으로 대표되는, 구체적으로 스마트폰 앱으로 자기가 하고 싶은 모든 것을 하는 시대가 되었다. 온 디맨드의 세상이다. 내가 원하는 어떤 것이든 다 불러올 수 있다. 전화로 불러오는 것이 통화하고 싶은 사람이라면, 이제는 모든 사물을 다 불러올 수 있다. 미디어 세상에서 방송은 열심히 일한다. 하지만 사람이 받아 보는지는 모른다. 대신 거꾸로 사람이 끌어당긴다. 내가 보고 싶은, 알고 싶은, 갖고 싶은 콘텐츠를 찾는다. 전형적인 통신의 메커니즘이다. IPTV가 성장할 수밖에 없었던 이유도 여기에 있다. 내가 주인공이 되었기 때문이다. 모바일 OTT가 강력할 수밖에 없는 이유도 여기에 있다. **모바일은 언제 어디서든 나를 주인공으로 만들기 때문이다. 방송이 아니라 협송의 세상이다. 광고가 아니라 협고(狹告)의 시대다. 타깃팅이다. 개인 맞춤형이다. 콘텐츠도 오픈형으로 바뀌어야 할지 모른다. 모든 것이 온 디맨드다.**

_제8장

멀티 (플랫폼)

기업의 존재 이유 = 생존

기업의 존재 이유 또는 목적에 대해 싱가포르 국립대학교 신장섭 교수는 『기업이란 무엇인가』라는 책에서 기존의 통념을 배격한다. 우선 경제학에서 '기업은 이윤 극대화를 추구하는 존재'라고 상정하는데, 이는 단순히 분석 단순화를 위한 가정이라는 것이다. 이러한 가정에 입각한 모델이 거의 모든 대학에서 교과서로 오래 사용되다 보니 가정이 마치 사실인 듯 받아들여진 것이라는 말이다. 그리고 마치 커다란 조류의 대립인 양 거론되는 '주주가치론'과 '이해관계자론' 모두를 비판한다. 주주 가치론은 '대리인 이론'이나 '주주가치 극대화론'이라는 이름으로 섞여서 쓰이는데, 골자는 주주의 이익 또는 가치를 최대화하기 위해 기업이 존재한다는 것이다.

반면 이해관계자론은 기업이 '이해관계자'들을 포함하는 사회적 가치를 추구해야 한다는 시각이다. 하지만 주주 가치론은 금융투자자들이 만든 허구에 불과하고, 이해관계자론은 사회주의 아니면 '이현령비현령(耳懸鈴鼻懸鈴)' 기업 목적론이라는 것이다. 주주 가치론의 경우 주주들은 자신의 소유권을 법인에 넘기는 대신 주식이라는 증권을 받아 법적 위험으로부터 보호를 받고 있는데, 주주가 보호는 받으면서 소유권까지 주장하는 것은 '주식의 주인이 기업의 주인으로 신분을 세탁하는 것'에 다름 아니라는 것이다. 이해관계자론의 경우 기업이 이해관계자와의 관계를 잘 관리하고 요구에 잘 대응해야 한다는 관점인데, 이것이 이해관계자를 위해 존재해야 하는 것으로 오도되고 있으며, 이로 인해 외부인이 독립된 실체인 기업의 사적 영역을 침범하는 결과를 가져온다는 것이다. 대신에 그는 '여덟 가지 기업 명제'를 제시하면서 기업의 있는 그대로의 실체에 주목한다. 이 여덟 가지 명제에 주주 가치론이나 이해관계자론에서 주장의 논거로 삼고 있는 가치를 다 담을 수 있다.[1]

8대 명제 중 '기업 명제 3: 기업은 영속을 추구한다', '기업 명제 4: 기업의 존재 이유는 값싸고 질 좋은 제품·서비스를 지속 창출하는 것이다'에 주목해야 한다. 기업은 영속을 추구하는 것이니 살아남아야 하고, 살아남아야 질 좋은 제품·서비스를 지속 창출할 수 있다는 것이다. 한마디로 기업의 목적은 생존이라고 할 것이다. 이렇게 말하면 기업가의 창업정신에

---

[1] 기업의 목적론에 관해서는 신장섭(2020: 119~185) 참조. 이 책에서 주장하는 기업의 8대 명제는 다음과 같다. ① 주주는 주식의 주인일 뿐이다. 기업의 주인은 기업 자신이다. ② 법인이 만들어지는 순간 기업의 소유와 통제는 근원적으로 분리된다. ③ 기업은 영속을 추구한다. ④ 기업의 존재 이유는 값싸고 질 좋은 제품·서비스를 지속 창출하는 것이다. ⑤ 비즈니스그룹은 법인 간 자산분할을 통해 확장한다. 다국적 기업도 마찬가지다. ⑥ 기업은 적법한 범위에서 자유롭게 가치를 추구한다. ⑦ 좋은 경영성과를 내는 지배구조가 좋은 기업지배구조다. ⑧ 기업통제의 기본 원칙은 권리와 책임의 상응이다.

따르는 해당 기업의 존재 이유, 즉 미션을 지나치게 폄훼하는 것이라고 볼 수 있다. 하지만 해당 기업의 미션도 일단 살아남고 봐야 실현 가능할 것이다. 새로 설립되었다가 얼마 가지 않아 사업을 접는 기업이 한 해에도 얼마나 많은가? 우선은 살아남아야 소망하는 미션도 달성할 수 있다.

기업은 이처럼 사회적·국가적으로 엄연한 하나의 실체로서 영속성(지속 가능성)이 생명이다. 회계 분야에서도 항상 '영속 기업(Going Concern)'을 가정한다. 따라서 기업은 '공동의 목표와 질서 아래 조직화된 사람들의 집단'일 뿐 아니라 신장섭 교수의 의견처럼 '장기번영공동체'다. 한 기업이 망한다는 것은 그 기업의 서비스를 안정적으로 이용하던 고객뿐 아니라 기업에 딸린 종업원, 협력사 등 그 기업을 둘러싼 하나의 생태계가 파괴되는 것이다. 이에 따른 사회적 폐해는 말할 나위 없다. 기업을 망하지 않게 하는 사회적 책임은 기업가의 몫이고 몫이어야 한다. 무엇보다 고객이 있는 기업은 그만큼 사회적 책임이 따른다. 따라서 **기업 제1의 목적, 즉 존재 이유는 생존이다.**[2]

사업자의 선택: 규제와 진흥 사이

기업의 생존이 제1과제이기 때문에 기업은 그 자체로서는 최대의 효율

---

[2] 드러커 역시 기업의 첫 번째 의무로 생존을 꼽는다. 기업은 이익 최대화가 아니라 손실의 회피를 중시해야 하며, 손실에 따른 위험보상을 가능하게 해 주는 원천은 오직 이익뿐이라고 한다. 또한 사업의 목적도 정의했다. 그는 사업이 무엇인지를 결정하는 것은 고객이기 때문에 사업의 유일한 목적은 '고객을 창조하는 것'이고, 고객 창조를 위해서는 '마케팅'과 '혁신'이라는 두 가지 기능만이 있다고 말한다. 혁신적인 기업가(entrepreneurial)의 기능이라는 것이다. 특히 마케팅은 다른 어떤 조직에도 없는 기업만이 가지고 있는 독특한 기능이라는 점을 강조했다는 점이 두드러진다(드러커, 2006a: 59~79).

과 최선의 효과를 도모하게 된다. 하지만 이는 기업 그 자체의 문제일 뿐이다. 주어진 환경이라는 변수가 있다. 통상 이러한 외부 환경을 일컬어 PEST, 즉 정치적(Political)·경제적(Economical)·사회적(Social)·기술적(Technical) 환경이라고 한다. 기업과 환경과의 대응 관계를 경영학에서는 상황 이론(Contingency Theory)으로 설명한다. 주어진 상황을 둘러싼 환경으로 보고 이에 대응해 나간다는 것이다. 따라서 기업을 운영하는 사업자는 다른 무엇보다도 정치적 환경인 정부 규제의 울타리와 산업 진흥 및 촉진의 수혜 속에서 항상 최적 선택을 해야 한다. 법에서 허용하는 범위에서는 어떠한 형태로든 자신의 사업영역은 늘리고, 정부의 지원책은 어떻게든 확보하려고 한다. 기업이 대관(對官)부서를 만들어 자기 기업에 대한 우호적인 여론을 형성하고 유리한 방향으로 정책제안을 하는 것은 다 이런 이유에서다.

기업은 나아가 경제적·사회적·기술적 환경을 고려하면서 경쟁 대응에서 승리하고자 한다. 무엇보다 1위 사업자로 올라서고 싶은 욕망으로 가득 차 있다. 시장에서 1위 사업자 지위는 매우 매력적이기 때문이다. 코미디에서도 '1등만 기억하는 더러운 세상'이라고 풍자하지 않았는가? 정글에 사는 고릴라 무리 중 몸무게가 180kg인 대장 고릴라는 아무 곳에서나 잔다고 하지 않는가? 기업의 브랜딩 가치가 높아지면 소비자에게 쉽게 각인되기 때문에 더 지위가 강화되는 상승효과가 있다. 전체 기업가치의 상승은 전통적인 주주 가치론의 입장에서 '시세 차익+배당' 등 주주들에게 안정적인 수익을 보장해 줄 수도 있다. 이해관계자론 입장에서도 주주만이 아니라 소비자(고객), 지역사회, 직원, 노조 등 이해관계자 모두에게 이득을 안겨줄 수 있다. 대학생들의 입사 선호도가 높아져 양적·질적으로 우수한 인력을 채용하는 선순환 고리를 만들 수도 있다. 기업가에게 (하루하루 들여다보는) 숫자는 인격이고, 인생이다. 기업 내 직원도 마찬가지다. 그런데 무엇을 기준으로 1위를 결정하는가? 사업마다 천양지차일 것이나 주로 매출액, 영업이익, 가입자의 규모 등을 꼽는다. 선행지표로서 고객의 인식 정도(TOM: Top Of Mind, 최초상기도)나 순추천고객 지수(NPS: Net Promoter Score)[3]를 들여다보기도 한다.

미디어 기업에서도 사업자의 선택은 마찬가지다. 규제와 진흥 가운데에서 최적의 선택을 해야 한다. 미디어 기업에 대한 대표적 규제기관이 방통위라고 한다면 산업 진흥 정책의 대표 기관은 과학기술정보통신부다. 콘텐츠를 포함해 다루다 보니 문화체육관광부와 옥신각신하기도 한다. 방송 사업자는 공공의 이해와 밀접한 연관이 높아 방송 프로그램이나 방송 광고 심의 등 규제를 받는다. 한편으로는 산업 차원의 진흥 정책에 올라타기도 한다. 새로운 기술이 등장하면 이에 맞춰 새로운 사업권을 확보하려고 한다. 케이블 TV, 위성방송, IPTV 모두 이러한 과정을 거쳐 탄생했다. 종편 선정 시 방송시장 진입을 위해 그 많은 신문사가 참여하지 않았는가? 이처럼 미디어 기업은 규제와 진흥 사이에서 선택이 불가피하다. 한편으로는 나만은 규제에서 벗어나고 수혜의 대상이 되려고 하고, 또 한편으로는 상대방은 규제의 대상이 되고 진흥의 혜택에서는 빠지기를 은근히 기대한다. 당연한 이치다. 예컨대 유료방송시장의 경우 특정 한 사업자가 전체 유료방송 가입자의 3분의 1을 초과하지 못한다는 규정이 있었다. 이른바 합산규제다. 한시법으로 2018년 일몰되었으나 폐지가 지연되다가 2020년에 완전히 폐지되었다. 독과점 폐해의 방지, 유료방송의 다양성 추구 및 공공성 유지 등의 명분이 있지만 인위적인 규제의 측면이 강하다. 법이 시행되는 동안 케이블 TV 사업자가 회사를 매각할 시간을 벌어준 측면도 무시하지 못하기 때문이다. 합산규제가 일찍 폐지되었다면 2019년부터 IPTV

---

3 '추천의향'이라는 단 하나의 문장으로 고객 충성 정도를 측정하는 방법. 추천의향 문항을 11점 척도로 추천고객 비율에서 비추천고객 비율을 빼서 산출한다. 높을수록 반복구매와 다른 사람에 대한 추천을 많이 할 것으로 추정한다.

및 위성방송 사업자의 케이블 TV(SO) M&A 과정에서 인수가격 협상에 상당히 큰 변수가 되었을 것이다. 합산규제 취지와 달리 독과점은 오히려 더 강화되었다. 유료방송시장은 이제 IPTV 3사 경쟁으로 고착화되고 있기 때문이다.

1위 사업자가 된다는 것

안데르센(Andersen)의 동화 『미운 오리 새끼』는 다들 어릴 때 한 번쯤 읽어보셨을 겁니다. 자신을 미운 오리라고 생각해 집에서 뛰쳐나와 떠돌다가 커 가면서 오리보다 훨씬 크고 아름다운 백조였다는 사실을 알게 된다는 줄거리지요. 지금은 어렵고 힘들지만 험난한 과정을 다 겪고 나면 자신이 백조일 수도 있으니 현재를 버티고 이겨내자는 교훈이 있는 동화입니다. 이 동화에서 눈에 띄는 대목은 자신이 오리라고 인식하는 과정입니다. 다른 오리 알들과 함께 깨어났고, 깨어나서 처음으로 본 것이 오리이니 자신을 오리라고 생각하는 것은 당연하겠지요. 이를 '각인(Imprinting) 효과'라고 부릅니다. 1973년 노벨상을 탄 오스트리아 학자 콘라트 로렌츠(Konrad Lorenz)는 인공부화로 갓 태어난 새끼 오리들이 태어나는 순간 처음 본 움직인 대상, 즉 사람인 자신을 마치 어미 오리인 것처럼 졸졸 따라다니는 것을 발견했습니다. 안데르센의 미운 오리처럼 말입니다. 그는 이러한 행동을 각인이라고 이름 붙였습니다(네이버 지식백과). 유사한 개념으로 '초두효과(Primary Effect)'가 있습니다. 처음으로 제시된 정보나 인상이 나중에 제시된 정보보다 기억에 더 크게 영향을 끼치는 현상을 말합니다. 실제 처음 경험하는 일은 항상 소중하고 오래 기억되지요. 류승룡, 염정아 배우 주연의 영화, 〈인생은 아름다워〉에서 염정아가 암에 걸려 죽기 전에 첫사랑을 찾아 길을 떠나는 것처럼 말입니다. 회사에서도 처음 만나는 상사, 동료 등에 대한 기억은 평생 선명하게 남아 있습니다. 처음 만나는 대상이나 경험에 대한 인식은 강렬해서 머리에 확실하게 각인되기 때문이리라 생각합니다. '각인효과'와 '초두효과'의 결합입니다.

1위 사업자가 된다는 것 또한 이와 비슷합니다. 한 번 1위 사업자가 되면 머리에 각인되어 사람들 머리에 오래 남아 있습니다. 가전은 LG, 건설은 현대, 반도체는 삼성입니다. '각인효과'와 '초두효과'가 있기 때문입니다. 그래서 시장을 자꾸 세분화합니다. 세분된 시장에서는 우리가 1위라고 자꾸 홍보해야 소비자에게 각인시킬 수 있다고 생각하기 때문입니다. 자동차 시장에서 '우리 것이 가장 잘 팔립니다'라고 같은 의미의 내용으로 광고하지만, 토요타(Toyota)의 캠리(Camry)는 대중차 시장, 닷지(Dodge)의 캐러밴(Caravan)은 미니밴 시장에서 1위입니다(잭트라우트·스티브리스킨, 2012: 176). 전체 자동차 시장이 아니라 특정 분야에서는 1위라는 것을 강조하는 것이지요.

2009년 6월 1일 KT와 KTF가 합병했습니다. 유선 1위, 무선 2위 사업자가 합병해 통합 1위인 통신사업자가 탄생한 것입니다. 그런데 당시 언론 등에서는 KT를 SKT에 이어 2위 사업자로 보도했습니다. 유선만 가지고도 원래 1위였는데 무선 2위까지 흡수했으니 당연히 1위로 보도되어야 함에도, 대개의 언론은 KT를 2위로 표현하곤 했습니다. 유선이 없으면 휴대폰도 없는 것인데도 휴대폰만을 기준으로 한 평가를 반영한 것입니다. 통신 3사가 사실상 유무선 통합된 회사로 재편되어 있는 지금에도 이러한 경향은 계속 나타납니다. 유무선 전체를 통합하면 당연히 KT를 먼저 보도해야 함에도 말입니다. KT가 시장에서 확실하게 1위 사업자라는 점을 각인시키지 못한 결과입니다. 거꾸로 SKT가 영리하게 포지셔닝한 결과일지도 모릅니다. 지금이라도 바로 잡아야 할 것입니다.

기업의 생존 방정식 또는 생존 부등식

2022년 8월 타계하신 교세라(KYOCERA) 명예회장 이나모리 가즈오(稻盛和夫)는 기업의 생존과정을 아주 단순하지만 명확하게 설명한다.

이나모리 가즈오의 생존 방정식 = "매출은 최대로! 경비는 최소로!"

그는 창업 당시 경영에 대한 지식이 없어 당시 경리부장을 통해 몇 번이고 질문하면서 회계를 이해하려고 노력했다고 한다. 서로 질문을 주고받으면서 '매출은 최대, 경비는 최소'라고 하는 것이 경영의 중요원칙이라는 것을 깨달았다. 매출에서 비용을 뺀 것이 이익이므로 '경영의 기본은 이익 남기기'이며 이는 가계부 쓰는 것과 같다. 교세라를 창업해 60여 년 이상 고수익 경영의 비밀은 이처럼 간단한 원칙을 지속 견지해 왔다는 사실에 있다(이나모리 가즈오, 2010: 39~50).

가즈오가 기업 운영 관점에서 생존 방정식을 쉽게 정리했다면 한국의 드러커라고 불리는 윤석철 교수는 사업 관점에서 생존 부등식을 항상 강조한다.

기업의 생존 부등식 = 제품의 가치(V) > 제품의 가격(P) > 제품의 비용(C) > 0

이 등식에 따르면 기업이 만든 제품(상품)은 소비자가 느끼는 가치(Value)가 가격(Price)보다 커야 경쟁력이 있다. 나아가 가격(P)은 비용(Cost)보다 커야 당연히 기업의 생존을 담보할 수 있다. 이를 다시 표현하면 가치(V)-가격(P) > 0, 가격(P)-비용(C) > 0→가치(V) > 가격(P) > 비용(C) > 0이 된다.

이 또한 가즈오의 생존 방정식만큼이나 이해하기 쉽다. 제품의 가치는 고객의 주관적인 판단이라 측정하기는 어렵다. 실제 판매 규모 또는 시장에서의 고객들의 긍정적인 VOC 등을 보고 간접적으로 확인할 수 있을 뿐이다. 가격과 비용은 해당 기업에서 통제할 수 있다. 하지만 가격은 시장 경쟁상황이나 고객의 지불 능력 한계 등에 의해 좌우된다. 통제가 쉽지 않다. 기업에서 확실히 통제 가능한 부분은 비용(또는 원가)이다. 비용을 효과적·효율적으로 집행하는 것이 기본이다. 불필요한 낭비(Waste)를 줄이고 제대로 된 일(Work)을 해야 한다. 헛되이 지출하는 비용을 효과적·효율적으로 통제할 수 있다면 어떠한 시장 상황 및 경쟁환경에서도 승리할 수 있다.

윤 교수님은 **V-P > 0의 개념은 '노자의 허(虛, Emptiness)'의 개념과 일치**

한다고 말씀하신다. 노자는 그릇이 가득 차면 반드시 넘치기(盈必溢也) 때문에 더는 그릇 노릇을 하지 못하고, 그릇에 더 채울 수 있는 여유가 있다면 그 여유를 '허(虛)'라고 했다. '허'는 조직 사회에서도 좀 더 큰일을 할 수 있는 능력이라고 하기도 한다. 이 능력을 인정받으면 더욱 높은 자리로 승진한다. 허를 유지하기 위해 노력하는 것을 겸허(謙虛, Modesty)라고 부르는 이유도 이와 같다고 한다. 이익 최대화를 목적함수로 하는 경영은 최소한의 '허'도 이익으로 남겨 없애 버리는 경영이며, 생존 부등식, 즉 V-P > 0 만큼의 '허'를 유지하는 경영이야말로 가장 바람직하다는 것이 윤 교수님의 말씀이다(윤석철, 2011: 167~186). 이는 마쓰시타 고노스케(松下幸之助)의 '댐 경영'과 유사하다. 댐은 수용 능력에 여유가 있어도 태풍, 장마 등에 대비해 비어 있는(虛) 공간을 남겨 놓아야 비로소 유용한 역할을 할 수 있는 것처럼 경영도 이와 같다는 것이다. 가즈오가 고노스케의 강연에서 '댐 경영' 이야기를 듣고 경영의 원리를 깨우쳤다는 일화도 있다.

기업의 생존 부등식(라면 사례)

2000년대 중반 때의 일입니다. 회사의 모 부사장님이 주재하던 간담회가 있었고 저는 당시 부장으로 참석했습니다. 이때 통일벼와 ○○탕면 사례를 듣고 매우 감동했던 기억이 있습니다. 부사장님도 어떤 책에선가 보고 말씀하신 것이었겠지요. 주요 골자를 요약하면 다음과 같습니다. 1970년대 초반까지 쌀 자급률이 높지 않아 박정희 정부는 분식을 장려했고, 한편으로 이를 타개하기 위해 수확량이 높은 벼 품종 개발에 들어갔다고 합니다. 이때 '통일벼(IR667)'가 개발되었고, 이로 인해 쌀 자급률을 달성할 수 있었다고 하네요. 이에 시장점유율 30%로 만년 2위 사업자였던 N사는 크게 걱정하기 시작했다고 합니다. 쌀이 부족해 라면을 주식으로 삼기도 했었는데, 쌀 걱정이 없어졌으니 라면이 주식이 아닌 부식의 자리로 밀려날 것으로 생각했던 겁니다. 당연히 라면을 먹는 사람이 크게 줄어들겠지요. 한편 이는 당시 1위 사업자인 S사와는 완전히 다른 생각이었습니다. S사는 그리 큰 반응을 보이지 않았던 것이지요. N사는 연구 인력을 보강해 고품질의 라면을 만들기로 했다고 합니다. 라면을 어떻게 다시 주식으로 만들 것인가 고민한 겁니다. 결론적으로 라면을 다시 주식으로 만들기 위해서는 라면의 고급화가 필요하고, 이는 수프에 달려 있다는 것을 알게 됩니다. 잘 아시는 'ㅇㅇ탕면'입니다. 라면이 아니고 탕면이라는 이름이 눈에 띄지요. 이어 출시 이후 부동의 판매 1위인 S라면의 개발로까지 이어집니다.

부사장님의 사례를 듣고 난 몇 년 후 윤석철 교수님의 책 『삶의 정도』를 읽었는데 마침 이 사례가 나와 매우 반가웠습니다. 윤 교수님은 S라면 사례를 가지고 생존 부등식을 설명하고 있더군요. S라면 1개의 가치는 ① 한 끼의 식사 해결, ② 반찬과 설거지 걱정 최소화 외에도, ③ 한국인이 좋아하는 '얼큰하고 시원한 국물'입니다. 이는 1000원도 안 되는 가격보다 높고, 가격을 결정할 때 원가를 고려했을 것이니 당연히 생존 부등식을 충족했을 것입니다. 한편 라면의 발원지이기도 한 중국 라면을 한국에서 찾아보기 어려운 이유는 한마디로 한국 라면의 생존 부등식 $(V-P > 0)$이 충분히 크기 때문이라고 합니다(윤석철, 2011: 177~180).

규모의 경제, 범위의 경제

앞의 절에서 말한 것처럼 **사업자는 규제와 진흥의 사이에서 생존과 번영을 위해 취할 수 있는 최대한의 경쟁우위를 가지고자 한다.** 궁극적으로 얻고자 하는 것은 효과성이겠지만 기본이 되는 것이 효율성이다. 비용 효율적 경영을 위한 가장 대표적인 개념이 규모의 경제와 범위의 경제(Economy of Scale, Economy of Scope)다. 그 외 가능한 대안은 토요타처럼 끊임없는 프로세스 개선을 통한 낭비 제거를 하거나 의사결정을 최적화해 불필요한 비용이 발생하지 않도록 하는 것 정도다.

규모의 경제란 생산하는 규모가 커짐에 따라 추가적인 평균 생산단가가 낮아지는 것을 의미한다. 통신서비스 산업을 움직이는 구성원리다. 규모에 따라 오히려 평균 생산단가가 높아지면 규모의 불경제가 있다고 한다. 전술한 바와 같이 통신서비스는 초기 투자비가 엄청나게 많이 투입되지만, 이후 가입자가 증가할 때마다 추가적인 비용은 매우 적다. 그래서 가입자 경쟁이 불가피하다. 조금 더 잘 알려진 사례로 규모의 경제를 소개하면 이른바 포디즘(Fordism)이라고 불리는 미국 포드(Ford)의 T자형 모델 자동차 사례가 대표적이다. 포드의 T자형 모델은 1908~1927년에 1650만 대가 팔려세계에서 9번째로 많이 팔린 차라고 한다. 포드는 개발순서에 따라 알파벳 순서대로 이름을 붙였는데 20번째 개선 모델이라 T자형이다. 한 가지 모델을 대량생산함으로써 제조비를 크게 낮출 수 있었다. 심지어 차량 색상마저 검정 한 가지 색상으로 통일했다. 하지만 대량생산 시대를 개척함으로써 노동자가 노동으로부터 소외되기 시작하는 계기가 되기도 한다. 기계화에 따른 노동 소외 과정은 채플린의 영화 〈모던 타임스(Modern Times)〉에 잘 묘사되어 있다. 규모의 경제는 기업의 수평적 결합을 위한 인수·합병의 논거로도 많이 거론되곤 한다. 수평적 결합이 규모의 경제를 가져다준다는 사실은 19세기 미국의 유명한 철강왕 앤드루 카네기(Andrew Carnegie), 석유왕 존 록펠러(John Rockefeller), 철도왕 코르넬리우스 밴더빌트(Cornelius Vanderbilt), 금융왕 J. P. 모건(Morgan)의 사례가 잘 보여주고 있다.[4] 원재료 가공부터 생산까지 일관(一貫)한 수직계열화와 함께 해당 분야를 독점화하는 수평 계열화를 통한 규모의 경제를 철저하게 추구한 사례들이다. 초기 설비투자가 많이 투입되는 비즈니스의 경우 대부분 규모의

---

4   록펠러, 포드, 카네기 기업 스토리는 정혁준(2013) 참조.

경제 논리가 숨어 있다 할 것이다. 거의 모든 나라에서 통신서비스를 국영 기업으로 출발한 이유 또한 민간 기업에서는 그 많은 투자를 감당하기 어려워서다. 유독 미국만이 민간의 전통이 강하다. 전화를 만든 벨이 설립한 AT&T에 의한 통신, 에디슨이 설립한 민간회사 GE에 의한 전기 등 대부분이 민간 주도였다. 해가 지지 않는 나라 영국에 의한 '팍스 브리태니커(Pax Britannica)'를 밀어내고, 제1차 세계대전 이후 '팍스 아메리카나(Pax Americana)'를 이끈 미국의 힘일 것이다.

통신서비스 경우와 달리 **방송의 지배원리는 범위의 경제다. 한 기업이 여러 제품을 같이 생산할 경우 개별 기업이 한 종류의 제품만을 생산하는 경우보다 평균 생산비용이 적게 들 때 범위의 경제가 존재한다고 말한다.** 물론 여러 가지 상품을 동시에 생산하는 것이 반드시 이득만을 가져오지는 않는다. 조직이 커질수록 내부적으로 커뮤니케이션 비용이 증가하고, 의사결정도 더디게 진행되는 등 복잡성 비용이 있기 때문이다. 이런 복잡성 비용이 클 때는 반대로 범위의 불경제가 있다고 한다. 범위의 경제는 GM이 포드를 제치고 미국 자동차 기업 No.1이 되는 과정을 대표적 사례로 꼽을 수 있다. 소비자의 기호에 맞춘 다양한 제품을 생산하지만, 차체(이른바 플랫폼)는 공통이어서 비용 효율적이다. 자동차별로 사업부 조직을 만들고, 이를 본사의 투자수익률(ROI: Return On Investment) 관리를 통한 조정으로 전사적 관점의 이익관리를 한 것이다. 콘텐츠 비즈니스의 전통적인 원리 중 하나로 흔히 원 소스 멀티 유즈(OSMU: One Source Multi Use)를 많이 거론하는데, 이 또한 작동원리는 범위의 경제다. 하나의 소재를 다양한 매체로 확장해 사용할 수 있으므로 비용을 절감할 수 있다. 예컨대 영화의 경우 1차 창구(Window)인 극장만이 아니라 비디오/DVD, 케이블 TV, 텔레비전, 인터넷 영화, 캐릭터 등 다양한 형태의 2, 3차 창구로 확대된다.[5]

언뜻 규모의 경제와 범위의 경제는 같은 것처럼 들리기도 한다. 하지만 엄연히 다른 개념이다. 예를 들어 바이올린이나 첼로 같은 악기는 숙련된 기술자가 소규모로 생산하는 것이 경제적이다. 한 사람의 장인이 바이올린과 첼로를 동시에 만든다면 범위의 경제는 발생하지만, 수작업이기 때문에 구조적으로 규모의 경제는 발생하지 않는다. 재벌들의 문어발 확장은 전혀 관련 없는 업종들까지 무차별적으로 범위가 넓어진다는 점에서 범위의 경제와 무관하다(이준구, 2011: 86~91). 물론 약간의 시너지가 있을 수 있는 부분도 있을 것이다.

통신과 방송이 융합되면서 규모의 경제와 범위의 경제가 함께 나타나는 시장이 되었다. 하나의 방송회선을 통신 네트워크로 활용할 수 있고, 반대로 하나의 통신 회선에 방송을 실어 보내면서 범위의 경제를 기대할 수 있게 되었다. 한편으로는 콘텐츠가 디지털화되면서는 무한 복제가 가능하고, 한계 생산비용이 '0'에 가깝게 수렴하기 때문에 규모의 경제도 나타나게 되었다. 사업자가 멀티 플랫폼을 지향하게 되는 것 또한 범위의 경제와 규모의 경제 때문이다. 미디어 시장에 번들링 상품이 많은 것은 특히 범위의 경제 때문이다. 온 디맨드 세상에서 의미 있는 정도의 가입자 규모(Mass)를 확보하려고 노력하는 것은 규모의 경제를 추구하기 때문이다. 규제가 강한 미디어 시장에서 생존을 위한 선택의 결과, 현재의 시장 구도가 형성되었다고 할 것이다.

---

5   이를 창구효과(Window Effect)라고 한다. 하나의 영상제작물이 서로 유사한 미디어로 이동하면서 여러 단계에 걸쳐 부가가치를 창출해 내는 것을 말한다(김건, 2006: 16).

포드의 규모의 경제, GM의 범위의 경제

법고이지변 창신이능전(法古而知變 創新而能典)이라. 박지원의 『연암집』에 있는 글이라고 합니다. 옛것을 본받으면서 변화할 줄 알고, 새것을 만들어 법도에 그르치지 않는다는 말입니다. 줄이면 법고창신(法古創新)입니다. 익히 알고 있는 온고지신(溫故知新)이란 말보다 역동적이어서 세상의 흐름을 이해하고 설명하기에 훨씬 설득력이 있습니다. 이 글은 새로운 것을 만든다는 '창신'의 메시지가 중요하겠지만, '창신'도 '법고'의 틀 안이어야 하니 오히려 '법고'가 더욱 중요할 것이라는 생각도 하게 됩니다.

경영의 역사는 혁신의 역사입니다. 혁신의 역사는 실용의 역사이기도 합니다. 고객이든, 소비자든, 국민이든 일반 사람의 실제 생활에 필요해서 그들의 삶을 보다 나은 것으로 만들어가는 실용의 미덕이 중요합니다. 그래야 사람들이 선호하게 되고, 구매하게 되고, 돈을 지출할 것입니다. 회사로서는 매출이 발생하고 투입되는 비용만큼 차감해서 이익이 나는 구조가 되겠지요. 회사가 오래 생존하기 위해서는 당연히 실용에 충실해야 하고, 결국 이는 혁신으로 이어질 것입니다. 그러니 혁신의 역사는 실용의 역사입니다. 이는 다시 경영의 역사입니다.

혁신의 밑바탕에는 항상 경영 원리 또는 공리(Axiom)가 자리하고 있을 것입니다. 법고입니다. 하지만 경영에서 경영 원리 또는 공리라고 할 만한 것은 극히 드뭅니다. 경영이란 일상적인 문제해결 과정이지요. 즉, 문제의 우선순위와 근본적인 정도에 따라 하루하루 해결하는 과정이 경영입니다. 환경은 언제나 변하고, 변화된 환경은 회사에 새로운 문제 상황을 항상 초래하니 경영은 문제의 연속이지요. 문제가 항상 다르니 해법 또한 다를 것이고, 따라서 일률적으로 설명할 수 있는 것이 드문 것은 당연한 이치입니다. 모든 것을 공식과 함수로 설명하는 경제학과 확실히 다른 부분입니다. 그나마 효과성과 효율성의 원리 정도가 경영의 공리라 할 만합니다. 경영 목표를 정하고 이를 달성하는 과정이 효과성의 원리라 한다면, 이 과정을 최소의 투입으로 하는 것이 효율성의 원리라 하겠습니다. 효과성과 효율성은 언뜻 양립할 수 없다고 생각하기 쉽습니다만 항상 함께 생각해야 합니다.

혁신의 과정에도 항상 효율성의 원리가 스며들어 있습니다. 비용 효율적이어야 비즈니스가 성공할 수 있습니다. 비즈니스 모델을 설계할 때에도 흔히 매출 또는 수익 중심으로 생각하기 쉽지만, 실제는 비용구조를 어떻게 가져갈 것인지가 핵심입니다. 조그마한 구멍가게에서부터 커다란 대기업까지 모두 적용되는 것입니다. 경영 서적에서 언급하는 성공하는 회사 사례를 보면 대체로 비용구조를 어떻게 차별화했다는 내용이 거의 전부입니다. 사우스웨스트 항공(Southwest Airlines)이 대표적이지요. 똑같은 항공 운송업이지만, 대형 항공사와 달리 저가로 운행하기 위해 기내식도 제공하지 않고, 연료비가 적게 드는 비행기 기종 선택 등. 유머러스한 일화가 자주 언급되듯이 펀(Fun) 경영 사례로도 소개되고 있지만, 이는 CEO의 경영 스타일이 그렇다는 것이지, 이것이 성공비결의 하나라고까지 말하는 것은 비약입니다.

효율성의 원리를 설명하는 대표적인 개념이 규모의 경제와 범위의 경제입니다. 규모의 경제는 포드, 범위의 경제는 GM의 사례를 가지고 주로 설명합니다. 둘 다 자동차 회사여서 비교하기 적절하고, 자동차는 미국인 일상에서 필수불가결한 기기여서 이해하기 쉽도록 설명하기에 편리하며, 사례의 주인공인 헨리 포드(Henry Ford)와 알프레드 슬론(Alfred Sloan) 모두 미국 경영사에 걸출한 인물이어서 흥미를 유발하기에 좋기 때문이라 생각합니다. 왜 포드는 규모의 경제를 대표하고, 왜 GM이 범위의 경제를 대표하는 사례인지는 검색해 보면 바로 알 수 있으니 여기에서는 생략하겠습니다. 다만 이러한 사례들이 경제적 효율성만을 추구해서 성공한 것처럼 오인할 수 있다는 점에서 몇 가지 강조하고자 합니다. 즉, 효과성 원리가 보강되어야 한다는 말입니다. 첫 번째는 앞에서 말한 비용구조에 대한 이해입니다. 비용구조를 심각하게 고민하지 않았다면 포드는 컨베이어 시스템을 만들 생각을 하지 못했을 겁니다. 게다가 노동자의 봉급을 크게 올리는 결정을 하지도 않았을 겁니다. 노동자의 봉급을 2배 가까이 올렸지만, 이것이 자동차의 수요계층으로 변하게 되어 포드는 이보다 몇 배의 돈을 벌었거든요. 슬론의 경우에도 여러 기종의 차량을 한꺼번에 만들기 위해서는 비용이 많이 듦에도 비용

너머에 있는 고객 수요를 생각했던 겁니다. 대신 많이 드는 비용은 같은 차체(플랫폼)를 활용해서 낮출 방법을 고안해냈고요. 그러니 비용구조를 이해해야 하고, 비용구조를 제대로 이해해야 해당 사업모델을 정확히 이해할 수 있습니다. 두 번째는 시스템적인 혁신이 뒷받침되어 있어 가능했다는 겁니다. 포드의 경우에는 딜러(Dealer)라는 새로운 판매망 정비 등이, GM의 경우에는 사업부제 도입과 본사의 ROI 평가체계 등이 기반이 되었습니다. 시스템적 사고가 함께 동반되지 않았다면 단지 비용 효율적이었다는 것만으로는 성공에까지 이르지 못했을 겁니다(포드와 GM 사례의 자세한 내용은 세이이치로, 2010: 138~160 참조). 효율성과 함께 효과성을 고려해야 하는 이유입니다.

나아가 토요타에 이르러서는 ① 사업수행을 위해 밸류체인상 전후방 통합이 필수적이지 않고, ② 적시 공급체계(Just in Time)로 재고가 필요악이 아니라 '0'이 될 수 있다는 등 새로운 사실을 확인했고, ③ 조직 권한의 범위 및 한계에 있어 또 다른 가능성을 알게 됩니다(마그레타, 2005: 142~169). 여기에도 **비용구조에 대한 이해와 시스템적 사고**가 포함되어 있습니다. 두 개를 합하면 비즈니스 모델에 대한 이해라고 할 수 있겠지요. 협력사와의 관계를 재정립하고, 팔리지 않는 재고는 낭비이니 아예 재고를 '0'으로 만드는 새로운 비즈니스 모델을 만든 것입니다. 토요타 방식(The Toyota Way)입니다. 이 역시 효율성＋효과성입니다.

한편 비용을 줄이는 방법은 앞서 언급한 세 가지(규모의 경제, 범위의 경제 및 낭비 제거)에 의사결정을 잘하는 것이 거의 전부입니다. 의사결정을 제대로 하지 않으면 그 결과는 모두 낭비로 귀착됩니다. 직원들도 불필요한 일을 하느라 시간을 허비하게 되고요. 이 과정에서 직원들의 불만은 늘어나고 충성도는 떨어집니다. 정작 상사 본인이 가장 비용을 발생시키는 당사자임에도 직원에게는 A4 복사지를 줄이라고 하는 난센스가 벌어지기도 합니다. 경영의 원리에 충실해야 하는 이유입니다. 법고창신입니다.

미디어 시장에서의 사례 1: SO → MSO → MSP로의 확장

미디어 시장에서 사업자가 멀티 플랫폼을 가지게 만든 역사적 연원은 1999 년 '종합유선방송법'으로부터 비롯된다. 케이블 TV는 엄밀한 3분할 체제로 출발했고, 칸막이 규제가 있었다는 것은 전술한 바 있다. 1999년 '종합유 선방송법'은 이러한 칸막이를 거의 완전하게 허문 것이었다. 3분할 사업자 간 겸영 허용과 SO의 자가망 가능 등으로 3분할의 한 축인 NO는 SO에 흡 수되었다. 권역 독점이었던 SO 간 수평적 결합이 허용되어 대형 MSO가 나타났고, 시장은 MSO 중심으로 재편된다. 대기업 및 언론사의 SO 지분 참여가 허용되다 보니 튼튼한 자금력이 있는 대기업들이 SO 사업에 진출 하게 되었고, 타 SO 인수에 자금 여력이 생기게 된 것이다. 아울러 MPP, 즉 복수채널 사용 사업자 또한 합법화되었다. 단일 PP로 있었던 사업자들 이 다른 PP를 신설하거나 인수해 MPP로 변신했다. 가장 먼저 온미디어(동 양그룹 계열사로 있다가 CJ E&M 방송채널 부문에 합병됨)가 적극적으로 이런 움직 임을 이끌었다. 1999년 6월에는 지상파 방송 중 SBS가 최초로 '한국 골프 채널(구 마이 TV)'을 인수하면서 지상파의 PP 진출도 나타나기 시작했다. 2001년 PP 진입규제가 허가제에서 등록제로 전환되고, 유예기간을 거쳐 시행됨에 따라 이러한 경향은 더욱 강화되었다(김희경, 2015: 46~50). MSO 가 MPP를 인수하거나 설립하는 것도 늘어나기 시작했다. MSP로 전환이 이루어진 것이다. SO에서 MSO로, 다시 MSP로 변신하는 등식이다. SO의 MSO로의 변화는 수평 계열화다. 그리고 MSO가 MPP를 인수하거나 설립 해 MSP로 변신하는 것은 수직계열화라 할 것이다. 2019년 IPTV 및 위성 방송 사업자가 MSP를 인수·합병하기 전에는 이와 같은 양상이 지배적이 었다. 모든 것이 멀티다. 규모의 경제와 함께 범위의 경제를 동시에 추구 한 것이다. 케이블 TV 사업자를 IPTV 사업자 등이 M&A 하기 이전인 2018

〈표 3-8-1〉 MSP 현황(2018년 말)

기업 집단	PP 채널 수	SO 사업자 수	2018년 방송 사업 매출(백만 원)	매출 점유율 (%)
(주) CJ (현 LG헬로비전)	52	24	PP: 865,169 SO: 637,468 계: 1,502,637	27.6
(주) 태광산업 (티브로드) (현 SK브로드밴드)	11	23	PP: 97,123 SO: 512,931 계: 610,054	11.2
국민유선방송투자 (딜라이브)	6	17	PP: 82,236 SO: 371,790 계: 454,026	8.4
(주) 현대백화점 (현대HCN) (현 에이치씨엔)	8	9	PP: 17,190 SO: 206,463 계: 223,653	4.1
(주) 씨엠비홀딩스	1	11	PP: 127 SO: 128,564 계: 128,691	2.4
MSP 전체 방송 사업 매출			2,919,061	53.7
SO+PP 방송 사업 매출(홈쇼핑PP/데이터홈쇼핑 제외)			5,435,114	100.0

주: PP 채널 수에 5개 MSO 연합 (주) 홈초이스 등에서 운영하는 7개 채널 제외.
자료: 2019년 방송산업실태조사보고서 자료 가공.

년 말 MSP 현황은 〈표 3-8-1〉과 같다. 5개 MSP가 관련 시장 매출의 53.7%를 점유하고 있다. 보유 PP 채널 수는 78개, SO 수는 84개다. 사실 상 5개 MSO가 케이블 TV 시장의 거의 전부를 독과점하고 있다는 것을 확인할 수 있다. 멀티의 단면이다.

2019년부터는 양상이 완전히 달라졌다. 2019년 2월 LG유플러스가 CJ 헬로 인수를 전격적으로 발표했다. 12월에는 인수를 마무리하면서 사명을 LG 헬로비전으로 변경했다. CJ헬로는 1995년 3월 KT에서 100% 출자한 한국통신케이블텔레비전이 전신이다. IMF 이후 공기업민영화방침에 따라 매각되어 CJ오쇼핑에 인수되었다가 (주) 양천케이블티브이로 상호를 변경 했다. 이후 2000년부터는 다른 SO를 인수하기 시작하면서 MSO로 변신했다. 2008년 상호를 ㈜ CJ헬로비전으로, 2017년도에는 CJ헬로로 다시 변경했다가 LG그룹 일원이 된 것이다. 2019년 4월에는 SK브로드밴드가 티브로드와 합병 본 계약을 체결한다. 티브로드는 1994년 2월 설립된 한국케이블 TV 전주방송을 그 뿌리로 삼고 있다. 1997년 태광그룹이 한국케이블 TV 안양방송을 설립한 이후 전주방송을 비롯한 여타 SO들을 인수했고, 2006년에는 티브로드로 명칭을 변경했다. 2009년에는 또 다른 MSO인 큐릭스(Qrix)까지 인수하면서 사세를 키우기도 했다. 하지만 결국 2020년 4월 SK브로드밴드와 합병해 역사 속으로 사라지게 되었다. 2021년 9월 30일에는 MSO 중 하나인 현대HCN이 사라졌다. 위성방송 사업자이자 KT 자회사인 스카이라이프가 인수한 것이다. 현대HCN의 모태는 1992년 3월에 설립된 ㈜ 관악유선방송국이다. 1999년 3월 서울 서초방송의 지배주 주였던 건설업체 ㈜ 대호건설이 서초·동작·관악·청주·금호·경북·부산 케이블 TV 방송 등 SO를 통합해 최초의 MSO가 되었다. 이후 2002년 현대백화점그룹에 인수되어 현대HCN이 된다. 2005년 현대백화점그룹이 관악유선방송국까지 인수하고, 2006년 1월 관악유선방송국을 중심으로 한 지주회사 체계로 전환했다가 동년 3월에 관악유선방송국 상호가 HCN이 된다. 2010년에는 현대HCN으로 상호를 변경했다가 2021년 스카이라이프의 자회사가 된 것이다(이상 나무위키).

2019년부터 거세게 몰아친 타 사업자군의 MSO 인수로 이제 유료방송시장은 사업자군 간 경쟁의 성격을 완전히 벗어났다. 사실상 IPTV 3사 간 경쟁으로 완전히 바뀐 것이다. 2021년 중소 SO 6개 사가 IPTV 사업승인을 받아 빠르면 2022년부터 사업을 개시할 예정이나 아직은 파괴력 등에 있어 미지수다. 따라서 IPTV 3사 간 경쟁이라는 큰 흐름은 바뀌지 않을 것이다. 〈표 3-8-2〉를 보면 2021년 12월 말 현재 IPTV 3사는 전체 유료방송시장의 85.8%를 점유하고 있다는 것을 확인할 수 있다. 앞으로도 이러한 경향은

<표 3-8-2> IPTV 3사 중심으로 본 유료방송 가입자 기준 시장점유율

구분	IPTV	SO	위성방송	계	점유율
KT	8,446,881	1,263,592	3,182,855	12,893,328	35.3
SK브로드밴드	6,126,940	3,050,201	-	9,177,141	25.2
LG유플러스	5,317,377	3,898,331	-	9,215,708	25.3
딜라이브	-	2,188,328	-	2,188,328	6.0
CMB	-	1,461,994	-	1,461,994	4.0
개별 SO	-	1,522,768	-	1,522,768	4.2
계	19,891,198	13,385,214	3,182,855	36,459,267	100.0

주: 2021년 말 기준.
자료: 방송통신위원회.

더욱 가속될 것으로 전망한다.

IPTV 사업자 등의 SO 인수 결과가 성공적일지는 아직 의문이다. 네트워크 호환성이 없어 사업상 시너지는 거의 없다. 사업 간 카니발리제이션(cannibalization)이나 운영 복잡성도 무시하지 못한다. 중장기적으로 사업 간 중복 가입의 거품이 벗겨지고 나면 가입자 규모의 실체도 드러나게 될 것이다. 게다가 셋톱박스 없이 시청하고 있는 등 IPTV나 위성방송 가입자로의 전환이 어려운 8VSB 가입자가 제법 된다.[6] 8VSB 가입자는 사실상 아날로그 가입인데 이들을 인위적으로 디지털 가입자로 전환하도록 하는 것에는 많은 품이 든다. 8VSB 가입자는 대체로 아파트 단체가입인 경우가 많은데, 이들은 타 사업자군 상품을 복수로 가입한 경우가 제법 있을 것이다. 아파트 관리비에 포함되어 나가면 중복 가입 여부를 잘 모를 수도 있다. 게다가 8VSB 가입 시 상품 가격은 가장 낮은 요금제가 4000원부터인

---

6 2020년 말, LG헬로비전의 8VSB 가입자는 약 117만으로 전체 384만의 30.5%, SK브로드밴드(SO)는 129만으로 전체 293만의 44.1%, HCN은 44만으로 전체 128만의 34.3%나 된다(방송통신위원회 자료).

데 반해 디지털 케이블 TV·위성·IPTV는 8000원부터 시작한다. 디지털 상품으로 전환하기에는 가격 장벽이 있다. 다만 단기적으로 외형을 키웠다는 점과 함께 임원 파견 등 상위 직급 중심의 인력자원 공유 등 기업경영 측면의 소소한 이점은 있을 듯하다. 2019년의 M&A는 멀티가 불가피한 경쟁상황이 가져온 결과다. 조만간 또 한 번의 조정이 있을 것으로 전망한다.

미디어 시장에서의 사례 2: 신문과 방송의 겸업, 종편의 출범

신문사는 1990년대부터 생존을 끊임없이 걱정했다. 1980년 엘빈 토플러(Alvin Toffler)가 『제3의 물결(The Third Wave)』에서 주장한 것처럼 정보화 시대가 되었다. 온 세상이 점차 디지털화되어 가는 과정이 눈에 보였다. 아날로그 형태인 종이신문의 매력이 점차 사라졌다. 2000년대 인터넷 시대가 되면서부터는 상황이 더욱 심각해졌다. 온라인 포털이 나오면서 사람들이 다 포털을 통해 뉴스를 소비하게 된 것이다. 초기에는 여러 포털이 경쟁체제를 갖추었으나 네이버와 다음으로 거의 재편되었다. 사람들이 온라인 포털을 통해 뉴스를 소비하면서 뉴스 그 자체에만 집중하게 되었다. 유사한 뉴스가 여러 신문사에서 한꺼번에 쏟아지다 보니 어느 신문사인지는 별로 중요하지 않게 된 것이다. 한편으로는 포털에서 뉴스의 편집권을 직접 수행하는 것과 같은 행태를 보이기도 했다. 갈수록 종이신문 구독률은 점차 줄어들 수밖에 없는 상황이 된 것이다.

위기 타개책으로 대두된 것이 종편이다. 2002년을 기점으로 매출액이 감소하기 시작하자 주요 신문사들은 언론자유와 미디어 다양성 등을 논거로 신문·방송의 겸영 허용을 지속 요구하기 시작했다. 종편은 신문·방송 겸영 금지를 폐지하는 '신문법' 개정과, 신문사·대기업의 방송사 소유 규제를 완화하는 '방송법'이 동시에 개정되어야 한다. 찬반 공방이 지루하게 논의되다가 이명박 정부 때인 2009년 7월 22일 당시 여당인 한나라당이 두 법률을 일방적으로 개정 처리한다. 그리고 2010년 11월 10일에는 종편 승인 심사 세부계획(안)을 야당 측 방통위원들이 불참한 가운데 단독 의결했고, 동년 12월 31일에는 신청 6개 컨소시엄 중 4개 컨소시엄을 종편으로 선정, 발표했다. ≪조선일보≫·≪중앙일보≫·≪동아일보≫·≪매일경제신문≫이 각각 주도하는 컨소시엄이다. 이런 우여곡절 끝에 2011년 12월 1일 종편 4사는 세종문화회관 등에서 공동 개막식 행사를 개최하게 된다(탁재택, 2022: 157~164). 종편 선정 당시 모 신문사 회장은 신문사는 신문에만 머물러도 망하고 방송으로 진출해도 망할 수 있으나, 방송으로 진출해야 그나마 기회라도 있다며 설득했다는 내용도 전해 온다.

하지만 신문사가 당시 실제 위기였는지는 겉으로 드러난 구독률 감소 등 현상만으로 설명하기 어렵다. 종편 4사로 선정된 신문사들만이 아니라 다른 신문사들도 여전히 건재하기 때문이다. 종편 선정 이후 신문사의 수익력이 감소했다면 당시의 위기를 수긍할 수 있을 것이다. 하지만 그렇지는 않은 것으로 보인다. 신문사의 수익력을 확인하기 위해서는 수익모델을 들여다봐야 한다. 크게 두 가지다. 하나는 구독 매출. 다른 하나는 광고 매출. 양자는 서로 맞물려 있다. 정확하게는 구독 부수가 높아야 광고도 들어오고 광고단가도 높일 수 있으니 구독 의존적이다. 신문사에서 구독 부수를 늘리기 위해 기를 쓰고 길거리 영업을 하는 이유이기도 하다. 일정 기간 공짜로 넣어줄 뿐만 아니라 일정 금액의 상품권까지 준다는 신문사 지국의 구독 요청을 받은 적이 한 번쯤은 있을 것이다. 따라서 구독 부수가 줄어든다는 것은 매출 기반이 근본에서부터 흔들리는 것이다.

우선 바라트 아난드(Bharat Anand)의 책 『콘텐츠의 미래(The Content Trap)』에서 진단한 신문의 위기 원인에 관한 세 가지 관점을 소개한다. 첫 번째는 **디지털의 영향**. 하지만 인터넷이 신문에 끼친 영향이 그 이전 다른 요인들(예컨대 라디오와 텔레비전의 등장에 따른 뉴스 방송, 케이블 TV 등장에 따른 뉴스 채널의 증가)과 비교해 그리 크다고 단정할 수 없다고 한다. 신문 독자 수 감소는 아주 오랫동안에 걸친 결과이지 인터넷이 특별한 원인은 아니라는 것이다. 두 번째는 **고정비 이슈**. 신문사 운영을 위해서는 뉴스를 취재하는 기자와 인쇄를 위한 종이 및 인쇄시설, 그리고 보급망 운영비용 등 일정한 고정비가 불가피하다. 하지만 신문이 성장할 때에는 규모의 경제가 작동해 1인당 고정비가 줄어든다. 반면 독자 수가 하락하면 고정비는 고통으로 다가온다. 3% 감소만으로 손익분기점을 위협할 정도라는 것이다. 하지만 1970년대는 인구 증가로 전체 구독자 수는 유지되었고, 1980년대 이후는 구독자 수가 줄어들었어도 구독료 인상 등으로 상쇄했다고 한다. 구독자 수 감소와 무관하게 수익은 증가했으니 고정비 이슈가 원인이라고만 할 수는 없다는 것이다. 세 번째는 **안내 광고의 감소**. 신문광고는 크게 소매 광고(예: 제품 광고 등)와 안내 광고(예: 구인 광고, 부동산 광고 등)로 구성되는데, 안내 광고의 감소가 수익에 미치는 영향이 소매 광고의 거의 2배 수준이라는 것이다. 아난드는 안내 광고와 관련한 사용자 행동에서 원인을 찾는다. 안내 광고를 읽는 구매자는 광고가 가장 많은 곳을 찾기 때문에 안내 광고를 많이 하는 신문을 선택하게 된다. 그런데 인터넷에 구직사이트, 온라인 벼룩시장 등이 활성화되면서 굳이 신문을 찾을 필요가 없어지게 된 것이다. 따라서 안내 광고 감소 관리 등을 제대로 하지 못한 것이 진짜 신문 위기의 원인이라는 것이다(아난드, 2017: 59~66).

아난드의 진단을 종합하면 디지털·온라인화에 따라 구독자 수는 감소하지만, 구독자 수의 감소보다는 광고, 특히 안내 광고의 감소가 신문의 수익성에 미치는 영향이 훨씬 크다는 것으로 정리할 수 있다. 그의 분석은 미국을 대상으로 한 것이기 때문에 한국과 정확하게 들어맞지 않을 수 있다.

<그림 3-8-1> 종이신문 열독률·구독률 추이

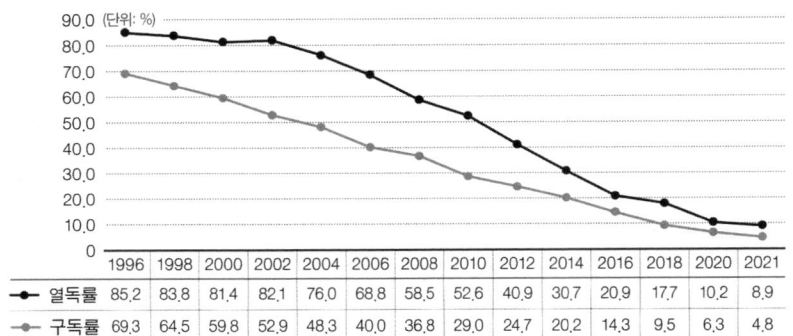

	1996	1998	2000	2002	2004	2006	2008	2010	2012	2014	2016	2018	2020	2021
●─ 열독률	85.2	83.8	81.4	82.1	76.0	68.8	58.5	52.6	40.9	30.7	20.9	17.7	10.2	8.9
●─ 구독률	69.3	64.5	59.8	52.9	48.3	40.0	36.8	29.0	24.7	20.2	14.3	9.5	6.3	4.8

자료: 한국언론연감 및 한국 언론진흥재단.

<표 3-8-3> 종편 진출 4개 신문사 유료 부수 현황(2015~2019)

구분	2015	2016	2017	2018	2019	CAGR(%)
《조선일보》	1,266,763	1,254,297	1,238,548	1,193,971	1,162,953	-2.1
《중앙일보》	750,314	719,931	726,390	712,695	674,123	-2.6
《동아일보》	731,788	729,414	736,546	737,342	733,254	0.1
《매일경제신문》	552,636	550,536	551,234	553,921	554,228	0.1

자료: 한국 ABC협회.

<표 3-8-4> 광고 매출액 추이(2015~2019)

(단위: 백만 원)

구분	2015	2016	2017	2018	2019	CAGR(%)
방송	4,463,966	4,135,069	3,950,057	3,931,829	3,771,046	-4.1
신문	1,855,618	1,866,979	1,858,534	1,903,149	1,939,672	1.1
잡지	474,088	452,362	451,730	444,808	433,321	-2.2
PC(인터넷)	2,053,373	2,173,087	1,909,192	2,055,449	1,871,643	-2.3
모바일	1,374,442	1,981,637	2,865,945	3,661,755	4,650,286	35.6
옥외	1,061,274	1,088,532	1,305,948	1,329,898	1,256,765	4.3
기타	57,873	464,991	421,056	428,999	504,196	-0.2
계	11,790,634	12,162,657	12,753,462	13,755,887	14,426,929	5.2

자료: 과학기술정보통신부·한국방송광고 진흥공사(2021).

물론 〈그림 3-8-1〉과 같이 한국 종이신문도 열독률(가정·직장·가판 등 포함, 돈을 내는지와 무관하게 신문을 읽은 비율)이나 구독률(구독료를 내고 정기구독하는 비율)에 있어 상황이 좋지 않은 것은 마찬가지다. 2021년 구독률은 4.8%, 열독률은 8.9%에 불과하다. 100명 중 95명 이상은 신문 구독을 하지 않는다는 것이고, 90명 이상은 종이신문을 아예 보지 않는다는 것이다.

하지만 한국은 **구독자 수 감소 관리도 잘 하고 있을 뿐만 아니라 안내 광고 관리도 잘 해 왔던 것으로 보인다.** 한국처럼 가격에 민감한 나라에서 구독료 인상이라는 대안도 통하지 않았을 상황에서도 말이다.

2020년 한국 종이신문 매출 구성은 광고수입(63.3%), 구독수입(20.0%), 기타 사업수익(13%), 콘텐츠 판매수입(3.3%), 회비·후원금(0.4%) 순이다(한국언론진흥재단, 2021: 68). 〈표 3-8-3〉은 종편에 진출한 4개 신문사의 2015~2019년 유료부수 현황이다. 다른 종이신문도 유사해서 대표적인 4개 사 자료만 추출했다. 〈그림 3-8-1〉에서 알 수 있듯이 동 기간 종이신문 구독률은 10% 내외(2016년 14.3%, 2018년 9.6% 등)에 불과함에도 유료부수 감소가 그리 크지 않다. 《동아일보》와 《매일경제신문》은 오히려 늘었다. 이해하기 힘든 부분이다.

광고 매출은 더욱 대단하다. 〈표 3-8-4〉는 2020년 코로나-19 발생 이전까지의 한국 광고 매출액 추이를 나타낸 것이다. 모바일 광고가 늘어나는 것을 제외하고는 옥외 광고와 신문 광고만이 증가 추세를 보여주고 있다. 종이신문 매출의 63%가 광고이고 20%가 구독 매출이니 한국 신문사는 두 개의 주요 수익원 모두 선방하고 있다고 하겠다. 결론적으로 당시의 위기는 다소 과장된 측면이 있다고 생각된다. 한국 특유의 메커니즘이 작동한 결과로 판단되나 논의의 초점이 아니니 생략하도록 하겠다.

종편 진출로 인해 4개의 신문사는 신문과 방송 두 개의 플랫폼을 가지게 되었다. 나아가 《조선일보》는 TV조선 등 2개, 《중앙일보》는 JTBC 등

5개, ≪동아일보≫는 Channel A 등 2개, ≪매일경제≫는 MBN 등 3개 채널을 보유한 MPP다(2020년 12월 말 기준). 종편으로의 진출은 범위의 경제를 달성하기 위한 것이다. 신문사를 유지하기 위해서는 기사와 기자가 핵심이고, 기자가 뉴스를 취재해 기사로 작성해 신문을 만들어 배포하는 것이 신문사의 일이다. 하지만 신문을 독자가 구독해 소비하지 않으면 아난드가 말하는 것처럼 기자 인건비, 인쇄시설, 관리와 유통 등의 경상비 등 고정비는 그대로 지출되어야 한다. 당연히 재무 건전성을 해친다. 그러니 하나의 뉴스를 신문에도 기사화하고, 방송에도 송출하게 되면 범위의 경제를 실현할 수 있게 되는 것이다. 유료방송 사업자에게 채널을 팔고, 괜찮은 프로그램도 팔고, MPP가 되면서는 (순환 편성이 가능하니까) 적은 비용으로 채널 운영하면서 방송 기자재 활용도도 높일 수 있다. 모두 범위의 경제다. 종편 초창기 시사 보도가 많았다는 점을 보더라도 범위의 경제에 충실했다는 점을 확인할 수 있다.[7]

현재 종편은 시장에서 어느 정도 정착된 것으로 보인다. 그 과정을 보면 초기에는 의욕적인 시도도 했으나 쉽지 않다는 것을 파악하고, 단계적으로 편성을 다양화하면서 점진적으로 시청률을 높이는 형태로 진행된 것으로 보인다. 어느 정도 시청률이 확보된 상태에서는 광고단가를 높이는 형식으로 재정 건전성을 확보해 나가는 방식이다. (종편은 아니지만) tvN도 이러한 과정을 거쳤고, JTBC도 이러한 방식이었다. 종편 중 가장 영리하게 접근한 것이 TV조선 사례라고 판단된다. 종편 초창기 TV조선은 출범 기념으로 의욕적으로 (당시에는 매우 큰) 제작비 100억 원이 넘는 드라마 〈한반도〉를 제작, 방영했다. 당시 종편 4사 중 가장 큰 규모의 드라마여서 사람

---

7 2013년 보도 프로그램 편성비율은 TV조선 48.2%, Channel A 43.2%, MBN 39.9%, JTBC 14.2%였다(이상식, 2015: 66).

들의 관심도 제법 있었다. 하지만 저조한 시청률로 인해 원래 24부작으로 기획했던 것을 18부작으로 바꿔 조기에 종영한다. 이후 종편의 설립 취지와 무관하게 단조로운 편성을 가져가다가, 2019년 트로트 붐을 일으키면서 시청률을 크게 높인다. 자연스럽게 광고단가도 크게 높이게 된다.[8]

미디어 시장에서의 사례 3: 극장의 멀티플렉스화

2021년 말 한국 전체 극장 수는 542개다. 스크린 수는 3254개이니 1개의 극장에 약 6개의 스크린을 가지고 있는 셈이다. 멀티플렉스다. 전국 542개의 극장 중 81.2%인 440개의 극장이 멀티플렉스다. 스크린 수 기준으로는 3060개를 차지하니 94%에 해당하는 수치다. 이 중 4대 멀티플렉스 체인이 439개 극장, 3049개 스크린을 점유하니 각각 전체의 81%, 93.7% 비중이다. CJ CGV가 184개 극장, 1312개 스크린, 롯데시네마가 142개 극장, 982개 스크린, 메가박스가 103개 극장, 706개 스크린, 씨네Q가 10개 극장, 49개 스크린이다.

전체 관객 수 대비 멀티플렉스의 관객 점유율은 94.5%, 매출액 대비로는 95.3%에 이른다. 2021년 8월 서울극장이 폐관되어 멀티플렉스 중 4대 체인 소속이 아닌 극장은 전국에 서울 대한극장 1곳뿐이다. 1979년 단관으로 시작한 서울극장은 1989년 스크린 수를 늘리며 국내 최초의 멀티플렉스(정확하게는 멀티스크린)가 되었으나 코로나-19 사태 장기화로 경영난을 극복하지 못하고 42년 만에 아쉽게 문을 닫았다(나무위키). 최근 10년간 극장과 스

---

8 SA급 광고단가 기준으로 MBC보다 높다. 2021년 6월 말 기준 SA급 최고 단가는 KBS 1620만 원, MBC 1350만 원, SBS 1800만 원이며, TV조선은 1500만 원이다(방송통신위원회, 2021b: 197, 200).

〈그림 3-8-2〉 극장 및 스크린 수 추이(2012~2021)

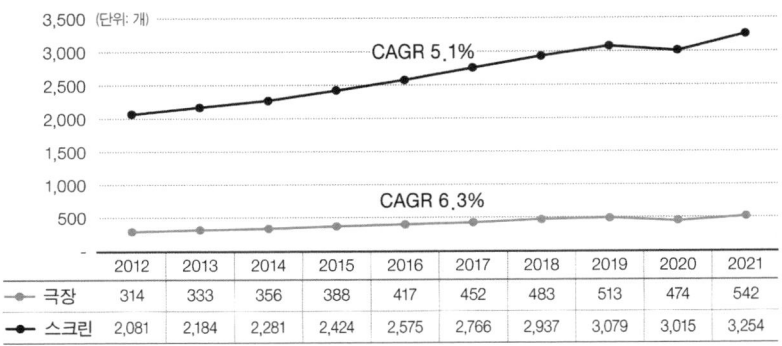

	2012	2013	2014	2015	2016	2017	2018	2019	2020	2021
극장	314	333	356	388	417	452	483	513	474	542
스크린	2,081	2,184	2,281	2,424	2,575	2,766	2,937	3,079	3,015	3,254

자료: 영화진흥위원회(2022a).

크린 수의 변화는 〈그림 3-8-2〉와 같다(영화진흥위원회, 2022a: 78~84).[9] 코로나-19 이후 약간 주춤했으나 증가 추세에 있다.

　예전에 극장은 1개의 극장에 1개의 스크린만 있는 단관(單館)이었다. 그도 그럴 것이 원래 극장은 출발이 고대 그리스 시대의 야외 원형 극장(최초는 반원형 객석에 목조 무대로 이루어진 야외극장이었다고 함)이 실내로 들어온 것이기 때문이다. 당연히 1개의 극장에서는 1개의 공연만을 진행할 수밖에 없으니 공연장이 곧 극장이었다. 영화가 발명되고 난 이후 서양에서는 영화만을 전문 상영하는 영화관이 만들어져 극장과 구분되는 개념으로 활용되었다. 한국은 이런 구분 없이 연극공연 및 가수들의 리사이틀 등도 하는 곳

9　영화진흥위원회는 멀티플렉스를 4대 체인 소속 극장(직영과 위탁 모두 포함) 및 기타 7개 이상의 스크린을 보유한 극장으로 정의한다(영화진흥위원회, 2022a: 83). 왜 7개인지 알 수 없다. 단관으로 운영하는 극장들도 스크린 수가 2~6개인 곳이 있을 것이나 멀티플렉스라고 하지는 않는다. 예컨대 1895년에 협률사(協律舍)라는 이름으로 설립된 한국 최초의 극장 인천 애관(愛館)극장의 경우 스크린 수가 5개다. 애관극장에 대해서는 2021년 다큐멘터리 영화 〈보는 것을 사랑한다〉 참조.

으로 혼재되어 활용되어 온 전통이 있어 영화관을 극장이라고 통칭하고 있다. 필름 프린트하는 비용이 비싸기도 했고, 영화 유통망도 고도화되지 않다 보니 전국 극장에 동시 개봉할 수는 없었다. 자연스럽게 극장별로 서열이 매겨져 개봉관-재개봉관-재재개봉관 등의 순서가 형성되었다. 개봉관(1류)-재생관(2류)-재재생관(3류)이라고 하기도 한다. 개봉관은 1차 윈도우로서 처음 개봉하는 영화를 상영, 재개봉관은 2차 윈도우(지정 좌석이 없고 좌석에 여유가 있으면 연속 관람도 가능)로서 최소 1달쯤 후에, 재재개봉관은 3차 윈도우로 영화 2편 이상 동시 상영하는 극장이다. 하나의 필름이 2차, 3차 이상 넘어가다 보니 상태가 훼손될 수밖에 없었고, 소리는 일그러지고 화면에서는 비가 오는 것 같은 현상이 나타난 것이다. 지금은 순차적 윈도우 효과가 거의 사라진 상황이지만 비디오테이프나 DVD, VOD 등은 2차 윈도우이니, 예전 기준으로 보면 재개봉관 상영에 맞춰 만들어진 것이라고 이해하면 된다.

멀티플렉스란 1963년 미국의 AMC사[설립자 스탠리 더우드(Stanley H. Durwood)]가 캔자스시티의 단일 스크린 극장을 두 개 스크린으로 개조한 것이 최초라고 알려져 있다(김건, 2006: 19). 하지만 엄밀한 의미의 멀티플렉스는 한 건물에 영화 상영관 외에도 쇼핑센터, 레스토랑을 포함한 다양한 부대시설을 갖춘 공간을 말하니, AMC사 사례는 멀티스크린이 정확한 표현일 것이다. 따라서 AMC사 사례는 비디오에 관객을 빼앗겼던 미국 극장들이 타개책으로 '원스톱 엔터테인먼트'를 표방하며 탄생시킨 공간이라는 점이 핵심이다(하현정, 2011년 10월 4일자). 한편 16개 이상 스크린을 가진 시설을 따로 메가플렉스(Megaplex)라고 부르기도 한다. 한국은 1989년 서울극장이 '베니스', '아카데미', '칸' 3개 관으로 증축한 것이 최초라고 하지만, 이 역시 멀티스크린 개념이었다. 본격적인 멀티플렉스는 1998년 4월 제일제당이 홍콩의 골든 하베스트(Golden Harvest)사, 멀티플렉스 체인 업체인

호주의 빌리지 로드쇼(Village Roadshow Pictures)사와 합작, **씨제이 골든 빌리지(CGV)**를 설립해 강변역 테크노마트 빌딩 10층에 11개 상영관을 갖춘 강변점이 최초라고 한다(조성진, 2018: 28). 기존의 영화관과는 달리 다양한 편의시설, 최첨단 장비, 문화·오락공간 등을 갖추었다는 점에서 기존의 단관 상영관과는 차별화된다. 정확하게는 복합 용도로 만들어진 건물에 극장에 입주했다는 개념이 맞을 것이다. 백화점이 말 그대로 필요로 하는 모든 물품을 살 수 있는 공간인 것처럼 즐길 수 있는 모든 것을 모아 놓았으니 소비자 관점에서의 **집적의 이익**(Agglomeration Benefits)이 있다고 하겠다.[10]

멀티플렉스의 확대는 한 극장에서 장기 상영하던 종래의 영화 배급망을 획기적으로 변화시켜 다수의 스크린에서 동시에 개봉하는 와이드 릴리스(Wide Release, 광역 개봉) 방식으로 변화시켰다. 스크린 수의 증가로 인한 프린트 제작의 증가를 가져왔고, 결과적으로 제작비를 많이 증가시키는 요인으로 작용하기도 했다. 하지만 2000년대 중후반부터는 아날로그 필름이 디지털 HD로 바뀌면서 회전이 빠른 수익구조와 창구효과의 변화를 가져오게 된다. **디지털 HD 시스템으로의 변화는 흔히 디지털 시네마라고 말한다.** 디지털 시네마의 효과는 첫째 촬영 현장에서 직접 확인할 수 있어 현장에서 즉시 수정 가능, 둘째 HD로 촬영된 작품의 소스는 데이터화되어 있

---

10 원래 집적의 이익이란 유사한 경쟁업종이 모여 있는 경우 발생하는 경제적 효과를 설명하는 개념이다. 한약재를 전문 취급하는 청량리 경동시장, 동대문 의류시장, 을지로 공구상가 등이나 명품의 1번지 밀라노, 영화 제작업자가 몰려 있는 할리우드, 실리콘밸리 등이 모여 있으면서 일종의 클러스터가 형성됨으로써 얻는 이익을 설명하기 위한 경제지리학적 개념이다. 이와 유사하게 최초에 슈퍼마켓 또는 마트, 백화점 등이 나오게 된 것이나 멀티플렉스의 등장을 설명할 수 있다. 소비자 입장에서는 한 곳에 가면 뭐든지 살 수 있는 곳이 마트나 백화점이라면, 뭐든지 즐길 수 있는 곳이 멀티플렉스라고 할 것이다. 조금 더 나아가 통상 말하는 집적의 이익을 수평적 집적의 이익이라 한다면, 백화점이나 멀티플렉스는 수직적 집적의 이익이라고도 말할 수 있을 것이다.

으므로 입출력이 쉬워져서 합성 작업 등 후반 작업에 용이, 셋째 디지털 방식의 배급으로 필름의 경우 들어가는 프린트 비용 및 운송비용을 감소시킬 수 있고, 언제 어디서나 화질의 열화(劣化)나 음질의 손실 없이 원본과 똑같은 상태의 영사(映寫)가 가능하다는 점이다. 촬영단계-후반 작업 단계-배송 및 영사단계 모두에서 비용을 줄일 수 있어 훨씬 효율적인 것이다(김건, 2006: 67~78). 물론 초기 투자비 문제는 고려해야 한다. 어쨌든 멀티플렉스의 확대과정에서 디지털 시네마로 전환이 동시에 일어나면서 멀티플렉스는 극장의 주류로 자리 잡게 된다. 차츰 재개봉관이나 재재개봉관은 사라지게 되어 극장은 1차 윈도우로서의 기능만 살아남게 된다.

멀티플렉스는 제작과 상영에서 거대 자본이 투입되는 대량 생산양식의 형태로는 소비자의 다양한 욕구를 충족시킬 수 없다는 것을 말해 준다. 이제는 **다품종 소량생산**이다. 2021년 한국 극장에서 개봉한 영화는 총 1637편이다. 이 중 연간 40회 차 이상(단관 기준 최소 1주일 이상) 상영된 실질 개봉편 수도 704편에 이른다(영화진흥위원회, 2022a: 38~39).[11] 멀티플렉스 이전인 1997년, 국산 영화 제작은 59편, 미국 영화 등 직배급은 53편, 합해 112편에 불과한 것과 비교하면 7배 가까이 수용한 규모다. 멀티플렉스 체제로 인해 가능해진 긍정적인 측면이다.

멀티플렉스는 집적의 이익을 소비자에게 제공해 준다고 설명한 바 있다. 한 곳에서 가족과 함께 외식도 하고 영화도 보고, 그곳에서 쇼핑도 한다면 거래비용이 크게 줄어든다. 특히 영화는 가장 대중적인 문화상품이

---

11 실질 개봉이란 연간 상영 40회 차(최소 1개 상영관에서 7일간 전일 상영하는 경우의 상영 회 차) 이상 상영하는 것을 말하고, 형식개봉이란 연간 상영 회 차 40회 차 미만으로 온라인 VOD 서비스를 겨냥해 형식으로 개봉하는 대부분 청소년관람불가 영화를 말한다. 독립·예술 영화는 상영 회 차 기준에 미달하더라도 모두 실질 개봉작에 포함되며, 감독판/무삭제판 등은 원 영화에 합산된다(영화진흥위원회, 2022a: 16).

기 때문에 극장이 가까이 있는지를 생활수준의 질적 척도로 삼는 경우가 많다. 따라서 부동산 개발업자로서는 복합시설을 신축 또는 개축하는 과정에서 소비자를 유인하기 위한 필수 아이템으로 극장을 꼽는다. 이는 다시 멀티플렉스 인근에 사는 주민들에게 부동산 가격 프리미엄 요소로 작용하는 것이니 모두에게 윈윈이다.

하지만 **멀티플렉스 체인 업체 입장에서 가장 큰 효익은 포트폴리오 이론에서 찾을 수 있다.** 포트폴리오란 주식 투자에서 한 곳에 투자할 경우 생길 수 있는 위험을 피하고 여러 종목에 걸쳐 분산투자해 투자수익을 극대화하는 방법이다. 대표적인 고위험 고수익 상품인 영화에도 같은 원리를 적용할 수 있다. 막상 시장에서 관객과 마주하기 전에는 어떤 영화가 성공할지 실패할지 전혀 알 수 없다. 리스크를 분산해야 한다. 극장 측면에서 보더라도 마찬가지다. 한 개의 극장에서 영화 한 편 상영만으로는 수익성의 편차가 매우 심할 것이다. **단관 극장이 사라지는 이유다.** 이에 반해 (전국적으로) 여러 개의 스크린을 보유한다면 영화별 성공 확률에 대한 편차를 최소화해 리스크를 분산시킬 수 있다. 히트하는 영화와 그렇지 않은 영화의 스크린 수를 조절할 수 있는 상업적 유연성이 있다. 영화 성공 확률을 사전 예측하고 예측한 결과와 실제 데이터를 비교하는 등의 빅데이터 기법 적용을 통해 더욱 성공 확률을 높일 수도 있다. 성공 확률이 높아짐에 따라 보유하는 스크린 수가 많음에 따른 규모의 경제도 나타날 수 있다. 더 나아가 상권 특성 등을 반영해 지역별로 계수화하고, 개별 멀티플렉스별 입점 구색에 따른 관객 유인 효과 등을 고려하면 멀티플렉스 기업별로 적정 보유 스크린 수도 산출할 수 있을 것이다. 특히 멀티플렉스 내 입점 구색에 따른 관객 유인 효과는 멀티스크린만으로는 확보하기 어렵다. **단순한 멀티스크린 극장이 사라지는 이유다.** 단지 영화만을 위해 멀티플렉스에 가는 것은 아니니까.

〈그림 3-8-3〉 지금은 사라진 종로 일대 극장 터

주: 왼쪽 상단부터 시계 방향으로 청계극장(1959~1984), 서울극장(1957~2021), 조선극장(1922~1937), 화신
극장(1940~1987(?)), 단성사(1907~2015), 우미관(1912~1982).

2021년 말 542개의 극장 중 440개가 멀티플렉스이니 이제 단관 극장은 100여 개로 줄어들었다. 이 중 53개는 인구가 적고 극장이 없는 중소 시·군 지역에 국고나 지방자치단체의 예산을 투입해 건립, 운영되는 작은 영화관이다. 사실상 극장은 이제 대부분이 멀티플렉스로 바뀌었다는 것이다. 한때 서울 종로 일대와 충무로가 있는 중구에 있던 그 많은 개봉관은 거의 사라졌다. 영화관이 몰려 있는 수평적 집적이익보다는 멀티플렉스가 되어 수직적 집적이익을 추구하는 것으로 바뀐 것이다. 한편에서는 20세기 유물인 필름으로 제작된 영화의 필름 그 자체도 사라지고 있다. 2022년 5월 개봉한 영화 〈오마주〉에서 그리고 있는 이미지다. 이 과정에서 아날로그 감성의 아름다운 추억 또한 많이 사라지고 있다. 하지만 어쩌겠는가. 하나보다는 둘이, 둘보다는 셋이, 아니 그 이상이 훨씬 경제적으로 효율을 가져다주니 계속 멀티의 세상으로 가는 것이다. 앞으로는 또 무엇이 새로운 미디어로 우리에게 다가올지 아무도 모를 일이다. 사업자로서는 환경 변화에 맞춰 새로운 멀티를 지향할 것이다.

_제9장

(상품의) 번들링

상품 번들링이란?

　미디어 시장에서 사업자는 비용 효율적인 사업 운영을 위해 멀티의 세계를 지향한다. 기본적으로 규모의 경제와 범위의 경제를 추구하지만, 어떤 경우에는 집적 경제를 추구하면서 리스크를 최소화하기도 한다. 하나 더하기 하나는 결코 둘이 아니라 그 이상인 것이 멀티의 세계다. 미디어 시장의 멀티의 세계는 상품에서는 번들링의 형태로 나타난다. 번들링이란 두 개 이상의 다른 제품이나 서비스를 하나로 묶어서 단일 가격으로 판매하는 것을 말한다. 마이크로소프트의 오피스(MS Office)가 대표적인 예다. MS Office는 MS-Word, MS-Excel, MS-Powerpoint 등 다양한 기능의 소프트웨어를 하나의 제품으로 묶어서 판매하고 있다. 유사한 개념으로 끼워팔기(Tying)가 있다. 표준국어대사전에 따르면 끼워팔기란 '수요자가 어떤 물건을 사고자 하는 마음이 강해서 공급자의 힘이 더 세질 때 공급자가 수요자가 사고자 하는 물건 외에 다른 물건을 더해 파는 것'을 말한다. 어렵게 설명되어 있으나 쉽게 말하면 소비자에게 인기가 좋은 라면과 인기가 없는 과자류를 함께 팔면서 인기가 없는 과자류를 사지 않으면 라면도 팔지 않는 경우를 말한다. 협상력 우위에 따른 일종의 강매라고 할 수 있다. 반면 번들링은 묶음 판매를 하면서도 개별적으로 분리되어서 판매될 수 있다는 점에서 끼워팔기와는 다르다. 번들링이 지나쳐 끼워팔기가 되면 '공정거래법'상 불법이 된다.

하지만 실제 현장에서는 번들링과 끼워팔기를 엄격하게 구분하기란 쉽지 않다. 예컨대 앞서 예를 든 MS Office 2021 버전을 사면 워드, 엑셀, 파워포인트 외에도 아웃룩, 엑세스, 퍼블리셔, 비즈니스용 스카이프(Skype) 등을 설치하게 되어 있다. 이 중 2~3개의 프로그램만 필요한 사람도 모두 구매할 수밖에 없다. 이것은 번들링 판매인가 아니면 끼워팔기인가? 게다가 MS는 윈도우 98에 익스플로러 끼워팔기를 통해 넷스케이프(Netscape)를 몰락시킨 전례가 있는 회사다. 넷스케이프사의 내비게이터는 인터넷 초창기 아주 간편하게 인터넷에 접속해 검색할 수 있도록 돕는 대표적인 웹 브라우저였다. 사실상 인터넷이 이처럼 빠르게 확산할 수 있었던 원인 중의 하나도 웹 브라우저의 혁신 때문이라 할 것이다. 넷스케이프 내비게이터는 한때 웹 브라우저 시장을 거의 지배했다. 하지만 뒤늦게 해당 시장의 중요성을 알게 된 MS가 윈도우 98 버전을 배포하면서 익스플로러 끼워팔기를 통해 시장을 공략한다. 윈도우 98로 버전을 업그레이드하면 자동으로 익스플로러가 깔리게 되니 넷스케이프 내비게이터를 별도 설치하는 번거로움이 사라지게 된다. 성능에 큰 차이가 없으니 굳이 넷스케이프 내비게이터를 사용할 유인이 없어진 것이다. 자연스럽게 익스플로러가 사실상의 표준(De Facto Standard)으로 자리 잡게 된다. 미국 규제 당국은 당연히 MS를 '독점금지법' 위반 혐의로 제소했고 법정 공방이 3년간 이어졌지만, 서로 양보해 합의하는 것으로 소송이 마무리되었다(나무위키). MS가 결국 시장을 지배할 수 있었으니 사실상 승리한 것이다. 끼워팔기의 결과가 번들링 전략이 된 것이다.

번들링이나 끼워팔기는 시장 지배적 사업자가 번들링이나 끼워팔기를 자신의 독점력을 강화하는 수단으로 활용될 때 특히 문제가 된다. 공정거래 관행을 해칠 우려가 있어서다. 따라서 공정거래위원회가 규제기관이고, '독점규제 및 공정거래에 관한 법률' 제5조(시장 지배적 지위의 남용 금지)에서 규제하고 있다. 가장 큰 쟁점은 한 시장 내의 시장지배력이 상품 번들링으로 인해 다른 시장으로 전이될 가능성이 있느냐는 것이다. 어떤 범위까지 시장을 정의하는지에 관한 시장의 획정이 중요한 이유다. 한편으로는 새로운 기술확산 유인과 관련한 찬반론이 대등하다 보니 일률적으로 문제가 있다고 판단하기는 어렵다. 대표적인 예로 이동전화 단말기 번들링 판매(의무기간 약정과 함께 보조금 지급 단말기를 저가에 판매)에 대한 찬반 논쟁이 있다. 핀란드 이동전화 시장 상황이 대상인데, 찬반 주장은 〈표 3-9-1〉과 같

〈표 3-9-1〉 단말기 번들링의 기술 확산에 대한 기여 찬반 주장

찬성	반대
• 신기술의 빠른 보급 • 단말기 구입 시 낮은 초기비용 • 현재 사업의 잠식에 대한 위험 감소	• 이용자 고착 효과 • 의무약정에 따른 이용자 고착 효과로 사업자 간 경쟁 및 신기술 보급 제한
• 기술의 효과적 활용 • 이동 단말기 적합한 서비스 개발 가능	• 낮은 투명성 • 단말기 번들링에 따른 가격의 투명성 감소
• 양질의 서비스 제공 • 이용자의 단말기 전환을 용이하게 해 망 외부성 • 효과 증가 및 이로 인한 새로운 서비스 개발과 가격 인하 유도	• 진입장벽 형성 • 단말기 제조업체와 이동통신사업자가 결합할 경우 신규 진입자의 진입비용이 증가하고 상품 다양성 감소와 가격수준 상승 유도

다(강유리, 2008: 28~29에서 재인용).

개인적으로는 찬성론이다. 한국에서도 반대론처럼 단기적인 이용자 고착 효과가 있는 것은 분명하다. 하지만 약정기간이 지나고 나면 좋은 조건을 찾아 번호 변경 없이 사업자를 전환하는 것이 가능하고 실제 빈번하다. 가격의 투명성은 그리 큰 문제는 아니다. 가격 정책은 시장 반응에 따라 변동성을 가지기 때문이다. 오랫동안 3사 체제가 확고한 상태에서 진입장벽 형성의 원인이 된다는 것은 조금 나간 말이다. 진입장벽을 허물기 위해 이미 재판매(MVNO: Mobile Virtual Network Operator) 시장이 개방되었고, 크게 활성화되었다. 번들링이 시장지배력의 전이로 이어질지는 해당 산업의 특성이나 경쟁 활성화 정도에 따라 다를 수 있고, 한편으로는 관련 부작용을 사전에 제도적으로 보완한다면 큰 문제가 아닐 수 있다. 오히려 휴대폰 단말기 번들링은 저렴한 요금의 수혜 등으로 인해 소비자 후생이 더욱 커지는 효과를 가져왔다.

상품은 공급자와 수요자 간 긴장과 균형의 결과

멀티 플랫폼을 지향하는 것은 기업전략 또는 사업전략 차원에서 사업자가 어느 정도 직접 조절할 수 있는 영역이다. 하지만 상품은 사업자가 독자적으로 결정해 출시하더라도 성공 여부는 시장 상황에 따라 매우 유동적이다. 잘 만든 상품이더라도 언제나 팔리는 것을 보장하지 못한다. 상품이 팔리고 팔리지 않고는 전적으로 사는 사람의 결정사항이기 때문이다. 따라서 상품은 항상 사는 사람의 입장을 함께 고려해야 한다. 고전 경제학에서도 공급만이 아니라 수요가 함께 보이지 않는 손(Invisible Hand)의 역할을 한다고 하지 않은가.

〈그림 3-9-1〉 포터의 경쟁 전략

		경쟁 우위	
		원가(저원가 생산)	고객화(차별화)
경쟁범위	넓은 범위	원가우위 전략	차별화 전략
	좁은 범위	집중화된 원가우위 전략	집중화된 차별화 전략

보이지 않는 손은 가격만을 결정하지 않는다. 경쟁이 치열할수록 혁신 인센티브도 커진다. 혁신의 방향은 원가를 낮추는 것이 한 축이고, 품질을 높이거나 기능을 개선하는 것이 또 다른 한 축이다. 마이클 포터(Michael Porter)의 경쟁전략은 이를 잘 설명하고 있다. 포터는 경쟁우위의 차원에서 원가(Cost) 우위와 고객화(Customization) (또는 차별화) 우위로 구분하면서 경쟁범위라는 또 다른 차원에서는 넓은 범위와 좁은 범위로 구분한다. 경쟁우위와 경쟁 범위 두 축으로 표(2×2 Matrix)를 그리면 〈그림 3-9-1〉과 같은 네가지 전략이 나온다. 기업의 경쟁전략은 기업이 처해 있는 환경과의 조응과정에서 네 가지 방향 중 하나를 선택해 전개될 것이다.

상품도 해당 기업의 시장에서의 지위, 경쟁의 활성화 정도, 핵심역량의 집중화된 활용 가능성, 기업별 조직운영의 강·약점 등 기업 내·외부 환경을 반영한 치열한 전략 수립과정을 거쳐 만들어진다. 여기에 시장에서의 고객의 수용 정도를 반영하는 과정을 통해 수요자 지향적인 형태로의 변화를 모색하게 된다. 다시 말해 상품은 기업전략 또는 사업전략 차원에서 사업자가 만들어 공급하지만, 시장에서 수요자와 상호작용하는 과정에서 가격, 품질, 기능 및 서비스 등에 있어 새로운 균형점을 찾아가는 것이다. **즉, 상품은 공급자와 수요자 간 긴장과 균형의 결과다.** 번들링 상품도 마찬가지다. 번들링 상품은 수요자 우위 시장의 반영이다.

번들링에 유리한 미디어 시장의 속성

번들링은 시장에서 흔히 볼 수 있다. 편의점에서 물건을 사다 보면 1+1 또는 2+1 상품들이 많이 있다. 무심코 물건을 샀는데 하나 더 준다고 하는 경험을 누구나 가지고 있을 것이다. 마트에 가더라도 번들링 상품을 찾아볼 수 있다. 갑자기 과자가 두 개씩 세트로 묶여 있거나, 큰 우유가 작은 우유를 업고 있는 것도 보인다. 모두 간단한 형태의 번들링이라고 확대해석할 수 있다. 개별 상품을 33% 또는 50% 등 할인을 해서 파는 개념이지만, 마케팅 차원에서 번들링 형태를 취하는 것이다.

번들링의 대표적인 사례로는 흔히 소프트웨어 산업에서의 현상들을 거론하곤 한다. 소프트웨어 하나로도 분명 의미가 있지만(예: 안랩의 보안 프로그램), 이를 특정 용도로 활용 가능한 모두를 묶어서 판매(예: 사무용 소프트웨어로 한컴 오피스, MS Office)하는 것이 훨씬 흔하다. 낱개로 팔든 묶어서 팔든 크게 다르지 않다. 소프트웨어는 처음 만들기가 어렵지 한 번 만들어지면 추가 생산에 들어가는 비용이 거의 0이기 때문이다.

낱개 형태의 상품을 묶어서 판다는 개념에서는 예전에 가수들의 음반도 번들링 상품이다. 노래 한 곡 한 곡 모두 가치가 있지만, 한 곡만으로 팔지 않고 묶어서 파는 것이다. 음반에 있는 모든 곡을 묶은 후 하나의 스토리로 엮어 설명하기도 한다. 앨범이라고 한다. 여기서 잠깐 번들링 이해를 돕는 차원에서 음악산업을 짚고 가자. 기네스북에 오른 역사상 가장 많이 팔린 앨범은 마이클 잭슨이 1982년 11월 30일 발표한 6번째 앨범 〈Thriller〉다. 마이클 잭슨이 성인이 된 후 기준으로는 2번째 앨범인데 현재까지 약 6600만 장 이상이 팔렸다고 한다. 총 9곡이 수록되어 있었는데, 이 중 7곡이 빌보드 Top10에 들었다. 이 또한 한 앨범 내 가장 많은 Top10곡으로 신기록이다. 「Billie Jean」과 「Beat It」은 빌보드 싱글 1위를 했다. 한국은 BTS가

2020년 출시한 7번째 앨범 〈Map of the soul: 7〉이 450만 장 넘게 팔렸다고 한다(이상 나무위키). 글로벌과는 현격한 차이를 보인다.

　한국 앨범 시장은 2000년 이전과 이후로 크게 분류할 수 있다. 2000년 이전에는 서태지와 아이들 이전과 이후로, 2000년 이후에는 다시 BTS 이전과 이후로 나눠 볼 수 있다. 2000년 이전에는 서태지와 아이들의 앨범을 필두로 100만 장 넘게 팔리는 밀리언셀러가 제법 있었으나, 2000년 GOD의 3집 「거짓말」 이후로는 한동안 나오지 않았다. 2004년 이후로는 BTS가 나오기 전 50만 장 팔린 음반이 하나도 없었다고 한다. 인터넷 세상이 되어 온라인으로 다운로드하거나 실시간 스트리밍으로 듣다 보니 음반을 살 필요가 없게 되었다. 음원 형태의 한 곡 단위로 듣는 것이 편리했기 때문이다. 2010년대에는 멜론이나 지니뮤직 등 음악 사이트가 활성화되고, 월정 가입해서 음악을 골라 듣는 것으로 바뀌었다. 이런 현상을 빗대 2000년대 이전을 음반 시대, 2000년대를 음원 시대, 2010년대 이후에는 음악 사이트에 접속해 음악을 듣는 음접(音接) 시대라고 한다. BTS가 2013년 데뷔한 후 2017년 9월 18일 발매한 미니앨범 5집 〈LOVE YOURSELF 承 'Her'〉가 2000년대 들어 최초로 100만 장 넘게 팔린 음반이 되었다. 이후 2017년 이전에 발표한 앨범(2016년 발매한 〈WINGS〉, 2017년 초 발매한 〈YOU NEVER WALK ALONE〉 등)들도 밀리언셀러를 기록하기도 했다. BTS 외에도 NCT, EXO, 세븐틴, 블랙핑크 등도 음반 밀리언셀러다. 아이돌 음악이 한국만이 아니라 해외 시장으로 활발하게 진출한 결과 해외 음반 판매량이 늘어났기 때문이다. 기획사의 마케팅 역량이 발휘된 결과라는 평가도 있다. 한국 음반은 아직 공식적인 집계 자료를 가지고 있지 않은 상태에서 무료로 초동 배포하는 경우가 빈번하기 때문이다(나무위키). 여하튼 BTS의 등장으로 한국 음반 시장이 다시 살아나고 있는 것은 분명한 것으로 보인다.

　미디어 산업에서도 마찬가지다. **미디어는 콘텐츠를 실어 나르는 전달 매**

체인데, 콘텐츠는 쪼갤 수 있다. 쪼갤 수 있다는 것은 다른 말로 하면 쉽게 묶을 수도 있다는 것이다. 앞에 사례로 든 음악산업의 경우, 쪼갤 수 있는 것을 묶어서 팔았던 것이 음반인 것처럼 다시 쪼개서 파는 것이 쉬웠으므로 음원 판매가 활성화될 수 있었다. 모든 것이 디지털화되는 인터넷 세상에서는 쪼개거나 묶는 것이 예전보다 훨씬 간편하기 때문이다. 게다가 디지털화된 콘텐츠이므로 추가 생산에 따른 한계비용이 0으로 수렴한다. 확대재생산이 매우 쉽다. 따라서 많이만 팔 수 있다면 쪼개서 팔든 묶어서 팔든 규모의 경제에 의거 고정비를 회수할 수 있다. 하지만 **사람의 콘텐츠에 대한 선호는 다양하므로 가능하다면 묶어서 파는 것이 좋다. 사람들은 특정 한두 콘텐츠가 마음에 들더라도 구매할 것이기 때문이다.** 예컨대 음반 내에 10곡이 담겨 있다면 10곡 모두 다 마음에 들지는 않지만, 특정 1~2곡이 좋다면 그 노래 때문에 구매를 하는 것이다. 어떤 사람은 1번과 7번 곡이 좋아서, 어떤 사람은 2번, 3번 곡이 좋아서 그 앨범을 구매할 수 있다. 음반 제작자 또는 가수로서는 본인의 노래를 모두 알리면서도 리스크를 최소화할 수 있다. 여러 개를 묶어서 상대적으로 저가에 판매한다면 소비자는 선택권이 훨씬 늘어났다고 인식할 것이어서 판매가 쉬워질 수도 있다. **사업자는 마케팅 4P 관점의 이득을 기대할 수 있다.** 우선 상품 조합을 다양하게 만들 수 있다. 이에 따라 가격 정책도 매우 탄력적으로 구사할 수 있다. 'ㅇㅇㅇ한 것을 이 가격에!'라며 상품 홍보 메시지를 만들 여지가 넓어지는 등 프로모션 측면에서도 유리하다. 판매가 쉽다면 굳이 유통망을 복잡하게 가져갈 필요도 없다. 유통망에서는 세일즈 토크(Sales Talk)도 간편해서 학습비용이 줄어든다.

미디어 시장에서의 사례 1: 케이블 사업자의 인터넷 번들링

　정부는 2000년부터 시내전화, 공중전화, 도서통신, 선박통신 등을 보편적 서비스로 지정했다. 여기에 이어 2019년 6월 '전기통신사업법' 개정으로 초고속인터넷이 보편적 서비스가 되었다. 전 세계 8번째라고 한다. 다른 나라의 경우 보편적 서비스라고 한들 1~10M 이하의 속도를 제공한다. 하지만 한국의 경우 100M 속도를 제공한다. 2020년 1월에는 KT가 초고속인터넷 보편적 서비스 제공사업자로 지정되었다. 보편적 서비스란 누구든지 언제 어디서나 가입을 신청하면 적정 요금으로 제공받을 수 있는 기본적인 전기통신서비스다. 도서, 산간지역이라 하더라도 필요한 서비스를 신청하면 지정 사업자는 서비스를 제공하도록 의무화되어 있다. 수익성이 나오지 않는 지역이기 때문에 당연히 결손이 발생하게 되어 있다. 이때 발생한 부족분은 보편적 서비스 손실기금(USF: Universal Service Fund)이라 해서 다른 기간통신사업자가 분담해 보전하게끔 되어 있다. 초고속인터넷이 기본적인 전기통신서비스가 된 것을 보면서 그간의 치열한 사업자 간 경쟁사가 무상하다는 생각마저 든다.

　1998년 두루넷이 케이블모뎀 방식으로 초고속인터넷 시장의 문을 열었을 때 초고속인터넷은 부가통신 역무였다. 부가통신 역무란 기간통신 역무 외의 전기통신 역무를 말한다('전기통신사업법' 제2조 제12호). 2004년 7월이 되어서야 기간통신 역무로 바뀌게 된다. 기간통신 역무란 전화·인터넷 접속 등과 같이 음성·데이터·영상 등을 그 내용이나 형태의 변경 없이 송신 또는 수신하게 하는 전기통신 역무 및 음성·데이터·영상 등의 송신 또는 수신이 가능하도록 전기통신 회선설비를 임대하는 전기통신 역무를 말한다('전기통신사업법' 제2조 제11호). 현재 '전기통신사업법'상 기간통신사업자는 등록(부수적 이용의 경우는 신고, 제6조 제1항), 부가통신사업자는 신고(제22조

제1항)(특수 유형일 경우에는 등록, 제22조 제2항)하는 것으로 되어 있다. 하지만 이전에는 기간통신사업은 인가, 부가통신사업은 등록 대상이었다. 따라서 2004년 7월 이전에는 정부에 사업자 등록만 하면 초고속인터넷 사업을 할 수 있었다.

최초의 초고속인터넷 사업자인 두루넷이 이미 케이블모뎀 방식으로 사업을 전개하고 있었고, 2004년 이전 등록만 하면 초고속인터넷 사업을 할 수 있었으니 케이블 TV(SO) 사업자로서는 엄청난 기회가 온 것으로 느꼈다. 자신들이 유료방송을 위해 활용하는 HFC망에 케이블모뎀을 더하면 초고속인터넷 사업이 되는 것이다. HFC망은 가입자 댁내 인근까지는 광케이블로 연결하고, 이후 동축케이블(구리선)로 가입자까지 연결하는 광동축혼합 망이다. 하나의 망에 방송 신호와 인터넷 신호를 주파수 차이로 분리해 가입자에게 보내니 매우 효율적이다. 다만 동시 접속하는 가입자가 많아지면 속도가 크게 느려지는 단점은 있다. 케이블모뎀을 통해 초고속인터넷을 제공하기 위한 표준은 DOCSIS인데, 현재는 DOCSIS 3.1 표준으로 하향 10Gbps, 상향 1Gbps를 지원한다. 통신사업자들이 제공하는 기가인터넷과 똑같은 서비스를 제공할 수 있다.

마침내 2002년 케이블 TV 사업자들이 부가통신사업자 등록을 마치고 초고속인터넷 사업에 진출하게 된다. 유료방송과 초고속인터넷의 번들링이다. 이는 통신서비스 제공 역사상 최초의 번들링 사례라고 할 수 있다. 이전까지의 통신서비스는 개별 상품 하나하나 별도의 약관에 따라 따로 제공하고 있었다. 전화는 전화, 가입전신은 가입전신, 전용회선은 전용회선이었다. 상품마다 각각 고유의 망을 통해 운영되고 있었기에 더욱 그러했을 것이다. 하지만 인터넷에서는 디지털화된 어떤 것도 묶어서 보낼 수 있다. 범위의 경제가 가능하기 때문이다. 추가적인 망 투자 없이 종단에 모뎀만 설치하는 방식이니 원가를 크게 낮출 수 있다. 인터넷을 당연히 저가로 제공할 수 있다. 당시 통신사업자들이 제공하는 초고속인터넷은 최소 월 3만 원 정도의 요금을 내야 했던 반면, 케이블 TV 인터넷은 1만 3000원~1만 7000원 정도의 요금만으로도 가입할 수 있었다. 기존 유료방송의 저가 요금이 초고속인터넷과의 번들링 요금의 저가로도 이어진 것이다. '**저가 유료방송 가격의 경로 의존적 고착화 현상**'이라 할 수 있다. 케이블 TV 사업자(SO)들이 시장에 진입하던 초기 중계유선방송 사업자와 경쟁하면서 저가 상품에 의존할 수밖에 없었다는 것은 전술한 바 있다. 이런 관행이 케이블 TV 사업자의 초고속인터넷과의 번들링, 다시 IPTV 사업자에 의한 유료방송 번들링으로 이어지면서 유료방송시장에서는 저가 요금이 중요한 사업전략으로 자리 잡게 된다.

케이블 TV 사업자들은 저가 인터넷을 제공하더라도 오히려 이익이 늘어나는 구조였다. 가입자당 추가되는 비용은 케이블 모뎀 등 최소에 그치지만, 상대적으로 가입자당 매출은 기존 유료방송 매출(약 5000원 내외)의 3배 가까이(1만 3000원~1만 7000원) 추가로 받을 수 있기 때문이다. 약관에 정해진 인터넷 단독 요금을 그대로 받아야 하는 통신사업자와는 당연히 원가구조가 크게 다르다. 당시 통신사업자는 번들링할 수 있는 상품이 매우 적었다. 게다가 2004년이 되어서야 번들링 상품 출시가 허용되는 등 규제 장벽이 있기도 했다. 시장 지배적 사업자의 번들링 상품 출시는 2007년 7월에서야 가능했다. 통신사업자의 번들링 상품 출시가 가능해진 이유는 2004년 7월 초고속인터넷이 부가통신 역무에서 기간통신 역무로 바뀐 것에 따른 반사이익이었다. 초고속인터넷이 기간통신 역무가 되면 기존 케이블 TV 사업자도 모두 기간통신사업자로 바뀌어야 한다. 따라서 케이블 TV 사업자는 번들링 상품을 판매할 수 없게 된다. 이 과정에서 케이블 TV 사업자의 요구를 반영해 통신사업자도 번들링 상품을 출시할 수 있는 것으로 바뀌게 된 것이다.

<그림 3-9-2〉 SO 초고속인터넷 가입 현황(2002~2008)

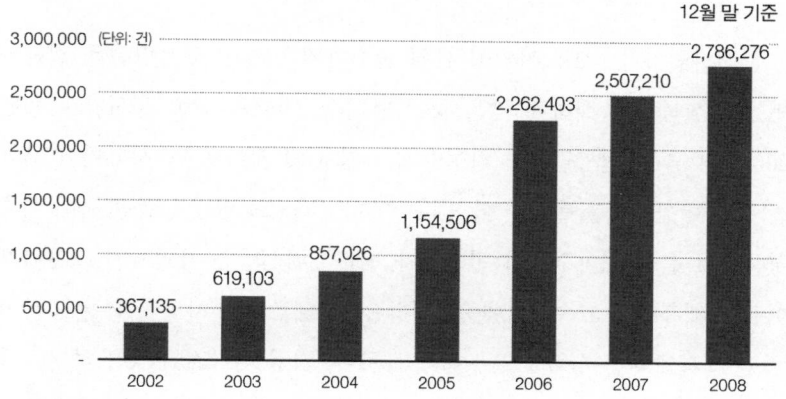

주: 2002~2005년까지는 부가통신사업자를 SO로 추정해 표시.
자료: 과학기술정보통신부 통계.

2008년 IPTV가 출범할 때까지 케이블 TV 사업자의 초고속인터넷 시장
공략은 매우 집요했다. 저가 요금제도 영향을 미쳤지만 아파트 단지 차원
의 공동 가입 및 통합 요금 고지, 그리고 지역 방송사로서의 이점을 활용한
방송 홍보 등 다양한 가입 유인 수단을 전개했다. 그 결과 상당한 규모의
초고속인터넷 가입자를 유치하게 된다. 〈그림 3-9-2〉는 통신사업자가
IPTV 서비스를 개시한 2008년까지 케이블 TV 사업자의 초고속인터넷 가
입유치 현황이다.

정부에서 케이블 TV 사업자의 초고속인터넷 가입자 현황을 제대로 집
계하기 시작한 2006년에 가입자 수가 급격하게 증가한 것으로 나타난 것
이 인상적이다. 2002~2008년까지 CAGR은 40.2%였다. 매우 빠르게 가입
자가 증가했다는 것을 확인할 수 있다. 당시 케이블 TV 사업을 인수하는
경우 가입자당 최소 100만 원, 많으면 200만 원을 크게 초과한 인수가격이
보도되었던 기억이 새롭다.

미디어 시장에서의 사례 2: 통신사업자의 IPTV 번들링

통신사업자가 IPTV 사업이 본격 출범하기 이전에 유료방송을 결합한 번들링 상품을 출시하지 않은 것은 아니다. 번들링 상품 출시가 허용된 2004년 이후 통신사업자는 위성방송 사업자 및 케이블 TV 사업자와 제휴를 통해 번들상품을 출시한 바 있다. 각자가 가지고 있는 상품을 묶어 제휴 상품으로 출시하는 경우가 빈번했다. KT는 위성방송 사업자인 스카이라이프와 제휴해 초고속인터넷 + 위성방송 + 홈네트워크 사업인 홈엔을 묶어 '홈엔 스카이'라는 상품을 출시하기도 했다. 가장 적극적인 것은 하나로텔레콤(현 SK브로드밴드)이었다. 하나로텔레콤은 자사가 가지고 있는 초고속인터넷과 전화를 기반으로 케이블 TV 사업자의 유료방송을 묶어 다양한 상품 옵션을 만들어냈다. 스카이라이프와 제휴해 초고속인터넷 + 위성방송 + 전화를 묶은 상품을 출시하기도 했다. 가장 강력한 것은 전술한 것처럼 VOD를 결정적으로 앞당긴 TV 포털 '하나TV'였다. 기존 번들링 상품은 다른 사업자와 제휴를 통한 것이었으나 '하나TV'는 자체 상품으로 구성된 것이어서 더욱 파괴력이 있었다. 2006년 7월 말 서비스 개시 이후 120일 만에 가입자 10만 명을 돌파하는 기염을 토하기도 했다(김세영, 2006년 11월 22일 자). 무선 사업자와 제휴를 통한 유·무선 번들링 상품 출시도 많았다. 상품 2개를 묶은 더블 플레이 서비스(DPS: Double Play Service)(예: 전화 + 초고속인터넷), 3개를 묶은 TPS, TPS에다 무선 상품까지 묶은 QPS 등 다양한 형태의 번들링 상품이 출시되었다. 당시 통신·방송 융합, 유·무선 통합 등이 사람들 사이에 가장 많이 회자되었던 키워드였다.

통신사업자가 기술적·제도적·사업적으로 번들링 상품 출시가 가능해진 것은 사실상 2008년 11월 IPTV 사업이 개시되고 난 이후부터다. 케이블 TV 사업자가 방송과 통신의 결합을 통해 기존 통신 시장을 흔들었다면, 이제는 거꾸로 통신사업자가 통신과 방송의 결합을 통해 유료방송시장을 침입하게 된다. **IPTV를 상용화하면서 통신 3사는 유료방송을 결합한 번들링 상품을 단독으로 출시하게 된 것이다.** 예전 제휴상품은 유료방송이 없는 상태에서 궁여지책으로 나온 두 사업자 간 제휴상품 성격에 불과했다. 하지만 이제는 단일 기업 단위에서 상품을 묶을 수 있게 된 것이다. 시장 지배적 사업자이던 KT나 SKT도 시장 지배적 상품(KT는 시내전화, SKT는 이동전화)에 대한 번들링 상품 출시 제한 족쇄가 2007년 7월에 풀리게 되었다. 족쇄가 풀리면서 통신사업자의 번들링은 케이블 TV 사업자보다 훨씬 공격적이었고 파급력도 매우 컸다. **가장 핵심적인 것은 번들링 상품에 약정 할인 제도를 함께 적용한 것과 월정액 번들링 상품의 출시였다.** 최소 3년 정도 약정을 하면 장기 약정 할인까지 받을 수 있으니, 소비자는 훨씬 싸게 서비스를 가입할 수 있었다. 월정액 번들링 상품은 더욱 파급력이 컸다. KT는 '쿡 3개 3만 원', '통 요금제', '뭉치면 올레' 등 다양한 정액형 번들링 상품을 출시했고, SKT는 'TB끼리 온 가족 무료', LG유플러스는 '온 국민은 Yo 요금제' 등 단순 가격할인 개념을 뛰어넘은 월정액 서비스를 출시하기도 했다.

월정액 상품이 나오게 되면서부터 초고속인터넷 시장 경쟁도 새로운 국면으로 접어들게 되었다. 초고속인터넷은 가입 붐이 일기 시작한 1990년대 말~2000년대 초까지는 내가 초고속인터넷 가입을 할 수 있는지가 문제였다. 이른바 커버리지의 문제다. 최소한 1M 이상 기본적인 초고속이 되기면 하면 그 외에는 크게 관심이 없었다. 2000년대 중반 파워콤(현 LG유플러스) 100M 광랜이 나오면서는 속도의 개념이 크게 달라져, 결국 스피드의 문제가 가장 큰 관건이었다. 2000년대 후반 월정액 서비스가 나오면서부터는 얼마나 싸고 나에게 도움이 되는 형태로 통신서비스를 받을 수 있는지가 문제였다. 이른바 번들링이다. **3개의 시기를 각각 초고속인터넷 1.0시대, 2.0시대, 3.0시대라고 명명할 수 있다. 그리고 각 시대를 규정하는 키워드**

는 각각 **커버리지, 스피드, 번들링**이라고 할 수 있다. 현재의 초고속인터넷 시장은 새롭게 바뀔만한 전기가 특별히 없는 일용품(Commodity)화되었고, 가격 요인과 전환비용 이슈만 남아 있는 시장이 되었다. 당분간 이런 상태가 바뀔 만한 여지도 거의 보이지 않는다. **한 가지 남아 있다면 경험품질을 차별화해 충성도를 계속 유지하고, 이 충성도를 기반으로 해서 고객을 더 끌어 모을 수 있는지가 될 것이다. 경험품질 차별화를 위해 가장 대표적인 것이 개통/AS 분야일 것**이다. 다음은 콜센터나 대리점 등 영업창구 측면이 될 것이다. 전체 고객서비스 과정을 매끈하고 일관되게 연결해 고객 경험품질에 대한 대대적인 혁신이 필요한 시점이다. **'매끈하고 일관되게'가 핵심**이다.

통신사업자의 유료방송 번들링 효과는 매우 컸다. 〈그림 3-9-3〉은 통신사업자가 유료방송을 본격 시작한 2009년부터 (LG유플러스를 필두로) 통신사업자가 SO를 본격 인수하기 전인 2018년까지의 초고속인터넷과 유료방송 가입 현황이다.

〈그림 3-9-3〉 SO 대(對) 통신 3사(인터넷 & 유료방송) 가입 현황

	2009	2010	2011	2012	2013	2014	2015	2016	2017	2018
SO_유료방송	15,229,961	15,038,895	14,957,857	14,921,837	14,842,784	14,708,848	13,816,370	13,959,869	14,098,156	13,859,169
통신 3사_유료방송	2,373,911	3,645,866	4,893,847	6,547,421	8,738,479	10,856,783	11,358,191	12,889,223	14,325,496	15,656,861
SO_인터넷	2,810,732	2,826,497	2,857,414	2,960,554	3,060,328	3,157,512	3,110,722	3,160,330	3,162,583	3,113,687
통신 3사_인터넷	13,321,155	14,198,982	14,824,426	15,173,913	15,563,890	15,954,171	16,847,720	17,128,566	17,806,546	18,155,824

자료: 방송통신위원회·과학기술정보통신부 통계.

〈그림 3-9-3〉을 통해 알 수 있듯이 통신 3사의 유료방송(IPTV) 가입자는 2018년까지 매년 23.3%씩 증가해 2017년부터는 케이블 TV를 제치게 된다. 반면 케이블 TV 사업자의 유료방송 가입자 수는 조금씩 줄어들고 있다. 초고속인터넷 분야는 더욱 재미있다. 2009년 이전까지 매년 40% 이상 고속 성장을 하던 케이블 TV 사업자의 초고속인터넷은 매년 1.14% 성장으로 대폭 줄어들었다. 통신 3사의 경우에는 매년 3.5%씩 성장하는 그림이다. 작지만 그래도 의미 있는 성과라고 할 것이다. **즉, 통신사업자는 IPTV 사업 진출로 인해 가입자 유치와 초고속인터넷 시장 방어의 두 가지 효과를 동시에 거둘 수 있었다고 평가할 수 있다.**

3개의 광고를 통해 알아보는 초고속인터넷 시장

비즈니스 세계에는 몇 가지 격언이 있지요. '혁신하거나 아니면 죽거나(Innovate or Die)', '집중하거나 아니면 죽거나(Concentrate or Die)', '차별화하거나 아니면 죽거나(Differentiate or Die)' 등. 특히 차별화는 비즈니스를 구성하는 기본 원리의 하나로 일컬어질 만큼 매우 강조되는 경구(警句)이기도 합니다. 하지만 가장 실현하기 어려운 말이기도 합니다. 문영미의 책 『디퍼런트』는 이런 현실을 꼬집으면서 차별화의 중요성을 새삼 강조합니다. 그는 대학원 시절 강의를 처음 맡았을 때 사례를 소개합니다. 학생들이 수업에 적극적으로 참여하게 할 목적으로 중간 평가결과를 알려주는 방법을 채택했는데, 결과는 전혀 엉뚱하게 흘러갔다고 합니다. 학생들은 중간 평가결과 특정 부분에서 낮게 나온 점수가 있으면 그 부분을 높이는 방법을 물어보더라는 겁니다. 그리고 창의력이 뛰어난 학생은 분석력을 개발하고, 분석력에서 좋은 점수를 받은 학생은 창의력을 높이기 위해 집중했다고 합니다. 자신의 강점을 더욱 키워 나가려는 학생은 아무도 없었고, 자기가 못하는 것에 집중하다 보니 수업에 흥미를 잃게 되더라는 겁니다. 의도했던 것과는 정반대의 결과죠. 그에 따르면 '차별화란 불균형의 상황을 더욱 불균형하게 만드는 과정에서 얻어지는 것'입니다. 하지만 현실은 갈수록 평준화를 지향하게 되지요(문영미, 2011: 57~61).

한국 초고속인터넷 시장 또한 평준화의 과정으로 설명할 수 있습니다. 처음에는 차별적인 점을 부각하기 위해 시작했으나, 다른 사업자들이 즉각적으로 모방해 차별화가 아니게 된 것입니다. 이 과정은 당시의 광고 세 편으로 압축해 설명할 수 있습니다. 아울러 이에 맞춰 초고속인터넷 시장도 3개 시기로 구분할 수 있습니다.

① 1.0시대(1998년 7월~2005년 8월): 커버리지 경쟁(유쾌! 상쾌! 통쾌!)
② 2.0시대(2005년 9월~2009년 5월): 스피드 경쟁(지금 필요한 것은 뭐? 스피드!)
③ 3.0시대(2009년 6월~현재): 번들링 경쟁(쿡 3개 3만 원!)

먼저 1.0시대입니다. 잘 알고 계시겠지만 초고속인터넷 시장은 1998년 7월, 두루넷이 '케이블 모뎀' 방식으로 출발한 것이 최초입니다. 이어 1999년 4월, 하나로통신(현 SK브로드밴드)이 ADSL 기술방식으로 서비스를 제공합니다. 지금의 1위 사업자인 KT는 후발 사업자로 진출하게 되지요. 당시까지는 기존의 전화 가입자 회선인 PSTN을 고속으로 대체, 고도화하는 방안은 B-ISDN이었습니다. 꿈의 정보통신망이라고 불렸지요. 1993년 12월 29일, 당시 김영삼 정부의 공약사항이라고 해서 전격 B-ISDN의 전 단계인 N-ISDN(Narrowband ISDN)이 상용화되기도 했습니다. 투자도 제법되었고요. 하지만 KT는 과감하게 B-ISDN을 포기하고 하나로통신의 ADSL 방식을 채택해 초고속인터넷 시장에 뛰어들게 됩니다. 이런 점에서 보면 KT는 하나로통신에 참 많은 것을 빚지고 있습니다. 두루넷의 케이블 모뎀방식은 기존 네트워크와의 호환성 이슈도 있지만, 전국 단위의 사업을 해야 하는 KT로서는 가입자가 늘어날수록 오히려 투자 효율성이 낮았기 때문에 채택하지 않았습니다.

1999년 5월 위성인터넷서비스, 6월 ADSL 상용서비스(8M), 10월 B&A(Building & Apartment) 서비스(현재 엔토피아 상품), 마침내 2000년 4월에는 메가패스 Lite(1M, 8M) 상품 등을 연달아 출시합니다. 그리고 2000년 6월 초고속인터넷 통합 브랜드로 매가패스를 채택하고 '유쾌! 상쾌! 통쾌!'라는 광고를 합니다. 빠르게 시장을 장악해 나가면서 2000년에 이미 1위 사업자가 됩니다. 당시 초고속인터넷은 사회적으로 큰 이슈였고, 소비자의 가입 욕구가 커지고 있던 상황에서 ADSL 방식의 거리·속도 등 제약요소를 최적 솔루션을 제시해 극복한 것이 빠르게 1위 사업자가 된 가장 큰 이유입니다. 먼저 아파트는 엔토피아(당시 B&A 서비스) 솔루션을 적용합니다. 전화국에서 아파트 단지 내 통신실까지 광케이블을 연결한 후 여기에서 다시 각 가정으로 분기(分岐)하는 구조입니다. 일반 단독주택 지역은 BBx[BBC(BroadBand Cabinet), BBP(BB Pole), BBH(BB House) 등] 솔루션을 채택합니다. 원리는 엔토피아와 유사합니다. 단독주택 밀집 지역 인근 거리까

BBC

지 광케이블을 보낸 후 거기에서 다시 분기하는 형태입니다. 분기할 거점이 필요했지요. 그 역할을 인터넷 수요와 KT 보유시설의 재활용 가능 정도를 기준으로 가장 투자 효율적인 방법을 활용합니다. 수요가 많은 지역 인근의 길거리에 새롭게 분기시설을 설치하는 것이 BBC입니다. 서류 보관 캐비닛과 같이 초고속인터넷 시설을 보관합니다. KT가 원래 보유하고 있던 분기 국사 등에 설치한 것은 집과 같다고 해서 BBH, 통신주(전봇대)에 인터넷 장비를 설치한 후 그곳에서 다시 분기하면 BBP라고 불렀습니다. 따라서 2000년대 초반 초고속인터넷 경쟁 차별화 포인트는 커버리지라고 하겠습니다. 하나로통신에서도 유승준이 '나는 ADSL, 따라올 테면 따라와 봐!'라고 대대적인 광고를 했는데, 커버리지 경쟁 시대에 속도를 강조한 것입니다. 하나로통신은 KT와 같은 ADSL 기술을 사용했기 때문에 시장에서 성공 요인은 인터넷 가입 욕구를 얼마나 빠르게 수용할 수 있는지를 고민했어야 합니다. 그런데 속도 중심으로 소구하다 보니 결국 커버리지 경쟁에서 뒤처지게 된 것이지요.

참고로 1.0시대에 간과하기 쉽지만 주목해야 할 것이 있습니다. 바로 SO들이 유료방송을 제공하던 'HFC 대역폭을 분할해 인터넷을 제공하는 기술(DOCSIS 1.0)'

을 가지고 초저가로 초고속인터넷을 제공하기 시작한 것입니다. 한 회선으로 유료방송과 함께 인터넷을 동시에 제공하는 것은 통신 3사가 가지고 있지 못한 SO만의 차별화 포인트였던 것이지요. 차별화 덕분에 SO들은 불과 4~5년 만에 200만 이상의 가입자를 순식간에 유치하게 됩니다. 타 통신사는 상대적으로 가입자 정체 상태에 머무르고 있었던 것이었고요. KT 또한 순증 증가 추세가 급격하게 꺾이게 됩니다. 1999년 40만 가입자 순증 유치로 출발해 2000년 170만, 2001년 206만 순증 유치했던 것이 SO가 등장한 2002년 106만으로 꺾이더니 2003년 66만, 2004년 48만으로 급격하게 순증 규모가 줄어들게 된 것입니다. 그나마 다행인 것은 사업 개시 5년 만인 2004년 9월 20일 600만 가입자 유치를 달성하게 된 것 정도입니다.

2.0시대는 LG유플러스(당시 파워콤)가 2005년 9월 100M 광랜을 시장에 출시한 것이 출발입니다. 당시 인터넷은 초고속이라고는 하지만 8M 정도의 속도를 제공하던 것이었는데 100M를 제공한다고 하니 시장에서 파급력은 엄청났습니다. 기억하시겠지만 2006년 1월부터 송출된 '지금 필요한 것은 뭐? 스피드!'라는 광고는 패러디도 많이 될 만큼 인기가 높았지요. 실제 데이터를 통해 보더라도 LG유플러스 가입자는 2004년 누적 20만 정도, 2005년에 47.5만 정도였던 것이 2006년 132만, 2007년 179만, 2008년 221만, 2009년 252만, 2010년 277만으로 급격하게 성장하게 됩니다. KT로서도 뒤늦게 FTTH망을 구축하겠다는 계획을 세웁니다. 그리고 대대적인 마케팅 비용을 쏟아부었지만 한 번 차별화 이슈에 밀리고 나니 큰 효과는 없었습니다. 매년 130만 신규에 120만 해지, 즉 순증 가입자 10만 내외 달성에 그치게 된 것이지요. 2004년 9월 600만 가입자가 2010년 2월 24일 700만이 될 때까지 무려 5년 5개월이 걸리기도 했습니다. 따라서 초고속인터넷 2.0시대는 스피드가 차별화 포인트였고 SO와 통신 3사 간의 무한경쟁 시대입니다. LG유플러스의 광고는 이런 측면을 잘 소구해 표현하고 있다고 하겠습니다.

3.0시대는 KT가 다시 변화의 계기를 만든 것이 시작입니다. 2008년 IPTV 사업을 본격 개시한 것도 영향을 주었겠지만, 합병을 앞두고 유선상품을 통합한 쿡이라는

브랜드를 런칭합니다. 대표적인 광고가 '집 나가면 개고생이다. 집에서 쿡해'라는 변우민이 나온 광고였지요. 이후 2009년 6월 KTF와의 합병 기념으로 '쿡 3개 3만 원'이라는 저가 정액형 상품을 출시해 시장 흐름 역전을 시도합니다. SO와 대등하게 유료방송을 제공하면서 인터넷을 기본으로 묶고, 인터넷 전화만 추가 시에는 3만 원, 집 전화까지 추가 시에는 3만 2000원에 제공하는 파격적인 상품이었지요. 초기에는 IPTV 채널경쟁력이 부족해서 파급력이 그리 크지 않았습니다. 2010년 4월 채널경쟁력이 좋은 OTS 정액형 상품까지 출시하고 나서야 시장 파급효과가 제법 나타납니다. 2010년 인터넷 가입자 순증 규모가 2004년 수준인 47만 명 이상으로 회복했고, 2011년에도 40만 정도의 순증을 달성하게 되는 등 그럭저럭 시장을 주도해 나갑니다. 하지만 SK브로드밴드에서 모바일까지 묶은 QPS 번들링 상품이 나오면서부터 KT의 가입자 증가 추세는 다시 주춤하게 되었습니다. 이후 초고속인터넷 시장은 혼전 상태로 바뀌었다고 하겠습니다.

사업자별 연도 말 초고속인터넷 가입자

(단위: 만 명)

구분	'01	'02	'03	'04	'05	'06	'07	'08	'09	'10	'11	'12	CAGR(%)
KT	**386**	**492**	**559**	**608**	624	635	652	671	695	**742**	**782**	**804**	6.9
SK	206	287	273	275	277	361	369	354	**385**	400	419	439	7.1
LG	13	15	20	21	48	132	**179**	**221**	**252**	277	281	274	31.9
SO	-	37	62	86	**115**	**226**	251	279	281	283	286	296	23.2

주 1): 진한 고딕체 수치는 연도별 순증 1위 사업자.
주 2): SK는 SK브로드밴드(구하나로통신), LG는 LG유플러스, SO는 개별 SO 가입자의 합.

이제 초고속인터넷 시장에서 차별화 포인트는 거의 없어 보입니다. 품질이나 커버리지는 이슈가 아닙니다. 기가인터넷까지 나온 마당에 스피드 또한 큰 의미가 없습니다. 기가로도 이미 충분하니 테라급 인터넷은 당장 필요하지 않습니다. 기본 속도를 뛰어넘는 어떤 가치를 고객에게 줄 수 있어야 하는데 특별히 보이지 않습니다. 기본 인프라의 의미 이상 아무것도 떠오르지 않습니다. 오로지 가격만이 소구(所求)되는 일용품 시장이 된 것이지요. 다만 개통/AS 분야를 중심으로 한 고객 경험품질 차별화가 유일한 해법이라고 생각합니다.

미디어 시장에서의 사례 3: 콘텐츠 거래시장에서의 번들링

콘텐츠 사업에서의 번들링은 필수적이라 할 만큼 활발하게 활용되고 있다. 예컨대 방송 프로그램은 하나하나 독자의 가치를 가지고 있다. 따라서 별개의 콘텐츠로 거래가 이루어질 수 있다. 이것을 묶어 매일 같이 편성을 하고 방송 네트워크를 통해 전달하면 방송채널이 된다. 번들링이다. 방송채널을 공급하는 방식에는 알라카르테 방식과 티어링 방식이 있다. 채널 하나씩 구매해 공급하는 것이 알라카르테 방식이라면, 티어링 방식은 채널을 묶어서 판다. 역시 번들링이다. 예컨대 음원 하나하나 별도로 구매한다면 알라카르테 방식이지만, 음반 전체를 구매한다면 이 또한 티어링 방식이다. 길거리에서 신문 1부를 사는 것은 일종의 티어링이지만 온라인 시대에 기사 하나하나를 사야 한다면 (물론 이렇게 바뀌기는 어렵겠지만) 알라카르테 방식이다. 만화를 단행본 한 권을 사는 것이 알라카르테 방식이라면, 만화 잡지를 사서 구독하는 형태라고 한다면 일종의 티어링 방식과 같다. 약간 결을 달리하지만 의무적으로 송출해야 한다면 채널 의무 전송이라 한다.

유료방송 사업자의 상품 구성을 보면 대개 티어링 방식으로 되어 있다. 즉, 기본적으로 제공하는 채널 수에다 제공 VOD 편 수가 상품을 구성하는 주요 내용이다. 여기에 다양한 형태의 부가 옵션에 따라 요금이 천차만별이다. VOD 무료 쿠폰을 매월 주기도 하지만 최근 대세인 OTT 연결 제공 등도 부가 옵션으로 제공한다. 티어링에 따른 유료방송 상품과는 별도로 셋톱박스 임대료와 설치비가 있는데, 어떤 사업자는 받지 않기도 한다. 셋톱박스도 다양해서 어떤 상품에는 특정 셋톱박스가 필요하기도 하다. 유료방송만도 이러한데 덧붙여 인터넷, 모바일 등과의 번들링 상품까지 생각하면 머리가 지끈거린다. 상품별로 수십 가지의 조합이 있는데 3개의 상품 번들링만으로도 몇 천 가지 이상의 조합이 나올 수 있다. 상품관리도 매우 복잡하고, 영업하기도 어렵고, 고객들 VOC 처리도 힘들어지며, 개통/AS 하는 과정도 매우 번거롭다. 전산 문제는 특히 심각하다. 최초 구현하는 데도 버거움을 느끼지만, 요금 상품이 새롭게 나올 때마다 다시 손보기 위해 품이 많이 든다. **이 모든 것이 회사 차원에서는 복잡성 비용이다. 상품 구조만 단순화해도 절감할 수 있는 비용이 제법 될 것이다. 고객의 눈으로 보더라도 너무나 복잡해서 이해하기도 힘들고, 내가 상품 가입 과정에서 뭔가 속은 것은 아닌가 하는 의심이 들기도 한다. 번들링이 가져온 부작용의 하나라 할 것이다.**

티어링 제도가 도입됨에 따라 케이블 TV 사업자의 경쟁력은 보다 커졌다. 케이블 산업이 출범하던 초창기에 SO는 PP의 모든 채널을 송출해야 했다. 채널 의무 전송이다. 케이블 채널에 가입하면 일괄적으로 월 1만 5000원의 수신료를 내고 유료 채널인 캐치원을 제외한 28개 채널을 모두 수신하게 되어 있었다. 일부 채널만 묶어서 가격을 차등 적용하는 티어링 제도 도입에 대해 당시 PP들은 시기상조라는 입장이었지만, 전체 케이블 TV 산업의 공생 차원에서 1999년 말 제도가 도입된다.[1] 케이블 TV 사업자는 다양한 요금제 상품을 만들 수 있었고, 일부만 묶은 상품이다 보니 가격을 낮출 수 있었다. 고객으로서도 굳이 보고 싶지 않은 채널은 제외하고 본인의 취향에 맞는 채널 묶음을 저가에 볼 수 있으니 만족했다. 가입자가 급격하게 늘어난 배경이다.

최근 OTT 활성화 및 제로 TV 트렌드에 따라 (사업자의 의지와는 무관하게) 이제는 티어링 제도에 대한 고객의 반감이 생길지도 모른다. 개별 채널은 월정액이 아니라 일정액 또는 프로그램 단위 시간 정액으로 구매하거나,

---

1 1999년 말 티어링 제도가 도입되면서 91만 6176가구에 불과하던 가입자가 2004년 6월에는 938만 4086가구로 불과 5년 사이에 약 10배 증가했다(김희경, 2015: 49).

필요한 채널만 개별 구매하는 형태가 나올 수도 있다. 복잡한 요금제도가 고객의 개별 채널 구매 욕구를 더욱 크게 만들지도 모른다. **현재의 티어링 제도에 대한 근본적인 검토가 필요한 시점이다. 이런 관점에서 보면 채널 의무 전송 제도를 지금도 유지해야 하는지도 의문이다.** 긴급한 상황에서는 재난방송을 편성해서 운영하면 된다. 방송의 공공성·공익성은 특정 공익채널 몇 개를 의무적으로 송출한다고 해서 기계적으로 담보되지 않는다. 2019년 폐지되기 전 종편 4사를 의무 전송 채널로 지정한 것은 제도의 허점을 오용한 특혜 사례였다.

알라카르테, 채널 티어링 및 채널 의무 전송 등은 유료방송 사업자와 고객 간의 관계에서 발생하는 번들링이다. 이와 별도로 콘텐츠 사업자와 유료방송 사업자 간에도 번들링을 찾아볼 수 있다. 예컨대 SVOD는 콘텐츠 사업자 관점에서의 번들링이다. 유료방송 가입자는 공짜로 보는 VOD이기 때문에 별생각 없이 보곤 하지만, 유료방송 사업자는 콘텐츠 사업자로부터 유료로 구매한다. 이 과정에서 콘텐츠 사업자는 끼워팔기를 하기도 했다. 인기가 좋은 콘텐츠와 그렇지 않은 콘텐츠를 함께 묶어 가격을 총액으로 책정하는 식이다. MPP 시대가 되어 유료방송 사업자는 개별 채널이 아닌 MPP 전체 채널을 대상으로 가격협상을 하고 구매를 한다. 콘텐츠 사업자의 번들링 판매의 상대방이 되는 것이다. 콘텐츠 사업자는 유료방송 사업자에게 번들링 상품을 팔고, 유료방송 사업자는 유통 중개상으로서 고객에게 되파는 구조가 된다.

콘텐츠 사업자와 플랫폼 사업자 간 콘텐츠 가격협상 방식: CPS·MG·R/S·Flat

마케팅 근시안(Marketing Myopia)라는 말이 있습니다. 마케팅 구루(Guru)라고 일컬어지는 시어도어 레빗(Theodore Levitt)이 말한 개념입니다. 인터넷 검색으로 찾아보면 대체로 '마케팅을 하면서 고객에 집중하지 않고 상품이나 회사의 관점으로만 하려는 시각' 정도로 정의되어 있습니다. 레빗은 그의 책 『마케팅 상상력(The Marketing Imagination)』에서 영화산업과 철도산업의 사례를 가지고 근시안적 사고를 설명합니다. 영화산업에서는 '연예오락 사업'이 아닌 '영화사업', 철도산업에서는 '운수사업'이 아닌 '철도사업'으로 자신들의 사업을 협소하게 정의함으로써 고객을 놓쳤다는 것입니다(레빗, 2007: 27~30). 핵심은 고객의 시각을 가져야 한다는 것에 있습니다. 하지만 경영 현장에서는 쉽게 근시안적 사고에 치우칩니다. 원인에는 여러 가지가 있습니다. 레빗이 말한 것처럼 제품 지향적 시각이 한 원인입니다. 레빗의 생각을 확대하면 회사의 시각으로 바라보는 것도 원인일 수 있습니다. KT에 재직 시에도 많이 거론되었던 말 중 하나가 '공급자 시각을 버려야 한다'라는 것이기도 했습니다. 경쟁상황에 매몰되다 보면 실질을 보지 못하고 바로 눈앞에 있는 경쟁상대에만 초점을 두기도 합니다. 제품 중심의 시각, 공급자 마인드, 회사 및 경쟁에 치우친 생각 등이 근시안적 사고에 머물게 하는 것들입니다. 주변 환경과 맥락을 훨씬 넓고 깊이 이해하지 못하고 '나 중심'으로만 생각한다면 근시안적 사고는 탈피하지 못할 것입니다.

IPTV가 출범하자 기존 방송사들은 IPTV를 경쟁의 대상으로 생각했습니다. 자신들이 힘들게 쌓아 올린 방송시장에서의 주도권을 IPTV 사업자들에게 빼앗길지도 모른다는 생각에서였을 것으로 추정합니다. 비단 IPTV만이 아니라 위성방송이 출범했을 때에도 마찬가지였습니다. 2002년 출범한 위성방송에 지상파가 송출된 것은 출범 후 3년이 훨씬 지난 2005년에서야 입니다. (콘텐츠 사업자와 플랫폼 사업자가 기업의 운영원리 등에 있어 완전히 다른 것처럼) 방송 사업자와 그 방송 프로그램을 유통하는 사업자는 그 성격이 완전히 다릅니다. IPTV와 위성방송은 방송 프로그램을 제작하는 콘텐츠 사업자가 아니라 유통하는 플랫폼 사업자인 것이지요. 유통 채널이 늘어나는 것은 고객에게 자신들이 만든 콘텐츠를 훨씬 많이 제공할 수 있는 수단이 생기는 것임에도 경쟁 대상으로 바라본 근시안적 사고에 있지 않았나 생각합니다. IPTV 출범 후 10년이 훌쩍 지난 지금, 지상파 등과 같은 프로그램 제작 사업자에게 IPTV는 주요 수익원으로서 기능하고 있습니다. 지금은 오히려 다른 유료방송과 함께 모바일 OTT의 거센 공세에 맞서 연대하고 보조를 함께 맞춰야 하는 동지가 되어야 하는 시점입니다. 유료방송이 무너지면 방송 프로그램 제작 사업자도 콘텐츠 판매 창구가 제한될 것입니다. 거꾸로 방송 프로그램 제작 사업자가 힘들어지면 유료방송도 가입 유인의 추동력을 잃게 됩니다. 입술이 없으면 이가 시린 법입니다. 순망치한(脣亡齒寒)입니다.

이런 시각에서 보면 현재 플랫폼 사업자와 콘텐츠 사업자 간의 콘텐츠 수급협상 과정은 다시 한번 곱씹어볼 필요가 있습니다. 동영상 콘텐츠는 원래 값을 매기기에 적합하지 않은 상품입니다. 사람의 고도의 정신적 창작 활동의 결과이기 때문입니다. 훌륭한 미술품이나 뛰어난 음악 등에도 가격을 매기기 어려운 것과 같은 이치입니다. 사람들이 많이 선호하는 콘텐츠는 이른바 '부르는 게 값'입니다. 따라서 유료방송, 즉 플랫폼 사업자에게 콘텐츠 사업자는 콘텐츠 수급협상에서 항상 우위에 있습니다. 콘텐츠를 유통하는 사업자로서는 당연히 콘텐츠 사업자가 큰 고객이지요. 그러다 보니 협상력의 우위 정도에 따라 가격이 조금씩 다릅니다. 가장 쉽게 생각할 수 있는 방식이 단매(Flat, 單賣) 방식입니다. 콘텐츠 건별로 계약 기간을 정해 판매하는 것입니다. 이를 유료방송 가입자에게 무료로 제공할 것인지 유료로 제공할 것인지는 전적으로 유료방송 사업자의 몫입니다. 하지만 콘텐츠 사업자가 유·무료에 대한 조건을 제시할 수도 있습니다. 한편으로는 번들로 묶어서 '끼워팔기'할 수도 있습니다. 사고 싶지 않은 콘텐츠가 있음에도 불구하고 함께 통째로 사기도 했습니다. 이제는 VOD 콘텐츠 수가 경쟁 차별화 요소가 아니지만, IPTV 초창기에는 차별화 요소로 생각해 '울며 겨자 먹기' 식으로 사기도 했습니다. 다음으로는 R/S(Revenue Share) 방식이 있습니다. 수익을 '나눠 먹기'하는 방식입니다. 50:50의 비율로 나눈다면 이 방식이 가장 공정할 것입니다. 하지만 한때는 콘텐츠 사업자가 70% 이상을 가져가기도 했습니다. 지금도 R/S 70%에 가까운 금액을 콘텐츠 사업자에게 대가로 주어야 합니다. 여기에서 나아가 R/S를 하면서도 MG(Minimum Guarantee), 즉 최소보장수익을 요구하기도 합니다. 사람들이 선호할 만한 콘텐츠일 경우에는 이런 옵션을 수용할 필요가 있기도 합니다. 콘텐츠 사업자가 가장 큰 우위를 가지는 것은 CPS 방식입니다. 한 가입자당 일정 금액을 매월 지급하는 것인데 지상파 3사의 방송 프로그램이 그것입니다. 유료방송으로 인해 텔레비전 난시청을 해소하는, 그리고 지상파 콘텐츠를 널리 대신 전달한다는 긍정적인 측면이 있음에도 (그래서 광고 매출을 올릴 수 있음에도) 거꾸로 많은 돈을 지급해야 합니다. IPTV의 경우 지상파당 280원, 3사이니 가입자당 840원을 지급합니다. 유료방송 사업자로서는 지상파 방송 프로그램 송출을 대신해 주는 것이니 송출 대행 수수료를 받아야 한다고 생각할 수도 있습니다. IPTV 사업이 시작된 지 10년이 지난 2019년이 되어서야 총액 계약 방식으로 바뀌었습니다.

플랫폼 사업자와 콘텐츠 사업자 간의 콘텐츠 가격협상은 시장 원리를 적용하는 것이 원칙인 것은 맞습니다. 하지만 생태계의 건전한 유지 차원에서 공정한 협상 가격이 설정되는 것이 바람직하다고 생각합니다. 이를 위해 유료방송 사업자도 공정한 가격을 산정할 수 있는 기준 마련을 위한 준비가 필요하다고 봅니다. 콘텐츠 ROI 관리체계를 제대로 만드는 것이 대안이 될 수 있습니다.

제10장

고객의 요구에 따른 온 디맨드 세상

미디어의 기본 속성은 온 디맨드

온 디맨드는 소비자가 원하는 상품이나 서비스를 주문하면 바로 공급하는 것을 일컫는다. 2002년 IBM이 차세대 사업전략으로 제시하면서 주목받는 현상이 되었다고 한다. 모바일 단말이 스마트폰으로 바뀌게 되면서 더욱 빠르게 수용되고 있는 개념이다. 공급이 아니라 수요가 모든 것을 결정하는 시스템이 되었고, 모든 거래 과정이 온 디맨드 형태로 바뀌면서 '온 디맨드 경제'라는 개념으로까지 확장되었다.

하지만 **통신서비스에서 온 디맨드는 전혀 새로운 것이 아니다. 통신서비스는 구조적으로 온 디맨드가 지배하는 원리를 가지고 있다.** 통신은 기본적으로 통화하고 싶은 상대방을 불러오는 것이다. 전통적인 통신은 상대방에게 무언가를 전달하기 위해 각종 수단을 활용하는 것이었지만, 전기통신의 시대, 특히 전화기가 발명되면서부터는 상대방을 불러오는 것이 기본 로직이다. **온 콜**이다. 어떤 나라에서는 전화를 받는 데도 요금을 부과하기도 하지만 (그래서 전화 받기를 주저하기도 하지만) 대부분의 나라에서 전화를 거는 사람에게 요금을 부과한다. 다른 사람을 불러오기 위해서는 나의 돈이 지출된다. 이동전화도 전화이니 마찬가지 원리가 작동된다. 주문 배달을 시키기 위해 전화를 걸고, 인터넷이 고장 나면 전화를 걸고, 관공서에 민원을 넣기 위해 전화를 걸고, 날씨 정보를 알기 위해서도 전화를 건다. 그러면 배달음식이고 오고, 고장 수리 엔지니어가 오고, 민원 상담이 이루어지고, 날씨를 알 수 있다. 전화를 거는 비용을 거는 사람이 아니라 받는 사람이 내는 서비스가 있어 많은 기업이나 소규모 가게에서 활용하기도 한다. 080 클로버 서비스다. 현재의 온 디맨드 경제는 스마트폰 앱을 통해 이를 보다 편리하고 빠르게 가능하게 만든 현상을 설명하기 위한 개념에 불과하다.

방송 또한 고객의 요구에 따른 온 디맨드 개념에 충실한 서비스다. 텔레비전 수상기를 사기만 하면 방송국에서 보내온 콘텐츠를 골라볼 수 있다. **온 텔레비전(On the Television)**이다. 예전에는 텔레비전 수상기 전면에 부착된 로터리 스위치를 돌리는 번거로움이 있었으나 리모컨이 나오면서부터는 이마저도 사라졌다. 리모컨을 이리저리 누르면서 골라보면 된다. 채널이다. 내가 좋아하는 영화, 내가 좋아하는 드라마, 내가 좋아하는 스포츠 경기, 나아가 내가 좋아하는 방송사를 골라보면 된다. 올림픽 경기를 보면서 새로운 스포츠 경기를 알게 되기도 하고, 월드컵 경기를 할 때 축구를 잘하는 나라를 보면 그 나라에 대해 알아보기 위해 다시 한번 찾아보게 된다. 한때는 새벽에는 방송이 나오지 않던 시절도 있었으나, 지금은 24시간 아무 때나 가능하다. 리모컨의 컨은 컨트롤(Control)의 약자가 아닌가? 내 마음대로 조정하는 것이다. 라디오 수상기를 사면 주파수를 맞춰 골라 들을 수 있다. **온 라디오(On the Radio)**다. 라디오는 리모컨과 같은 번거로운 도구조차 필요하지 않다. 한때 로터리 스위치를 돌리면서 주파수를 맞추는 과정이 귀찮기도 했다. 하지만 이제는 버튼을 누르는 형태로 바뀌었다. 자동차 안에서도 쉽게 버튼을 누르면 라디오 채널을 알아서 주파수 순서에 따라 차례대로 찾아준다. 듣고 싶은 내용이 나오면 그대로 멈추면 된다. 별이 빛나는 밤에, 밤을 잊은 그대에게 듣고 싶은 음악을 항상 들려주니 내 마음대로 골라 듣는 세상이라 할 것이다.

온 세상이 온 디맨드 세상으로 바뀌다

스마트폰 세상이 되어 온 디맨드의 흐름은 더욱 강화되었다. 배송, 운송, 가사, 장보기, 세탁, 세차 등 그간 오프라인에서 이뤄지던 일상생활이 모바일을 통해 이루어지게 되었다. **가장 결정적인 것은 주문만이 아니라 결제도 가능하다는 점에 있다.** 예전 세상에서도 전화로 주문은 가능했다. 다소 부족하지만 온 디맨드다. 이제는 결제까지 가능해진 것이다. 택시를 전화로 부르는 것도 가능했다. 지금은 따로 결제과정이 없이 사전에 등록한 결제수단으로 결제하면 된다. 극장으로 전화해서 영화예약을 할 수 있었다. 지금은 예약만이 아니고 결제한 후 좌석 지정까지 가능하다. 미리 팝콘과 콜라를 주문해 놓을 수도 있다. 기차표 예매도 전화로 가능했다. 지금은 역시 좌석 지정까지 할 수 있다. 갑자기 일정이 바뀌면 순간순간 예매 내용을 바꿀 수도 있다. 거래가 즉각 완결될 수 있도록 결제 기능이 갖춰지지 않았다면 아무리 편리한 서비스라고 하더라도 이처럼 빠르게 퍼지지 않았을 것이다. 결제 인프라 이면에 입·출금, 송금, 카드결제 등 뱅킹 시스템만이 아니라 암호화 및 보안 등 백-엔드 지원 시스템도 충분히 갖춰져야 가능한 것이니 IT 기술발전의 힘이라 할 것이다.

한편으로는 통신망의 장애 상황이 발생하면 결제 기능 또한 중단되는 것이니 통신망 관리의 민감도를 훨씬 높여야 할 것이다. 통신사업은 본질 상 대규모 자본이 투입되어야 하는 자본 집약적 성격과 함께 노동집약적 인 특성도 함께 가지고 있다. 전화나 인터넷 등 유선계 상품은 하나하나 가 정까지 회선이 연결되어 있어야 한다. 따라서 이를 관리하기 위해서는 많 은 사람이 필요하다. 하지만 사람이 모든 것을 할 수 없으니 사람이 직접 관리하기 어려운 부분 등에 있어 로봇 기술이 요긴하게 활용될 수 있을 것 이다. 예컨대 오래된 통신구 내 지하 케이블 감시 및 확인 로봇, 먼지 제거 로봇 및 맨홀 내 오물 제거 로봇 등과 사람과의 협업(Collaboration) 정비도 생각해 볼 만하다. 통신구 등 관리를 위해 많은 사람을 투입하기에는 부가 가치가 너무 낮다. 따라서 이런 분야에는 사람이 아닌 로봇과 같은 디지털 노동자(Digital Worker)가 투입 대안이 될 수 있다. 갈수록 중요해지고 있는 통신망 관리의 사각지대를 없앨 수 있다는 점에서 더욱 그러하다. 나아가 제대로 된 관리가 이루어진다면 장애 발생이 최소화될 수 있다. **고객이 있 는 기업으로서 수행해야 할 당연한 사회적 책무**라 할 것이다.

온 디맨드로 모든 세상이 내가 원하는 대로 즉각적으로 움직이는 세상 이 되었다는 것은 거꾸로 사업자에게는 고객이 원하는 것에 즉각 부응할 수 있는 체제로 만들어야 함을 의미한다. 오로지 나에게 맞춰줄 수 있는 준 비상태가 항상 되어 있어야 한다. **나에게 맞춰진(Customized) 세상, 거꾸로 고객 한 사람 한 사람의 욕구에 맞춘[커스터마이징(Customizing)] 세상**이다. 따 라서 **M=1의 세상**이다. **M은 Market**이다.[1] 즉, 한 사람 한 사람에게 맞춰진

---

1 디지털 시대에는 맞춤형 환경을 대규모 시장에 맞게 설계한다거나 낮은 비용으로 제공할 수 있다. 즉, M=1이 가능하다. 이때 사용자가 세부적인 사항까지 선택할 수 있는 사용자 지정 기능이 항상 좋은 해결책이다(차란, 2021: 55~80).

또는 맞춘 세상이다. 누가 더 나의 욕구를 잘 맞출 수 있는지가 관건이다. 앞으로는 마케팅도 매스 마케팅(Mass Marketing)이나 매스 커스터마이제이션(Mass Customization)으로서는 한계가 있다. 1인 타깃팅 또는 커스터마이제이션이 되어야 한다. 당연히 비용 효율적이어야 한다는 점이 전제다. 거꾸로 비용 효율적이 가능하므로 M=1을 만들어갈 수 있다. 그러함에도 정교한 메커니즘이 필요하다.

미디어 세상도 바뀌었다. 통신과 방송의 융합으로 다양한 새로운 서비스가 나오게 되었다. 정확하게는 방송의 속성은 그대로인데 통신의 속성이 접목된 것이다. 방송은 일방적으로 보내고 나는 나의 필요에 따라 받을지 말지를 결정하는 것이었다. 이제는 거꾸로 나의 필요에 맞춰 나에게만 보내는 것이 가능하다. **협송**이다. 그러면 나는 나의 욕구를 표시해 서로의 의견이 교환된다. **양방향**이다. 서로 주고받는 과정에서 나를 알게 되고 나의 욕구를 미리 알아 제시하기도 한다. **추천**이다. **큐레이션**이다. 초기에는 100% 정확하지 않을 것이다. 하지만 주고받는 것이 늘어나 갈수록 나를 알게 된다면 로직에 의한 알고리즘이 작동해 갈수록 정확도는 높아질 것이다. **인공지능**이다. 미디어에서는 나름대로 기준에 따라 정렬된 상태로 보여주는 **단순 노출 단계**→소비자가 노출된 것 중에서 필요한 것을 찾아보는 **검색단계**→필요한 것에 대한 선택 기회를 정교하게 제시하는 **추천단계**까지 발전했다. 앞으로 그 끝이 M=1의 세상처럼 극단적인 개인화 단계까지 갈 수도 있을 것이다.

온 디맨드가 가지는 속성: 오픈과 공유

제러미 리프킨(Jeremy Rifkin)은 『소유의 종말(The Age of Access)』에서 앞

으로는 배타적으로 재산을 소유하는 것이 아니라 원하는 시점에 접속해 필요한 만큼 사용하는 '접속의 시대'를 예견했다(리프킨, 2020: 9~27). 굳이 나의 것으로 만들지 않아도 (즉, 소유하지 않아도) 당장 필요한 내 욕구를 충족 시킬 수 있다면 그만인 시대라는 것이다. 내 것을 만들기 위해서는 많은 자본이 소요된다. 그러나 적은 자본으로 즉각적으로 이를 이용할 수 있다면 이런 선택을 하는 것이 합리적이다. 그런데 이런 상황이 일상화되는 환경으로 변화하고 있다는 것이 접속의 시대다. 접속의 시대에 모든 상거래의 핵심은 연결성이다. 언제 어디서나 누구나 쉽게 소유하지 않고도 나의 욕구를 해결할 수 있도록 연결된, 그래서 열려 있는 환경이라는 것이다. 따라서 **온 디맨드의 세상의 핵심 키워드는 오픈과 공유**다. 어딘가에 접속해 주문하면 바로 나에게 다가온다. 나의 욕구는 내가 그것을 소유하는지와는 무관하게 열린 공간과 연결하기만 하면 그냥 그것을 통해 얻고자 하는 것이 바로 실현되는 것이다. 뜻하는 대로 이루어질지니 뜻이 있는 곳에 길이 있다.

온 디맨드 세상은 미디어 시장에서는 **빌려 보기, 돌려 보기, 그리고 함께 쓰기의 세상**이다. 굳이 내 것이 아니라 빌리는 것도, 돌려 보는 것도 함께 쓰는 것도 좋다. 예전 학창 시절에도 참고서를 빌려 보기도 했고, 만화책을 돌려 보기도 했으며, 비용을 갹출(醵出)해 학급 공용비품을 함께 쓰기도 했다. 먼저 빌려 보기. 예전에 책(만화) 대여점, 비디오 대여점, 비디오방 등은 모두 빌려 보기를 할 수 있는 곳이다. 인터넷 시대에는 IPTV와 같은 유료방송 등에서의 PPV(Transaction-VOD)나, 광고를 보고 난 이후 동영상 콘텐츠를 볼 수 있는 유튜브 등은 A-VOD로서 그 속성은 빌려 보기다. 지니뮤직이나 멜론 같은 음원 사이트에 가입했는데 뉴진스(NewJeans)의 뮤직비디오는 별도로 건당 구매해야 한다면 이는 빌려 보기다. 음원만을 듣는 것이라면 빌려 듣기다. 다음은 돌려 보기. 비디오를 빌린 후 반납 기간 내 옆집에 빌려줘 볼 수 있게 한다면 이는 돌려 보기다. 유료방송이나 OTT에서 가

〈그림 3-10-1〉 PPV/SVOD/소장형 콘텐츠

주: 왼쪽부터 차례로 PPV → 빌려 보기, SVOD → 돌려 보기, 소장형 콘텐츠 → 함께 쓰기.

입만 하면 제공하는 SVOD도 돌려 보기다. 가입한 사람이면 나도 보고, 너도 보고, 누구나 볼 수 있으니 돌려 보기와 같다. 음원 사이트에 월정액을 내면 항상 무료로 볼 수 있는 뮤직비디오는 당연히 돌려 보기이고, 음원은 돌려 듣기다. 마지막으로 함께 쓰기. 서점에서 지구본을 산 후 오빠도 사용하고 동생도 사용한다면 함께 쓰기다. 넷플릭스에서 하나의 ID 계정으로 최대 4개까지 멀티 프로필을 이용할 수 있는 것도 함께 쓰기다. 웨이브나 티빙, 왓챠도 최대 4회선까지 동시 시청이 가능하다. 만약 특정 콘텐츠를 두고두고 봐야 할 것이라고 여긴다면 임대가 아니라 구매하는 것이 더 좋은 해법이다. 예전에 CD나 DVD로 사던 것을 이제는 내가 산 것을 인터넷 서버에 저장해 두고 있다고 필요할 때 언제나 꺼내 보는 것이다. 이처럼 유료방송에서 구매한 후 해지하지 않는 한 영구적으로 볼 수 있는 소장형 콘텐츠도 함께 쓰기다. 〈해리포터〉 시리즈일 수도 있고, 픽사의 〈토이 스토리〉 시리즈일 수도 있고, 지브리의 〈명작 패키지〉일 수도 있다. 만약 뮤직비디오나 음원을 소장형으로 판매한다면 (가능성은 물론 적겠지만) 이 역시 함께 쓰기다. 소장형 콘텐츠는 내 것인 듯, 내 것 아닌, 내 것 같은 콘텐츠다. 네 것인 듯, 네 것 아닌, 네 것 같은 콘텐츠이기도 하다. 해당 콘텐츠를 공유하고 있기 때문이다. 따라서 함께 쓰기다. **정리하면 건당 구매하는 PPV가 일종의 빌려 보기라면, SVOD는 돌려 보기이고, 소장형 콘텐츠는 함**

께 쓰기다. 같은 VOD라고 하더라도 약간의 차이가 있다.

접속의 시대, 온 디맨드 세상은 왜 가능해졌는가? 먼저 사람들은 한정된 자원을 효율적으로 활용하기 위해 최선의 결정을 하려는 경제적 인간이기 때문이다. 모든 것을 구매해서 누릴 수 없는 상황에서는 당연히 빌려 쓰는 의사결정을 하기 마련이다. 게다가 요새는 너무나 많은 재화가 유통되고 있는 상황 아닌가. 둘째, 인터넷을 비롯한 ICT 기술 시스템이 눈에 보이지는 않지만 일을 열심히 하고 있어서다. 하나의 기술로서는 어느 것 하나 완결적으로 수행할 수 없다. 하지만 기술이 하나하나 모여 전체 시스템이 맞물려 돌아간다면 어떤 것도 가능하다. 마지막으로 미디어 밸류체인 CPND 모든 부분이 디지털화된 세상에 맞춰 새롭게 변화했기 때문이다. 이 중 네트워크(N)의 성능이 예전보다 훨씬 강고해진 것이 가장 큰 원인이다. 아무리 콘텐츠, 플랫폼, 디바이스가 디지털화되어도 통신 네트워크에서 수용할 수 없으면 소용없다. 통신 네트워크는 기본 중의 기본 인프라이기 때문이다.[2]

이른바 4차 산업혁명에서도 핵심은 네트워크 인프라다.[3] 네트워크의 고도

---

2 통신 인프라가 한 나라의 핵심적인 기간 인프라라는 점은 한국 통신역사를 보더라도 확인할 수 있다. 예컨대 한국이 외교적 주권을 상실한 1905년 11월의 을사늑약 체결보다 반 년 이상 앞선 1905년 4월 1일 일제는 통신권을 먼저 박탈했다. 1948년 7월 17일 제정되고 시행된 대한민국 법률 제1호 '정부조직법'상 11개 부 중 하나가 통신을 관장하는 체신부였다. 당시 11개 부는 내무·외무·국방·재무·법무·문교·농림·상공·사회·교통·체신부다. 정부 운영을 위해 필요한 11개의 기능 중 하나가 체신(우체국의 체와 전신·전화 등 통신의 신)인 것이다. 체신부는 1995년 정보통신부로 이름을 바꾸었다가 김대중 정부에서 '산업화는 늦었지만, 정보화는 앞서 가자'라는 캐치프레이즈하에서 초고속인터넷 인프라를 강력하게 건설해 현재의 정보통신 강국의 주역이 되었다[체신부, 1985(상권): 243, 481; 케이티, 2001: 479~488].

3 리프킨은 인류 역사에서 경제적 변혁이 일어나기 위해서는 세 가지 요소가 갖춰져야 한다고 한다. 이 세 가지는 상호작용을 통해 경제시스템을 하나의 완전체로 돌아가게 만드는데, 이를 세 가지 인터넷으로 설명하고 있다. 디지털화한 커뮤니케이션 인터넷, 태양열 및 풍력 전기를 동력원으로 삼는 디지털화한 재생 에너지 인터넷, 그리고 녹색 에너지로 구동되

화 정도에 따라 구현할 수 있는 것이 엄청나게 차이가 난다. 즉, 네트워크가 달라지면 세상이 달라지는 것이다. 체신부가 1995년 정보통신부로 바뀐 후 한국 정보화 혁명을 조기에 실현했다면, 과학기술정보통신부도 이름을 가칭 '4차 산업혁명부'로 바꿔 4차 산업혁명에 걸맞은 새로운 산업을 육성하고 진흥하는 정책을 서둘러 시행해야 한다. 핵심은 네트워크 인프라를 어떻게 효율적·효과적으로 구축하는가이고, 여기에 민관 합동으로 머리를 맞대고 지혜를 모아야 할 것이다. 사업자에게만 놔두면 투자비 부담에 따른 수익성 이슈를 극복하기 쉽지 않기 때문이다. 예컨대 **전화시설 구축 초창기에 투자비 마련을 위해 했던 것처럼 설비비를 받는 방법**이 있다. 전통적인 방법이다. 일반 이용자와 실질적으로 트래픽을 유발하는 CP 사업자(유튜브, 페이스북, 넷플릭스, 네이버, 카카오 등)를 차등해 CP에는 가중 부과하는 체계다. 일반 이용자까지 부담시키는 것이 어려우면 보편적 서비스 제공을 위해 통신서비스 사업자가 보편적 서비스 기금을 분담하는 것처럼 CP를 대상으로 한 망 고도화 촉진기금 형태의 자금을 마련할 수도 있을 것이다. 두 번째 대안으로 **5G 또는 6G 네트워크 구성은 예전과 같이 사업자에게 맡기되 CP를 대상으로 종량제 개념의 요금을 책정해서 받는 방법**이 있을 수 있다. 네트워크 중립성(Network Neutrality) 이슈가 대두될 수 있다. 하지만 네트워크 중립성이란 인터넷을 접속한 사람에게 차별 없이 동등하게 접속권을 보장하는 것이지 필요한 과금을 하지 말라는 말은 아니다. 게다가 궁극의 사용

는 전기 및 연료전지 자율 주행 차량으로 구성된 디지털화한 운송 및 물류 인터넷이 그것이다. 이 세 가지 운영체제는 경제학자들이 범용 기술 플랫폼(사회 전반적 인프라)이라고 칭하는 것을 구성한다. 한편 그에 따르면 지금은 3차 산업혁명이 진행되고 있다고 한다. 1차 산업혁명은 19세기 중기력을 이용한 인쇄와 전신, 풍부한 석탄, 전국 철도망이 범용 기술 플랫폼이었다면, 2차 산업혁명은 20세기 중앙 제어식 전력과 전화, 라디오, 텔레비전, 저렴한 석유, 그리고 내연기관 차량이 범용 기술 플랫폼이었다. 이제는 탄소 제로 스마트 그린 인프라가 핵심이다(리프킨, 2020: 25~57).

자(End User)인 일반 사람에게는 여전히 별도 과금은 없다. 콘텐츠 생태계 이슈가 거론되기도 하나 이는 시장에서 해결될 수 있는 문제다. 치열한 경쟁상황에서 일반 이용자에게 전가하기는 쉽지 않을 것이다. 따라서 CP 대상 종량제 요금제는 한 번 고려할 만한 대안이다. CP 대상 종량제 과금 문제는 2022년 하반기 크게 이슈화되고 있는 쟁점인데, 너무 지엽적인 논의로만 그치고 있는 것이 아쉽다. 보다 상위 단계에서 공존·공생의 방안을 찾을 수 있을 것으로 본다. 마지막으로 **3사가 같은 주파수를 공유함과 함께 공동망 구축 및 활용을 하는 방안**이 있을 수 있다. 기존 주파수 경매방식을 탈피하고 네트워크도 공동으로 구축하니 경매비용과 네트워크 구축비용 1/3 감소 효과가 있다(김태열, 2019: 163~171).[4] 하지만 이 방식만으로 투자비 부담을 완전히 해소할 수는 없을 것이다. 세 가지 대안 모두를 동시에 활용하거나 아니면 일정 정도 요금인상(정액요금제 하한 설정 등)이 불가피할 수도 있을 것이다. 다만 세 가지 대안 모두 통신사업자에게만 특혜를 준다는 시비가 생길 수 있다. 따라서 필요성에 대한 합리적 논거 제시를 통한 국민적 공감대를 충분히 형성하면서 가야 할 이슈다. **가설적으로 4차 산업혁명을 선도한다는 명분과 함께 국민 주주 참여 방식의 네트워크 투자기금을 조성하고 통신사업자가 발생한 이익으로 장기간 갚아 나가는 방식도 가능하리라 본다.**

오픈과 공유는 인터넷이 지향하고 있는 참여, 개방 및 공유의 사상과 맥을 같이 한다. 달리 생각하면 네트워크 인프라의 고도화로 편리하고 빠른 인터넷 이용이 가능해졌기 때문에 온 디맨드가 현재를 지배하는 패러다임으로 자리 잡은 것이라 하겠다. 네트워크의 진화로 언제 어디서든 필요하면 내 것으로 이용할 수 있으면 좋겠다는 생각이 실현된 것이다.

4 　통신 3사는 2021년부터 농어촌 지역 및 지하철 등에서 공동 구축을 하고 있다.

미디어 시장에서의 사례 1: VOD를 넘어 xOD의 시대로

미디어 시장에서 지금은 단연코 VOD가 온 디맨드 서비스의 대표다. 영화 등 동영상 콘텐츠를 내가 필요할 때 언제나 볼 수 있으니 매력적이다. 그것도 다운로드 방식이 아닌 실시간 스트리밍 방식으로. 방송은 그대로인데 통신의 성격이 접목되어 가능했다. 정확하게는 통신 인프라의 고도화가 실시간 스트리밍을 가능하게 했다고 해야 한다. 인프라 개선이 되기전에는 오래 걸리는 다운로드 방식을 의존했으니까. IPTV에서 VOD의 성공적인 정착은 PC에서의 VOD 이용 문화가 되고, 이는 다시 모바일을 통해서도 동영상을 실시간으로 볼 수 있는 것으로 바뀌었고, OTT 서비스의 안착도 가능하게 했다. **문제는 이어 보기다.** 집에 있는 IPTV로 보던 동영상을 버스로 출근하면서 모바일로 이어 보고, 다시 사무실에서 휴게 시간에 PC로 이어 보고, 퇴근하면서 지하철에서 모바일로 이어 보다가 최종 집에서 IPTV로 이어 보는 그림이다. **이른바 N-스크린(N-Screen)**이다. 더 나아가 거실에 있는 텔레비전으로 보다가 안방에 있는 텔레비전으로까지 이어 볼 수 있다면 금상첨화이겠으나, 아직은 셋톱박스가 달라 어렵다. 셋톱박스별 과금이 아니라 개인별로 과금할 수 있는 형태가 되어 개인별 ID 인증과정을 거친다면 가능할 것이다. **OTT 서비스는 개인별 ID 체계이기 때문에 이어 보기가 어렵지 않다. IPTV 등 유료방송과의 결정적 차이다.** 2010년대 초 통신사업자들이 N-Screen을 열심히 추구했음에도 불구하고 쉽지 않았던 이유다. 지금도 쉽지는 않을 것이다. 텔레비전을 켤 때 개인을 식별할 수 있어야 한다. 인공지능 스피커 겸용 셋톱박스에서 목소리로 식별하는 방법이 있을 수 있다. 그 외에는 고객 VOC가 너무 많을 것이기 때문에 쉽게 하기 어려울 것이다. 또 한 가지 장애는 결제와 과금 부분이다. 아무리 목소리를 통해 개인을 식별한다고 해도 정확히 누가 봤는지를 입증해서 청구할 것인가? 요금 납부 과정에서 불필요한 분쟁이 많이 발생할 것인데 이 비용은 어떻게 감당할 것인가? 하지만 유료방송이 OTT와의 경쟁에서 반드시 풀어 가야 할 과제 중 하나라는 것은 분명하다. 나아가 진정한 주문형 서비스가 되기 위해 필수적으로 해결해야 할 숙제다.

미디어 시장에서 주문형 성격의 서비스가 VOD만 있는 것처럼 보이지만 곰곰이 생각해 보면 다양한 사례를 찾을 수 있다. VOD 이전에는 MOD (Music On Demand)가 있었다고 할 것이다. 애플의 아이팟에 이은 아이튠즈로 인해 언제든 음악을 실시간 스트리밍으로 들을 수 있었다. 책도 주문형으로 가능하게 되었다. BOD(Book On Demand)다. 전자책이 나왔고 이를 편하게 볼 수 있는 디바이스, 예컨대 아마존 킨들 같은 도구로 인해 책도 굳이 서점에 가지 않더라도 언제든지 볼 수 있게 되었다. 책이 가능하니 잡지도 가능하다. MOD(Magazine On Demand)다. 신문은 일찍부터 주문형이 가능했다. NoD(Newspaper On Demand)다. 인터넷 뉴스 포털에 들어가 유형별로 분류된 뉴스를 터치하면 언제든지 편하게 볼 수 있다. 이로 인해 신문 구독자가 크게 줄어들고 있는 측면이 있다고 하나 소비자로서는 너무 편하다. 신문의 편집권을 침범한다는 측면이 있어 최근에는 보고 싶은 신문사를 마음껏 선택할 수 있도록 바꾸기도 했다.

텔레비전을 활용한 클라우드 게임은 또 다른 온 디맨드의 좋은 사례가 될 수 있다. 클라우드 게임은 PC방에서 게임을 하는 것처럼 텔레비전에서 게임을 하는 것이다. IPTV 내에도 양방향 서비스의 하나로 게임 서비스가 있으나, 이는 IPTV용으로 별도 만들어진 것이었다. 하지만 클라우드 게임은 별도로 만든 것이 아니라 인터넷 클라우드상에 올라와 있는 기존에 만들어져 있는 게임을 하는 것이다. 게임 장비나 내용 등은 소니의 플레이스테이션, 마이크로소프트의 엑스박스(X-Box), 닌텐도 위(Wii)와 같다. 텔레비전이 가지는 속성에 부합한다. GoD(Game on Demand)다. 이 외에도 IPTV

에서는 600번대 이상 채널에서 음악방송을 송출하고 있다. 보이는 라디오가 아니라 들리는 TV다. AoD(Audio on Demand)다. 지금도 IPTV를 통해 가수들의 뮤직비디오를 볼 수 있으니 MVoD(Music Video on Demand)다. 여기에서 한 발 더 나아가 가수가 뮤직비디오만이 아니라 본인의 다큐멘터리 영상, 콘서트 관련 영상, 방송 때 활용하는 소품, 자주 가는 단골 식당, 좋아하는 것들에 대한 소개 등 개인방송채널을 열 수도 있다. SoD(Singers on Demand)다. 이처럼 다양한 아이디어들이 모여 실현 가능한 형상으로 갖춰지면 온 디맨드 세상은 훨씬 풍성해질 것이다. 누군가 한 사람의 꿈은 단지 꿈이지만 만인의 꿈은 현실이라고 하지 않았는가?

미디어 시장에서의 사례 2: 광고냐? 협고냐?

광고는 여전히 미디어 시장에서 가장 관심을 많이 가지는 영역이다. 신문은 그나마 광고 수익 외에 가입자 구독 매출도 있지만, 방송은 상당수 광고 수익에 의존한다. 드라마에 PPL(Product Placement) 등을 끼워 넣어 간접광고하는 것도 광고의 일종이다. 간접광고는 2010년 '방송법' 개정으로 허용된 이후 여전히 찬반 논쟁이 있음에도 방송 프로그램 제작 사업자의 수익원으로 자리를 잡았다. 여기에 한 가지 더 고려할 것이 협찬 고지다. 협찬 고지란 타인으로부터 방송 프로그램의 제작에 직접적·간접적으로 필요한 경비·물품·용역·인력 또는 장소 등을 제공받고, 그 타인의 명칭 또는 상호 등을 고지하는 것을 말한다('방송법' 제2조 제22호). 광고의 틀을 따르지 않아야 한다는 등 엄격한 규제를 받고 있지만, 사실상 준광고라고 할 수 있다. 척 보면 아니까.

〈그림 3-10-2〉는 2010년 간접광고 허용 및 2011년 종편 출범 이후 지상

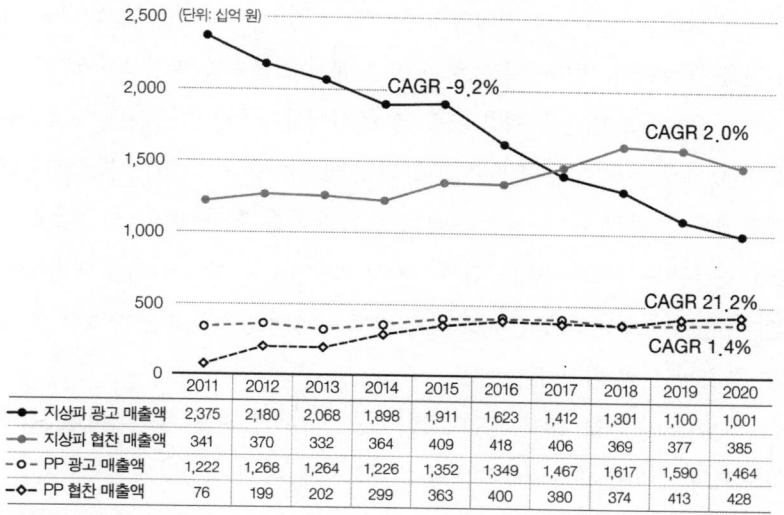

〈그림 3-10-2〉 방송 프로그램 제작 사업자 광고 및 협찬 매출액

	2011	2012	2013	2014	2015	2016	2017	2018	2019	2020
지상파 광고 매출액	2,375	2,180	2,068	1,898	1,911	1,623	1,412	1,301	1,100	1,001
지상파 협찬 매출액	341	370	332	364	409	418	406	369	377	385
PP 광고 매출액	1,222	1,268	1,264	1,226	1,352	1,349	1,467	1,617	1,590	1,464
PP 협찬 매출액	76	199	202	299	363	400	380	374	413	428

자료: 방송통신위원회.

파와 PP(종편 포함)의 광고 매출액과 협찬 매출액이다.

간접광고 허용에도 지상파 광고 매출액은 연평균 9% 이상 감소추세다. 협찬 매출을 통해 보전 노력 중인 것으로 추정되나, 광고 매출 감소분을 충족시키지는 못하고 있다. 협찬 매출 CAGR은 1.4%에 그친다. 매출 규모가 큰 광고 매출은 크게 떨어지고 규모가 작은 협찬 매출은 적게 증가하니 감당이 어렵다. 다만 2021년부터는 중간광고가 허용됨에 따라 소폭 증가 추세로 바뀌었을 것으로 추정한다. 반면 PP의 광고 매출은 소폭이나마 증가하고 있고, 협찬 매출은 큰 폭으로 증가하는 추세다. 각각 2%, 21.2% 증가다. 아마도 2011년 종편 4사가 출범한 것이 영향을 주었을 것이다.

방송 프로그램 광고는 지속 줄어들 것으로 전망된다. 간접광고·가상광고·중간광고 등 새로운 광고를 계속 개발하더라도 텔레비전 등 방송의 위상이 예전과 달라지고, 모바일 등 새로운 매체의 영향이다. 사람들이 가장 많이 이용하는 곳으로 광고도 쏠리게 마련이니까. 무엇보다 불특정 다수 대상의 광고로는 효과를 기대하기 어렵다는 점이 크게 작용할 것이다. 자연인을 특정할 수 있어 광고효과가 높은 매체가 갈수록 늘어나고 있다.

전체 PP 광고 매출과 협찬 매출 중 종편 4사가 차지하는 비중을 〈그림 3-10-3〉으로 만들었다. 종편은 2011년 출범한 이후 2013년까지는 그리 큰 영향력을 보이지 않다가 2014년부터 급격하게 협찬 매출이 성장했고, 2015년부터는 광고 매출도 전체 200여 PP 매출의 20% 이상을 점유하게 된다. 종편이 2015년을 전후로 어느 정도 시장에 안착했음을 추정할 수 있다. 협찬 매출의 힘이다.

〈그림 3-10-4〉는 2015년부터 2020년까지 한국 전체 시장에서 주요 광고매체의 매출이 차지하는 비중을 그래프로 나타낸 것이다.

2020년 기준 모바일 광고가 1위다. 모바일 광고 비중은 2015년 이후 매년 32.9%씩 성장했다. 전체 광고시장에서 차지하는 비중도 2015년 11.7%에서 2020년 40.3%까지 늘어났다. 게다가 2017년에는 PC 및 인쇄 광고, 2019년부터는 방송 전체 광고시장을 제치게 된다. 반면 방송 광고 매출은 37.9%의 비중에서 24.7%로 매년 4.8%씩 감소한 결과를 보여준다. 특이한 것은 2015년부터 모든 영역에서 광고 매출이 줄어들고 있으나, 유독 모바일 광고만 성장하고 있다는 점이다. 신문·잡지 등 인쇄 광고는 -3.8%, 온라인 PC 광고는 -2.2%, 옥외 광고는 -4.7% 감소했다. 동 기간 경제성장률은 3% 내외다. 전체 광고시장은 매년 3.7%씩 성장했으니 경제성장률보다 높다. 전적으로 모바일 광고로 인해 가능한 결과다.[5]

모바일 광고의 성장은 협고의 속성을 가지고 있기에 가능했다고 생각한다.

---

5   경제성장률은 2015년 2.8%, 2016년 2.9%, 2017년 3.2%, 2018년 2.9%, 2019년 2.0%, 2020년 -0.9%이다. 경제성장률 및 광고 매체별 광고비와 관련된 사항은 과학기술정보통신부·한국방송광고진흥공사(2021: 47~48) 참조.

<그림 3-10-3> 종편 4사 PP 내 매출 비중

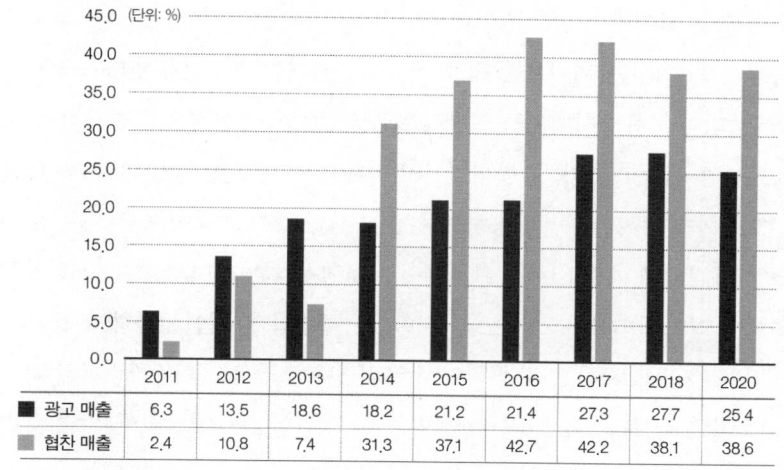

	2011	2012	2013	2014	2015	2016	2017	2018	2020
■ 광고 매출	6.3	13.5	18.6	18.2	21.2	21.4	27.3	27.7	25.4
■ 협찬 매출	2.4	10.8	7.4	31.3	37.1	42.7	42.2	38.1	38.6

자료: 방송통신위원회.

<그림 3-10-4> 광고매체별 매출 점유 비중

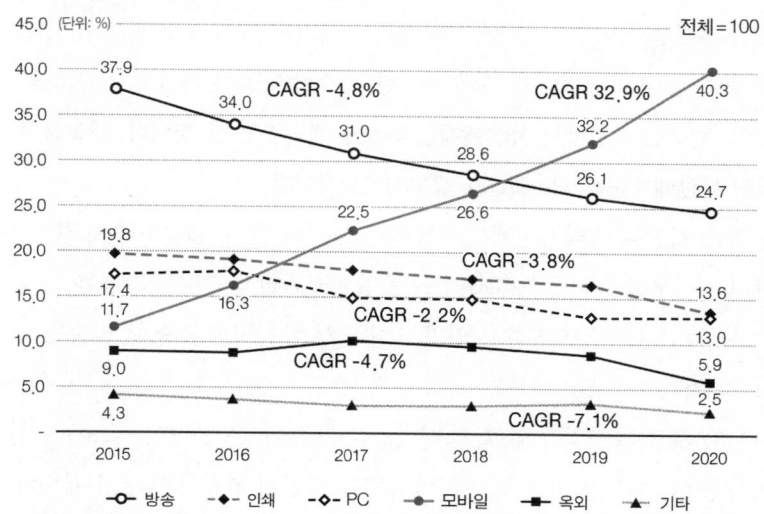

주: 방송은 지상파TV, 지상파 DMB, 라디오, PP, SO, 위성방송, IPTV. 인쇄는 신문, 잡지.
자료: 과학기술정보통신부·한국방송광고 진흥공사(2021); 방송통신광고비 조사 보고서(2021. 12).

협고는 통신의 성격이다. 광고를 통해 소구하고 싶은 대상을 구체적으로 특정한다. 하지만 통상의 광고에서는 정교한 타깃팅이 불가능하다. 협고를 특징지을 수 있는 키워드는 크게 두 개다. 하나는 **상호작용성**(Interactivity)이다. 디지털 융합시대에는 일방적으로 전달받고 수동적으로 반응하는 수용자는 줄어들고 있다. 능동적인 소비자다. 단순한 전달이 아니라 재미·놀이요소까지 가미한다면 반응하는 사람이 훨씬 늘어날 것이다. 모바일은 정교한 타깃팅에 더해 UI/UX 관점에서 상호작용성과 재미·놀이요소를 반영하기에 최적의 디바이스다. 또 다른 하나는 **개인화**다. **개인 맞춤형**(M=1)이다. 정작 내가 필요로 하는 것을 알아서 알려준다면 광고는 회피하려고만 하는 것이 아닌 정보다. 시간·지역·상황 등 나 개인의 TPO에 맞는 맥락적 맞춤이다. 타깃팅이 정교할수록 노출(Impression)의 크기를 줄이기 때문에 (광고가 아니라 협고이기 때문에) 광고 판매로서 유의미한 규모(Mass)와는 상충효과(Trade-off)가 있다. 이를 극복하기 위해서는 말 그대로 광고 효율이 높은 정확한 타깃팅과 이를 통한 광고 물량의 확대가 전제되어야 할 것이다. 모바일 광고 물량이 늘어남에 따라 부족한 노출 정도를 상쇄하고 있다고 볼 수 있다. **협고는 광고하는 사람에게는 타깃팅 광고라고 할 것이나, 광고를 수용하는 사람에게는 Customizing 광고라 할 것이다.**

최근 지상파 텔레비전에서도 전국을 동시에 같은 광고가 송출되는 것이 아니라 가구별 속성을 분류해서 시청자(Audience) 타깃팅이 가능한 Addressable 광고상품을 고민하고 있다. IPTV 시청 이력을 활용한 맞춤형 광고다. 하지만 그 성공 여부는 미지수다. 광고 노출 수(Impression)가 충분히 나오지 않을 가능성이 있고, 텔레비전은 가정 내 온 가족이 사용하는 기기이다 보니 해당 가정 내 누구를 타깃팅할 것인지 명료하지 않기 때문이다. 예컨대 가정 내 A, B, C가 있는데 이들이 보는 프로그램의 합은 A도, B도, C도 아닌 제4의 가공의 인물 D를 타깃팅할 위험이 항상 잠재해 있다. A를 타깃팅 했는데 B나 C가 텔레비전을 보고 있을 수도 있다. 타깃팅과 전혀 무관한 광고가 송출될 수도 있다는 것이다.

〈그림 3-10-5〉 2011년 부산 국제 광고제 크리스탈상 수상 장면

IPTV가 출범하면서 양방향이 가능하니 타깃팅 광고가 가능하리라고 생각했지만 아직은 요원하다. VOD 상영 전 광고나 빨간 버튼을 누르는 양방향 광고 모두 아직은 완전한 타깃팅이라고 하기에는 부족하다. 예컨대 KT에서는 스토리 선택형 양방향 광고를 만들어 2011년 부산국제영화제에서 상을 타기도 했다. 'Help me-Escape'라는 타이틀로 IPTV의 양방향 서비스에 대한 이해를 돕는 30분짜리 광고였다. 주인공이 어떤 사건을 해결하는 과정에서 일종의 '방 탈출 게임'을 하는 것인데, 이용자의 선택에 따라 총 16개의 시나리오 상황으로 구성되어 있었다. 이 과정에서 리모컨 버튼을 눌러가면서 KT의 양방향 서비스를 알아가는 참여형 광고였다. 광고상품 이름은 '무비 커머셜'이었는데, 이름답게 영화처럼 스토리가 있고 스토리의 흐름에 따라 해당 상품에 대한 이해를 돕는 형태였다. 타깃팅이라기보다는 광고 본래의 특성인 정보전달에 충실한 광고였다.

가정 내 개인을 정확하게 특정하기 어려운 상황 하에서 양방향 광고의 나아갈 방향은 타깃팅이라기보다는 충실한 정보전달이라고 생각한다. 2022년 하반기 IPTV에 노출한 삼성전자 폴더폰 '제각각 클럽' 광고는 이러한 흐름을 보여준다. VOD 시청 중 5분 정도 지나면 텔레비전 왼쪽 위에 빨

〈그림 3-10-6〉 삼성전자 제각각 클럽 광고 화면

간 버튼이 나타나고, 다시 빨간 버튼을 누르면 제각각 단말기를 설명하는 VOD를 시리즈로 볼 수 있다. 5개의 VOD 동영상을 통해 해당 상품에 대한 정보를 충실히 확인할 수 있다. 이러한 의미에서 **OSME(Optimized Source, Maximized Experience)**에 부합하는 광고 사례다. 매체의 특성에 맞추되 해당 정보가 필요한 사람에게는 최대의 경험을 해 주는 것이다. 여기에 나아가 거래까지 이어질 수 있다면 보다 좋을 것이다. 모바일과 같이 타깃팅이 정교하지 못할 바에는 이런 방향이 훨씬 맞다고 생각한다. 맞춤형 광고, 맞춤형 정보제공이다. AOD(Advertisement On Demand)다.

미디어 시장에서의 사례 3: 오픈 커머스 플랫폼

광고와 커머스는 동전의 앞뒷면과 같은 관계다. 사실 광고의 목적은 물건을 판매하는 것에 있으니 선후 관계에 있는 것이라고도 할 수 있다. 광고를 집행하는 측에서의 입장은 분명하다. 광고주는 새로운 상품·서비스를 출시하는 과정에서 마케팅 비용은 한정되어 있으니, 항상 재원을 어떻게 분배해 활용할 것인가 하는 고민을 하게 된다. 광고에 많은 재원을 집행하게 되면 실제 물건을 파는 매장 등에서 활용할 수 있는 재원은 줄어들게 된다. 어디에 방점을 찍을 것인가 하는 딜레마적 상황에 봉착하기도 한다.

광고와 커머스가 함께 밍글(Mingle)되어 있다면 금상첨화일 것이다. 싱글! 벙글! 밍글!

광고와 커머스의 밀결합 관계는 미디어 산업을 통해 구체적으로 이해할 수 있다. 미디어는 대개 디스플레이 되는 화면이 있는 매체여서 광고를 하기에 아주 좋은 매체다. 눈으로 보는 것이야말로 가장 확실하게 각인되게 만드는 것이기 때문이다. 디스플레이 되는 화면 하나하나가 다 광고자원이다. 따라서 어떻게 진열하고 노출할 것인지가 중요하다. **광고와 연계한 커머스**다. 여기에 결제 기능을 붙여 바로 거래할 수 있게 만든다면 바로 커머스가 된다. **커머스와 연계한 광고**다. 양방향이 가능한 미디어의 경우에는 타깃팅이 가능하므로 훨씬 커머스에 유리한 매체가 된다. 광고주가 원하는 시간·지역·콘텐츠, 나아가 개인 등에 마음대로 맞춤형 광고를 송출할 수 있다. 콘텐츠 타깃팅 광고다. 조금 더 들어가면 자기 상품의 주요 타깃팅이 될 만한 계층이 볼 만한 콘텐츠에 집중적으로 스폰서십 광고를 노출할 수도 있다.

통신을 활용한 커머스는 대표적으로 카탈로그 쇼핑에서 찾아볼 수 있다. 카탈로그 쇼핑은 1498년 베네치아의 출판업자 알도 마누치오(Paolo Manuzio)가 출판한 책의 카탈로그를 만들어 배포한 것이 서구 최초의 사례라고 한다(설혜심, 2021: 327). 카탈로그 쇼핑이 빠르게 성장하게 된 것은 우편제도의 발전이 배경이다. 현재와 같은 우편 서비스는 1836년에 영국의 로랜드 힐(Rowland Hill)이 발명한 것으로 알려져 있다. 당시 우편요금은 거리와 무게에 따른 수신인 부담체계였다. 따라서 사람들은 단 한 장의 편지라도 우체국에 와서 발송해야 했다. 무게를 측정해야 했기 때문이다. 당연히 우편 서비스는 비싸고 느렸다. 힐은 영국 내에서는 거리에 상관없이 똑같은 우표 가격을 책정하면 이런 불편이 사라질 것으로 생각했고, 수수료와 세금을 낼 때 납부 증명서를 첨부하는 것과 같이 선불 방식으로 우편요금을 바꾸자는 제안을 한다. 제안이 채택되어 사람들은 이제 편지를 우체통에 넣기만 하면 되었고, 우편요금은 곧바로 대폭 저렴해졌다. 힐의 혁신으로 하룻밤 사이에 우편은 매우 쉽고 편리한 것으로 바뀌었다. 그는 새로운 기술이나 발명이 아니라, 새로운 효용을 줌으로써 현대적인 의미의 우편을 탄생시킨 것이다(드러커, 2006b: 121~124). (예전 개그 프로그램에서처럼) 참 쉽죠?

우편제도의 발전과 함께 카탈로그 쇼핑을 처음 비즈니스 모델화해 활성화한 것은 미국의 리처드 워렌 시어스(Richard Warren Sears)다. 카탈로그 쇼핑은 전국에 3500개의 매장을 거느리기도 했던 시어스(Sears) 백화점의 출발이다. 로직은 간단하다. 1000페이지가 넘는 카탈로그를 고객에게 무상으로 배포하고, 고객은 카탈로그를 보고 전화를 걸어 해당 상품을 주문하면 해당 물품이 배송되는 구조다. **커머스와 연계한 광고 또는 광고와 연계한 커머스다.** 그리고 온 디맨드다. 만약 사전에 회원으로 가입해 등록되어 있다면 더욱 편리했을 것이다. 참고로 시어스 백화점은 아마존의 온라인 쇼핑 공세를 이기지 못하고 2018년 파산보호신청을 했다. 한국 백화점이 쇼핑 사업자를 입점시키는 형태인 것과는 달리 미국은 대부분 직매입 형태이기 때문에 더 견디기 어려웠을 것이다. 홈쇼핑을 개척했다고 평가를 받았고, 1974년 당시에는 시카고에 세계 최고층 빌딩인 시어스 타워(현 윌리스 타워, 108층)를 건축하기도 했던 기업이 시대의 조류를 결국 이기지 못하고 문을 닫은 것이다. 1892년 설립한 이후 126년 만이다.

카탈로그 쇼핑 못지않게 통신을 활용한 커머스에는 전화기에 있는 전화번호와 알파벳을 매칭해 상거래를 위한 업체 전화번호를 알기 쉽게 한 사례가 있다. 주로 미국의 경우다. 지금도 스마트폰에서 전화하려고 할 때 숫자 밑에 영문 알파벳이 적혀 있다. 숫자 1에는 알파벳이 없지만, 숫자 2는 ABC로 매칭이 되어 있고, 숫자 9는 WXYZ 등 2부터 9까지 3~4개 정도의 알파벳이 표기되어 있다. 전화번호를 굳이 외우지 않더라도 평상시 흔히 사용하는 단어를 입력하면 해당 전화번호가 되어 쉽게 연결된다. 예컨대 렌터카 회사의 전화번호가 227-7367이라면, 그 회사는 CAR RENT라고 홍보하면 된다. 거꾸로 CAR RENT로 홍보하고 싶으면 전화번호를 227-7367번으로 선택하면 된다. 사람들은 렌터

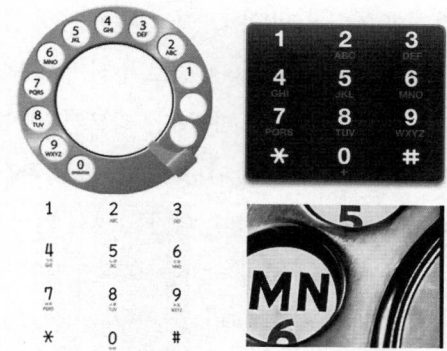

〈그림 3-10-7〉 전화번호 키패드 영문 알파벳

주: 상단 (좌) 다이얼 전화기, 상단 (우) 버튼식 전화기, 하단 (좌) 스마트폰, 하단 (우) 히치콕 영화 〈다이얼 M을 돌려라〉 중 숫자 6을 다이얼링하는 장면.

카 회사의 전화번호를 모르지만, 전화번호 아래에 있는 알파벳을 찾아 CAR RENT라고 입력하면 해당 렌터카 회사로 연결되는 것이다. 이런 의미에서 535-FREY는 535-3739번이다. KT의 GENIE TV는 436-4388, 케이블 TV는 222-5388, SK Mobile은 7566-2453, LG U PLUS는 548-7587, Skylife는 759-5433번이다. 이 또한 **커머스와 연계한 광고 또는 광고와 연계한 커머스**다. 한국도 이와 유사하게 활용하려는 시도가 있었으나 한글의 어순 구조와 맞지 않아 활성화되지 못했다. 안드로이드 폰에는 알파벳과 함께 한글 자음이 표시되어 있다. 아이폰에는 한글 자음이 없다. 대신 한국은 기억하기 좋은 번호를 선호하는 경향으로 나타났다. 이삿짐센터는 ㄱㄴㄷ-2424, 부동산은 abc-4989, 철도공사 전화번호는 가나다-7788 등. 전화번호가 프리미엄을 얹어 거래되기도 해서 사회적 부작용이 생기기도 했다. 지금은 해당 전화번호가 필요한 사람들에게 휴대폰 판매 영업용으로 활용하고 있어 예전과 같은 잡음은 발생하지 않는다. **커머스와 연계한 광고 또는 광고와 연계한 커머스다.** 온 디맨드다.

IPTV가 되면 양방향 커머스가 활성화될 것이라는 전망이 있기도 했다. 하지만 지금은 PP와 DP를 결합한 유사 홈쇼핑 형태로 운영되고 있고, 기존 홈쇼핑 채널처럼 080 클로버 서비스 상담원 연결을 통한 거래가 이루어진다는 것은 전술한 바 있다. 리모컨으로는 거래를 완결시키기 어렵기 때문이다. 고관여 상품이거나 의사결정 과정이 복잡한 것은 양방향 커머스를 하기 어려운 것이다. 다만 양방향 커머스는 데이터 방송을 겸하기 때문에 화면 좌측과 하단 ㄴ자를 좌우로 뒤집어 놓은 부분을 통해 각종 상품 안내를 추가로 한다. 카탈로그 쇼핑의 일환인 것이다. 이는 기존 홈쇼핑에서는 전혀 불가능한 부분이다. 게다가 사전에 ID와 패스워드를 등록하고 일상적으로 빈번한 구매가 필요하고, 가격 민감도가 그리 크지 않은 생필품 중에서 괜찮은 상품이 있으면 클릭한 후 ID와 패스워드 입력으로 쉽게 구매할 수도 있다. 사전에 구매 물품과 구매 주기 및 배달 주소를 등록해 두면 구독형 커머스(Subscription Commerce)도 가능할 것이다. 따라서 유료방송을 통해서 커머스가 이루어질 수 있는 상품은 홈쇼핑처럼 동영상으로 상품소개를 하고 주문하는 형태이거나, 생필품 등 저관여 상품에 대한 구독형 커머스, 한발 더 나간다면 카탈로그 쇼핑 등 세 가지로 보인다. 현재로서는 텔레비전으로 가능한 커머스는 이 정도로 판단된다.

물론 유료방송 사업자의 의지에 따라 한 발 더 나간다면 오픈 커머스 플랫폼으로 변신할 수도 있다. 말 그대로 사업자와 구매자를 연결하는 양면 시장의 조성자 역할을 하는 것이다. 두 가지 방법이 있다. 하나는 유료방송 사업자가 오픈 커머스 플랫폼을 만들고 직접 운영하면서 상품판매 사업자와 유료방송 가입자를 연결하는 방법이다. 두 번째 방법은 사전에 API를 공개하고 채널 사업자가 데이터 방송을 겸하는 방법이다. 채널로는 실시간 방송을 하고 데이터 방송으로는 콘텐츠 등 각종 상거래를 하는 방식이다. 예컨대 여행 채널이라면 여행 관련 콘텐츠를 실시간으로 송출하고,

〈그림 3-10-8〉 오픈 커머스 플랫폼 쇼핑 화면 예시

관련 물품을 데이터 방송을 통해 거래가 이루어지게 하는 방식이다. 하지만 이 두 가지 방식 모두 리모컨 허들이 해결되기 전에는 추진하기가 쉽지 않다. 그리고 음성인식이 가능하도록 UI/UX Rule Set Guide를 사전에 충실하게 만든 이후 추진하는 것이 좋을 것이다.

콘텐츠 생산과 소비의 주체인 개인 맞춤형 콘텐츠 유통, 이를 간편하게 도와주는 오픈 플랫폼 환경, 쉽고 편리한 검색, 추천 기반의 온 디맨드 등 소비자의 선택을 도와주는 스마트 큐레이터로 변신하는 것이 중요하다. 이를 N-Screen으로 확장한다면 그 과정에서도 편리한 UI와 스크린을 달리하더라도 유사한 UX를 체험할 수 있도록 하는 것이 기본적으로 필요하다. 소비자의 선택권 못지않게 소비자가 편리하게 이용할 수 있는 핵심적인 가이드를 제공할 수 있어야 할 것이다.

한편 스마트폰으로는 유료방송에서와 같은 제약이 거의 사라진다. 모든 카테고리에서 선택권이 많아지고 접근성이 커진다. 선택의 종류가 다양해진다. 모바일 UI는 간편하게 사용할 수 있어 더욱 좋다. 플랫폼이 성공하려면 ① 참여의 이점(검색비용·거래비용 감소 등 가치 제공)을 주어야 한다, ② 입소문(참가 그룹 내 및 그룹 간)이 퍼져야 한다, ③ 일정 수준 이상의 품질을 유지하

되 플랫폼 특징을 반영한 진화를 지속 모색해야 한다 등 이 세 가지가 필수적으로 갖추어져야 한다. 선택이 쉽도록 도와주는 것이 비즈니스의 핵심이라고 할 때 모바일은 매우 훌륭한 매체다. 온 디맨드가 활성화된 것도 모바일의 이런 특성에서 기인한 것이라 하겠다. 그리하여 온 디맨드다.

커머스의 미래, 새로운 고객 경험의 창조

상거래는 물건이나 서비스, 즉 상품을 사고파는 과정을 일컫는 말이지요. 하지만 이는 협의의 정의에 불과합니다. 광의로는 상품을 기획해서 만들고 옮겨서 파는 전반에 걸친 전체 과정을 커머스라고 이해해야 합니다. 취급하는 규모가 커지게 됨에 따라 상거래 전체 과정이 해체(Decoupling)되어 부분적으로 전문화되기도 하지요. 어떤 사람은 상품을 만드는 영역에 특화되고, 다른 이는 옮기는 일에 집중하고, 또 다른 이는 판매하는 것에 역량을 쏟기도 합니다. 판매하는 것도 도매와 소매가 있고, 도매와 소매도 취급하는 양태에 따라 다양한 형태로 분화되기도 합니다. 예컨대 점포 소매업은 전문점·양판점·할인점·백화점 등으로 구분할 수 있습니다. 그래서 판매 과정 전반을 일컬어 단순 판매 또는 영업이 아니라 유통이라고 부르기도 하지요. 하지만 커머스 전 과정이 아무리 분야별로 전문화되었다 하더라도 상품을 기획하는 사람은 전체 과정을 염두에 두어야 합니다. 즉, 고객에게 전달되는 고객가치의 전체 흐름, 이른바 밸류체인 또는 비즈니스 모델 전반에 걸친 이해가 필수적입니다. 갈수록 본인이 모든 것을 다 맡아 하지 못해 모르는 분야가 늘어나는 추세임에도 말입니다. 나아가 윤석철 교수님의 생존 부등식에 따라 비용의 최소한보다는 비싼 가격으로 팔아야 이익이 생기니 비용구조도 자세히 알아야겠지요. 하지만 여기까지의 설명은 파는 사람의 입장입니다. 사는 사람의 생각도 고려해야 합니다. 사는 사람의 시각에서는 커머스는 물건을 소유하려는 욕구의 실현이니, 상품을 구매하기 이전에 경험하고 싶어 하는 것이 쇼핑 원리의 전부입니다(언더힐, 2011: 285).

온라인으로 신발을 파는 자포스라는 회사가 있습니다. 자포스 이전에 신발은 매장에 가서 사는 것으로 생각했지요. 신발은 사람에 따라 발의 크기도 다양하고 모양도 천차만별입니다. 따라서 직접 매장에 가서 자신의 발의 크기와 모양에 맞는 신발을 사는 것이 불가피했습니다. 당연히 온라인으로 구매한다는 것은 상상도 할 수 없는 일이었지요. 하지만 자포스는 이런 한계를 '무료 반품 포함 다음날 배송 시스템'으로 극복합니다. 처음에 고객들은 매우 낯설어했지만, 점차 온라인 구매의 매력을 느끼게 됩니다. 자기 발과 맞는지 확인할 수 있고, 가지고 있는 옷이나 장신구들과 맞춰 볼 수 있는 시간을 충분히 가질 수 있었기 때문입니다. 마음에 들지 않으면 언제라도 반품할 수 있으니 너무 좋았습니다. 자포스는 신발 매장사업이나 소매상이 아닌 새로운 신발 구매 체험 사업을 했던 것입니다(크레이머, 2012: 169~181). 자포스 사례에서 중요한 것은 비용구조를 정확히 이해한 상태에서 사업모델을 기획했다는 것입니다. 물류비용은 매우 많이 들어가지만 이를 매장 운영에 따른 제반 비용(부동산 임대료, 매장 점원 인건비 등)에서 더 아낄 수 있었던 겁니다. 한국에도 자포스의 무료 반품 모델이 들어와 있지요. 마음에 드는 두 개 정도를 구매해 자기와 맞춰 본 다음 맞지 않는 것을 반품하는 형태로 이용하곤 합니다.

사업모델 기획의 중요성은 마스다 무네아키(增田宗昭)의 책 『지적자본론』에 잘 나타나 있습니다. 그는 기획의 가치는 '그 기획이 고객가치를 높일 수 있는가?'에 달려 있다고 말합니다. 그리고 현재는 이미 수많은 플랫폼이 존재하는 시대이기 때문에 단순히 플랫폼을 제공하는 것만으로는 고객의 가치를 높일 수 없다고 합니다. 이런 생각에서 나온 것이 츠타야(TSUTAYA) 서점인데, 서점을 개설한 것이 아니라 라이프스타일을 기획, 제안했다고 말합니다. 라이프스타일을 판매하는 서점, 즉 라이프스타일의 각 주제에 따라 새로운 경험을 종합적으로 느낄 수 있는 서점입니다. 사람마다 취향을 설계하고 기획해 전시하는 곳입니다. 새로운 고객 경험을 제공하는 플랫폼입니다. 커머스의 미래라 하겠습니다(마스다 무네아키, 2014: 45~53).

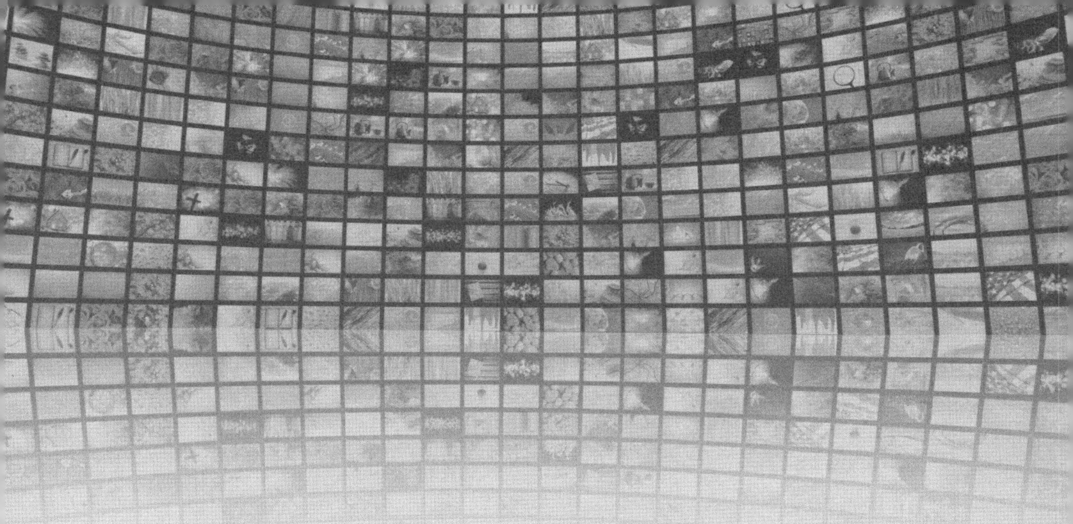

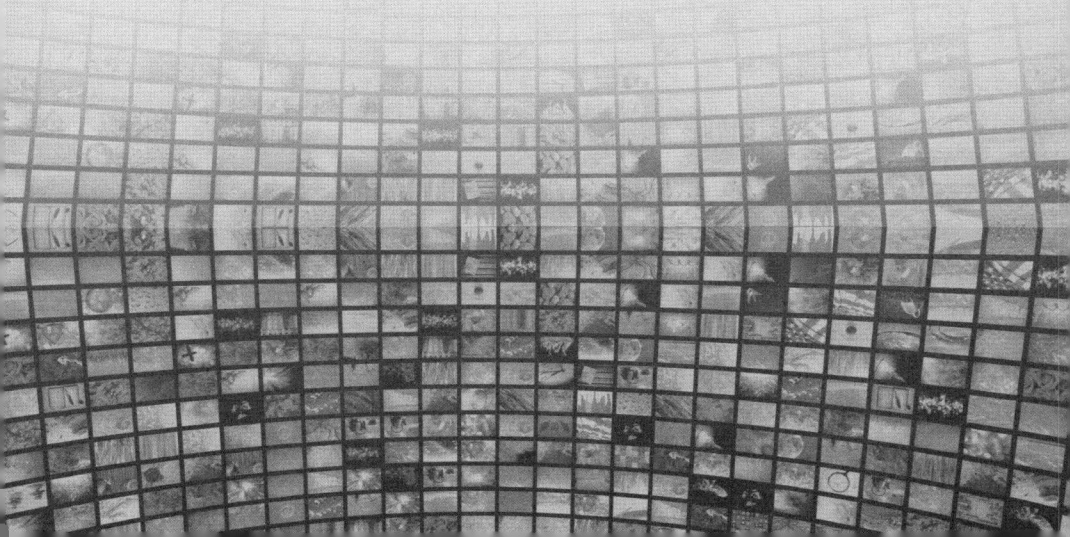

제**4**부

콘텐츠 미디어 시장의
미래 전망

제11장

한국 콘텐츠 미디어 시장의 미래 전망

〈이상한 변호사 우영우〉는
왜 넷플릭스에서 동시에 볼 수 있었는가?

"제 이름은 똑바로 읽어도 거꾸로 읽어도 우영우입니다. 기러기 토마토 스위스 인도인 별똥별 역삼역 우영우." 2022년 여름 한국 드라마 시장은 온통 〈이상한 변호사 우영우〉(이하 〈우영우〉)였다. 〈우영우〉는 2022년 6월 29일부터 8월 18일까지 ENA(ENtertainment+dNA)(구 스카이) 채널에서 매주 방영했던 수목 드라마다. ENA는 KT의 손자회사인 스카이TV에서 운영하는 채널인데, 그간 한 번도 2% 이상의 시청률을 넘긴 프로그램이 없을 만큼 잘 알려진 채널은 아니었다. 이런 채널에서 시작한 드라마이다 보니 우영우가 처음 방영된 6월 29일 시청률은 0.948%에 불과했다. 하지만 그 시작은 미약했으나 끝은 창대했다. 최종화 시청률이 처음 방영 때의 20배에 가까운 17.534%의 시청률을 기록한 것이다. **콘텐츠가 가지는 승자독식(Win-ner takes it all) 성격을 잘 보여주는 사례라 하겠다.** 어차피 해당 시간대는 누구에게나 같이 주어져 있기에 동시에 다른 채널을 볼 수는 없지 않은가. 텔레비전을 보거나 보지 않거나, 본다면 어떤 프로그램을 볼 것인지가 관건이다.

미디어 시장은 소비자(고객)의 관심을 통해 유지되고 운영되는 시장이다. 물론 다른 시장도 소비자(고객)의 관심이 갈수록 중요해지고 있지만, 미디어 시장은 그 정도가 훨씬 심하다. 미디어는 주로 눈으로 볼 수 있는 콘텐츠가 거래되는 시장이기 때문이다. 얼마나 많은 관심을 유발하느냐, 그래서 그 관심이 실제 구매로 이어지느냐, 나아가 그 관심을 다른 사람에게 얼마나 빠르게 전파하느냐가 중요하다. 세상은 특정 콘텐츠를 본 사람과 아닌 사람으로 나누어 볼 수 있다는 점, 이것이 콘텐츠의 매력이다. 화제성 있는 콘텐츠는 입소문을 타고 더욱 퍼져 나가는 승수효과를 가진다. 본 사람과 대화를 하기 위해서는 해당 콘텐츠를 봐야 한다. 정작 자기가 봤더니 괜찮다는 판단을 하게 되면 다른 사람에게 추천한다. 특히 '젠체하는 뽄대 문화'가 강한 한국의 경우 자기가 봤던 것을 알릴뿐만 아니라 각종 분석, 해석 및 평가를 덧붙인다. 그럴수록 화제성이 더욱 강해지고 나도 '본 자'의 대열에 들어가고 싶은 욕구가 생기게 된다.

드라마 또한 마찬가지다. 드라마는 일단 잘 만들어져야 한다. 거기에 시의성이 있는 소재이거나 사람에 대한 공감요소가 곁들여져 있는 등 화제성이 있으면 입소문을 타기 시작한다. 페이스북 등 SNS를 통해서 해당 드라마에 대한 좋은 평가가 퍼져 나가면서 더욱 그 드라마를 찾아보게 만드는 동인으로 작용한다. 〈우영우〉는 자폐인이 주인공이지만, 기존 장애인을 다룬 작품들에서처럼 어렵고 각박한 처지를 묘사하는 형태로 스토리가 전개되지 않는다. 대신 살아 있는 인간미를 바탕으로 한 공존의 의미, 함께 사는 따뜻한 세상을 그리고 있다는 점에서 크게 호응을 받았다. **각자도생의 시대에 더불어 사는 세상을 향한 부드러우면서도 힘 있는 웅변이었다.**

〈우영우〉의 화제성이 어느 정도였는지는 정기적으로 매주 텔레비전 드라마 등의 화제성을 조사해 순위를 발표하는 굿데이터 자료를 보면 구체적으로 알 수 있다.[1] 〈우영우〉는 첫 방송이 나온 6월 5주차에서부터 28.80점으로 TV 드라마 부문 화제성에서 1위를 달성했다. 당시 tvN 〈환혼〉이 14.89로 2위, SBS 〈왜 오수재인가〉가 10.71로 3위였다. 한 주간 방영된 드라마 화제성의 합이 100이니 1회부터 30%에 가까운, 2위보다는 두 배 가까운 화제성을 보인 것이다. 방영 2주차인 7월 1주차부터는 거의 압도적인 점수로 마지막 8주차 때까지 1위를 고수한다. 그간 굿데이터에서 조사한 가장 화제성 높은 드라마의 성적은 SBS 〈펜트하우스 2〉로 46.45점

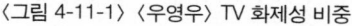
〈그림 4-11-1〉 〈우영우〉 TV 화제성 비중

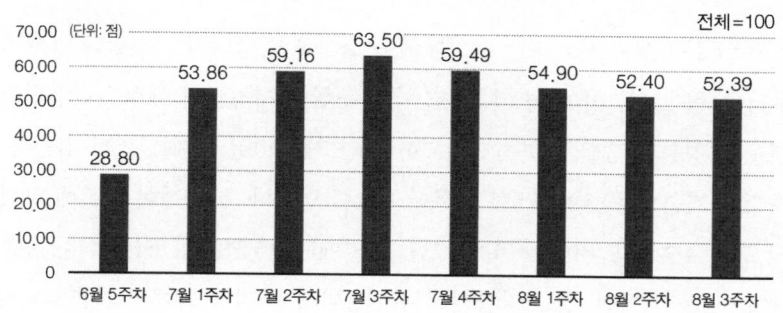

1 　굿데이터에서는 화제성을 VON(Voice Of Net) 부문, SNS 부문, 뉴스 부문, 동영상 부문 네 가지로 구분해 조사한다. 방송시간에 한해 시청 여부만을 측정하는 시청률과 달리 TV 화제성은 각 프로그램 방송 후 1주일 동안 온라인 뉴스, 블로그, 커뮤니티, 트위터, 동영상에서의 나타난 네티즌 반응을 조사해 지수화하고 분석해 평가한다(굿데이터 홈페이지 참조).

(2021년 3월 1주 차)이 최고였다. 2위는 10주 연속 화제성 1위를 기록한 2016년 tvN의 〈응답하라 1988〉이 40.4였다. 〈우영우〉는 2주차인 7월 1주차부터 그간 1, 2위를 가볍게 제치고 끝날 때까지 50점이 넘는 화제성을 유지한 것이다. 가장 높은 화제성을 보인 7월 3주차의 경우, 무려 63.50점으로 굿데이터의 화제성 조사 이래 최고의 점수다. 쉽게 말해 그 주에 10명 중 6명 이상이 텔레비전 드라마에 대해서는 〈우영우〉만 말했다는 것이다. 2위 〈환혼〉이 7.67점에 불과할 정도였다. 7월 3주차에 방영된 것은 팽나무가 나오는 '소덕동 이야기' 편이다. 앞으로도 이 정도의 화제성 있는 드라마가 나올 수 있을지 모를 정도로 정말 대단한 수치다.

한편 한국 갤럽이 조사한 한국인이 좋아하는 텔레비전 프로그램에서도 〈우영우〉는 기록적인 수치를 나타낸다. 2022년 7월에는 13.1%의 수치로 1위를 달성하는데, 이는 그간 한국 갤럽이 조사한 이래 드라마 부문 선호도 최고치다. 8월에는 16.4%의 높은 수치로 또 한 번 1위를 차지한다. 모든 채널, 모든 장르를 불문하고 텔레비전 프로그램을 통틀어 역대 선호도 최고치를 경신하는 기록이다(나무위키).

이런 화제성과 선호도는 시청률에도 그대로 반영되어 나타났다. 〈그림 4-11-2〉를 보자. 첫 방영 때 1%도 넘지 못했던 시청률이 매회 두 배에 가까운 시청률 상승을 기록하면서 7화 때인 7월 20일 10%를 훌쩍 넘는다. 수도권 기준으로는 이미 5화 때부터 10%를 넘었다. 화제성이 최고에 달했던 7월 4주차가 지난 직후인 7월 27일에는 15.78%의 시청률(수도권은 18.078%)을 기록한 후 소강상태에 접어들다가 마지막 화에서 17.534%의 시청률로 끝을 맺는다. 수도권 기준으로는 19.21%였다. 16화 평균 시청률은 전국 10.936%, 수도권 12.875%였다. 6월 29일 수도권 시청률은 따로 조사하지 않았는지 0으로 표시되어 있다.

넷플릭스에서도 크게 화제가 되었다. 〈우영우〉는 수·목요일 저녁 9시

〈그림 4-11-2〉〈우영우〉 시청률

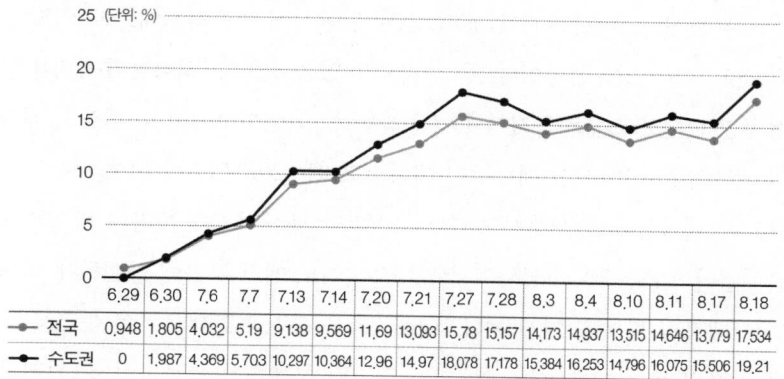

	6.29	6.30	7.6	7.7	7.13	7.14	7.20	7.21	7.27	7.28	8.3	8.4	8.10	8.11	8.17	8.18
전국	0.948	1,805	4,032	5.19	9,138	9,569	11.69	13,093	15.78	15,157	14,173	14,937	13,515	14,646	13,779	17,534
수도권	0	1,987	4,369	5,703	10,297	10,364	12.96	14.97	18,078	17,178	15,384	16,253	14,796	16,075	15,506	19.21

자료: AGB 닐슨 미디어 리서치 홈페이지.

〈표 4-11-1〉〈우영우〉 넷플릭스 시청 시간 순위

구분	6월 5주차	7월 1주차	7월 2주차	7월 3주차	7월 4주차	8월 1주차	8월 2주차	8월 3주차	8월 4주차	9월 1주차	9월 2주차	9월 3주차
전체	-	7위	3위	5위	2위	2위	2위	1위	2위	1위	3위	10위
비영어권	-	1위	1위	2위	1위	1위	1위	1위	1위	1위	1위	4위

부터 10시 25분까지 방영되었고, 1시간 이내에 넷플릭스와 KT 그룹의
OTT 시즌에 바로 공개가 되었다. 사실상 넷플릭스에 거의 동시에 방영되
었다고 할 수 있다. 넷플릭스에서는 방영 첫 주인 6월 5주차에 한국 텔레
비전 시리즈 Top 2에 오르며 히트 조짐을 보이다가, 다음 주인 7월 첫 주
부터 글로벌 순위 상위에 오른다. 비영어권에서는 줄곧 1위를 했고, 글로
벌 전체 순위에서도 2번이나 1위를 차지하기도 했다. 〈우영우〉가 끝난 8
월 18일 이후 한 달 가까이 지난 9월 3주차에서도 전체 10위, 비영어권 4위
의 순위였다. 6월 27일부터 9월 18일까지 넷플릭스 총 시청시간은 5억
6000만 시간으로 2022년 넷플릭스 비영어권 시리즈 부문 2위의 실적이다.
〈우영우〉넷플릭스 시청시간 순위는 〈표 4-11-1〉에 잘 나타나 있다.

〈우영우〉가 시즌에 공개된 것은 KT가 투자에 참여했기 때문에 수긍이 가는 부분이다. 하지만 PP인 ENA 채널과 동시에 넷플릭스에도 바로 방영된 것은 보기 드문 현상이다. 두 가지 이유였을 것이다. **하나는 투자비를 일정 부분 회수하고 싶은 목적**이다. 〈우영우〉는 적어도 200억 원 이상의 제작비가 투입된 드라마다. 제작사인 에이스토리는 2021년 8월 〈우영우〉를 하반기에 제작한다고 공개했고, 그해 10월 말 넷플릭스에 드라마 방영권을 판매한다.[2] 이후 KT 계열사인 스튜디오지니도 제작 투자에 참여하게 되어 공동 제작의 형식을 띠게 된다. 넷플릭스는 통상 '제작비+α'의 룰로서 해당 국가의 로컬 콘텐츠를 구매해 오리지널 콘텐츠를 확보한다. 제작비와 일정 수익까지 보장해 주는 구조다. 많은 자본이 소요되는 드라마 제작사의 입장에서는 매우 매력적인 조건이다. 2022년 9월 미국 에미상 감독상·남우주연상 등 6관왕을 수상한 〈오징어 게임〉도 한국 감독과 배우 등이 참여했음에도 넷플릭스 자본이 판권을 완전히 소유한 것이어서 넷플릭스 오리지널 콘텐츠로 분류된다. 하지만 〈우영우〉는 이와 달리 방영권만 판매되었다. 따라서 〈오징어 게임〉처럼 프라임타임 에미상에 나가지는 못할 것이다. 〈오징어 게임〉은 국내 제작사인 싸이런픽쳐스와 넷플릭스가 공동으로 제작한 한미합작 드라마이기 때문에 국제 에미상에도 출품할 수 있었다. 한데 에미상 측에서 미국 드라마로 인정했고, 출품자격이 있다고 유권해석을 내려줘 비영어권 최초의 프라임타임 에미상 수상을 하게 된 것이다. 〈우영우〉는 에미상에 도전하더라고 주목도가 거의 없는 국제 에

---

2 넷플릭스의 한국 진출 이후 텔레비전과 넷플릭스의 동시 방영은 2017년 JTBC의 〈맨투맨〉, tvN의 〈비밀의 숲〉부터 시작되었다. 이후 2018년 430억 원의 제작비가 들어간 tvN의 〈미스터 션샤인〉이 방영되면서 동시 방영 비즈니스가 본격적으로 알려지게 되었고, 2020년 스튜디오드래곤/JCon과 넷플릭스의 3년 계약 체결 후 체계화된다. 제작사 입장에서는 기존 텔레비전 방영권 50~70%에다 넷플릭스 동시 방영권 60~80%를 감안하면 최대 50% 이상 마진도 가능하게 된다(김희재·이지은, 2021: 18~19).

미상에만 가능할 것이다. 〈우영우〉 지적 재산(IP: Intellectual Property) 소유권은 여전히 에이스토리와 스튜디오지니가 가지고 있기에 한국 드라마로 분류할 것이기 때문이다. 대신 〈우영우〉는 IP를 기반으로 웹툰으로 만들어지기도 했고, 뮤지컬도 제작한다고 한다. 에이스토리와 스튜디오지니 주도의 OSMU가 가능한 것이다. 〈우영우〉 시즌 2만이 아니라 강화도 시절 이야기를 담은 프리퀄, 아버지 세대의 태수미, 한선영과의 관계를 담은 스핀오프도 가능하다. 당연히 연극도 만들어질 수 있고, 캐릭터 비즈니스도 가능할 것이며, 심지어 테마파크 내에 〈우영우〉 존이 만들어질지도 모른다. KT는 〈우영우〉 방영 시점에 맞춰 메타버스 플랫폼 젭(ZEP)으로 드라마에 나오는 장소를 구현해 놓고, 다양한 콘텐츠를 만들어 공개하기도 했다. IP만 확보하고 있으면 뭐든지 가능한 멀티의 세상이다.

〈우영우〉가 넷플릭스와 동시에 방영된 **또 하나의 이유는 넷플릭스가 글로벌 No.1 OTT 채널이기 때문이다.** 넷플릭스는 글로벌만이 아니라 한국에서도 No.1이다. 에이스토리에서는 〈우영우〉를 지상파 3사 중 하나인 SBS와 방영을 논의하다가 ENA 채널의 적극적인 투자 의향 등에 방향을 선회한 것으로 알려져 있다. 제작할 드라마가 자신 있다면 대안으로 OTT가 있으므로 굳이 지상파에 의존할 필요가 없는 것이다. 텔레비전이 아닌 다른 시청수단이 있는 상황에서는 텔레비전 채널의 지명도는 크게 문제삼지 않아도 된다는 것이다. 텔레비전 드라마 시청률이 10%만 넘기더라도 대박이라는 소리를 듣는 마당이니, 어차피 텔레비전으로는 시청자를 많이 확보할지 장담할 수도 없다. 이런 마당에 국내에서 매일 400만 명 이상이 시청(KT 내부자료 참조)하는 넷플릭스는 훨씬 매력적인 채널이다. 게다가 넷플릭스는 전 세계 2억 명 이상의 가입자가 있으니 해외 시장 공략에도 훨씬 간편하다.

이런 경향은 앞으로 더 빈번하게 나타날 것이다. 투자비 부담도 어느 정도

해소하면서 더 많은 시청자를 만날 수 있으니 누가 이를 마다할 것인가. 남은 이슈는 IP를 계속 보유할 것인가 아니면 IP가지 아예 넘길 것인가다. 〈오징어 게임〉의 경우 IP까지 넘기다 보니 실제 제작사의 수익은 넷플릭스에서 보장한 제작비 100%+α인데, 이때 α는 통상 10~20%라고 알려져 있다. 〈오징어 게임〉이 거둔 엄청난 성과는 대부분 넷플릭스에서 다 가져갔다.[3] 제작사 입장에서는 다소 억울할 수도 있는 측면이다. 하지만 어쩌겠는가? 이렇게까지 크게 국제적으로 호평을 받을 거라고는 당시에 몰랐으니까. IP를 보유한 〈우영우〉의 길을 걸을 것인가, 아니면 IP까지 넘기는 〈오징어 게임〉의 길을 걸을 것인가? 어쩌면 콘텐츠 제작자로서는 행복한 고민이라 할 것이다.

관심 경제학 이야기

잘 아시는 것처럼 미시경제학에서 가장 기본이 되는 것은 수요와 공급의 균형에 의해 가격이 결정된다는 것이지요. 수요가 많으면 가격이 오릅니다. 가격이 오르면 수요는 줄지만 반면에 공급은 늘어나겠지요. 공급이 늘어나면 이제는 가격이 내려갈 것이고, 다시 수요가 늘어날 것입니다. 이러한 과정을 거쳐 균형가격이 만들어질 것입니다. 아주 간단한 이 원리를 수요함수, 공급함수 등으로 설명하지요. 이 원리에 따라 설명할 수 있는 것은 재화나 서비스만이 아닙니다. 경제적 가치가 있는 것이라면 어떤 것이든 수요와 공급의 함수에 따라 설명할 수 있다고 합니다. 버클리 대학의 허버트 사이먼(Herbert Simon) 교수는 사람의 관심(Attention)을 수요함수와 공급함수로 설명합니다. 사람의 관심 역시 경제적 가치가 있다는 것이지요. 즉, 정보라는 공급 측면과 관심이라는 수요 측면의 함수로 고객의 관심과

3　〈오징어 게임〉 제작비는 300억 원 수준으로 알려져 있으며, 넷플릭스가 〈오징어 게임〉으로 획득한 수익은 1조 원 이상인 것으로 보도되고 있다고 한다(노창희, 2022년 9월 28일 자).

상품을 교환하는 시장이 발전하게 된다는 것입니다. 관심 경제학(Attention Eco-nomics)입니다. 정보가 넘치면 관심이 줄어드니 관심이 부족한 경제에서는 이제 관심을 얻는 것이 비즈니스, 상품·서비스·상표 등을 위한 최우선 전략과제가 된다는 것이지요(쇼이스, 2010: 543~548).

관심의 힘은 관심 산업(Attention Industries)에 달려 있다고 합니다. 광고·영화·TV 프로그램·출판 등은 대표적인 관심 산업이고, 관심경영을 이해하는 가장 효과적인 분야라고 일컬어지고 있습니다. 따라서 미디어 사업은 당연히 관심 경제학의 범주에 있다고 할 것입니다. 미디어를 통해 유통되는 콘텐츠가 대표적인 관심 산업으로부터 생산되고 있다는 측면과 다른 미디어들과 고객의 마음 점유율(Mind Share) 경쟁을 하고 있기 때문입니다. 관심 산업에서 나타나는 특징은 크게 세 가지로 요약된다고 합니다(데이븐포트·벡, 2006: 149~153).

① 하나의 매체를 통해 사람의 관심을 획득하면 그만큼 다른 수단을 희생해야 한다.
② 관심 산업의 주류는 인쇄 매체에서 전자 매체로 이동해 왔다.
③ 관심 산업에서 고객 확보에 대한 영원한 승자는 없다.

여기에 4번째로 '고객을 가장 잘 이해하는 것이 관심 산업에서 최종 승리하는 길이다'를 추가하고자 합니다.

극장의 위기

영화나 드라마가 전통적인 극장이나 텔레비전을 통하지 않고 바로 OTT를 통해 방영하는 경향은 앞으로도 더욱 강화될 것이다. 오리지널 콘텐츠다. 특히 미국 대자본 OTT는 이미 한국 미디어 콘텐츠 시장에서 상수(常數)다. 국산 토종 OTT가 로컬 콘텐츠의 강점을 가지고 아무리 사람들에게 소구한다고 해도 쉽사리 이겨내기란 쉬워 보이지 않는다. OTT로 인해 가장 크게 걱정되는 분야가 극장이다. 극장에서 굳이 보지 않더라도 볼 것이 넘쳐나기 때문이다. 텔레비전에서는 260여 개의 채널에서 매일 새로운 콘텐츠를 쏟아내고 있다. 본 방송을 보지 못한 사람들을 위해 재방송도 있고, 순환 편성이라고 해 기존에 만들어진 콘텐츠를 다른 채널에서 구매해 다시 송출하기도 한다. 유료방송에서는 30만 편 이상의 VOD가 항상 대기하고 있다. 한국 유료방송 가입률은 98% 가까이 되니 사실상 모든 국민이 VOD를 볼 준비가 되어 있다. OTT 간 경쟁은 유료방송 경쟁보다 더 치열하게 전개되면서 오리지널 콘텐츠를 비롯한 새로운 콘텐츠로 사람들을 자꾸 유혹한다. 게다가 최근에는 유료방송이든 OTT든 어느 정도의 추천 시스템이 작동하면서 내가 볼 만한 영화를 추천하기까지 한다. 스마트폰으로 (비록 작은 화면이지만) 편리하게 영화를 볼 수 있기도 하다. 큰 화면으로 보고 싶으면 USB 포트를 통해 텔레비전에 연결해서 볼 수도 있다. 요새는 핸드폰이 좋아 핸드폰의 미러링 기능을 이용할 수도 있다. 극장에서 영화를 보는 것이 서민들의 거의 유일한 문화생활이었으나, 영화 한 편을 보기 위해서 들어가는 최소한의 금액인 만 원 정도면 OTT를 통해 한 달 내내 더 많은 영화를 볼 수 있다. 그러니 극장에서 영화를 봐야 할 이유가 점점 사라지고 있다.

이러한 상황은 코로나-19로 인해 가속되었다고 하겠다. 대면 접촉이 제한된 상황에서 극장 관객 수는 코로나-19가 발발한 2020년 이후 엄청나게 감소했다. 2019년 연간 2억 3000만 명 가깝던 관객이 2020년에는 5952만 명, 2021년에는 6053만 명으로 줄었다(영화진흥위원회, 2022a: 18~20). 2019년 대비 70% 이상 관객이 줄어든 것이다. 특히 극장은 영화를 관람하던 사람들 간에 감염이 확산 전파되었다는 사례가 없을 정도로 방역지침을 엄격하게 준수했던 공간이었음에도 성적이 초라하다. 극장 침체의 2년간 사람들은 극장을 찾는 대신 OTT를 즐겼다. 텔레비전 시청시간도 2019년 3

시간 3분에서 3시간 19분으로 크게 늘었으나 OTT에 비교할 바는 아니다. OTT 중에서는 특히 넷플릭스의 성장이 두드러진다. 넷플릭스 이용률을 보면 2019년 4.9%에서 2020년 16.3%, 2021년 24%로 늘어났다(방송통신위원회, 2021a: 3).[4] 사용자 수를 보더라도 넷플릭스는 2020년 1월 2019년 대비 133.9%, 2021년 1월에는 2020년 대비 115.2% 증가했다. 국내 OTT는 증가하기는 했으나 50% 내외 중폭 수준이다. 매출도 대폭 늘어나는 추세로 보인다. 자료가 있는 OTT 3개 사의 2019~2020년 매출과 영업이익을 보면 넷플릭스는 매출 2019년 1859억 원→2020년 4154억 원, 영업이익 22억 원→88억 원이다. 웨이브는 매출 973억 원→1802억 원, 영업이익 -137억 원→-169억 원이고, 왓챠는 매출 220억 원→380억 원, 영업이익 -109억 원→-155억 원이다(한국방송통신전파진흥원, 2022: 41). 전체적으로 2019년 대비 2020년 큰 폭의 변화가 있었음을 말해 준다.

2022년 정부의 방역지침이 조금씩 풀어지더니 5월 2일 실외 마스크 착용 의무화가 완화되는 상황이 되었다. 2022년 초반부터 극장에서 영화를 보는 사람들이 조금씩 늘어났지만 그리 크지 않았다. 하지만 5월 이후에는 증가 추세가 커지기 시작한다. 2022년 11월 말까지 극장 관객 수 기준 Top10을 꼽으면 1위인 〈범죄도시 2〉는 1269만 명, 10위인 〈미니언즈 2〉 227만 명까지 모두 5월 이후 개봉한 영화들이다(영화진흥위원회, 2022b: 9). 한마디로 2022년 극장가는 5월 이전과 이후로 나눠 볼 수 있다는 것이다.

극장 관객 수의 증가에도 OTT에 따른 영향을 찾아볼 수 있다. 먼저 **국내 블록버스터급 영화의 기대 이하 성적**이 눈에 띈다. 2022년 여름철 4대 대형 블록버스터[〈외계+인〉(7월 20일 개봉), 〈한산〉(7월 27일 개봉), 〈비상선언〉(8월 3일

---

4   텔레비전 시청시간은 텔레비전 수상기를 통한 시청이 2시간 42분, 이 외 단말을 통한 것 21분 합해 3시간 3분이었다. 2020년에는 각각 2시간 51분, 28분이었다. 2021년 들어 다시 주춤해 2시간 38분, 26분으로 합해 3시간 4분으로 줄어들었다(방송통신위원회, 2021a: 4).

개봉〉, 〈헌트〉(8월 10일 개봉)] 중 〈한산〉만이 500만 명 관객을 넘었다. 〈한산〉 726만 명, 〈헌트〉 435만 명, 〈비상선언〉 206만 명, 〈외계+인〉 154만 명이다. 〈한산〉의 경우 전작 〈명량〉이 한국 최고 관객인 1700만 명을 넘는 관객을 유치했고, 전작에 있었던 국뽕 성격의 기름기를 다 뺏기 때문에 훨씬 작품성이 우수하다는 평가에도 불구하고 700만 명 약간 넘는 것에 그쳤다. 한 번도 실패한 적이 없어 흥행 보증수표였던 최동훈 감독의 〈외계+인〉의 성격은 정말 초라하다. 코로나-19를 피하려다가 개봉 시점이 몰려 경쟁이 치열했던 것도 영향이 있었겠으나, 이보다는 블록버스터급 영화치고는 볼거리를 별로 주지 못했다는 점이 가장 크다고 본다. 이 정도의 스펙터클은 넷플릭스 드라마 〈수리남〉에서도 충분히 볼 수 있는 수준이기 때문이다. 다만 〈한산〉은 거북선이라는 소재와 50분이 넘는 해전이라는 점에서, 〈헌트〉는 배우 이정재가 감독 이정재로서도 영화를 잘 만들었다는 평가 등으로 최소한의 성과를 거두었다고 하겠다.

두 번째는 **영화 〈탑건 매버릭〉**(이하 〈탑건〉)이 관객 수 817만 명을 넘기면서 롱런(6월 22일부터 12월 13일까지 175일간 개봉)했다는 사실이다. 동기간 동안 국내 4대 블록버스터, 국제영화제에서 상을 탄 〈헤어질 결심〉, 〈브로커〉 및 마블의 〈토르: 러브 앤 썬더〉, 〈미니언즈 2〉 등이 경쟁작으로 상영되기도 했으나 〈탑건〉만큼 롱런하지는 못했다. 〈탑건〉은 첫날 약 18만 명의 관객이 관람했다고 한다. 〈외계+인〉이 첫날 15만 명의 관객이 관람한 것과 비교해 그리 큰 차이가 없다. 하지만 차츰 입소문이 나면서 주차(週次)를 넘어 갈수록 주말 관객이 늘어나는 현상이 나타나기도 했다(손정빈, 2022년 9월 1일 자). 〈아바타: 물의 길〉이 12월 14일 개봉되면서 3D/IMAX 상영관 바통을 넘겨주었다. 전 세계적으로는 14억 9000만 달러 가까운 매출을 올려 역대 11위의 기록이다(나무위키, 2022년 12월 13일 기준). 원래 이 영화는 2019년 4월 촬영을 다 마쳤기 때문에 2020년 개봉하려고 했다. 하지만 코로나 - 19로 개봉이 연기되었고, 23개월 후인 2022년 5월에서야 극장 개봉을 하게 되었다. 웬만한 영화는 버티지 못하고 OTT에서 개봉했을 텐데 모든 유혹을 뿌리치고 극장 개봉을 한 것이다. 이런 과정을 거쳐 역대 매출 성과를 달성한 것이니 더욱 대단하다. 〈탑건〉의 성공은 거대 자본이 투입된 블록버스터급 영화라고 무조건 흥행에 성공하는 것이 아니고, 제대로 된 볼거리가 있어야만 흥행으로 이어진다는 것을 말해 준다. 창공에서의 전투 신(Scene)을 그 어느 것보다 실감 나게 보여주는 것은 역시 극장이기 때문이다. 부차적으로 무려 36년 만에 같은 주인공이 속편에 출연했고, 탄탄한 스토리 등도 관객 유인 요소였을 것이다.

세 번째로는 **타이밍과 코믹 이슈**를 꼽을 수 있다. 2022년도 천만 관객을 넘긴 〈범죄도시 2〉는 5월 18일 개봉했는데, 마침 5월 2일 정부 방역지침 완화에 따라 보복 소비 차원에서 극장을 찾은 것과 맞아떨어졌다. 기대 이상으로 흥행에 성공한 〈공조 2〉 역시 추석 극장가에 경쟁작이 별로 없는 상황에서 가볍게 볼 수 있는 영화로 타이밍이 맞아 떨어진 것으로 볼 수 있다. 〈공조 2〉는 손익분기점 350만 명을 가볍게 넘어 관객 수 698만 명을 기록했다. 두 영화 모두 타이밍 외에도 코믹한 요소를 많이 가미했던 것이 흥행을 도왔다. 마동석의 화끈한 타격감 있는 액션과 현빈과 다니엘 헤니의 팬심도 작용했을 것이다. 블록버스터급 영화도 아니어서 별로 주목받지 못했던 영화 〈645〉가 200만 명이나 관객을 모을 수 있었던 것도 코믹한 요소에다, 여름방학과 추석 명절 특수 사이에 개봉한 것이 주효했던 것으로 보인다. 아무런 생각 없이 재미있게 시간을 보낼 수 있는 공간으로서 극장이 가지는 미덕이다. 코믹 영화 〈정직한 후보 2〉와 한국판 라라랜드를 표방했던 〈인생은 아름다워〉 등은 대표적인 영화 비수기에 개봉하다 보니 흥행 성적이 그리 좋지 못하다. 그나마 〈인생은 아름다워〉는 100만 관객을 넘기기는 했다.

세 가지 특징을 종합하면 **극장은 극장에서만 볼 수 있는 제대로 된 볼거리가 있거나, 마음 편하게 볼 수 있는 즐길 거리를 주는 공간**으로 바뀌었다고 하겠다. 이미 OTT라는 대안이 있는 상태에서 극장에서만 볼 수 있는 것과 (대체로 극장은 혼자가 아니라 누구와 함께 가는 것이니) 함께 부담 없이 볼 수 있는 것만이 살아남을 수 있다는 것이다. 대형 스크린과 웅장한 스피커 등이 있어 극장이라는 상영 공간에 적합한 영화, 이른바 블록버스터만으로는 부족하다. 대중의 코드에 조금이라도 부합하지 않으면 입소문이 금방 퍼지게 되고, 관객은 극장을 찾지 않으니 블록버스터라고 해서 모두 흥행에 성공하는 것은 아니기 때문이다. 블록버스터급이 아닌 영화들은 굳이 극장에까지 가서 보지 않더라도 조만간 유료방송에 공개될 때를 기다려 볼 수 있는 옵션이 있다. 이미 텔레비전이 충분히 대형화되었기 때문에 극장 못지않은 즐거움이 있다. 다만 극장에서 먹는 팝콘과 콜라를 맛볼 수 없다는 것이 흠이지만, 이 또한 집에서 얼마든지 팝콘을 쉽게 튀겨 먹을 수 있다. 제대로 보여주느냐 아니면 함께 보기에 부담 없이 제대로 즐길 수 있도록 해 주는 것이냐.

한국의 경우 블록버스터급 대작을 제작하기 위해서는 몇백억 원의 자본이 투입되는데, 통상 500만 명 정도 이상의 관객이 관람해야 회수할 수 있다고 한다. 대형 블록버스터급 영화들이 극장에서 참패하는 것을 보면서 과연 극장을 타깃으로 한 영화를 계속 만들어야 하는가에 대한 투자자의 고민이 커질 것이다. 무조건 많은 자본을 투입한다고 해서 그 영화의 흥행을 보장하지는 않기 때문이다. 제대로 된 볼거리를 만들기 위해서는 더 많은 자본을 투입해야 하는데, 한국 영화 자본은 할리우드만큼 튼튼하지 못하다. 한두 차례 더 실패하면 제작은 더욱 위축될 것이다. '극장에는 제대로 된 볼거리가 있어야 사람들이 모인다→이를 위해 많은 자본을 투입한 블록버스터급 영화를 만들어야 한다→하지만 이미 넷플릭스 등에서 볼 수 있는 정도의 영화다 →흥행에 실패한다'식의 악순환 고리에 빠질 수도 있다. 고수익을 기대하기에는 지나치게 고위험이다. 게다가 제작자 입장으로선 미국 거대 자본 OTT라는 제작 대안이 있다. 굳이 극장을 대상으로 영화를 만들 이유가 줄어든다.

제임스 카메론(James Cameron) 감독은 2022년 부산국제영화제에서 12월 〈아바타: 물의 길〉을 개봉하기 전 예고편을 통해 '극장의 존재 이유를 증명할 것'이라고 했다. 〈아바타〉는 2009년 1편이 나왔을 때 3D 영화의 진수를 멋지게 보여줘 전 세계 역대 흥행 1위인 27억 8700만 달러의 수익을 올린 바 있다. 〈아바타: 물의 길〉 역시 풍성한 볼거리를 제공하면서 관객을 극장으로 불러 모았다. 하지만 이런 영화가 여러 편 만들어지는 것이 쉽지는 않지 않은가. 게다가 이런 영화 1편만으로 극장 객석을 모두 채울 수도 없는 것 아닌가. 예전 컬러텔레비전이 나왔을 때 극장이 살아남았던 방법이 이제는 통하지 않을지도 모른다. 게다가 한국 극장산업은 미국 할리우드 자본에 의해 좌지우지되는 상황으로 바뀔 수도 있다. 그러니 영화는 영원할 것이나 과연 극장은 생존할 것인가에 대한 의문이 있다. 극장의 위기다.

텔레비전의 위기

한국 역대 텔레비전 드라마 최고 시청률 1위는 1996년도 KBS 〈첫사랑〉으로 65.8%이다. 평균 시청률로 따지면 1992년도 MBC 〈사랑이 뭐길래〉로 59.6%이다. 텔레비전 만화로서는 1992년 KBS 〈날아라 슈퍼보드〉가 42.8%로 1위다. 예능 프로그램 중에서는 2010년 3월 7일 KBS 〈1박 2일〉 강화도 교동 1편이 43.3%를 기록한 바 있다. 1위부터 7위까지 모두 〈1박 2일〉이 차지했고, 2020년 3월 12일 TV조선의 〈내일은 미스터 트롯〉이 8

위로 35.7%이다. 주병진과 노사연은 MBC 〈라디오스타〉에 나와 1990년 대 초 〈일요일 일요일 밤에〉 사회를 맡을 때 순간 시청률이 80%를 넘은 적 이 있다고 말하기도 했다.

1991년 닐슨 코리아가 한국 텔레비전 시청률 조사를 시작한 이래 텔레 비전 시청률은 계속 떨어지는 추세를 보인다. 그나마 2000년대까지는 그 럭저럭 괜찮은 시청률이 나오기도 했으나, 2010년대 들어서는 드라마 시 청률이 10%만 넘더라도 대박이라는 평가를 받는다. 여러 가지 이유를 꼽 을 수 있겠다. 일단 볼거리가 많아졌다. 해야 할 거리도 늘어났다. 매체가 다변화되었다. 하지만 이 모든 것의 근간에는 2009년 말 KT의 아이폰 도 입을 기점으로 한 스마트폰 시대의 등장이 자리 잡고 있다. 나만의 PC를 넘어 나만의 TV를 가지게 되면서 유튜브 붐도 일어났고, 페이스북 등 각종 SNS도 크게 활성화되었다. 다양한 앱이 나오면서 바야흐로 온통 온 디맨 드 세상이 되었다.

텔레비전이 큰 창이라고 한다면 스마트폰은 작은 창이다. 텔레비전은 온 가족의 것이라고 한다면 스마트폰은 나만의 것이다. 2021년 1인 가구가 33.4%라고 하는데 이들은 나만의 TV인 스마트폰이 이미 있으니 굳이 텔 레비전을 가질 이유가 없다. 스마트폰이 창을 가지고 있는 것은 역사성이 있는 것으로 보인다. 스마트폰은 이동전화의 진화과정에 있는데 이동전화 는 무슨 용도를 위해 창을 만들었는지 모르겠으나, 출발할 때부터 창을 가 지고 있었다. 이는 유선전화와 전혀 다른 부분이다. 유선전화는 처음부터 창이 없는 채로 등장했다. 그러다가 어느 시점부터 창을 가지게 되었으나, 극히 제한적인 정보를 제공하는 것에 불과했다. 반면 이동전화는 벽돌 모 양 시절부터 창을 가지고 있다. 아마도 고정성과 이동성의 차이가 단말기 를 만드는 과정에서도 발현된 것이 아닌가 생각된다. 유선전화는 수화기 를 왼손으로 받으면서 오른손으로 (오른손잡이를 가정) 받아 적는 그림이 자

연스럽다. 반면 무선전
화는 보행 중에 받아 적
기 어렵다는 점을 고려
해 창을 통해 어떤 정보
를 전달하면 좋겠다고
해서 창을 만든 것은 아
닐까 생각해 본다. 상
대방 전화번호든 아니
면 무언가 중요하거나
긴급한 것을 알려주는

〈그림 4-11-3〉 유선 전화기와 무선 전화기 모습

문자이거나. 한편으로 전화는 이제는 진화의 동력이 없다는 것을 나타내
는 증표일 수도 있다.

　**이동전화기의 작은 창이 갈수록 커지는 동안 텔레비전의 큰 창도 마찬가지
로 커져만 갔다. 하지만 결정적인 차이는 연결성에 있다. 인터넷 시대가 되어
텔레비전이 IPTV가 되었다면, 이동전화는 스마트폰이 되었다.** UI/UX의 한
계로 인해 IPTV는 완전한 스마트TV가 되기에 제약이 있지만, 이동전화는
말 그대로 스마트폰이 된 것이다. 여기에 넷플릭스 등이 등장해 OTT가 되
었다. OTT는 일부 예능 프로그램도 구매해서 보여주기도 한다. OTT 시대
의 본격 도래는 2016년 1월 넷플릭스의 한국 진출 시점부터라고 해야 하겠
지만, 실질적으로 본격 활성화된 것은 2020년 코로나-19 이후다. 그전까
지는 넷플릭스만 하더라도 〈킹덤〉 등 국내 제작 오리지널 콘텐츠 등이 있
었으나, 별로 볼 것이 없다는 평가가 많아 가입을 주저했다. 이미 유료방송
이 저가이기도 했다. 하지만 코로나-19 이후 넷플릭스는 급격하게 성장하
게 된다. 웨이브, 티빙 등 국내 OTT도 활성화되기 시작한다. OTT가 활성
화되면서 국내 콘텐츠를 좋은 조건으로 판권을 구매하는 경우(방영권만 구매

하는 옵션도 있음)가 점차 늘어나고 있다. 구매한 콘텐츠는 '오리지널' 또는 '오직 ○○에서만' 타이틀을 붙여 공개하고 있다. 최근 상황은 가히 오리지 널 콘텐츠 전쟁이라고 부를 만할 정도로 치열하다. 상황이 이러하니 **국내 콘텐츠(드라마) 제작사 입장에서는 유통 채널로 굳이 텔레비전을 염두에 둘 필 요가 없다.** 텔레비전으로서는 난감한 상황으로 계속 몰리고 있다.

이런 전반적인 흐름은 방송 매체 이용행태에 그대로 반영되었다. 2021 년도 방송 매체 이용행태 조사에서 한국 사람들의 하루 평균 텔레비전 시 청시간은 2시간 38분이었다.[5] 2020년도에는 코로나-19 영향으로 2019년 2시간 42분보다 9분 늘어난 2시간 51분이었는데, 2021년도에는 코로나 -19 영향이 여전히 있었음에도 무려 13분이나 줄어들었다. 아직도 여전히 가장 비중을 많이 차지하는 매체이기는 하지만, 10여 년 전인 2012년 조사 에서는 3시간을 넘겼던 것과 비교해서는 한참 줄어든 결과다. 반면에 OTT 시청시간은 2019년 29분에서 2020년 47분, 2021년에는 52분까지 늘어났 다. 스마트폰과 스마트패드를 이용한 시청시간 또한 2019년 1시간 43분에 서 2020년 1시간 54분, 2021년에는 2시간 5분으로 증가하고 있다. 이런 추 세라면 불과 몇 년 내에 스마트폰이 텔레비전에 앞서 가장 많이 이용하는 매체가 될지도 모른다. 1990년대 이후 텔레비전을 시청하는 비중이 갈수 록 줄어들고 있는 상황에서 스마트폰에 이어 OTT까지 있어 텔레비전 시 청은 더욱 줄어들 것이다. TV조선이 트로트를 찾아 붐을 일으킨 것처럼 시 대를 반영한 소재를 줄기차게 찾아야 할 것이다. 그리고 텔레비전의 강점 을 극대화하는 방향에서 다양한 모색이 필요한 시점이다.

텔레비전 프로그램이 강점을 보이는 부분은 실시간 뉴스나 스포츠 중계 등에 있다고 여겨진다. 모바일 OTT는 기본적으로 콘텐츠를 빌려 꺼내보

---

5   텔레비전 수상기 외 시청시간은 제외한 것이다(방송통신위원회, 2021a: 4).

기, 즉 VOD이기 때문에 실시간과는 부합하지 않기 때문이다. OTT에서 뉴스 등 실시간성을 강조하면 매체의 정체성이 모호해져 고객을 혼란스럽게 한다. 특히 넷플릭스 같은 경우 비디오 대여자를 주요 타깃 고객으로 삼기 때문에 철저하게 VOD 사업에 치중할 공산이 크다. 하지만 텔레비전이 뉴스 등 실시간성 프로그램을 계속 강조한들 비중이 얼마나 되겠는가. 게다가 젊은 층은 실시간성 프로그램도 텔레비전으로 시청하는 것이 아니라 스마트폰이나 스마트패드를 통해 이용한다. 유튜브의 영향력은 특히 가공(可恐)할 정도다. 실시간 뉴스이든 스포츠 경기든 유튜브로 보는 것이 늘어나고 있다. 실시간 뉴스는 기성 언론에 대한 불신으로 자기 입맛에 맞는 유튜브 채널을 즐겨 보는 것으로 바뀌고 있다. 예컨대 2023년 1월 초 방송을 시작한 〈김어준의 겸손은 힘들다. 뉴스 공장〉은 첫 1주일 만에 구독자 100만 명을 넘기고, 매 방송 200만 회 내외의 조회 수(첫 1주 방송영상 5회분 조회 수 1077만 회. 2023년 1월 16일 기준)를 기록했다. 이 수치는 갈수록 늘어날 것이다. 1인 미디어 성격으로 극소수 인력이 참여한 것에 불과한 유튜브 채널임에도 기존 지상파의 아성을 밑바탕부터 흔들고 있다. 진보 종편이 등장했다는 평가까지 있으니 이제는 미디어, 그리고 저널리즘에 대한 이론을 새롭게 정립해야 할지도 모른다. 스포츠 경기도 유튜브를 통해 보고 있다. 공중파에서는 스포츠 시간을 편성하는 비중이 그리 높지 않다 보니 1인 유튜브가 중계를 하는 것이고, 실제 크게 호응을 얻고 있다. 예컨대 육상 김민지 선수가 널리 알려져 팬층을 두터이 확보하게 된 배경 역시 유튜브 중계를 통해서였다고 한다. 드라마와 예능은 OTT를 통해 보고(유튜브를 통해 요약본을 보기도 함) 실시간 뉴스나 스포츠 중계는 유튜브를 통해서 보는 상황이니 텔레비전을 통해서는 무엇을 보겠는가. 현 체제가 계속된다면 텔레비전은 골프, 여행, 바둑, 낚시, 당구 등 개인 취미 생활과 관련 전문 정보를 제공해주는 일반 PP만이 명맥을 이어갈지 모른다.

따라서 전통적인 텔레비전은 그 위상이 떨어질 수밖에 없다. 텔레비전은 갈수록 노년층의 일상에서 친구처럼 함께하는 기기가 되어 가고 있다. 종편이 초기에 쉽게 안착할 수 있었던 이유 중 하나도 시력이 나쁜 노년층에게 뉴스를 신문을 읽는 것처럼 영상으로 보여주기 때문이라고 하지 않은가. 문제는 사람들이 텔레비전을 보지 않게 되면 대부분의 수익원을 차지하는 광고 매출이 더욱 떨어진다는 것이다. 바로 생존의 문제와 직결된다. 드라마를 한 편 제작하면 광고법상 제작비의 70%에 해당하는 규모만큼 광고시간이 허용되지만, 완판이 되기는 쉽지 않다.[6] 게다가 시청률은 광고단가와도 직결되기 때문에 그만큼 어려워진다. 텔레비전의 위기다.

유료방송의 위기

사람들이 텔레비전을 보지 않게 되면서 유료방송으로서도 심각한 고민을 할 수밖에 없는 상황이 되었다. 기성세대, 최소한 40대 이상의 경우 어린 시절 집에서 가장 크고 좋은 가전기기는 텔레비전, 냉장고, 세탁기순이었을 것이다. 라디오에서 흑백텔레비전으로, 이것이 다시 컬러텔레비전으로 바뀌고, 텔레비전 수상기도 배불뚝이 아날로그 수상기가 LCD, LED에 이어 OLED 등 패널이 있는 얇은 디지털 수상기로 바뀌는 과정을 직접 보았다. 냉장고 이전에는 아이스박스, 세탁기 이전에는 탈수기에 대한 기억. 어릴 때 단독주택에 살면서 텔레비전 안테나를 제대로 맞추기 위해 이리저리

6　SBS의 경우 2001년 텔레비전 광고 총판매율은 97.9%였고, 2002년 판매율은 월드컵 개최 효과 등으로 106.3%였다. 총판매율은 2011년 72.4%를 달성한 이후 계속 줄어들어 2020년에는 33.2%까지 떨어졌다. tvN 등 PP와 종편의 영향이다. '지상파 드라마=시청률 30% 이상=광고 총 판매율 70% 이상'이라는 공식은 확실히 깨지고 있다(김회재·이지은, 2021: 9).

돌리고는 했다. 한때는 텔레

〈그림 4-11-4〉 서울 도심에 여전히 남아 있는 안테나

비전이 잘 나오지 않으면 옆
면을 두드리면 나오기도 했
다. 결함이 있는 텔레비전이
판매되었기 때문이다. 텔레
비전은 30대 초중반 이하 젊
은 계층에게 그저 집에 있었
던 가전 중의 하나일 뿐이
다. 어릴 때부터 스마트폰을 가지고 성장했으니 텔레비전보다 스마트폰이
더욱 친숙하다. 학원 등을 빙빙 돌다 보니 학교에서 돌아와서 텔레비전으
로 만화영화를 봤던 추억도 거의 없다. 게다가 텔레비전은 가족 모두의 것
이거나 어떤 때는 엄마의 것, 어떤 때는 아빠의 것이어서 나와는 무관한 것
이었다. 내 손 안에 있는 휴대폰만이 온전한 나의 것일 수밖에 없었다. 당
연히 텔레비전보다 스마트폰이 더 가까울 수밖에 없다. OTT가 활성화되
면서 텔레비전에서 볼 수 있는 것을 스마트폰에서 대부분 볼 수 있으니 굳
이 텔레비전을 가질 필요가 없다고 생각하는 것이다. '**코드 네버**(Cord Ne-
ver)'다. 텔레비전이 필요 없는 세상에서는 굳이 유료방송에 계속 가입할
이유가 없다. '**코드 커팅**(Cord Cutting)'이다. 이용요금을 조금이라도 절약하
는 관점에서는 '**코드 세이빙**(Cord Saving)'이다.

　스마트폰은 아직 텔레비전 보완재 성격이 조금 앞서고 있다. 하지만 보
완재가 어느 순간 대체재로 바뀌는 것은 역사적으로 비일비재하다. 직접
물물교환을 하던 것이 중간에 물품화폐가 생겨 이를 대체하고, 다시 금속
화폐 및 지폐와 동전을 거쳐 지금은 신용화폐가 대세다. 종이 차트는 타자
기로, 다시 워드프로세서로 대체되었고, 브라운관 CRT는 LCD, LED를 거
쳐 이제는 OLED로 대체되었다. 텔레비전의 위상이 흔들릴수록 유료방송

의 입지가 약해지는 것 또한 분명한 사실이다. 언젠가 모바일 OTT가 텔레비전 프로그램을 보완이 아니라 대체한다면, 텔레비전 그 자체도 모바일로 완전히 대체될지 모른다. 이미 120인치 스크린 TV가 시중에서 팔리기도 한다. 스마트폰을 연결하면 120인치 텔레비전을 가지는 것이다.

스마트폰이 텔레비전을 대체한다면 모바일 OTT는 유료방송을 대체할 수 있다. 〈그림 4-11-5〉는 일상생활에서 필수적인 매체 인식 정도를 나타낸 것이다. 텔레비전, 스마트폰, PC 등 3대 매체가 97~99% 수준을 점유한다. 2021년 기준 전체 응답자 수의 70% 이상이 스마트폰을 필수적인 매체로 꼽았다. 10년 전인 2012년 24.3%에서 크게 향상된 수치다. 반면 텔레비전은 2012년 53.4%에서 2021년 27.1%로 크게 줄었다. PC(데스크톱, 노트북 등)도 19.3%에서 1.6%로 역시 크게 줄었다. 한마디로 텔레비전이나 PC는 없어도 되지만 스마트폰은 반드시 있어야 한다는 사람이 70%가 넘는다는 것이다. 이런 추세이니 당장은 아니더라도 스마트폰이 텔레비전을 대체할 날이 올지도 모른다.

〈그림 4-11-5〉 일상생활에서 필수적인 매체 인식 정도

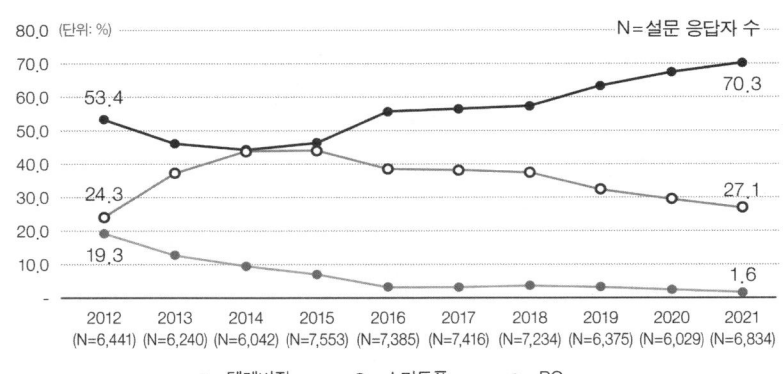

자료: 방송통신위원회(2021).

다음은 유료방송과 OTT 간 유사성에 대한 인식과 대체 가능성에 대한 조사다. 두 서비스가 유사하다고 응답한 비중이 2018년 53.4%, 2019년 61.7%, 2020년 58.1%로 나타났다. 유료방송을 대체할 OTT가 있느냐는 질문에는 2018년 27.8%, 2019년 34%, 2020년 43.1%로 증가 추세다(한국방송통신전파진흥원, 2022: 54~55). 이후 조사결과는 없지만 아마도 더 많은 사람이 그렇다고 응답했을 것으로 추정된다. 유료방송은 VOD 서비스가 장점인데, OTT의 핵심 서비스 역시 VOD이기 때문이다. 특히 유료방송은 현재의 메뉴 방식으로는 콘텐츠를 찾기 어렵다는 것이 결점이다. 콘텐츠 수에 있어 OTT는 유료방송을 쫓아오지 못하지만, 비슷하리라고 생각하기 쉽다. 현재 메뉴 방식으로는 콘텐츠를 찾기 너무 어렵기 때문이다. 2022년 10월 4일 KT는 기존 방식을 탈피, OTT와 유사하게 메뉴 노출 방식(Navigation)을 바꾸었다. 하지만 시의성 있는 대표 콘텐츠(Hot & New) 외에는 콘텐츠가 보이지 않는다. 많은 콘텐츠 보유를 통한 롱테일 비즈니스의 장점이 사라질 수 있다. 물론 최신 콘텐츠가 전체 PPV 매출의 80%를 차지하니 롱테일 콘텐츠에 연연해 할 필요가 없다고 할 수도 있다. 그렇다면 콘텐츠에 대한 수급 기준을 엄정하게 가져가서 무분별하게 수급하는 관성을 멈춰야 한다. 그러함에도 음성인식의 정교함 등 콘텐츠 노출·검색·추천 관련 전반적인 보완이 절대적이다. 이도 저도 아닐 수 있다. KT가 밀리면 유료방송 전체가 무너진다. 유료방송의 위기다.

모바일 OTT 시대의 미래 전망 1: 한국 OTT 시장

2021년 11월 12일 디즈니 플러스가 한국에서 출시되었다. 2016년 1월 6일 넷플릭스, 2021년 11월 4일 애플TV 플러스에 이은 세 번째 미국 대자본

OTT의 등장이다. 토종 OTT인 웨이브, 티빙, 왓챠, 쿠팡플레이, 유플러스 모바일 TV 및 시즌까지 가히 모바일 OTT 전쟁 시대라고 할 만하다. 세 가지 질문이 나온다. **현재의 OTT 강세 추세는 계속될 것인가? 그리고 이 전쟁에서 누가 승리할 것인가? 그 이후 미디어 세상의 모습은 어떻게 될 것인가?**

첫 번째 질문에 대한 답은 당연히 '그렇다'다. 현재까지 한국에 들어와 있는 OTT 외에도 아마존 프라임, AT&T의 HBO Max, 훌루 등 미국 대자본 OTT가 한국 진출을 모색하고 있다. 시기상조이지만 중국 OTT인 아이치이(iQiyi), 텐센트 비디오(Tencent Video), 요우쿠(Youku) 등도 지리적 인접성으로 한국에 진출할 수 있다. 국내 OTT도 넷플릭스에 이은 2위 싸움을 위한 경쟁이 치열하다. 2022년 하반기 쿠팡 플레이에서 영화 〈비상선언〉과 〈한산〉을 독점 구매한 것을 계기로 국내 OTT 간에도 콘텐츠 수급 경쟁이 본격화될 전망이다. 다행히 〈한산〉은 〈한산 리덕스〉 버전으로 바뀌어 유료방송과 OTT에서 볼 수 있게 되었다. 기존 지상파, PP, 종편 등과 함께 유료방송 사업자 간의 치열한 경쟁에 이어 OTT까지 한국 미디어 시장은 가히 백화제방 백가쟁명(百花齊放 百家爭鳴)이라 하겠다. 특히 OTT 간 경쟁은 이제 본격화되고 있어 그 귀추가 주목된다. 경쟁이 치열하면 치열할수록 시장은 커지게 마련이다. 구독자를 유인하거나 붙들어두기 위해 한편에서는 저가 할인 경쟁이 전개될 것이고, 또 다른 한편에서는 매력적인 콘텐츠 제공을 위해 노력할 것이기 때문이다. 이 과정에 OTT에 대한 고객들의 관심도가 증폭되고, 대화의 장에서 가입한 OTT에서 본 콘텐츠와 곁들여 해당 OTT에 대한 품평이 늘어날 것이다. 게다가 OTT는 가입과 해지가 쉬워 여러 OTT를 수시로 들락날락하는 철새 가입자도 생길 것이다. 철새 가입자는 여러 OTT를 이용해 본 결과를 분석해 결과를 제공하기도 할 것이다. 최소한 OTT에 대한 서열이 어느 정도 정리되기 전까지 현재의 OTT 강세 추세는 계속 이어질 것이다.

그러면 누가 승리할 것인가? **현재까지 승자는 넷플릭스로 귀결될 것으로 전망된다.** 디즈니 플러스의 경우 출발이 콘텐츠를 만드는 회사였고, 놀이 공원 운영까지 엔터테인먼트에 관한 한 제일이라는 평가가 있다. 게다가 전통적인 (어린이용) 애니메이션에 더해 콘텐츠 3대 원천이라고 하는 픽사, 마블, 루카스 필름(스타워즈 시리즈 보유)을 모두 인수했다. 보유 콘텐츠의 수 및 이를 활용한 확장력은 디즈니 플러스를 따라가기 어렵다. 그리고 혁신 적인 마인드로 똘똘 뭉친 애플이 본격적으로 뛰어들었기 때문에 끝은 가 봐야 한다는 의견도 있다. 하지만 두 회사 모두 넷플릭스만큼 비디오를 대 여해서 보는 고객의 마음을 충분히 이해하지는 못하는 것 같다. 예컨대 애 플TV 플러스의 경우 2022년 상반기 화제작인 〈파친코〉를 동시 공개방식 이 아닌 1주일에 한 편 노출하는 방식을 채택했는데 이는 전혀 고객의 생 각과는 동떨어진 것이었다. 가장 문제는 비디오를 빌려 보는 사람의 마음 과는 다르다는 것이다. 비디오를 빌려 보는 사람은 시리즈물일 경우 전체 를 함께 빌려 보려고 하지 다른 사람이 반납할 때까지 기다렸다가 빌려 보 려고는 하지 않을 것이다. 허영만의 만화 타짜 1부 『지리산 작두』를 다 빌 려 보고, 이후 2부 『신의 손』을 빌리는 형식이 다반사 아니었던가. 다른 나 라이면 몰라도 최소한 한국의 경우 이러한 형태의 노출은 관심도를 크게 떨어뜨린다. 한국은 이미 빈지 워칭(몰아 보기)이 하나의 문화로 자리 잡은 상황인데, 주 1편씩 공개는 이에 부합하지 않는다. 아마 텔레비전 드라마 와 유사하게 생각해서 관심을 길게 가져가면서 가입자 유치를 하려고 했 던 마케팅 차원으로 생각되지만, 가입 효과는 별로 없었을 것이다. 디즈니 플러스는 제작에 참여하는 사람들에 대한 예우 차원인지 엔딩 크레딧을 중도에 자르지 않는다. 영화 제작자의 마음이다. 게다가 두 회사의 콘텐츠 는 넷플릭스만큼 풍부하지 않다. 그렇다고 넷플릭스 콘텐츠가 아주 많은 것은 아니지만, 그래도 1주에 몇 편의 신작이 올라오긴 하는데 두 회사는 여기에 미치지 못한다. 디즈니 플러스는 제작회사를 보유하다 보니 외부 제작 콘텐츠 구매를 꺼리고, 3대 콘텐츠 원천에 지나치게 의존하는 경향이 있는 것으로 보인다. 넷플릭스와 비교해 강점으로 생각했던 것이 오히려 독으로 작용할 수도 있다는 것이다. 애플TV 플러스의 경우 불행히도 출시 직후 코로나-19가 발생, 콘텐츠 제작이 중단되는 사태를 맞이하게 되었고 아직 회복 단계에 있다(나무위키).

〈그림 4-11-6〉은 영화 〈티켓 투 파라다이스〉 검색 결과다(2022년 12월 12일 검색). 극장에 개봉한 영화이기 때문에 당연히 OTT에 나왔을 리가 없다. 디즈니 플러스의 검색 결과는 무성의하다. 영화사업자의 마인드 때문인지, 아니면 아직 준비가 덜 된 것인지 추천의 개념이 아예 없다. 티빙과 시즌은 최소한 노력은 하고 있으나 보고자 하는 콘텐츠와 무관하다. 티빙은 인기 있는 검색어를 추천하고, 시즌은 현재 핫한 영화를 추천하고 있다. 그나마 시즌이 낫다고 볼 수도 있으나 도긴개긴이다. 게다가 시즌은 초기 화면이 너무 어지럽고 복잡하다. 가장 큰 이유는 너무 많은 것을 보여주려고 하기 때문이다. 실시간 방송과 뮤직비디오가 VOD와 함께 제공되고 있다. 너무 많은 것을 주려다 보면 정체성이 희석될 수 있다. 고객은 이 앱에 들

〈그림 4-11-6〉 영화 〈티켓 투 파라다이스〉 검색 결과

주: 왼쪽부터 차례로 디즈니플러스, 티빙, 시즌, 넷플릭스, 웨이브.

어와서 무엇을 해야 할지 헷갈린다. 게다가 무료 콘텐츠만이 아니라 별도로 돈을 내야 하는 콘텐츠도 있다 보니 짜증스럽다. IPTV를 모바일 앱으로 바꾸다 보니 이런 형상이 만들어졌다고 생각한다. 그러함에도 시즌을 찾는 이유 중 하나는 가장 많은 동영상 콘텐츠를 가지고 있기 때문인데, 검색 결과 추천하는 내용을 보면 그리 만족스럽지 않다. KT에서 왜 시즌을 조기에 매각하려고 했는지 이유를 알 것만도 같다. 중기 사업 비전을 갖고 있지 못한 것이 매각의 한 원인일지 모른다는 생각이 들기도 한다. 넷플릭스와 웨이브는 유사한 콘텐츠를 추천으로 보여준다. 웨이브가 조금 더 풍성하다. 보려는 콘텐츠는 정확히 아니지만 보고 싶은 마음이 생기기도 한다. 마케팅 차원이라고 치부할 수도 있지만, 한편으로는 고객에게 최소한 비슷한 콘텐츠라도 제공하고 싶은 마음이라고 해석할 수도 있다.

한국 OTT 대부분 추천을 비롯한 대개의 형상이 시즌과 비슷할 것이다. 그나마 웨이브, 티빙, 쿠팡 플레이는 PPV가 없다. 왓챠의 경우 철저하게 넷플릭스를 벤치마크해서인지, 구입 비용이 부담이어서인지 실시간 채널도 없다. 쿠팡 플레이는 미러링 형태여서 진정한 실시간과는 거리가 있지만, 실시간 채널을 제공하는 형상이다. SVOD와 실시간 채널 제공 여부에 관심을 가지는 것은 한국 OTT 시장이 사실상 넷플릭스로부터 출발했다고 봐야 할 것인데, 넷플릭스에는 이 둘이 없기 때문이다. 물론 이전에도 국내 사업자들이 여러 차례 OTT를 시도했으나 통신사업자는 모바일 IPTV, 방송 사업자는 모바일 TV 측면이 더 강했다는 점은 전술한 바 있다. 코로나 - 19가 디딤돌이 되어 넷플릭스는 크게 성장했고, 현재 1위 사업자다. 이 과정에서 **OTT에 대한 사람들의 인식은 이미 '넷플릭스와 같은 것'**이 되어버렸다. 이런 상황에서 PPV가 따로 있거나 실시간 방송을 제공하는 것이 그리 큰 장점은 아닐 수 있다. IPTV는 출발부터 PPV가 별도 있었으니, IPTV는 원래 그런 것이구나 하고 인식했을 것이다. 통신사업자들은 IPTV의 연장선에서 모바일 IPTV를 열심히 추진했으나 결국 고객의 인식 속에 자리를 잡게 하지 못한 것이다. 방송 사업자들이 모바일 TV의 개념에서 실시간 방송을 계속 제공하는 것에는 득실이 있을 것이다. 텔레비전을 군이 필요로 하지 않는 고객은 확실하게 붙잡아둘 수 있겠지만 여기까지다. 전술한 것처럼 거꾸로 텔레비전을 보던 고객을 모바일로 바꾸는 역설이 우려되기도 한다. 국내 다른 고객까지 잡기는 쉽지 않을 것이고, 더구나 글로벌 형상으로는 적절하지 않다. 특정 고객을 대상으로 일정 규모에 한정된 OTT로 귀결될 개연성이 높다. 국내에서 2위 사업자로 안주할 수는 있겠다.

넷플릭스는 글로벌에서도 한동안 지배적 위치를 점유하고 있을 것이다. 2022년 하반기부터 넷플릭스 가입자가 줄어들었다거나 디즈니 플러스에 역전되었다는 등의 보도가 있었다. 하지만 여러 개의 OTT를 복수로 가입하는 경향으로 바뀌고 있는 상황에서 **넷플릭스는 가입을 고려하는 OTT 중 하나(One Pick)에는 반드시 들어갈 것**으로 전망하기 때문이다.

또 한 가지 한국 OTT 중 쿠팡 플레이를 주목해서 봐야 할 것 같다. 아마존 모델의 한국형 버전이 쿠팡인 것처럼 아마존 프라임 비디오의 한국형 버전이 쿠팡 플레이다. 수익은 상거래에서 챙기면서 충성고객 관리 차원의 무료 비디오를 보여주는 것이니 파괴력이 있다. 현재는 특정 장르인 스포츠에 주력하고 있다는 점도 관심 있게 봐야 한다. 최소한의 유의미한 타깃층에 대한 정확한 공략이라 하겠다. 스포츠 외에 다른 장르로까지 확대하기 시작하는 시점이 언제인지 유심히 봐야 할 대목이다.

세 번째 질문에 대한 답은 쉽게 하기 어렵다. 사업이란 사람이 하는 것이어서 합리성에 의해서만 지배되지 않고, 불확실성이 높은 세상에서는 무수히 많은 우연이 겹치기도 하기 때문이다. 다만 한 가지 현재보다는 훨씬 간편하고 쉬운 미디어를 이용하는 세상일 것은 분명하니 당연히 이렇게 만들 수 있는 사업자가 가장 선두에 있을 것이다.

진열, 노출, 검색의 힘

육상 경기를 보면 선수들은 항상 시계 반대 방향으로 달리지요. 트랙 한 바퀴가 400m이니 400m 이상 경기에서는 모두 시계 반대 방향으로 도는 것입니다. 여태껏 시계 방향으로 도는 것을 본 기억은 없습니다. 육상만이 아니라 빙상이나, 야구, 사이클 등도 그러합니다. 이처럼 선수들이 시계 반대 방향으로 도는 것에는 여러 가지 설이 있다고 합니다. 아마도 한 가지 설은 오른손잡이가 많다는 것일 것입니다. 시계 반대 방향으로 돈다면 왼발이 안쪽, 오른발이 바깥쪽일 것이니 오른손잡이는 오른발을 더 많이 움직이는 것이 편하고 자연스러울 수 있을 것이기 때문입니다. 언뜻 생각하기에 시계 방향이나 시계 반대 방향이나 같은 거리를 달리는 것이니 그리 큰 차이가 없다고 생각할 수도 있습니다. 하지만 선수들은 시계 방향보다는 시계 반대 방향을 훨씬 더 편하게 느낀다고 합니다. 게다가 별것 아닌 것처럼 보이는 이 작은 변화에도 선수들의 기록은 크게 차이가 나기도 할 것입니다. 이와 유사한 내용이 파코 언더힐(Paco Underhill)의 『쇼핑의 과학(Why We Buy)』에 담겨 있습니다. 쇼핑객은 상점으로 들어오면 고개를 오른쪽으로 향하고 오른쪽으로 걸어 다닌다는 것입니다. 소위 '불변의 오른쪽'이라고 하는데, 이 또한 대체로 사람들이 오른손잡이라는 것에서 비롯된 현상입니다(언더힐, 2011: 129~147). 우리는 무심코 매대로 가서 물건을 찾습니다만 여기에도 사람의 행태와 습관 등을 고려한 것들이 많이 녹아 있다고 합니다. 어차피 해당 매장에서는 물건을 많이 파는 것이 가장 큰 일인지라 어떻게 하면 많이 팔지에 대한 연구를 많이 하겠지요. 그 연구의 핵심은 사람에 대한 이해입니다. 구체적으로는 사람의 행태와 습관 및 심리상태, 나아가서는 고객관리라는 틀 안에서 특정인의 행태와 습관 등까지 연구합니다. 이 중 가장 크게 고려하는 것이 아마 사람과 직접 접하는 부분일 겁니다. UI입니다. UI와 함께 실제 사람이 느끼는 주관적인 감정 등까지 포함한다면 UX라고 할 것입니다. 그래서 둘을 합해 통칭 UI/UX라고 일컫기도 합니다.

UI/UX라는 개념이 실제 사람들의 입에 오르내리게 된 것은 아마도 애플의 아이폰이 나오고부터가 아닐까 생각합니다. 아이폰 이전 휴대폰은 UI/UX 관점에서는 외관 디자인이 얼마나 예쁜지 정도의 관심에 지나지 않았지요. 이용할 수 있는 기능이라고 해봤자 음성과 문자 송수신이 거의 전부였고요. 물론 데이터 통신 기능도 있었지만 잘 사용하지 않았습니다. 요금도 부담이었지만 접속해서 이용하기도 불편했고, 이용할 만한 것도 거의 없었기 때문입니다. 이를 한 번에 바꾼 것이 2009년 11월 KT의 아이폰 도입 및 출시입니다. 아이폰을 처음 받아본 사람들은 햅틱 인터페이스를 통해 부드럽게 이용할 수 있는 디스플레이에 만족감을 크게 느꼈습니다. 게다가 앱스토어에서 다양한 앱을 다운로드해서 이러저러한 것들을 이용해보면서 새로운 별천지(別有天地非人間)를 경험하게 되었습니다. UI/UX의 혁신이란 이런 것이구나 하고 느끼게 된 것입니다. 사람에 대한 이해에 충실했기에 그만큼 공감을 얻었을 겁니다.

사람에 대한 이해를 늘리는 것은 물건을 많이 팔기 위한 상거래에 있어서도 매우 중요합니다. 아무리 좋은 상품이 있어도 제대로 된 위치에 있지 않으면 잘 팔리지 않을 겁니다. 진열의 힘입니다. 눈에 띄지 않아 사람이 볼 수 없다면 잘 팔리지 않을 겁니다. 노출의 영향입니다. 한편 쉽게 찾을 수 없다면 역시 잘 팔리지 않을 겁니다. 검색의 가치입니다. 이처럼 진열과 노출과 검색은 한 세트입니다. 마트에서는 어린아이와 노인이 즐겨 찾는 물건의 위치를 낮춰야겠지요. 백화점에서는 층마다 파는 품목을 명확히 구분해서 혼선이 없도록 해야 할 것입니다. 일반 가게에서는 신상이거나 손님들이 많이 찾아 잘 팔리는 상품은 눈에 띄는 앞쪽에 두어야겠지요. 계산대 옆에 고민 없이 구매할 수 있는 물건을 둬 추가 판매를 늘리는 노력도 병행해야 할 것입니다. 최근 스마트폰 환경에서는 인터넷 검색을 통해 매장에 가기 전에도 이미 충분한 정보를 가지고 쇼핑을 합니다. 이를 '제로 상태의 결정적 순간(ZMOT: Zero Moment Of Truth)'이라고 부르기도 합니다(슈워츠, 2012: 185~198). 온라인 인터넷과 오프라인 매장을 최적 연결해서 쇼핑의 경험을 극대화해야 합니다. O2O(Online to Offline)입니다.

미디어에서도 마찬가지입니다. 다만 일반 물품의 쇼핑과 달리 콘텐츠가 주인공입니다. 따라서 콘텐츠의 진열, 노출, 검색도 중요하지만, 추천이 훨씬 중요한 것이라 하겠습니다.

모바일 OTT 시대의 미래 전망 2: 국내 미디어 업계

모바일 OTT 시대가 한국 미디어 시장에 미치는 영향 또한 매우 광범위하다. 극장 사업에 미치는 영향이 가장 크고, 다음으로 방송 프로그램 제작 사업(방송채널 거래시장), 유료방송 사업 순서일 것으로 전망한다. 극장 사업은 OTT 사업과 직접적인 경쟁 관계에 있다. 영화를 만드는 사람은 상영할 수 있는 첫 번째 윈도우를 극장이냐, 아니면 OTT냐 하는 결정을 가장 먼저 할 것이다. 코로나-19 영향에서 벗어난 2022년 5월 이후 극장에서의 흥행 실적을 보면서 더욱 그러한 생각을 가질 것이다. 웬만해서는 극장에서 흥행에 성공하기 어렵다는 것을 확인했다. 물론 한국 OTT 시장 경쟁이 활성화됨에 따라 〈한산〉이나 〈비상선언〉처럼 극장 흥행 실패 시에도 특정 OTT가 독점권을 구매해 제작비를 회수하는 옵션이 있을 수 있다. 하지만 이는 극히 드문 일일 것이다. 상당한 규모로 투입될 수밖에 없는 제작비를 보장해 주는 조건이라면 극장에서 OTT로 방향을 선회할 수 있다. 한 편의 영화가 완성되기까지 수많은 이해관계의 타협과 조정이 있고, 이 과정에서 고려해야 할 위험이 매우 크기 때문에[7] 안정성을 추구할 개연성이 높다.

---

7   영화 제작과정에는 크게 네 가지 위험이 있다고 한다. 먼저 영화 투자의 위험. 영화의 주 투자자는 제작비가 완전히 확보되기 전에 제작단계에 들어가는 것이 일반적인데 후속 부분 투자자를 찾지 못하면 초기 투자금이 매몰비용이 된다. 둘째, 영화 완성의 위험. 영화는 패키징을 완료하고 투자를 받기 이전에 사장될 위험이 있으며, 작품이 완성되지 못하면 그간 노력과 비용을 보상받을 길이 없다. 셋째, 영화 흥행의 위험. 경쟁작의 홍수 속에서 흥행에 성공하기 어려우며, 흥행 결과에 따른 손실을 떠안아야 한다. 영화산업이 팝콘 비즈니스라

자칫 극장은 콘텐츠별 흥행에서 빈익빈 부익부의 악순환 고리에 빠질 수 있다.

　방송 프로그램 제작사업은 언뜻 극장이나 유료방송처럼 플랫폼이 아니니 직접 경쟁이 아니라고 생각될 수 있다. 하지만 방송은 프로그램 제작과 채널을 통한 유통이 하나로 묶여 있는 구조여서 채널 또한 플랫폼이다. 당연히 OTT로 시청자가 쏠리는 것을 경계해야 한다. 이뿐만이 아니다. 좋은 드라마를 제작하는 제작사가 텔레비전 방송을 선택하지 않고, OTT로 갈 가능성이 충분하다. 그리고 현재 실시간 채널이 텔레비전만이 아니라 국내 모바일 OTT에서도 송출되고 있어 유통 루트가 충분하다고 생각할 수 있지만 국내 OTT 입장에서는 딜레마다. **모바일 TV로서 만족할 것인가, 아니면 넷플릭스와 실질적으로 경쟁할 것인가.** 게다가 디즈니 플러스와 애플 TV 플러스가 이미 들어와 있고, 다른 미국 거대 자본 OTT가 진출을 모색하고 있는 상황에서 과연 실시간 채널 송출을 계속 유지하는 것이 필요한지 의문을 가질 것이다. 실시간 채널 송출이 경쟁 차별화 요소로 고객 유인 효과가 어느 정도일까에 대한 판단이 필요하다. 국내 로컬 OTT에서 실시간 채널 송출이 빠지게 되면 중요한 매출원이 사라지게 되는 것이다. 이 또한 방송 프로그램 제작 사업자에게 큰 손실이다.

　유료방송 사업은 이 둘보다는 OTT와 조금 떨어져 있다. 고객들은 (구체적인 내용을 따지지 않고) VOD를 제공한다는 점 때문에 OTT와 유료방송을 유사하다고 보고 있다. 하지만 유료방송이 실시간 채널을 기본으로 제공하고 있다는 사실은 놓치고 있다. 한국에서는 텔레비전을 통해 실시간 방송을 보기 위해서는 유료방송 가입이 사실상 불가피하다. 안테나 수신방식

고 불리는 이유도 영화상영 결과인 박스오피스는 극장 운영경비에 충당되는 경우가 많고 남는 것은 매점수입, 광고수입과 비슷하기 때문이라고 한다. 마지막으로 영화 신용의 위험. 평판이 공유되는 시장이어서 흥행에 실패하면 지속적인 활동을 하기 어렵다(김미현, 2014: 5~8)

으로는 불편할 뿐만 아니라 볼 만한 방송도 제한적이기 때문이다. 따라서 **유료방송 사업자에게 미치는 영향은 중·장기일 것이다. 크게 두 가지다. 하나는 텔레비전 시청이 모바일로 대체되는 것, 또 다른 하나는 유료방송이 아니라 OTT로 VOD를 찾아보는 것**이다. 따라서 텔레비전의 위기는 유료방송의 위기다. 서로 맞물려 있다. 텔레비전을 구매하지 않아도 방송을 볼 수 있다면 유료방송 또한 당연히 가입할 이유는 없다. 유료방송 VOD의 위기는 한국 전체 콘텐츠 시장의 위기다. 콘텐츠 시장 판로의 큰 축이 막히는 것이다. OTT에서 취급하지 않는 롱테일성 콘텐츠를 유료방송이 구매하고 있어 현재의 콘텐츠 시장이 굴러가고 있기 때문이다. OTT에서는 모든 콘텐츠를 수용하지 않는다. 지금도 OTT는 텔레비전 방송사의 드라마, 예능 중에서도 일부만 구색용으로 갖추고 있을 뿐이다. 영화도 극히 일부분만을 구매한다. 유료방송으로서는 향후 고객의 VOD 시청이 OTT로 넘어가는 추세가 강화된다면 콘텐츠 수급에 대한 정책을 선별 수급 방식으로 새롭게 변경해야 할지도 모른다. 아니면 콘텐츠 수급협상에서 가격 정책을 달리해야 할 수도 있다. 수급에 대한 ROI를 따져봐야 하는 상황으로 바뀌기 때문이다. 볼 만한 콘텐츠가 없어 VOD 시청이 OTT로 넘어가는 악순환이 발생할 수도 있다. 한국 미디어 산업 전체의 공존·공생을 위한 지혜가 요구된다.

_제12장

어떻게 해야 할 것인가?

사람들은 왜 극장에 가는가?

앞으로 극장과 텔레비전은 모바일의 보조 매체로서의 의미로 전락할 우려가 있다. 컬러텔레비전의 등장에도 영화는 살아남았다. 정확하게는 극장은 살아남았다. 당시에 영화와 극장은 엄격하게 동기화되어 있어 영화의 생존은 극장의 생존과 동의어였지만 지금은 아니다. 영화 자체는 살아남겠지만, 기존 극장은 그 위상이 갈수록 떨어질 것이다. 텔레비전도 마찬가지다. 텔레비전에서 제작해 온 드라마 등은 어느 정도 살아남겠지만, 텔레비전 그 자체의 영향력은 점점 줄어들 것이다. '어떻게 할 것인가?', '어떻게 해야 계속 살아남을 수 있을 것인가?', '어디에서부터 실마리를 찾아 헤쳐 나갈 것인가?' 여기에도 관심 경제학의 원리를 적용할 수 있다. 매출

점유율이나 가입자 수 등과 같은 시장점유율은 당분간 별로 중요하지 않다. **마음 점유율(Mind Share), 시간 점유율(Time Share)이 더욱 중요하다. 이것이 지갑 점유율(Wallet Share)로도 이어지기 때문이다.**

해법은 오히려 간단한 것에서 실마리를 찾을 수 있을지도 모른다. 극장은 극장다움, 텔레비전은 텔레비전다움이 그것이다. '사람들은 왜 극장을 가는가?', '사람들은 왜 텔레비전을 보는가?'에 해법이 있을 수 있다는 말이다. '어떻게 하면 고객의 마음을 극장이나 텔레비전으로부터 멀어지지 않게 할 것인가?'에 가장 큰 지혜를 모아야 한다.

사람들은 왜 극장을 가는가? 극장이라는 공간은 로마 시대 검투사들이 생존을 걸고 피 흘리며 격투를 하거나, 그리스 시대 비극을 연출해 공연하는 공간의 연장이라 할 것이다. 영화가 발명되고 극장에서 상영되면서 사람들은 영화의 매력에 흠뻑 빠졌다. 답답한 일상을 벗어나 한바탕 마음껏 웃기도 하고, 스릴과 서스펜스에 손에 땀을 쥐기도 하고, 슬퍼하는 주인공에 공감하기도 하면서 일종의 카타르시스를 느끼기도 했다. 스포츠 관람도 이와 비슷하나 영화를 보는 것만큼 내용이 다양하지 못하다. 게다가 만원 정도의 돈으로 이런 감정을 가질 수 있으니 서민 문화생활의 동반자로 충분하다.[1] 그래서 사람들은 극장을 간다.

초기의 극장은 스크린과 영사기, 그 사이 공간에 놓여 있는 좌석, 그리고 그날 상영하는 영화 간판과 포스터가 하나의 일체로서 운영되는 시스템이었다. 영화 〈시네마 천국〉이 그리고 있는 아름다운 이미지다. 사람의 욕구가 더욱 다양해지면서 영화 제작 편수도 많아지고, 영화를 상영할 수 있는

---

[1] 2022년 들어 영화 한 편을 보기 위해서는 이제는 최소 1만 5000원 가까운 돈이 든다. 게다가 극장에 가는 일이 영화 보는 것만이 아니라 외식을 겸하는 경우가 많다는 점을 고려하면 2인 기준 10만 원 정도가 소요된다. 이제는 극장 가는 일이 갈수록 값비싼 나들이가 되어가고 있다.

더 많은 극장이 필요하게 되었다. 대형 스크린이 있는 극장도 필요하지만, 소규모의 인원이 볼 수 있는 작은 극장도 필요하게 되었다. 이른바 대량생산시대를 탈피해 다품종 소량 시대에 맞출 수밖에 없었다. 이 과정에서 스크린 수를 늘린 것이 멀티스크린이고, 다른 재미와 즐길 거리 등 다양한 엔터테인먼트를 함께 제공하는 공간으로 극장이 들어간 것이 현재의 멀티플렉스라는 점은 설명한 바 있다.

멀티플렉스에 이어 극장은 또 다른 변신을 했다. 기본적으로 3S(Screen, Sound, Seat)**의 변화를 도모했다. 화면, 음향, 좌석. 이 세 가지는 극장의 본질이다.** 이 세 가지를 예전보다 성능을 개선하고 편리하게 바꿔 나갔다. 하지만 **이보다 더 중요한 것이 CGV의 컬처플렉스 개념이다.** 컬처플렉스는 컬처(문화)와 멀티플렉스의 합성어다. 말 그대로 단순한 극장이 아니라 문화를 선도하는 극장이라는 의지를 담고 있다. 최초의 컬처플렉스 관은 2011년 개관한 CGV 청담씨네시티였다고 한다. 단순한 2D 위주의 극장이 아니라 4DX, 스크린X, 사운드 특별관은 물론 개인 공간처럼 활용해 영화를 보는 프라이빗 시네마까지 다양한 상영관이 설치되었다. 청담씨네시티 외에도 상당수 많은 상영관이 3D, 4DX 및 IMAX 등 다양한 체감이 가능한 곳으로 변화해 나갔다. VR이나 홀로그램 영화를 상영할 준비도 했다. 나아가 문화놀이터라는 콘셉트로 영화 외에 음악, 미술 등 다양한 예술적 요소를 접목하기도 했다. 강연 공간이 되기도 했고, 도서관이 되기도 했으며, 버스킹 공연을 하는 곳이 되기도 했다. 키즈 자녀가 많이 있는 노원 지역의 CGV 하계점은 씨네키즈라는 이름의 상영관을 운영하기도 했다. 이용계층을 분석했더니 20~30대 젊은 층이 아니라 40~50대 중년이 주요 관객층이고, 의외로 혼영족(혼자 영화 보는 관객)이 늘어나고 있다는 점도 확인해 관객의 특성별로 차별화된 공간이 되려는 노력을 기울이기도 했다(조성진, 2018: 28~136). 위기의 징후를 선제적으로 파악해 현명하게 대처하고 있다고 보인다. 검투사 흥행을 위해서는 경기장을 이용하기 편리하게 바꾸거나 검투사 스팔타커스(Spartacus)로도 안 되면 막시무스(Maximus)를 새롭게 투입해야 하니까.

하지만 그간의 노력은 코로나-19가 발생하기 이전이다. 특히 OTT가 이처럼 활성화될 것이라고는 생각하지 못했던 때다. 본격적으로 영화 관람이 다시 시작된 2022년 5월 이전, 넷플릭스에서는 〈오징어 게임〉, 디즈니 플러스는 〈마블 시리즈〉 및 스타워즈 스핀오프 〈오비완 시리즈〉, 애플TV 플러스에서는 〈파친코〉 등이 공개되었다. 극장 영화 못지않은 자본이 투입된 작품들이고 볼거리가 있어 제법 화제가 되었다. 가장 화제가 많았던 것은 무엇보다 〈오징어 게임〉이라는 것은 부인할 수 없다. 이 외에도 많은 작품이 OTT에 공개되는 순간 흥행 여부를 불문하고 화제가 집중되고 있다. 상황이 이러니 OTT가 극장의 영화 흥행 성적에 영향을 미치는 것은 분명해 보인다. 전술한 바 있듯이 실제 2022년 5월 이후 극장은 극장에서만 볼 수 있는 제대로 된 볼거리가 있거나 마음 편하게 볼 수 있는 즐길거리를 주는 공간으로 바뀌었다. 그저 그런 정도의 블록버스터로는 사람을 극장으로 다시 불러들이지 못한다. 극장으로서도 기존 방식을 뛰어넘는 새로운 대안을 모색할 시점이다.

극장이 OTT 시대에 어떻게 대응해야 하는지에 대해 아직은 구체적인 전략 방향을 수립하기 조금 이른 시점이다. 따라서 일반적인 답변을 할 수밖에 없다. 극장이 가장 먼저 해야 할 일은 **2022년 5월 이후 극장 관객의 특성이 어떻게 변화했는가 세심하게 파악하는 일일 것이다.** 아울러 OTT에서 상영한 작품들의 흥행 정도를 보고 왜 그러한지 이유를 파악해야 한다. 덧붙여 극장 영화와 OTT 콘텐츠의 바이럴(viral) 경로 및 콘텐츠 내용과 실제 흥행과의 상관관계를 따져보는 일도 의미 있을 것이다. 두 번째로는 **CGV의 컬처플렉스 개념을 보다 확실하게 재정립(Repositioning)할 필요가 있다.** 10

여 년 이상 컬처플렉스를 표방했건만 아직 사람들의 머리에 각인되어 있지 않다. 컬처플렉스가 고유명사가 아니라 극장을 대표하는 보통명사로 만드는 일이 필요한 것이다. 단관 형태의 국소적(局所的) 수준에서는 컬처플렉스 개념이 잘 알려지지 않는다. 필요하면 모든 상영관을 이와 같은 형태로 바꾸는 것을 검토할 필요가 있다. 다만 보다 정교해야 한다. 개별 멀티플렉스별로 고객들의 성향 차이는 기본이고, 해당 입지의 특성과 입점 업체의 구색까지 고려해 차별화 방향을 잡아야 할 것이다. 3D, 4DX 및 IMAX 등 다양한 체감이 가능한 영화 중심으로 상영하되 요금을 보다 현실화하는 방안도 가능할 것이다. 텔레비전이나 모바일의 작은 화면으로서는 도저히 그 느낌을 살릴 수 없는 볼거리가 많은 영화는 극장에서 봐야 제맛이기 때문이다. 홀로그램 영화관도 좋고, VR 체험관도 좋다. 지자체 지역 주민들과 함께 하는 공간으로 만드는 것도 고려할 필요가 있다. 듀얼 스크린 기능을 하는 것으로 바꾸는 것이다. 케이팝 공연을 직접 가지 못하는 사람들 대상으로 극장에서 볼 수 있게 한다거나, 해당 축구 클럽 팬들이 극장에서 영국의 프리미어 축구를 함께 보면서 응원하는 것도 가능할 것이다. 통상의 영화 및 독립·예술 영화를 위해서는 보다 작은 스크린이지만 좌석 등은 거실보다 편안하게 만들어서 집과 같은 느낌을 주되 집보다 훨씬 안락한 환경에서 본다는 느낌을 만들어주는 것도 방안이다. 특히 극장은 (혼영족이 늘고 있다고는 하나) 혼자 영화를 보러 가기보다는 대체로 누구랑 함께 가는 곳이라는 점에 주목해야 한다. 두 사람일 수도 있고 단체 관람일 수도 있다. 친구일 수도 있고, 연인일 수도 있고, 부부일 수도 있고, 가족 모두일 수도 있다. 극장은 함께 하는 공간이라는 점을 극장 운영 전반에 반영할 필요가 있다. 멀티플렉스별로 주로 함께 오는 대상을 고려해 멀티플렉스 내 다른 입점 업체와의 제휴 등도 추진하거나, 마케팅 소구 포인트도 해당 영화의 특성에 어울리는 것으로 맞추는 것도 좋을 것이다. '친구들과의 우정을 위해 반드시', ' 연인끼리 함께 보면 맺어질', '부부 일심동체를 확인할 수 있는', '온 가족이 함께 보는' 등. 여하튼 **사람들이 극장에 와야 할 이유를 계속 만들어주어야 한다.** 뭔가 새로운 엔터테인먼트 공간으로 기능을 보강해서 사람의 관심을 끌고 계속 모아야 할 것이다. 사람들은 영화를 보기 위해 극장에 간다는 기존의 생각에서 벗어나 극장에 무언가를 보러 간다는 것으로 바꾼다면 사람들이 극장을 찾아야 할 이유는 너무나 많을 것이다. **보는 것을 사랑한다. 애관(愛觀)이다.**

사람들은 왜 텔레비전을 보는가?

예전에 텔레비전에서 가장 중요한 의미는 실시간성이었다. 뉴스를 통해 지금 세상에서 일어나고 있는 소식을 보고, 월드컵 경기를 생중계로 보고, 주말 코미디 프로그램 〈개그 콘서트〉를 보고, 무엇보다 전편에서 마음 졸이며 끝났기 때문에 다음 편이 궁금한 드라마를 보는 곳이 텔레비전이었다. 사람들이 텔레비전을 보는 이유였다. 매체가 풍부하지도 않았고 다시 보기도 없었던 시절이어서 모든 텔레비전 프로그램에서 실시간성의 의미는 매우 컸다. 이른바 본방 사수다. 재방송으로는 본방 시점에서의 화제성을 대화 주제로 삼거나 끼어들어 의견을 내기가 어려웠다. 최소한 1990년대까지는 시청률이 무려 60%를 넘는 드라마가 제법 있었던 이유 중 하나다. 이제는 드라마나 예능 프로그램의 경우 예전만큼 실시간성의 의미는 많이 사라졌다. 그나마 남아 있는 것은 뉴스와 같은 시사 보도 프로그램이나 프로야구 같은 스포츠 정도에 그친다. 이 또한 모바일을 통한 뉴스 포털에 의하거나 숏클립 동영상을 보면 그만이다. 텔레비전에 260개가 넘는 채널이 있지만 정작 내가 보고 싶은 방송이 없어 리모컨 버튼을 이리저리 눌러가며 재핑을 하는 경우가 다반사다. 사람들은 텔레비전을 예전처럼 집중해서 소비하지 않는다. 시청률이 갈수록 떨어지는 이유다.

사람들이 계속 텔레비전을 보게 만드는 것은 방송사만의 고민이 아니다. 한국에서 98% 가까운 사람들은 유료방송을 통해 텔레비전 프로그램을 시청한다. **유료방송 사업자로서는 더욱 '사람들은 왜 텔레비전을 보는가?'에 대한 냉철한 판단을 해야 한다.** 여기에서 더 나아가 '어떻게 해야 사람들이 텔레비전을 계속 보게 만들 수 있을 것인가?'에 대해 진지하게 고민해야 한다. **가장 쉽게 생각할 수 있지만 가장 어려운 것이 텔레비전 이용을 편리하게 만들어야 한다는 것, 즉 UI/UX를 어떻게 할 것인가의 문제다.** 사람들이 텔레비전을 더욱 친숙하게 느낄 수 있도록 하기 위해서다. 하지만 말이 쉽다. 셋톱박스의 낯섦과 리모컨 방식의 불편함 때문이다. 그나마 셋톱박스는 원 버튼 리모컨 및 스피커형 셋톱박스(기가지니, 누구 등)가 나온 이후로는 어느 정도 친숙해져 있다. 하지만 리모컨은 여전히 문제다. 매체가 달라졌으므로 여기에 맞게 리모컨도 바뀌어야 하는데 예전 방식을 그대로 사용하고 있다. 엔지니어가 설치하고서 몇 가지 설명을 해 주었으나 다 기억하지 못한다. 이용과정에서 한 번 잘못 눌러 엉뚱한 것이 나오면 다음에는 어떻게 해야 할지 모른다. 이전 화면으로 돌아가기 위해 어떤 때는 이전 버튼을 눌러야 하지만, 어떤 때는 나가기 버튼을 눌러야 하기도 한다. 복잡하고 헷갈린다. 보고 싶은 VOD를 찾기 위해서 어떻게 해야 할지 모르겠다는 사람도 여전히 많다. 따라서 '사람들이 텔레비전을 왜 보는가?', 그리고 '어떻게 이용하는가?'의 관점에서 철저하게 관찰하고 조사해 UI/UX에 대한 전면적인 쇄신이 필요할 것이다. 물론 모바일의 직관적 UI/UX를 텔레비전이 완벽하게 극복하기란 어려울 것이다. 하지만 이 정도라도 해야 그나마 텔레비전으로부터 멀리하려는 마음은 조금은 사라질 것이다.

텔레비전 왼쪽 위에 세로형으로 내려와 있는 **메뉴 검색 내비게이션 방식**

〈그림 4-12-1〉 메뉴 방식 콘텐츠 찾기

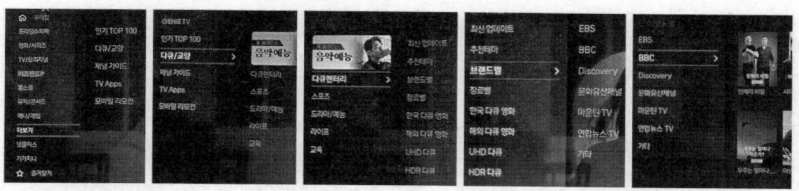

주: BBC 콘텐츠 찾기: 더 보기→다큐/교양→다큐멘터리→브랜드별→BBC→내가 보고 싶은 콘텐츠.

도 다시 검토할 시점이 되었다. 현재 방식은 2011년 KT에서 최초 도입한 이후 업계 표준 비슷하게 자리를 잡았다. 예전에는 콘텐츠가 그리 많지 않아 2~3개의 단계(Depth)를 거치면 해당 콘텐츠를 찾을 수 있었기 때문에 그나마 괜찮았다. 〈그림 4-12-1〉을 보면 현재는 5~6개의 Depth까지 내려가는 경우까지 있다. 최근 KT에서 휴대폰 리모컨 앱인 지니TV 플레이(구 올레TV 플레이)를 부활시킨 것은 그래서 의미가 있다.

특히 중요한 것은 보고 싶은 콘텐츠를 빠르게 찾을 수 있도록 하는 것이다. 현재 유료방송에서는 리모컨 방향키를 수차례 눌러야 초성 검색 메뉴에 접근할 수 있고, 초성 검색 메뉴에서도 또 몇 차례의 방향키를 눌러서 검색해야 한다. 검색창이 1차 메뉴에 노출되어 있음에도 찾지 못하는 경우가 발생하기도 한다. 모바일과 비교해 큰 창이기 때문이다. 너무나 불편하고 어렵다. 아무리 볼 만한 콘텐츠가 많아도 노출하지 않으면 콘텐츠가 있는지 알 수가 없다. 노출이 어렵다면 검색이라도 쉬워야 한다. 모바일 OTT의 경우 쉽게 돋보기 검색창으로 콘텐츠를 찾아볼 수 있다. 모바일은 작은 창이기 때문이다. 보고 싶은 영화가 '있다 또는 없다'를 빠르게 확인할 수 있다. 텔레비전에서는 너무나 어렵다. 비슷한 수준이라도 쫓아가야 하지 않을까? 〈그림 4-12-2〉는 2022년 늦여름 비가 오는 날 KT 기가지니를 통해 검색한 결과다. 왼쪽 질문은 '지니야! 아카데미 작품상 받은 영화 추천

<〈그림 4-12-2〉 기가지니 추천 결과 화면

해줘?'였다. 음성 인식률 정확도는 매우 높은 것으로 보였다. 하지만 결과는 '혹성탈출: 종의 전쟁'이었다. 아카데미 작품상만이 아니라 아카데미와도 무관하다. 오른쪽은 '지니야! 오늘처럼 비가 오는 날 볼 만한 영화 추천해줘?'였다. 그나마 추천은 되었으나 비 오는 날과의 연계성은 없다. 콘텐츠 큐레이션까지는 한참 멀었다. 이 정도로는 텔레비전 이용과는 무관한 주변기기에 불과하다. 심심할 때 한 번쯤 해 보는 오락거리에 지나지 않는다. 이용자의 행태를 조사하고, 가상의 상황을 고려한 시뮬레이션을 통해 민감도를 높이고, 실제 이용자가 의도하는 맥락과 연결 지을 수 있어야 한다. 그래야 사람들을 더욱 텔레비전으로 오게 할 수 있다. 텔레비전으로부터 멀어지는 순간 그만큼 어려워지기 때문이다.

다시 강조하지만 이 모든 것의 출발은 '사람은 왜 텔레비전을 보는가?', '사람은 텔레비전을 어떻게 이용하는가?'의 질문에서부터 시작해야 한다. 텔레비전은 모바일보다는 큰 화면과 좋은 화질과 음향 등의 장점이 있다. 모바일 OTT라고는 하지만 실제 이용은 대부분 고정된 장소에 특정되어 있다. 훨씬 큰 화면, 좋은 화질과 음향이 있다면 굳이 작은 창으로 세상을 바라볼 이유는 없다. 따라서 인공지능 스피커 겸용 셋톱박스를 통한 UI/UX 개선은 절대적이다. 리모컨의 클릭 인터페이스가 아니라 보이스 인터페이스를 통해 텔레비전을 완전히 조작할 수 있도록 해 리모컨이 필요 없는 텔레비전 시대를 만들어야 한다. **여기에서 한 발 더 나간다면 목소리 지문(성문, 聲紋)을 이용해 개인 맞춤화를 추구하는 것이다.** 목소리 지문, 즉 성문이란 사람마다 유일하게 지니는 특성이기 때문에 개인마다 차별적으로 인식할 수 있다. 개인 맞춤화를 추구하는 것은 '나는 왜 텔레비전을 보는가?'와 '나는 어떻게 텔레비전을 이용하는가?'에 대한 대답이다. 콘텐츠에 대한 사람의 생각은 1인 10색을 넘어 1인 100색이다. 그날그날, 나아가 그 순간순간 기분과 분위기와 날씨 등 주변의 환경에 따라 수시로 바뀌는 것이 사람 마음이다. 일률적으로 '남성은 스포츠, 여성은 멜로 드라마'라고 단정할 수 없다. 가을 하늘이 높고 공활한 날임에도 사랑하는 애인과 헤어진 사람이 있을 수 있다. 사람마다 맥락적 상황이 각기 다른 것이다. 하지만 텔레비전은 그간 온 가족이 함께 보는 기기여서 나만의 상황을 즉각적으로 수용하지는 못했다. **인공지능 스피커로 보이스 인터페이스 혁신이 이루어진다면, 사람들은 '내 손안의 TV'인 모바일로서만 만족하지 않을 것이다. 한마디로 '온전한 나만의 TV'를 가지게 되는 것이다.**

여기까지 가는 길은 매우 오랜 시간이 걸릴 것이다. 사람의 습관에 따른 관성은 생각처럼 쉽게 바뀌지 않는 것이기 때문이다. 따라서 도중에는 모바일 리모컨 앱이 컴패니언 디바이스(보조 리모컨)로서 도움이 될 것이다. 유료방송에 가입하면 물리적인 리모컨과 함께 스마트폰 앱 설치 안내를 해 줄 것이다. 텔레비전과 동기를 맞춘 리모컨 앱은 텔레비전을 켜고 끄고, 음량을 조절하고 채널 간 전환도 쉽게 도와준다. 나아가서는 콘텐츠 검색과 추천도 간편하게 할 수 있어야 한다. 인공지능 스피커와 동시에 이용하다가 인공지능 스피커가 일정 궤도에 올라선 후에는 인공지능 스피커로 완전히 전환하면 된다. 이 과정에서 목소리 지문을 활용해 '온전한 나만의 TV'를 갖고 싶다는 욕구는 인공지능 스피커를 활용하는 추동력이 될 것이다. 인공지능 스피커는 구독형 커머스 등 추가적인 영역 확장 이전에 텔레비전을 제대로 이용할 수 있게 도와주는 기기로서 자리를 잡는 것이 먼저일 것이다.

UI/UX 관점에서는 VOD 콘텐츠 이어 보기도 매우 중요하다. 어찌 보면 이것이 가장 중요한 것일 수 있다. 텔레비전을 보는 장소는 항상 거실만이 아니다. 거실에 있는 텔레비전에서 안방에 있는 텔레비전으로 이어 보기도 하고, 텔레비전으로 보다가 스마트폰이나 스마트패드로 이어 보기도 한다. 인터넷에 있는 콘텐츠를 공유하면서 필요할 때 빌려 보는 것이기 때문에 가능하다. 무료 콘텐츠일 때는 쉽다. 거실에서 안방으로, 안방에서 다시 거실로 왔다 갔다 하면서 볼 수 있다. 해당 콘텐츠를 5분 단위로 이동해 마지막으로 봤던 부분을 찾아 이어 보기를 하면 된다. 모바일 단말로 이어 보는 것은 나를 주 이용자로 지정하면 된다. 하지만 유료 콘텐츠(PPV)일 경우에는 셋톱박스가 달라서 이어 보려면 추가로 결제해야 한다. 모바일 단말로 이어 보는 것은 주 이용자 한 사람에 국한된다. 셋톱박스가 다른 문제는 해결이 쉽지 않으나 가설적으로 가상의 셋톱박스를 지정해 가정에 있는 모든 셋톱박스를 묶는 것이 한 방법일 수 있겠다. 매우 손이 많이 가는 작업이다. 모바일 이어 보기 문제도 쉬운 것은 아니다. 이어 보기를 하려는 사람이 특정되어야 한다. VOD 이용 시점에 콘텐츠를 보려는 사람을 특정하는 과정을 한 번 거쳐야 한다. 이용하는 사람으로서는 매우 번거롭다. 전술한 것처럼 목소리 지문 활용이 한 대안일 것이나, 완성까지 아주 오래 걸리는 일이다. 하지만 온 가족의 텔레비전을 모바일 기기와 같이 나만의 텔레비전으로 만드는 과정은 어려운 일이지만, 반드시 해야 할 일이라 생각한다.

UI/UX 측면 외에 **콘텐츠 내용 측면에서 보면 우선 유튜브를 텔레비전에서 쉽게 볼 수 있는 환경을 만들어야 한다.** 유튜브는 한국에서 가장 많이 이용하는 모바일 앱이다. 유튜브를 모바일의 작은 화면보다는 텔레비전의 큰 화면으로 볼 수 있다면 더욱 텔레비전을 찾게 될 것이다. 최근에 나오는 대형 텔레비전은 대체로 컨트롤러가 있는 스마트(?) 리모컨을 통해 유튜브를 찾아볼 수 있다. 하지만 쉽지는 않다. 물론 예전보다는 훨씬 나아진 것은 분명하다. 하지만 보고 싶은 유튜브 채널을 한 번 찾아본 이후 그 채널에 있는 다음 콘텐츠를 찾아보기 어렵다. 현재 가정 내 텔레비전 모델을 조사한 후 각 모델에서 유튜브를 쉽게 볼 수 있도록 한다면 모바일이 아닌 텔레비전에서 유튜브를 보게 될 것이다. 유튜브를 볼 수 있는 텔레비전이 아니라면 모바일과 텔레비전을 연결하는 방법을 알려주면 될 것이다. '유튜브 쉽고 편하게 보기'는 텔레비전 이용에 있어 기본이라고 생각해야 한다. KT는 셋톱박스에 따라서는 유튜브 이용을 매우 쉽게 할 수 있기도 하다. 하지만 일부에 그친다. **일부 셋톱박스만이 아니라 모든 가입자가 유튜브를 쉽게 이용할 수 있도록 한다면 텔레비전을 훨씬 많이 찾을 것이다.**

OTT를 텔레비전에서 수용하는 것도 필요하다. 이 또한 텔레비전이 가지고 있는 대형화면 등의 장점을 활용하는 것이다. OTT를 모바일 디바이스로 보는 행태가 보다 확대된다면 모바일의 텔레비전 대체성은 보다 강화되어 고착될 것이다. 반면 유료방송 내에 OTT를 흡수(이른바 PIP: Platform in Platform)한다면 OTT를 보기 위해서라도 유료방송 가입은 의미가 있다. 텔레비전 수상기를 활용한 그리고 유료방송의 울타리 안에서 이용하도록 하는 것이 모바일 OTT의 대체성을 누그러뜨리는 방법이다. 현재 KT와 LG유플러스에서 넷플릭스를 품에 안은 것은 현실적 불가피함을 인정한 현명한 선택이라 할 것이다. 나아가 대가 협상을 잘해서 유료방송 플랫폼 이용대가를 받을 수 있다면 더욱 금상첨화일 것이다.

마지막으로 **콘텐츠 수급에 대한 원칙을 분명히 세워야 한다.** 하루에도 무수히 많은 콘텐츠가 만들어진다. 그 많은 콘텐츠를 다 수용한다는 것은 어려운 일이다. 가입자가 찾는 콘텐츠가 극히 일부임에도 콘텐츠 수급 경쟁을 열심히 벌이고 있다. 특정 콘텐츠를 독점 수급하기 위한 경쟁도 치열하다. 독점 콘텐츠의 경우에는 주로 후발 사업자가 자사 플랫폼의 차별화를 목적으로 추진하는 경우가 많다. 하지만 모든 독점 콘텐츠는 시의성을 가진다. 특정 시기가 지나면 다른 콘텐츠와 차이가 없다. 〈뽀로로〉 콘텐츠가 있다고 해서 그 유료방송 플랫폼이 확실한 우위를 가지지 못했던 것처럼 말이다. 무차별적 콘텐츠 수급이 아니라 원칙과 기준을 정해야 한다. 모든 콘텐츠를 수용하겠다는 생각이라면 오픈 플랫폼으로 가서 확실한 R/S 체계를 갖추면 된다. 다만 예전에 이런 시도를 한 적이 있는데 중소 CP의 콘텐츠 품질 수준과 가격 책정 논란 등에 따라 지금은 시행하고 있지 않다. 제대로 하기 위해서는 검색과 추천을 쉽게 도와주는 UI/UX 정비는 필수적이고, 이외에도 고민해야 할 부분이 많다. 기존 사업운영체계를 근본적으로 바꾸는 것이기 때문이다. 오픈 플랫폼 정책을 통해 모든 콘텐츠를 수용하는 것이 아니라면 ROI에 입각한 수급정책을 가져가는 것이 좋다. 콘텐츠별로, 공급사별로, 장르별로, 월정액 상품별로 어떤 콘텐츠를 한국 사람들이 선호하는지, 콘텐츠를 수급한 이후에 수익으로 얼마나 되돌아오는지 등에 대한 과학적이고 체계적인 판별 시스템을 갖추어야 한다. 콘텐츠 수급에서부터 편성-과금-정산에 이어지는 과정까지 통합관리체계가 구축되어야 한다. 주먹구구식으로 콘텐츠 가격을 결정하는 비과학적인 관행에서 벗어나야 한다. **IPTV가 출범한 지 15년이 다 되어 가는데도 불구하고 여전히 알음알음을 통하거나, 비과학적 논거를 가진 흥정을 한다면 문제다. 객관적인 근거에 따라 콘텐츠 가격이 설명력을 가질 수 있을 때 한국 콘텐츠 제작 경쟁력이 훨씬 튼튼해질 것이다.**

2022년 10월 4일, KT가 기존 올레TV를 지니TV로 리브랜딩하면서 콘텐츠 노출과 검색 등 내비게이션 방식을 전면적으로 개편했다. 아직은 모든 셋톱박스에 다 가능하지 않아 순차적으로 적용될 예정이나, 10월 4일 기자간담회에서 보여준 것만으로도 한층 고도화되었다는 것을 확인할 수 있다. 변경된 내용은 한마디로 '지니TV 내에 OTT를 전폭적으로 수용하면서 내비게이션도 OTT스럽게 바꾸었다'라고 요약할 수 있다. 매우 크게 진일보한 측면이 있다. 다만 시의성이 높은 콘텐츠가 전면에 화면을 크게 잡아먹으면서 롱테일 콘텐츠가 사라져버릴지도 모른다는 것과 검색과 추천이 충분히 뒷받침될 수 있는 것인지 등에 대한 우려가 있다. 콘텐츠의 속성은 기본적으로 승자 독식이다. New & Hot 콘텐츠 중심으로 노출된다면 지니TV의 엄청난 양의 VOD가 드러나지 않을 것이다. 그리고 유튜브가 전면에 나오기는 했으나, 특정 셋톱박스를 제외하고 여전히 이용은 불편하다.

실제 어떻게 변화했는지 확인하기 위해 혜화 및 홍대 미디어점 등 두 군데를 방문했다. 먼저 리모컨은 아주 잘 만들어졌다고 판단한다. 초기 보여주는 화면도 너무 보기 좋았다. 말 그대로 OTT를 큰 화면에서 보는 듯한 느낌이 들었다. 하지만 멀어져가는 고객을 다시 텔레비전 앞에 앉게 하기 위해서는 조금 더 텔레비전을 이용하는 고객의 눈으로 섬세한 조정이 필요해 보인다. 여전히 추천에서는 정교하지 못하다. 아카데미 작품상과 비 오는 날 볼 만한 영화 추천을 지니에게 물었더니 여전히 다른 내용을 추천한다. 〈티켓 투 파라다이스〉 영화 역시 엉뚱한 내용을 보여준다. 다만 유튜브로 관련 동영상을 보여주고 있기는 하다. **일반 VOD 검색과 유튜브 검색 자판이 다르기도 하다.** 다른 화면으로 넘어가는 것도 이전 버튼과 나가기 버튼이 혼용되고 있다. 짧은 시간이지만 보다 섬세하게 보완이 필요하다는 것을 확인할 수 있었다.

모바일 OTT가 아무리 강세를 보여도 사람들이 왜 텔레비전을 보는지를 이해하고 어떻게 보는지를 알고 대응한다면 사람들이 계속 텔레비전을 찾도록 할 수 있을 것이다. 유료방송 사업자가 기존 텔레비전 프로그램 제작

사업자와 힘을 합치고 함께 헤쳐 나가야 할 부분이다. 가장 중요한 것은 계속 텔레비전을 볼 이유를 만들어주어야 한다. 유료방송 가입의 이유를 만들어주어야 한다. 거실에서는 260개가 넘는 방송채널에서 수많은 프로그램이 쏟아져 나오고 있고, 인터넷에서도 각종 정보와 오락물이 넘쳐나고 있다. OTT 시대가 되어 더욱 이러한 경향이 굳어지고 있다. **'사람의 관심'이라는 자원이 갈수록 희소해지고 있는 세상이 된 것이다. 미디어 사업의 성패 또한 많은 사람의 관심을 어떻게 끌어모으고 계속 유지할 수 있을지에 달려있다**고 하겠다.

유료방송 UI/UX는 셋톱박스와 리모컨의 혁신으로부터

회사는 공동의 목적을 달성하기 위해 사람들이 모인 집단이라고 흔히 말하지요. 목적을 혼자 달성할 수 있다면 굳이 여러 사람이 모일 필요는 없으니 1인 법인이나 개인사업자로서도 충분할 겁니다. 최소한 2인 이상이 모여야 할 정도의 목적이 있어야 통상 말하는 회사라 하겠습니다. 2인 이상이 모였으니 일을 분담할 것이고, 분담의 내용은 회사 운영을 위해 필요한 각종 기능의 합일 것입니다. 회사의 기본 꼴을 갖추기 위해서는 사람 외에도 시설 등에 대한 구입 및 운영이 필요합니다. 회사에서 만든 재화와 용역을 판매하고 영업하는 기능도 필수적입니다. 조금 회사가 커지면 드러커가 강조하는 '마케팅'과 '혁신' 두 가지는 가장 본질적인 기능으로 삼아야 합니다. 드러커는 회사의 본원적인 일은 고객 창조라고 했으니 이 두 가지가 핵심입니다.

마케팅과 혁신 과정을 거쳐 고객이 창조되면서 회사는 성장합니다. 하지만 전술한 것처럼 회사의 목적은 생존입니다. 생존을 위해서는 리스크 관리가 요구됩니다. 리스크는 ① 언제, 어디서든, 원인도 모르게 발생할 수 있으며, ② 회사를 망하게 할 수 있는 폭발력을 지니고 있을 수 있는 특징이 있습니다. 회사는 다양한 기능이 연쇄적으로 묶여 운영되는 하나의 시스템인데, 하필 리스크가 가장 취약한 기능에서 발생한다면 심각한 상황으로 이어지겠지요. 따라서 사슬처럼 엮여 있는 기능 그 어떤 것도 최소한은 작동되어야 합니다. 가장 약한 부분이 전체를 결정하기 때문입니다. '리비히의 법칙(또는 리비히의 최소량의 법칙)'은 이를 잘 설명하고 있습니다. 1840년 독일의 화학자 유스투스 리비히(Justus Liebig)에 의해 밝혀진 것이라고 합니다. 생물이 성장·번식하기 위해서는 여러 필수물질을 얻어야 하는데 종(種)이나 장소에 따라 다르고, 이 중 가장 적게 공급되는 요소에 의해 생물이 지배된다는 것입니다(네이버 지식백과). 리비히는 높이가 다른 널판으로 만든 나무통에 물을 넣는 비유를 들어 설명합니다. 이 나무통에 물을 부으면 가장 높이가 낮은 널판이 있는 곳부터 물이 흘러넘치게 되겠지요. 나무통의 효용을 결정하는 것이 가장 낮은 널판인 것처럼 생물의 성장을 결정하는 것은 가장 부족한 영양분이라는 것입니다. 이를 경영에 접목하면 회사에서도 가장 약한 기능이 그 회사의 경쟁력을 결정하는 것이 됩니다.

두 가지 시사점을 찾을 수 있습니다. 하나는 전체 시스템이 중요하다는 것입니다. 이 말은 문제해결은 전체 시스템을 고려해야 제대로 된 해법을 찾을 수 있다고 바꿔 말할 수 있습니다. 경영 현장에서 바로 눈에 보이는 즉자적인 해결책을 해법이라고 무리하게 적용해서 나중에는 더 큰 문제로 다가오는 것을 흔히 볼 수 있습니다. 가장 큰 원인 중의 하나는 목표 중심의 사고에 있습니다. 대표적으로 핵심성과지표(KPI: Key Performance Indicator) 관리가 있지요. 직장인의 운명은 대부분이 KPI 달성 여부에 달려 있다고 해도 과언이 아닙니다. 물론 회사에서 뛰어난 실력을 인정하는 사람이라면 KPI 결과와 무관하게 제대로 된 성장경로를 밟을 수도 있을 것입니다. 하지만 이런 사람은 극히 일부입니다. 보통 사람은 KPI 결과가 본인 신상에 나쁜 방향으로 쓰일 수도 있다는 점을 염두에 둡니다. 당연히 무시할 수가 없겠지요. KPI는 설정한 KPI의 적절성과 목표 수준 선정의 합리성이라는 골치 아픈 문제를 항상 수반하기 때문에 신중하게 운영해야 합니다. 자칫 엉뚱한 결과로 이어질 수 있기 때문입니다. 목표 중심의 사고가 실제 어떤 폐해로 이어질 수 있는지 사례를 들어보겠습니다. 김명호의 책 『중국인 이야기 1』에는 참새 소탕전 에피소드가 나옵니다. 마오쩌둥(毛澤東)이 쥐·파리·모기와 함께 참새를 4해(四害)로 지정하고 소멸해야 한다고 하면서 관리에 들어가니 참새는 상당수 소탕되었지만, 다음 해부터는 해충이 들끓었다는 겁니다. 정작 참새는 해충을 잡아먹는 익조(益鳥)였는데, 농작물을 해치는 동물로 잘못 알았던 거지요(김명호, 2012: 15~19). 두 번째는 가장 부족한 부분이 전체 시스템을 결정한다는 것입니다. 리비히의 법칙이 원래 말하고 있는 것입니다. 어떤 물건을 새로 샀는데 특정 부위의 고장에 의해 사용할 수 없게 되었다면 그 물건은 더는 쓸모없는 것이 되겠지요. 고장이 난 부위가 그 물건 전체를 대표하는 것이 됩니다. 통신 시스템이나 교통 시스템에 있어 특정 구간이 망가지게 되면 그 구간으로 소통은 불가능합니다. 우회할 수밖에 없습니다. 그 구간으로 모두 몰려드니 병목이 생깁니다. 병목 정도라면 괜찮은데 소통량이 많아져 우회 구간으로도 해결되지 않으면 결국 대형 장애로 이어집니다. 전체가 다 망가지는 것이지요. 그간 철저한 관리를 통해 문제없이 잘 운용했다고 하더라도 작은 불통이 커져 전체가 불통이 되면 쌓아온 신뢰가 한순간에 무너지고 맙니다. 시스템으로 운용되는 많은 것이 이러합니다. 그러니 가장 약한 부분이 시스템 성능을 결정하는 것이 됩니다.

유료방송 또한 밸류체인 CPND와 이를 지원하는 제반 인프라(이른바 백엔드 시스템)까지 포함한 하나의 완결된 전체 시스템이라고 하겠습니다. 가장 약한 고리가 전체 시스템을 규정한다는 관점에서 볼 때 셋톱박스와 리모컨이 특히 중요합니다. 전체적인 시스템 속에서 셋톱박스의 성능과 리모컨의 기능이 어떠한가에 따라 제공하고자 하는 서비스의 수준이 달라지고, 이는 궁극적으로 제공하고자 하는 사용자 경험을 규정짓게 되기 때문입니다. 셋톱박스의 성능은 충분히 차별화된 서비스를 제공하는지에 대한 기능 한계를, 리모컨은 고객이 이용하는 상황에서의 기능 한계를 규정한다고 하겠습니다. 셋톱박스 CPU 속도나 메모리 등에 있어 스마트 TV에서 제공하는 수준 이상으로 제공되어야 하고, 리모컨은 텔레비전을 보면서 스마트폰/스마트패드를 동시에 이용하는 경향이 매우 증가하고 있다는 점을 고려해 모바일과 역할 배분도 필요합니다. 고객들의 텔레비전 시청 상황의 처음부터 끝까지, 즉 단지 텔레비전을 보는 상황이 아니라 전후 단계를 포함해 자세히 관찰하고, 고객의 불편이 없는 새로운 경험을 제공한다면 사람들은 계속 텔레비전에 앉아 있을 것입니다. 전체적인 시스템 속에서 셋톱박스와 리모컨의 혁신도 새롭게 디자인될 수 있을 것입니다.

국내 OTT는 어떻게 해야 할 것인가?

국내 OTT는 각자의 기업전략 및 사업전략 방향을 설정하고 이에 맞춰 사업을 전개하고 있을 것이다. 겉으로 보이는 것은 OTT지만, 이를 매개로 궁극적으로 얻고자 하는 것은 방송일 수도, IPTV일 수도, 온라인 상거래일 수도 있을 것이다. 따라서 일률적으로 특정 방향이 옳다고 말하는 것은 조심스럽다.

가장 먼저 말할 것은 **미국 대자본 OTT와의 경쟁에서 이기기가 쉽지 않다는 냉정한 현실을 인정**해야 한다는 것이다. 오리지널 콘텐츠 제작에 있어 자본력의 차이가 너무나 현격하다. 그 결과인지 모르겠으나 미국 대자본 OTT가 제작한 오리지널 콘텐츠 중에는 화제성이 있어 SNS상에서 회자되는 경우가 제법 있으나, 국내 OTT의 오리지널 콘텐츠는 그런 경우가 드물다. 〈우영우〉 정도가 그나마 크게 화제가 되었으나, 이 또한 넷플릭스에서 동시 방영되었다. 콘텐츠 제작사 입장에서는 투자한 자본 회수에 훨씬 매력적인 미국 대자본 OTT를 보다 선호할 수도 있다. 규제가 느슨하다는 점을 들어 규제정책으로 해결하려는 것 또한 어리석다. 따라서 해외 시장진출을 궁극적인 목표로 하되 긴 호흡을 가지고 준비하는 것이 필요하다. 국내 2위 사업자로 확실히 올라서는 것을 단기 목표로 설정해야 한다. **최근**

OTT를 2~3개 이상 가입해서 보는 경향이 늘어나고 있으니, 넷플릭스가 One Pick이 되더라도 두 번째로는 꼽힐 수 있어야 한다. 디즈니 플러스나 애플TV 플러스 등 미국의 또 다른 대자본 OTT의 공세에 맞서 자리를 유지할 수 있는 맷집을 길러야 한다. 로프에 기대 맹공을 피하면서 상대가 지칠 때를 기다렸다가 결정적 한 방을 날릴 수 있어야 한다. 로프 어 도프(Rope-a-dope)² 전략이다.

그리고 넷플릭스가 OTT의 사실상 표준이라는 점을 고려해 **넷플릭스 표준을 따를 것인가 아닌가에 대한 자신의 위치(Stance)를 분명하게 정해야 한다.** 이런 의미에서 PPV 구매 콘텐츠의 존치 및 실시간 채널 공급 여부에 입장이 있어야 한다. 예컨대 시즌, 모바일 B tv, 유플러스 모바일TV는 모바일 IPTV의 연장선에서 PPV와 실시간 채널을 동시에 제공한다. 게다가 앱 초기 화면에서 실시간 방송도 동시에 노출하고 있다 보니 매우 혼란스럽다. 웨이브나 티빙 역시 모바일 TV 관점에서 실시간 채널을 제공하고 있다. 그나마 다행인 것은 초기 화면 상단에 실시간 채널은 별도로 진입하는 방식으로 구분되어 있어 혼란스러움은 덜하다. 하지만 가입자로서는 OTT이면서도 모바일 TV라고 인식할 개연성이 높다. 게다가 실시간 채널 제공이 미국 대자본 OTT와의 경쟁에서 아직은 차별화 요소로 작용하지 않는 것으로 보인다. 만약 이것이 차별화 요소였다면 넷플릭스가 한국에서 이처럼 성장하지 못했을 것이다. 모바일 TV이기 때문에 전술한 것처럼 거실의 텔레비전을 오히려 없애는 역할을 거꾸로 할 수도 있다. 거실의 텔레비전을 보지 않는 사람이 늘어나면 그나마 유지되고 있던 광고 매출이 크게

---

2 1974년 아프리카 킨샤사에서 개최된 복싱 헤비급 타이틀전에서 무하마드 알리(Muhammad Ali)가 사용한 전략. 알리는 체력과 주먹이 훨씬 강한 조지 포먼(George Foreman)에 맞서 로프의 반동을 활용해 포먼의 강펀치 충격을 최소화하고 힘을 빼는 전략을 구사했다. 이 전략이 성공해 결국 알리는 8회 KO승으로 헤비급 타이틀을 되찾게 된다.

줄어들 것이다. 그리고 글로벌을 지향한다면 사실상 표준인 넷플릭스 방식을 따라 VOD에 집중하는 것이 좋다.

오리지널 드라마는 꾸준히 제작하는 것이 필요하다. 한국 드라마가 가진 스토리의 힘을 믿는 것이다. 미국에서도 K 사극을 보며 정조대왕을 검색하고, 주인공 아닌 서브 주연에도 흠뻑 빠진다고 할 만큼 한국 드라마는 매력이 있다. 미국 엔터테인먼트 시장에서 K 스토리는 이야기 소재가 부족한 할리우드에 가장 강력한 대안이라는 평가가 나오고 있다고 한다(고경석, 2022년 10월 13일 자). 〈우영우〉가 엄청난 자본이 투입되었거나 흥미진진한 볼거리가 많아서 히트한 것은 아니지 않은가. 우리의 이야기가 단지 한국 사람들만의 이야기에 그치지 않고 전 세계인의 공감을 얻는 보편성을 가지고 있다면, 1인치의 자막은 더는 장벽이 되지 않을 것이다. 가장 한국적인 것이 가장 세계적인 것이다. 오리지널 콘텐츠를 자꾸 만드는 과정에서 또 다른 〈우영우〉가 나올 것이다. 연중 최소 1건 정도의 〈우영우〉가 나온다면 사람들은 또 다른 〈우영우〉를 기다리기 위해 해당 OTT를 해지하지 않고 지속 유지할 것이다. 그사이에 해당 OTT에서 보고 싶었으나 미처 보지 못했거나 새롭게 발견한 다른 콘텐츠를 골라 보면서 말이다. 〈우영우〉와 같은 콘텐츠 하나하나가 쌓여 국내 OTT의 가치와 위상을 크게 높이고, 이것이 다시 글로벌 가입을 유인하게 될 것이다.

마지막으로 케이팝 성공 신화를 참조하면 좋은 시사점이 있다는 점을 강조하고 싶다. 현재 케이팝의 글로벌 위상은 하나의 완성된 시스템이었기에 가능했다. 미국 할리우드 스타 시스템이 영화의 전성시대를 만든 것처럼 한국 케이팝 또한 시스템 기반 위에서 성장한 것이다. 핵심은 이수만 프로듀서가 주창한 문화기술(CT: Culture Technology) 개념과 한류 3단계 발전론이다. 한국 케이팝은 듣는 음악만이 아니라 보는 음악을 동시에 추구하며 근본적으로 다른 세계를 추구한다. 수익이 아니라 문화 우선의 역발상을 가져간다. 기업형 생산시스템을 접목한다. 캐스팅, 트레이닝, 프로듀싱 및 마케팅의 전 과정을 통합하는 생산시스템이다. 여기에 기술을 적극적으로 결합하는데 이것이 CT의 개념이다. 한류 3단계 발전론이란 ① 케이팝 문화상품 수출 단계, ② 현지 회사 등과의 합작을 통한 시장 확대 단계, ③ 현지에 전수하는 단계로 구성되어 있다(이장우, 2020: 21~38, 171~177). 한국 영화 및 드라마 제작도 이러한 시스템을 어떻게 구성하고, 만들어나갈 것인지에 따라 성패가 좌우될 것이다. 개인적으로는 현재 이런 시스템 완성에 가장 가까이 다가간 것은 티빙을 보유한 CJ E&M이라고 생각한다. 기획-제작-송출-유통-판매 전 단계가 통합되어 있다.

연예산업에 있어 스타 시스템

2022년 12월, 카타르 월드컵 공식 주제곡인 「드리머스(Dreamers)」를 방탄소년단 멤버 정국이 불러 크게 화제가 된 적이 있습니다. 올림픽과 함께 전 세계 양대 스포츠 대회 중 하나라고 하는 월드컵에서 한국 가수가 개막식 때 초청받아 주제곡을 부른다는 것은 예전에는 감히 상상할 수도 없었던 일입니다. 88올림픽의 경우 한국에서 개최했기 때문에 당연히 한국 가수가 주제곡을 불렀지요. 당시 주제곡 「손에 손잡고(Hand in Hand)」를 부른 것은 코리아나라는 그룹이었습니다. 코리아나는 외국에서도 잘 알려진 그룹은 아니었으나, 그나마 외국에서 활동하고 있었다는 이유로 주제곡을 불렀지요. 올림픽은 국제행사이니 그 격에 맞추기 위해 나름대로 고심한 결과였을 겁니다. 그만큼 세계무대와 한국 수준과는 거리가 매우 컸던 것이었죠. 그런데 한국 가수가 월드컵 공식 주제곡을 불렀으니 괄목상대(刮目相對)할 노릇입니다.

현재 방탄소년단은 세계적인 그룹입니다. 방탄소년단의 성공비결을 흔히 세 가지로 말하곤 하지요. ① 구성원 7명 개개인의 경쟁력, ② 가사의 진정성, ③ 글로벌

팬덤인 아미(ARMY)가 그것입니다. 구성원 각자의 역량이 진정성 있는 가사로 이어졌고, 이는 다시 팬덤을 형성하는 기반이 되면서 선순환 구조를 만들었던 거지요. 특히 솔직한 이야기에서 나온 사회 비판적 메시지가 주요 팬 계층인 10대 및 20대에 공감과 위로를 전한다는 점이 성공의 주요 요인이라고 합니다. 이는 다른 아이돌과는 확연히 다른 부분이라고 합니다(이지영, 2018: 33). 여기에 덧붙여 BTS가 나오기 전까지의 한국 아이돌 그룹 육성 시스템이 기본이 되었다고 봅니다. 한국 최초 아이돌 그룹으로 H.O.T.가 등장한 1996년부터 거의 30년 가까이 쌓아 올린 케이팝의 시스템 말입니다. 방탄소년단이 2013년에 데뷔했으니, 그들도 이 시스템 기반 위에서 선발, 육성 및 관리되었을 겁니다.

연예산업(Entertainment Industry)에 있어 시스템적 접근은 스타 시스템(Star System)이 출발입니다. 할리우드에서 출발했기 때문에 할리우드 시스템이라고도 합니다. 스타 시스템이란 영화 속에 나오는 배우들의 이미지를 현실과 접목해 신비감을 주는 등 인기배우를 앞세우는 것이지요. 하지만 할리우드 영화사에서 스타 시스템은 초기부터 영향력을 행사했던 것은 아닙니다. 영화산업 초창기에는 몽타주 편집에서 영화의 본질을 찾거나 영화 예술의 구성요소와 영화 예술이 관객에게 미치는 영향을 증명하려는 것에 초점을 맞추었다고 합니다(존 힐 외, 2004: 394~395). 이후 인기배우, 즉 스타 중심으로 포장하는 것이 훨씬 상업적으로 가치 있다는 생각으로 스타 시스템은 만들어집니다. 존 웨인(John Wayne)은 서부극의 영웅으로 남성적인 이미지, 마릴린 먼로(Marylin Monroe)는 섹시하면서 약간 맹한 금발 여자 역을 통해 백치미의 이미지를 구축하지요. 지금도 이들이 나오는 영화를 보면 한결같은 이미지를 확인할 수 있습니다. 대표적으로 웨인의 〈역마차(Stagecoach)〉, 마릴린 먼로의 〈7년만의 외출(The Seven Year Itch)〉 등이 그러합니다. 영화에서 스타가 제조(?)되었던 방식은 다음 공식과 같다고 합니다(김창남, 2010: 308~320).

배우의 외형적 타입 + 극중 인물의 성격 + 배우의 제조된 사생활 + 배우에 대한 미디어의 지속적인 취급 + 팬클럽의 유지 = 스타 시스템

이제 스타 시스템은 연예산업에 있어 기본으로 고려하는 요소입니다. 스타의 만들어진 이미지는 일정한 팬층을 만드는 동력으로 작용하기도 하지만 광고 모델 등 수익을 창출하는 기제로도 활용됩니다. 스타란 숭배의 대상이면서 소비의 대상이고, 소비자들의 구매 욕구를 불러일으키는 가장 중요한 연결고리 역할이기 때문입니다.

콘텐츠는 왕, 미디어는 왕국. 고객은 미디어 제국의 황제

미디어는 인간의 확장이다. 그리고 미디어는 메시지다. 매클루언 미디어 이론의 핵심 명제와도 같은 주장이다. 사람은 자신의 바깥에 있는 환경에의 부딪힘과 그 환경을 헤쳐 나감을 반복하는 과정에서 현재의 모습으로 진화했다. **미디어는 사람을 대신해 부딪힘과 헤쳐 나감을 하는 수단으로서 당연히 환경에 대한 사람의 강력한 메시지다.**

전화는 귀와 말소리의 확장이다. 텔레비전 영상은 촉각의 확장이다. 모든 미디어는 환경에 부딪힘과 그 환경을 헤쳐 나감의 과정에서 새롭게 등장하고, 변형되고, 어떤 때는 더 나은 수단에 의해 대체되기도 한다. 그 시대의 과학과 기술 수준이 조건이 되어 또 다른 통합과 해체를 가져오기도 한다. 하지만 이면에 면면히 흐르는 것은 사람의 욕구다. 따라서 수십 세기에 걸친 미디어 발전사는 환경을 헤쳐 나감에서 확인한 사람 욕구의 진화사라고 할 것이다. 그 과정에서 사람의 욕구충족은 또 다른 욕구를 낳고, 각각의 욕구를 결합한 새로운 욕구가 나타나기도 하고, 상위 단계의 욕구충족으로 인해 아래 단계에 있는 작은 욕구들은 흡수되어 사라지기도 했다. 미디어는 사람의 욕구충족을 위한 수단으로 멋지게 활동했다.

미디어는 한동안 각기 진화했다. 환경에 대한 사람의 즉자적인 대응의 결과

다. 기술발전에 따라 여러 욕구를 한데 묶을 수 있게 되었고, 또 새로운 욕구를 분출하기도 했다. 모든 데이터를 0과 1, 두 개의 숫자로 치환할 수 있다는 디지털 방식은 모든 통신·전자기기 등의 진화를 가져왔고, 한편에서는 인터넷의 탄생을 이끌었다. 인터넷의 수월성은 이동 중에도 빠르게 인터넷을 이용하고 싶은 욕구를 낳았고, 한때는 블랙베리폰으로, 그리고 마침내 스마트폰으로 이어졌다. 나만의 PC를 가지고 싶다는 욕구와 함께 나만의 TV를 가지고 싶다는 욕구로도 이어진 것이다. 네트워크의 데이터 처리 수용성이 향상되면서 모든 데이터를 빠르게 주고받을 수 있는 세상이 되었다. 스마트폰은 전화이자 텔레비전이 되었다. **각기 진화하던 모든 미디어는 인터넷의 수월성, 스마트폰의 다매체 수용성, 그리고 통신 네트워크 인프라의 고도화로 이제는 하나로 수렴되어 또 다른 진화를 기다리고 있다.**

통신서비스 진화의 끝은 바로 옆 사람과 대화하면서 정보를 주고받는 것과 같은 모습이다. 언제나(Always-on), 어디에서나(Coverage), 모든 메시지(Voice & Non-Voice)를 그 양에 상관없이(Capacity), 신속하게(Speed), 정확하게(QoS) 그리고 생생하게(Live) 주고받는 것이다. 통신이 일대일의 모습이라면 그 확장이 일대다의 모습을 띤 방송이다. 아니 방송은 인터넷을 통해 나에게만 정보를 전달하는 협송이 되었다. 나아가 **텔레비전 드라마나 영화에 나오는 인물들이 마치 바로 내 옆에 있는 것과 같이 느껴진다면 그것이 방송서비스 진화의 끝일 것**이다.

콘텐츠는 왕, 미디어는 왕국(Contents is king, media is kingdom). 모든 미디어를 하나로 수렴하는 인터넷은 전 세계에서 유일한 단일 제국이라고 할 것이다. 인터넷 제국에서의 의사결정은 어느 한 사람에 의해 결정되지 않고 수많은, 나아가 전체 사람들의 욕구를 반영해 이루어진다. 시청자, 수용자, 소비자, 수요자, 그리고 비즈니스 관점에서는 고객이다. 그리하여 고객은 황제다. **OTT 시대의 미디어 백화제방 백가쟁명에서 승자도 결국 고**

객의 욕구를 얼마나 잘 충족시켜 주는가에 달려 있다고 하겠다. 그 가운데 어떤 미디어는 흡수되고, 어떤 미디어는 도태되기도 하면서 또 다른 미디어가 출현하기 전까지 경쟁은 계속 진행될 것이다. 구체적으로는 마음 점유(Mind Share)를 넘어 시간 점유(Time Share)를 높이는 경쟁으로 귀결될 것이다. 개별 미디어 특성을 최대한 살린 독자 시스템의 완성은 기본일 것이고, 여기에 화제성 있는 콘텐츠의 공급으로 고객의 관심을 지속 유지해야 한다. 무엇보다 중요한 것은 UI/UX의 편의성 개선과 나만의 맥락적 상황에 맞는 맞춤형 추천으로 만족도를 높여나가야 한다. **시장 동학의 다양한 전개 과정에서 궁극적인 승자가 결정될 것이다. 핵심은 고객을 얼마나 잘 이해하는가다. 고객을 이해한다는 것은 단지 비즈니스적인 측면으로만 해석할 일은 아니다. 고객이 있는 만큼 사회적인 책임 또한 막중하다.** 그간 언론에 도배되었던 수많은 화재·장애·불통·멈춤 등은 자본의 이익만 앞세우고 고객에 대한 진정성이 없어 비롯된 것이다. 고객이 있는 기업이라면 그만큼의 책임이 수반되어야 한다. 그렇지 않는다면 미디어 백가쟁명의 시대에 단기적으로는 승리할지 몰라도 궁극적으로는 패배할 것이다. **그리하여 콘텐츠는 왕, 미디어는 왕국. 고객은 미디어 제국의 황제다.**

부록

1. 주요 통신서비스 연도별 가입자 현황(1000만 이상 가입 서비스 대상)

(단위: 가입자, 단자)

연도	전화	이동전화	무선호출	초고속인터넷	유료방송
1902	5				
1903	46				
1904	62				
1905	1,065				
1906	2,362				
1907	3,296				
1908	4,331				
1909	5,506				
1910	6,448				
1911	8,024				
1912	8,961				
1913	9,469				
1914	9,503				
1915	9,657				
1916	10,023				
1917	10,545				
1918	11,188				
1919	11,788				
1920	13,142				
1921	14,963				
1922	17,647				
1923	21,776				
1924	24,483				
1925	26,264				
1926	27,586				
1927	29,042				
1928	30,274				
1929	31,488				
1930	32,664				
1931	33,900				
1932	34,869				
1933	36,229				
1934	37,694				
1935	39,768				
1936	42,605				
1937	48,972				
1938	53,306				
1939	55,530				

1940	59,496			
1941	61,682			
1942	65,096			
1943	66,510			
1944	67,855			
1945	44,877			
1946	36,197			
1947	37,385			
1948	37,522			
1949	41,350			
1950	10,507			
1951	11,345			
1952	16,509			
1953	22,546			
1954	28,684			
1955	-			
1956	38,453			
1957	48,822			
1958	58,959			
1959	71,977			
1960	-			
1961	-	-		
1962	126,651	-		
1963	156,009	-		
1964	191,470	-		
1965	218,787	-		
1966	275,179	-		
1967	335,835	-	*	
1968	380,263	-		
1969	437,915	-		
1970	475,797	-		
1971	555,327	-		
1972	644,888	-		
1973	763,214	-		
1974	876,702	-		
1975	1,058,075	-		
1976	1,270,837	-		
1977	1,537,139	-		
1978	1,879,263	-		
1979	2,292,686	-		
1980	2,704,504	-		
1981	3,263,322	-		
1982	4,079,590	-		
1983	4,809,897	-	8,864	
1984	5,594,973	2,658	15,647	
1985	6,517,395	4,685	18,782	

1986	7,520,699	7,093	37,794		
1987	8,625,496	10,265	60,207		
1988	10,306,028	20,353	100,373		
1989	11,791,674	39,718	198,286		
1990	13,276,449	80,005	417,650		
1991	14,572,585	166,198	850,516		
1992	15,593,454	271,868	1,451,710		
1993	16,632,593	471,784	2,648,744		
1994	17,646,614	960,258	6,363,119		
1995	18,600,203	1,641,293	9,628,655		-
1996	19,600,950	3,130,803	12,693,838		-
1997	20,421,913	6,910,496	15,194,821		-
1998	20,088,543	13,982,477	9,181,820	12,012	-
1999	20,518,092	23,442,724	3,033,005	256,521	-
2000	21,931,651	26,816,398	568,225	3,861,257	-
2001	22,724,668	29,045,596	235,628	7,805,515	10,906,173
2002	23,490,130	32,342,493	140,284	10,405,486	11,973,580
2003	22,877,019	33,591,758	73,160	11,178,499	12,778,347
2004	22,870,615	36,586,052	45,634	11,921,439	15,179,121
2005	22,920,151	38,342,323	42,003	12,190,711	16,403,493
2006	23,119,170	40,197,115	42,690	14,042,698	17,207,793
2007	23,130,253	43,497,541	39,328	14,709,998	18,159,309
2008	22,131,737	45,606,984	41,082	15,474,931	17,568,178
2009	20,089,979	47,944,222	21,066	16,348,571	22,062,740
2010	19,273,484	50,767,241	18,917	17,224,102	23,360,754
2011	18,632,501	52,506,793	18,339	17,859,522	24,286,901
2012	18,458,511	53,624,427	18,384	18,252,661	25,260,078
2013	17,620,453	54,680,840	29,114	18,737,514	27,762,285
2014	16,939,308	57,207,957	31,522	19,198,934	29,826,754
2015	16,341,489	58,935,081	32,653	20,024,930	28,266,499
2016	15,745,961	61,295,538	34,829	20,349,059	30,032,592
2017	15,038,517	63,658,688	34,737	20,989,294	31,669,229
2018	14,334,357	66,355,778	34,652	21,154,708	32,779,098
2019	13,600,362	68,892,541	34,652	21,761,831	33,814,618
2020	12,859,279	70,513,676	34,941	22,327,182	34,785,226
2021	12,211,954	72,855,492	34,941	22,944,268	35,637,342
2022.11	11,672,541	76,856,976	34,941	23,520,674	-

주 1): 매년 말 가입자. 단자 수 기준. 인터넷 전화는 사실상 무료이기 때문에 미포함.
주 2): 전화는 1902년부터 시작했으나 모두 외국인. 한국인은 1905년 65가입자가 최초.
주 3): 이동전화는 1961년 차량전화부터 시작하는 것이나 자료가 없어 포함하지 못함. 셀룰러 방식이 등장한 1984년 통계부터 표시함. 2019년부터는 휴대폰 외에 가입자 기반 단말장치, 사물인터넷, 기타 회선으로 통계를 구분해 표기하나 모두 이동전화에 포함시킴. 2019년 이전에도 휴대폰 외 회선도 많이 있었을 것이나 구분하지 않았음.
주 4): 유료방송은 종합유선방송과 중계유선방송의 합. 1995년 케이블 TV 출범 이후 2000년까지의 자료 확인이 되지 않아 표시하지 못함.
자료: 과학기술정보통신부 통계자료.

2. 주요 통신서비스 연도별 가입자 현황

90,000,000 (단위: %)

80,000,000

70,000,000

60,000,000

50,000,000

40,000,000

30,000,000

20,000,000

10,000,000

1902 1906 1910 1914 1918 1922 1926 1930 1934 1938 1942 1946 1950 1954 1958 1962 1966 1970 1974 1978 1982 1986 1990 1994 1998 2002 2006 2010 2014 2018 2022.9

—— 전화   —— 이동전화   ·········· 무선호출   ----- 초고속인터넷   ----- 유료방송

참고문헌

가즈오, 이나모리(Inamori Kazuo). 2010. 『이나모리 가즈오의 회계경영』. 김욱송 옮김. 다산북스.

강아영·최승영. 2022.10.18. "중앙일보 콘텐츠 유료화 '실험'에 우선순위 둔다". ≪기자협회보≫.

강유리. 2008. 「단말기 번들링과 혁신유인에 대한 실증 사례」. KISDI 정보통신정책.

강정수 외 9인. 2017. 『보이스 퍼스트 패러다임』. 아마존의 나비.

강진구. 2019.12.3. "종편 특혜 논란 의무송출 8년 만에 폐지". ≪한국일보≫.

고경석. 2022.10.13. "할리우드의 대안, K스토리". ≪한국일보≫.

고딘, 세스(Seth Godin). 2004. 『보랏빛 소가 온다』. 남수영 옮김. 재인.

고명석. 2020. 『OTT 플랫폼 대전쟁』. 도서출판 새빛.

과학기술정보통신부. 2022. 「초고속인터넷 가입자 현황」 통계자료.

_____·한국방송광고진흥공사. 2021. 「2021 방송통신광고비 조사보고서」.

구본권. 2022. 『전길남, 연결의 탄생』. 김영사.

구회영. 2011. 『영화에 대하여 알고 싶은 두, 세 가지 것들』. 한울.

권호영·김영수. 2008. 「IPTV 등장으로 인한 유료방송시장의 변화」. 한국방송영상산업진흥원.

김건. 2006. 『디지털 시대의 영화산업』. 삼성경제연구소.

김동완. 2010. 『광고 읽는 CEO』. 21세기북스.

김명호. 2012. 『중국인 이야기 1』. 한길사

김미현. 2014. 『영화산업』. 커뮤니케이션북스.

김세영. 2006.11.22. "하나로텔, 하나TV 가입자 10만 돌파". ≪연합뉴스≫.

김종원. 2021. 『디즈니 플러스와 대한민국 OTT 전쟁』. 이은북.

김지문. 2009. 『문제는 TV가 아니야』. 한국방송출판.

김창남. 2010. 『대중문화의 이해』. 한울아카데미.

김태열. 2019. 「이동통신 산업에서의 주파수 공유 가능성과 경제적 효과에 관한 연구」. 연세대학교 대학원 박사학위 논문.

김희경. 2015. 『유료방송 산업의 이해』. 커뮤니케이션북스.

김희재·이지은. 2021.11.10. 「콘텐츠, 4차 Wave의 시작」. 대신증권 Special Report.

나은영. 2001.6. "한국인과 이동전화 커뮤니케이션". SKT Telecom World.

노먼, 도널드(Donald Norman). 2012. 『심플은 정답이 아니다』. 이지현·이춘희 옮김. 교보문고.

노창희. 2022.9.28. "〈오징어 게임〉 이후의 콘텐츠 생태계". ≪아주경제 칼럼≫.

데이븐포트(Thomas Davenport)·벡(John Beck). 2006. 『관심의 경제학』. 김병조·권기환·이동현 옮김. 21세기북스.

드러커, 피터(Peter Drucker) 2006a. 『경영의 실제』. 이재규 옮김. 한국경제신문.

_____. 2006b. 『위대한 혁신』. 권영설·전미옥 옮김. 한국경제신문.

레빗, 시어도어(Theodore Levitt). 2007. 『마케팅 상상력』. 이상민·최윤희 옮김. 21세기북스.

로즈, 프랭크(Frank Rose). 2011. 『콘텐츠의 미래』. 최완규 옮김. 책읽는 수요일.

리스(Al Ries)·리스(Laura Ries). 2013. 『브랜드 런칭 불변의 법칙』. 배현 옮김. 비즈니스 맵.

리프킨, 제러미(Jeremy Rifkin). 2020. 『소유의 종말』. 이희재 옮김. 민음사.

_____. 2021. 『글로벌 그린 뉴딜』. 안진환 옮김. 민음사.

마그레타, 조안(Joan Magretta). 2005. 『경영이란 무엇인가』. 권영설 옮김. 김영사.

매클루언, 마샬(Marshall McLuhan). 1997. 『미디어의 이해』. 박정규 옮김. 커뮤니케이션북스.

무네하키, 마스다(Masuda Muneaki). 2015. 『지적 자본론』. 이정환 옮김. 민음사.

무어, 제프리(Jeoffrey Moore). 2002. 『캐즘 마케팅』. 유승삼 외 옮김. 세종
　　서적.

문성길. 2017. 『넷플릭스하다』. BOOK JOURNALISM.

문영미. 2011. 『디퍼런트』. 살림Biz.

박성용. 2007. 『광고, 디지털 시대에도 필요한가』. 삼성경제연구소.

방송통신위원회. 2019a. 「방송산업실태조사보고서」.

_____. 2019b. 「방송채널 사용 사업자 제작원별 편성현황」 통계자료.

_____. 2021a. 「2021. 방송 매체 이용행태 조사」.

_____. 2021b. 「2021년도 방송시장 경쟁상황평가」.

_____. 2021c. 「PP 손익계산서」 통계자료.

_____. 2021d. 「방송 채널 사용 사업 매출액」 통계자료.

_____. 2021e. 「방송 채널 사용 사업자 방송 프로그램 제작비 현황」 통계자료.

_____. 2021f. 「방송 채널 사용 사업자 채널별 편성현황」 통계자료.

_____. 2021g. 「방송 사업자 광고 매출 현황」 통계자료.

_____. 2021h. 「방송 사업자 시청점유율」 통계자료.

_____. 2021i. 「방송산업 매체별 사업자 수」 통계자료.

_____. 2021j. 「방송산업 매출액」 통계자료.

_____. 2021k. 「지상파 방송 사업자 편성현황」 통계자료.

_____·과학기술정보통신부. 2022a. 「TV 수상기 등록 대수」.

_____. 2022b. 「유료방송 가입 가구 비율」.

_____. 2022c. 「유료방송 가입자 현황」.

방송통신위원회·한국전파진흥원. 2008. 「결합서비스가 유료방송시장에 미
　　치는 영향 연구」.

배기형. 2015. 『OTT 서비스의 이해』. 커뮤니케이션북스.

선성원. 2011. 『뮤직 비즈니스』. 커뮤니케이션북스.

설혜심. 2021. 『소비의 역사』. 휴머니스트.

세이이치로, 요네쿠하(Yonekuha Seiichiro). 2010. 『경영혁명』. 양기호 옮
　　김. 소화.

손정빈. 2022.9.1. "〈탑건: 매버릭〉은 어떻게 71일 버틸 수 있었나". ≪뉴시스≫.

송민정. 2022. 『OTT 미디어 산업론』. 박영사.

송의달. 2021. 『뉴욕 타임즈의 디지털 혁명』. 나남.

쇼이스, 랄프(Ralph Scheuss). 2010. 『전략사전』. 안성철 옮김. 옥당.

슈워츠, 개리(Gary Schwartz). 2012. 『충동경제 시대의 모바일 쇼핑』. 이은주 옮김. 미래의 창.

슬라이워츠키(Adrian Slywotzky)·웨버(Karl Weber). 2012. 『디맨드』. 유정식 옮김. 다산북스.

신동형. 2021. 『변화 너머』. 메디치.

신장섭. 2020. 『기업이란 무엇인가』. 북스코프.

아난드, 바라트(Bharat Anand). 2017. 『콘텐츠의 미래』. 김인수 옮김. 리더스북.

아오야마(Yuko Aoyama)·머피James Murphy)·핸슨(Susan Hanson). 2018. 『핵심개념으로 배우는 경제지리학』. 이철우 외 3인 옮김. 푸른길.

언더힐, 파코(Paco Underhill). 2011. 『쇼핑의 과학』. 신현승 옮김. 세종서적.

영화진흥위원회. 2022a. 「2021년 한국 영화산업 결산」.

_____. 2022b. 「2022년 11월 한국 영화산업 결산」.

요시야키, 노구치(Noguchi Yoshiyaki). 2009. 『3의 마법』. 김윤수 옮김. 다산라이프.

윤석철. 2011. 『삶의 정도』. 위즈덤하우스.

윤홍근. 2011. 『채널 브랜드 전략』. 커뮤니케이션북스.

이명호·전영섭 외. 1999. 『정보통신산업의 공정경쟁과 규제정책』. 서울대학교 출판부.

이무원·김필규. 2019. 『붉은 여왕 전략』. 폴인.

이상식. 2015. 『유료방송정책』. 커뮤니케이션북스.

이상원. 2020. 『디지털 트랜스포메이션과 동영상 OTT 산업』. 한울아카데미.

이장우. 2020. 『K-POP 이노베이션』. 21세기북스.

이재현. 2013. 『모바일 미디어』. 커뮤니케이션북스.

이준구. 2011. 『새 열린경제학』. 다산출판사.

이지영. 2018. 『BTS 예술혁명』. 파레시아.

임성희·안희정. 2018. 『IPTV 어디까지 써 봤니?』. 커뮤니케이션북스.

장재현. 2007.2.27. "카우치 포테이토의 변신, VOD 시장을 잡아라". ≪LG 주간경제≫.

정용한. 2022.7.30. 「스마트폰, 세대별 TV 대체속도」. KISDI STAT REPORT.

정혁준. 2013. 『경영의 신 3』. 다산북스.

제퍼슨 왕 외 3인(Jefferson Wang, George Nazi, Boris Maurer and Amol Phadke). 2020. 『퓨처 홈』. 이종민 옮김. 미래의 창.

조성진. 2018. 『멀티플렉스 레볼루션』. ER북스.

차동완. 2000. 『개념으로 풀어본 정보통신 세계』. 영지문화사.

차란, 램(Ram Charan). 2021. 『컴피티션 시프트』. 이은경 옮김. 비전코리아.

체신부. 1985. 『한국전기통신 100년사』, 상·하.

최윤필. 2019.9.20. "[기억할 오늘] 공중전화의 진화". ≪한국일보≫.

케이티. 2001. 『케이티 20년사』.

크레이커, 래리(Kramer Larry). 2012. 『디지털 기업의 4가지 코드』. 김지현 옮김. 21세기북스.

탁재택. 2022. 『미디어 권력 이동』. 한울아카데미.

토플러, 엘빈(Alvin Toffler). 1994. 『제3의 물결』. 권오석 옮김. 홍신문화사.

트라우트(Jack Trout)·리브킨(Steve Rivkin). 2012. 『잭 트라우트의 차별화 마케팅』. 이정은 옮김. 더난출판.

포터, 마이클(Micheal Porter). 2001. 『마이클 포터의 경쟁론』. 김연성 옮김. 세종연구원.

피스먼(Ray Fisman)·설리번(Timothy Sullivan). 2020. 『시장의 속성』. 김홍식 옮김. 부키.

하현정. 2011.10.4. "진화하는 멀티플렉스". ≪중앙일보≫.

한국방송통신전파진흥원. 2022. 「방송·미디어 시장 구조개편에 따른 유료방송 정책개선 방안 연구」.

_____·정보통신정책연구원. 2022. 「방송·미디어 시장 구조개편에 따른 유료방송 정책개선 방안 연구」.

한국언론진흥재단. 2021. 「신문산업실태조사」.

한국ABC협회. 2020. 「신문사 유료부수 현황」 통계자료.

헤이스팅스(Reed Hastings)·마이어(Erin Meyer). 2020. 『규칙 없음』. 이경남 옮김. 알에이치코리아.

호록스, 크리스(Chris Horrocks). 2018. 『텔레비전의 즐거움』. 강경이 옮김. 루아크.

홍성욱. 2017.2.26. "기업의 흥망 가른 '왕좌의 게임'". ≪월간중앙≫.

힐, 존 외(John Hill 외). 2004. 『세계영화연구』. 안정효·최세민·안자영 옮김. 현암사.

▬

굿데이터 홈페이지.

나무위키.

네이버 지식백과.

위키백과.

한국케이블TV협회 홈페이지.

AGB 닐슨 미디어리서치 홈페이지.

지은이 _김동식

샘이 깊은 고을(전라북도 정읍)에서 태어났다. 지금은 영화의 도시가 된 전주에서 고등학교를 마치고 서울로 진학했다. 대학교 4학년이던 1991년, 운이 좋게도 한국전기통신공사(현 KT) 대졸 공채시험에 합격했다. 1992년에 입사해 KT링커스 대표이사를 마치고, 현재는 자문역으로 있다. 어릴 때부터 텔레비전과 영화 보기를 좋아했다. 뚜벅뚜벅 걷기, 꾸벅꾸벅 졸기, 어슬렁거리기를 잘한다. '오직 세상에서 지극히 정성을 다하는 사람만이 나와 세상을 변하게 할 수 있다'라는 중용 23장의 글귀를 사랑한다. 그리하여 성즉명(誠則明)이다.

한울아카데미 2427

OTT 시대의 미디어 백가쟁명

한국 미디어 시장을 이해하기 위한 세 가지 코드―멀티, 번들링, 온 디맨드

ⓒ 김동식, 2023

지은이 | 김동식
펴낸이 | 김종수
펴낸곳 | 한울엠플러스(주)
편집책임 | 배소영

초판 1쇄 인쇄 | 2023년 3월 3일
초판 1쇄 발행 | 2023년 3월 10일

주소 | 10881 경기도 파주시 광인사길 153 한울시소빌딩 3층
전화 | 031-955-0655
팩스 | 031-955-0656
홈페이지 | www.hanulmplus.kr
등록 | 제406-2015-000143호

Printed in Korea.
ISBN 978-89-460-7428-6 93070 (양장)
      978-89-460-8251-9 93070 (무선)

* 책값은 겉표지에 표시되어 있습니다.